新公益法人に
なるための

公益認定
[完全ガイド]

kouekinintei kanzen-guide

福島達也
公益総研 非営利法人総合研究所
主席研究員

学陽書房

まえがき

　2006年6月2日、公益法人関連三法が公布され、新しい「**一般社団法人・一般財団法人**」「**公益社団法人・公益財団法人**」の4つの法人格が誕生しました。「一般社団法人・一般財団法人」は登記のみで設立できるもので、そのなかから公益性が認められ認定を受けたもののみが「公益社団法人・公益財団法人」となります。

　さらに、従来の公益法人は、平成25年の11月30日までに「公益社団法人・公益財団法人」か「一般社団法人・一般財団法人」のいずれかを選択して移行しなければなりません。

　もし、公益社団・財団法人への移行を選択すれば、必ず乗り越えなくてはいけないのが『**公益移行認定**（以下、移行認定）』です。旧主務官庁ではなく、新しい行政庁に申請をし、有識者で構成される「公益認定等委員会（又は合議制の機関）」で審査され、新行政庁から認定を受けることになります。

　また、非営利活動を行う任意団体の法人化も今回の制度改革で容易になり、登記だけで「一般社団・財団法人」が設立できるので、さらにその上の「公益社団・財団法人」を目指す団体も増えてくるでしょう。「一般社団・財団法人」が公益法人を目指す場合『**公益認定**』を受けることになります。同じく、行政庁に申請を行い、有識者で構成される「公益認定等委員会（又は合議制の機関）」で審査されることになります。

　しかし、その『移行認定』も『公益認定』もどちらも簡単ではありません。そして、実際には制度そのものが大きく変わったことから、政府の思惑とは別に、いままで真面目に一生懸命地域で活動してきた団体ほど、制度の複雑な仕組みに四苦八苦しているのが現実で、小粒でも頑張って公益活動に励んでいた団体が消えようとしているのも事実です。

　そこで本書は、この新しい公益法人制度の中でも、特に公益社団・財団法人を目指そうと『移行認定』『公益認定』を考えている各方面の諸団体の皆様に向け、スムーズにその認定が取得できるよう、「こうすれば認定がとれる！」という、公益認定基準の徹底分析と、定款モデルや申請書の書き方などを中心に書き下ろしました。

もちろん、団体の皆様は日ごろ自分たちの活動に専念しているわけですから、すべての方が法律に精通している法律や会計の専門家ではないでしょう。そのため、この本は、法律や会計の専門家でなくても簡単に読み進められるように、できるだけわかりやすい表現を心がけました。

　私たちは日ごろ、頑張っている非営利団体を応援しようと、手続や運営のサポートを業として活動をしています。本書では、日々、さまざまな相談を受けるなかでわかってきた、多数の方が知りたいと思われているポイントや、細かい疑問点にも答えられるように配慮しました。

　とにもかくにも、新しい公益法人になるためには、この本を読んでいただくことで、「五里霧中」な状態から「視界すっきり明瞭」な状態になること間違いありません。

　読者の皆様が迷うことなく、公益認定を取得されて、ますます活発に活動を広げてくださることを祈っております。

2008年11月

公益総研　非営利法人総合研究所　主席研究員

福島　達也

第1章 すっきりわかる！新しい公益法人制度と公益認定　11

- 1　新しくなった公益法人制度 …………………………… 12
- 2　公益法人と一般法人のメリット・デメリット ……… 14
- 3　公益社団・財団法人になるための公益認定とは …… 17
- 4　従来の社団法人・財団法人は、いったん「特例民法法人」として存続 …………… 24
- 5　新制度の公益法人税制はこう変わった！ …………… 27

第2章 完全解説！新公益法人になるための公益認定基準　35

- 1　「公益認定法」とは何か ……………………………… 36
- 2　公益性を判断する認定基準 …………………………… 38

公益認定基準徹底分析　1　法人の主たる目的 …………… 42

- 1　検査検定事業のチェックポイント …………………… 46
- 2　資格付与事業のチェックポイント …………………… 48
- 3　講座、セミナー、育成事業のチェックポイント …… 50
- 4　体験活動等事業のチェックポイント ………………… 54
- 5　相談、助言事業のチェックポイント ………………… 56
- 6　調査、資料収集事業のチェックポイント …………… 57
- 7　技術開発、研究開発事業のチェックポイント ……… 59

8　キャンペーン、○○月間事業のチェックポイント… 61
9　展示会、○○ショー事業のチェックポイント……… 63
10　博物館等の展示事業のチェックポイント………… 64
11　施設の貸与事業のチェックポイント……………… 66
12　資金貸付、債務保証等事業のチェックポイント… 68
13　助成（応募型）事業のチェックポイント………… 70
14　表彰、コンクール事業のチェックポイント……… 72
15　競技会事業のチェックポイント…………………… 74
16　自主公演事業のチェックポイント………………… 77
17　主催公演事業のチェックポイント………………… 80

　　上記の事業区分に該当しない事業について
　　チェックすべき点………………………………… 82

　　すべての事業のチェックポイント……………… 85

公益認定基準徹底分析 2　経理的基礎及び技術的能力… 94

公益認定基準徹底分析 3　特別の利益………………… 101

公益認定基準徹底分析 4　投機的な取引を行う事業… 106

公益認定基準徹底分析 5　公益目的事業の収入……… 108

公益認定基準徹底分析 6　公益目的事業の実施に
支障を及ぼすおそれ………… 117

公益認定基準徹底分析 7　公益目的事業比率………… 120

公益認定基準徹底分析 8　遊休財産額の保有の制限… 126

公益認定基準徹底分析 9	理事と特別の関係がある者 ···· 144
公益認定基準徹底分析 10	同一の団体の範囲 ············· 149
公益認定基準徹底分析 11	会計監査人の設置 ············· 152
公益認定基準徹底分析 12	役員等の報酬等の支給基準 ···· 156
公益認定基準徹底分析 13	社員の資格得喪に関する条件 ·· 161
公益認定基準徹底分析 14	他の団体の意思決定に関与することができる財産 ··· 168
公益認定基準徹底分析 15	不可欠特定財産 ··············· 172
公益認定基準徹底分析 16	財産の贈与、帰属先 ··········· 177
公益認定基準徹底分析 17	公益目的事業財産 ············· 182
公益認定基準徹底分析 18	収益事業等の区分経理 ········ 183

第3章 さあつくろう！新公益法人になるための新定款 193

1 新制度で変わる新公益法人用定款の留意点 ················ 194
2 内閣府が示す定款モデル
　公益社団法人編、公益財団法人編 ························· 198
　　公益社団法人の場合 ···································· 198
　　公益財団法人の場合 ···································· 232
3 定款づくりの際におさえておくべき重要事項 ············· 268
4 内閣府による定款変更ガイドライン ······················· 274

第4章　移行認定・公益認定の申請手続　299

1　移行認定・公益認定の申請手続 …………………………… 300
　　申請書（様式）の入手方法 ………………………………… 300
　　申請先の行政庁 …………………………………………… 301
　　申請の方法 ………………………………………………… 305

2　移行認定の申請方法
　　特例民法法人が公益法人への移行認定を申請する場合 ………… 307
　　申請から認定までの流れ …………………………………… 307
　　認定基準及び欠格事由 ……………………………………… 308
　　申請書作成までに準備しておくべきこと …………………… 310
　　申請書の記入方法 ………………………………………… 312
　　　　申請書（かがみ文書）………………………………… 313
　　　　別紙1　法人の基本情報及び組織について ……………… 314
　　　　別紙2　法人の事業について …………………………… 316
　　　　別紙3　法人の財務に関する公益認定の
　　　　　　　　基準に係る書類について …………………… 322
　　　　別表A　収支相償の計算 ……………………………… 323
　　　　別表A(1)　収益事業等の利益額の50％を繰入れる場合 …… 324
　　　　別表A(2)　収益事業等の利益額の50％超を繰入れる場合 … 326
　　　　別表B(1)　公益目的事業比率の算定総括表 ……………… 328
　　　　別表B(2)　土地の使用に係る費用額の算定 ……………… 329
　　　　別表B(3)　融資に係る費用額の算定 …………………… 330
　　　　別表B(4)　無償の役務の提供等に係る費用額の算定 …… 331
　　　　別表B(5)と別表C(1)の記入について ………………… 332
　　　　別表B(5)　公益目的事業比率算定に係る計算表（その1）… 333
　　　　別表B(5)　公益目的事業比率算定に係る計算表（その2）… 334
　　　　別表C(1)　遊休財産額の保有制限の判定 ……………… 336
　　　　別表C(2)　控除対象財産 ……………………………… 338

別表C(3)　公益目的保有財産配賦計算表 ・・・・・・・・・・・・・・・・・・・・ 342
　　　別表C(4)　資産取得資金 ・・・・・・・・・・・・・・・・・・・・・・・・・・・・・・・・・・ 344
　　　別表C(5)　特定費用準備資金 ・・・・・・・・・・・・・・・・・・・・・・・・・・・・・・ 346
　　　別表D　他の団体の意思決定に関与することができる
　　　　　　　　財産保有の有無 ・・・・・・・・・・・・・・・・・・・・・・・・・・・・・・ 347
　　　別表E　公益目的事業を行うのに必要な経理的基礎 ・・・・・・・ 348
　　　別表F(1)　各事業に関連する費用額の配賦計算表
　　　　　　　　（役員報酬・給料手当） ・・・・・・・・・・・・・・・・・・・・・・ 350
　　　別表F(2)　各事業に関連する費用額の配賦計算表
　　　　　　　　（役員報酬・給料手当以外の経費） ・・・・・・・・・・・・ 354
　　　別表G　収支予算の事業別区分経理の内訳表 ・・・・・・・・・・・・・・ 356
　　その他の添付書類 ・・ 362
　　　役員等就任予定者の名簿 ・・・・・・・・・・・・・・・・・・・・・・・・・・・・・・・・ 365
　　　確認書 ・・・ 367
　　　事業・組織体系図 ・・・・・・・・・・・・・・・・・・・・・・・・・・・・・・・・・・・・・・ 370
　　移行認定の場合の認定後の留意点 ・・・・・・・・・・・・・・・・・・・・・・・・・・ 371

3　公益認定の申請方法
　新設法人、中間法人、NPO法人の場合 ・・・・・・・・・・・・・・・・・・・・・・・・ 375
　　申請の主体 ・・・ 375
　　申請から認定までの流れ ・・・・・・・・・・・・・・・・・・・・・・・・・・・・・・・・・・ 380
　　認定基準及び欠格事由 ・・・・・・・・・・・・・・・・・・・・・・・・・・・・・・・・・・・・ 381
　　申請書の記入方法 ・・ 381
　　　申請書（かがみ文書） ・・・・・・・・・・・・・・・・・・・・・・・・・・・・・・・・・・ 382
　　　別紙1　法人の基本情報及び組織について ・・・・・・・・・・・・・・・ 383
　　その他の添付書類 ・・・ 384
　　　理事等の名簿 ・・ 386
　　　確認書 ・・・ 388
　　公益認定の場合の認定後の留意点 ・・・・・・・・・・・・・・・・・・・・・・・・・・ 389

巻末資料

- 公益認定等に関する運用について（公益認定等ガイドライン）
  （平成20年4月11日決定・平成20年10月10日改正）・・・・・・・・・・・・・・・・・・・ 395
- 公益法人会計基準について（平成20年4月11日決定）・・・・・・・・・・・・・ 437
- 公益法人会計基準の運用指針（平成20年4月11日決定）・・・・・・・・・・・・ 445

凡　例

一般法	一般社団法人及び一般財団法人に関する法律（平成18年6月2日法律第48号）
認定法	公益社団法人及び公益財団法人の認定等に関する法律（平成18年6月2日法律第49号）
整備法	一般社団法人及び一般財団法人に関する法律及び公益社団法人及び公益財団法人の認定等に関する法律の施行に伴う関係法律の整備等に関する法律（平成18年6月2日法律第50号）

第1章
すっきりわかる！新しい公益法人制度と公益認定

1 新しくなった公益法人制度

非営利を原則として自由に活動できる一般社団・財団法人。
一定の規律の中で公益性を追求する公益社団・財団法人。

■新しく生まれた公益法人三法

　新しい公益法人の制度は、平成18年6月2日に公布されました。

　新しい公益法人制度の柱となるのが、①「一般社団法人及び一般財団法人に関する法律」（全344条、以下「一般法」）、②「公益社団法人及び公益財団法人の認定等に関する法律」（全66条、以下「認定法」）、③「一般社団法人及び一般財団法人に関する法律及び公益社団法人及び公益財団法人の認定等に関する法律の施行に伴う関係法律の整備等に関する法律」（全458条、以下「整備法」）の3つの法律です。

　この法律により、非営利団体（剰余金の分配を目的としない団体）設立の際は、官庁の影響力を排し、公益性の有無や目的にかかわらず、準則主義（登記）で簡便に法人格を取得できることになりました。その法人格の名称は**「一般社団法人」「一般財団法人」**です（一般法3条）。

　また、それらの中で、公益認定の申請をして、公益性があると判断された団体だけが**「公益認定」**されて**「公益社団法人」「公益財団法人」**となり（認定法5条）、さらに寄附金の優遇措置などが適用されます。

　この新制度は平成20年12月1日からの施行です。これまでの社団法人・財団法人は、いったん「特例民法法人」として存続し、その後5年以内（平

● 4つの公益法人

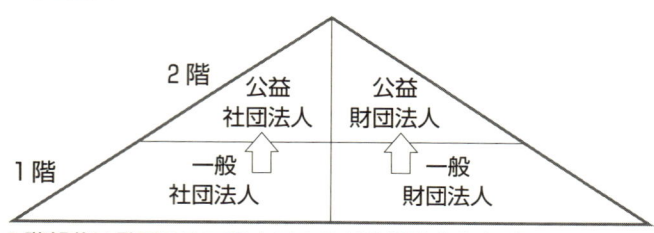

1階部分は登記のみで設立できるが公益法人と名乗れない
2階部分は公益認定のハードルは高いが公益法人と名乗れる

成25年11月30日まで）に新法人格に移行するか、解散・合併することになります。

■従来の公益法人はどうなるの？

従来の公益法人は、平成20年12月1日以降、5年間は特例民法法人となり、基本的には従来の公益法人と変わりませんが、具体的には、次のような決まりがあります。

> ① 直ちに定款の内容、法人の機関、登記等を変更する必要はない。
> ② 名称はこれまでどおり（「社団法人～」、「財団法人～」）でかまわない。
> ③ 新制度の法人に移行するまでの間は、これまでの所管官庁（旧主務官庁）が監督する。
> ④ 決算公告の義務はなく、旧主務官庁の指導監督によるディスクロージャーを継続する。
> ⑤ 特例財団法人は、純資産の総額が300万円未満でも存続できる。
> ⑥ 税制は従来の税制を移行まで適用する。

このように、新法の施行（平成20年12月1日）により、直ちに対応しなければならない事項は何もありませんが、公益社団・財団法人に移行するなら「**公益移行認定**（以下、移行認定）」を、一般社団・財団法人に移行するなら「**一般移行認可**（以下、移行認可）」を5年以内に申請しなければなりません。また、特例民法法人は、新制度の法人に移行する前に、次のとおり一般法の機関を置くことも可能です。

> ① 特例社団法人：理事会、会計監査人
> ② 特例財団法人：評議員、評議員会、理事会、会計監査人

このほか、新制度の法人に移行する前に、特例社団法人は、新制度の基金（一般法131条の基金）を募集することもできます。

また、特例民法法人は、1法人だけでは公益認定が得られないなどの理由により、特例民法法人とのみ合併することができ、合併後に公益認定を得たり、一般法人に移行することも可能です。

2 公益法人と一般法人のメリット・デメリット

公益法人(公益社団・財団法人)にもデメリットがある。
一般法人(一般社団・財団法人)にもメリットがある。

■公益法人か一般法人か、団体の適性に合わせて

　今回の公益法人制度改革では、従来の公益法人の許可制度では一体となっていた法人の設立と法人の公益性の認定を分離して、登記のみで設立できる一般社団・財団法人の制度を創設するとともに、公益目的事業を行う一般社団・財団法人は、民間有識者の判断のもとで、公益認定の審査を受けられることになりました。そして、公益認定を得られた法人だけが公益社団・財団法人となります。

　したがって、両者の違いは、公益認定を受けているか否かということになりますが、両者のメリット・デメリットは、法人の規模、事業などによって異なってくるとも考えられます。

　一般論としては、右の表のとおり、公益社団・財団法人は、行政庁の監督のもと、税制上の優遇措置を多く受けつつ主に公益目的事業を実施していきたい法人が選択するのに向いている場合が多く、一般社団・財団法人は、比較的自由な立場で、非営利部門において、可能な範囲で公益目的事業を含む様々な事業を実施していきたい法人が選択するのに向いている場合が多いと考えられます。

　しかし、公益法人(公益社団・財団法人)といっても、すべてにおいてメリットだらけというわけではありません。事業の制限や財産の制限を受けるなど、規制に縛られて一定の規律のもとに活動をしなくてはなりません。

　ただし、それは「公益」という看板を掲げるわけですからあたり前ということも言えるでしょう。

●一般法人と公益法人の違い

比較事項	一般社団・財団法人	公益社団・財団法人 (注5)
成立・認定の要件	設立の登記 (注1)	認定法第5条の認定基準に適合すること 認定法第6条の欠格事由に該当しないこと
実施できる事業	適法であれば制限なし (注2)	適法であれば制限なし。ただし、公益目的事業を費用で測って50％以上の比率で実施する必要あり
遵守事項	一般法の規律のみ (注3)	一般法の規律に加え、収支相償、公益目的事業比率50％以上、遊休財産規制、一定の財産の公益目的事業への使用・処分、理事等の報酬等の支給基準の公表、財産目録等の備置き・閲覧・行政庁への提出等
監督	業務・運営全体についての一律的監督なし (注4)	行政庁（委員会）による報告徴収、立入検査、勧告・命令、認定の取消しあり
税制	非営利の一般社団・財団法人は原則非課税（収益事業のみに課税）、それ以外は原則課税	特定公益増進法人 (注6) となり、認定法上の公益目的事業は法人税法上の収益事業から除外され非課税

(注1) 特例民法法人（平成20年12月1日以降存続する従来の公益法人）から一般社団・財団法人に移行する場合は、行政庁の認可が必要です。
(注2)・(注3)・(注4) 公益目的支出計画を実施している一般社団・財団法人については、計画に定めた事業を確実に実施する必要があります。また、公益目的支出計画の確実な実施を確保するために必要な範囲内で整備法に基づく行政庁の監督が行われます。
(注5) 公益社団・財団法人の実施できる事業、遵守事項、監督については、認定法で定められています。
(注6) その法人への寄附について、寄附者の税制上の優遇措置（損金算入等）が認められている法人です。

■すべての従来の公益法人は、公益認定を受けるべきか？

　今回の公益法人制度改革の最大の目的は、「民による公益の増進」です。公益目的事業を費用で測って50％以上行う公益社団・財団法人はもちろんのこと、非営利部門に属する一般社団・財団法人も「民による公益」の重要な担い手と考えられています。

　ですので、決してこの制度改革ですべての公益法人が公益認定を受けることになったわけではありません。公益認定を受けるかどうかは、法人の自主的な判断に任されています。

　つまり、公益目的事業を行う一般社団・財団法人は、行政庁の認定を受けることができるとされているだけで、公益認定の申請を行うことは義務ではないのです。

　さらにいうと、一般社団・財団法人が行う事業には制限がなく、一般社団・財団法人は原則として行政庁の監督なしに自律的な法人運営を行うことができるので、公益目的事業を行うことに何ら問題はありません。ということは、公益性のとても高い一般社団・財団法人があっても、まったく不思議ではないということです。

■制度改革後はすべての団体が法人格を取るの？

　公益法人に関する制度が変わったからといって、非営利部門の任意団体が、そのまま任意団体として活動を続けるか、一般社団・財団法人となって法人格を取得するかどうか、一般法人が公益認定を受けて公益社団・財団法人となるかどうかは、まったく規制はありません。

　ですので、団体が将来どのような活動を行っていくことになるのか、そのためにもっともふさわしい形態は何かを慎重に検討の上、団体の将来の在り方を、その団体の判断で決めてください。

3 公益社団・財団法人になるための公益認定とは

第三者機関「公益認定等委員会」の有識者が公益性の認定や取消しを判断。

■公益社団・財団法人にならないと信用性がうすい？

　新しい法律で、登記のみ（準則主義）で設立できるのは、あくまでも「一般社団法人」「一般財団法人」に過ぎません。いくら社団法人や財団法人の名前がついていても、今までのような公益性を担保することにはならないのです。ですから、誰かに公益性を認めてもらわなければなりませんが、従来のような各中央省庁や都道府県知事が許可をするという制度はなくなりました。

　その認定を左右する公益性の有無の判断については、内閣府に設置する第三者機関「公益認定等委員会」の有識者7人（都道府県では合議制の機関3人～7人）が担当し、公益性の認定や取消しなどの措置の判断をすることになりました（認定法43条）。

　そして委員会の関与のもとで、その判断をもとに内閣総理大臣又は都道府県知事が認定を行うことになり、今までの中央省庁等による主務官庁の許可制はすべて廃止されました（認定法4条）。

　この公益性を認定する新しい制度により、内閣府又は都道府県の設置する第三者機関等の判断に基づき、一定の基準を満たした法人のみが認定を受け、公益性を世間一般にアピールできる「**公益社団法人**」「**公益財団法人**」の名称を使用できるのです。

　もっといえば、公益認定がある以上、不認定になったり、認定を受けていない一般法人は、たとえ他の理由があったとしても、公益的でない「非公益法人」というレッテルを貼られたに等しいともいえるでしょう。

公益認定のしくみ

一般社団法人 一般財団法人	→	認定（公益性あり）	→	公益社団法人 公益財団法人
	→	不認定（公益性なし）	→	一般社団法人 一般財団法人

■まったく新規の団体から公益認定は受けられる？

　現在法人格のない団体が公益社団・財団法人になりたい場合は、まず一般社団・財団法人を設立することになります。

　具体的には、一般法の規定に従い定款を作成し、公証人の認証を受け、設立時の理事、監事（及び会計監査人）を選任します。その上で、主たる事務所の所在地において設立の登記をすることによって一般社団・財団法人が成立します（一般法10～22条・152～163条）。

　次に、公益法人になるための、**公益認定申請**をすることになりますが、自らが一般社団・財団法人であることを証する書類（登記事項証明書）等を添付の上、行政庁に公益認定の申請をすることとなります（認定法施行規則5条）。公益認定を受けるためには、認定法第5条の公益認定基準に適合するとともに、同法第6条の欠格事由に該当しないことが必要です（この申請について詳しくは、本書の第4章を参照してください）。

●一般社団法人の設立

　一般社団法人を設立する場合には、まず設立当初の設立者として2名以上の人が集まり、法人化を決断します。次に、その人たちで定款や組織づくりを行います。定款ができたら公証役場に行って、定款の認証を受けます。定款の認証が終わったら、最寄りの法務局の出張所で登記申請を行います。これで設立は完了します。もっといえば、夫婦2人が資本金0円で設立できる最も簡便な法人になったともいえ、以前の社団法人の面影はそこにはまったくありません（一般法10～22条）。

2人以上の設立者が集まって法人化を検討
↓
定款などの書類作成
↓
公証役場で定款の認証
↓
事務所の最寄りの法務局の出張所で設立登記申請
↓

数日後、登記事項証明書と印鑑証明が取得可能

社員などから請求があれば閲覧できるよう定款は常に事務所に備え置く

> ●一般社団法人の主な特色
> ○団体の公益性や目的は問わず、登記だけで設立可能。
> ○社員2名以上で設立可能。
> ○設立時の財産保有規制は設けない。
> ○社員、社員総会及び理事は必ず置くこと。評議員は通常置かない。
> ○理事会、監事又は会計監査人の設置が可能。
> ○設立時財産は必要ないが、基金制度の採用が可能。
> ○社員による代表訴訟制度がある。
> ○原則課税のグループと原則非課税グループに区分。

■社団法人は職員が2名以上必要？
　一般社団法人の設立に際しては、一般社団法人の基本的規則及びその内容を記載した書面である定款を、その社員になろうとする者（設立時社員）が共同して作成しなければなりません（一般法10条1項）。ここで、「共同して」とは、「2人以上で」という意味ですので、設立時の社員は必ず2名以上必要となります。

　しかし、もし仮に、設立後社員が1人となったとしても、必ずしも法人の目的事業の遂行が不可能になるとは限らない上、法人の継続性が不安定になるという理由から、社員が1人となったことは解散原因とはされておらず、社員が0人になった場合のみ解散原因となっています（一般法148条4号）。

　ただし、ここでいう社員とは一般法上の社員、つまり、法人の構成員として社員総会において法人の基本的な意思決定に関与するもののことで、職員のことではありません。よって、職員が1人の法人があっても何ら問題はないことになりますし、職員が1人もいない、ボランティアだけの一般法人があっても構わないのです。

●一般財団法人の設立

　一般財団法人を設立する場合には、まず設立当初の設立者が法人化を決断します。次に、設立者は、定款や組織づくりを行います。定款ができたら公証役場に

行って、定款の認証を受けます。定款の認証が終わったら、設立者が拠出した300万円以上のお金を銀行にいったん預けます。銀行から拠出金が確かに300万円以上あるという証明書をもらったら、最寄りの法務局の出張所で登記申請を行います。これで設立は完了します。一般財団法人も一般社団法人と同様、設立の登記を行ってはじめて、法人が成立（申請日が創立記念日）します（一般法155条・157条・163条）。

　ただ、一般社団法人の場合、理事会や評議員会設置の義務はなく、2人だけでも設立できますが、一般財団法人の場合は、理事会も評議員会も監事も必ず置かなければならないので、設立する際には、最低でも理事3人以上、監事1人以上、評議員3人以上、合計7人以上のメンバーが必要ということになります（一般法160条）。

設立者が法人化を検討

定款などの書類作成

公証役場で定款の認証

銀行で300万円以上の財産を拠出

事務所の最寄りの法務局の出張所で設立登記申請

数日後、登記事項証明書と印鑑証明が取得可能

●一般財団法人の主な特色
○団体の公益性や目的は問わず、登記だけで設立可能。
○設立者は、設立時に300万円以上の財産を拠出。
○財団の目的は、その変更に関する規定を定款に定めない限り、変更不可。
○理事、理事会及び監事は必置。
○理事の業務執行を監督し、かつ、法人の重要な意思決定に関する機関として、評議員及び評議員会制度を必置。
○会計監査人の設置が可能。
○原則課税のグループと原則非課税グループに区分。

■財団法人の設立者って何人必要なの？
　財団法人の設立者というのは、財産を拠出する人のことですが、これは1人以上であれば何人でもかまいません。もちろん法人でも設立者になることはできます。
　しかし、全員で定款を作成し、署名することになります（記名押印も可）ので、少ない方が事務的には楽でしょう。
　なお、財産の拠出をしないで設立者となることはできないため、設立者が複数いる場合には、必ずその全員が財産の拠出をする必要があります（一般法153条1項5号・157条1項参照）ので、お金も出さないで設立者だけにはなりたいというわがままは聞かなくて結構です。
　ただし、遺言による設立（一般法152条2項）については、複数人が共同ですることはできないと考えられています。

■公益認定を受けるための事業とは？

　認定を受けるには、まず「公益社団法人」「公益財団法人」に認定される以下に挙げた23の公益事業を主な目的としなければなりません。そのほかにも公益認定を受けるためにはかなり高いハードルが要求されます。詳しい認定基準については、第2章をご覧ください（認定法別表〈第2条関係〉）。

● 「公益社団法人」「公益財団法人」に認定されるための23の事業

①	学術、科学技術の振興
②	文化、芸術の振興
③	障害者、生活困窮者、事故・災害・犯罪の被害者の支援
④	高齢者福祉の増進
⑤	勤労意欲のある者への就労支援
⑥	公衆衛生の向上
⑦	児童、青少年の健全育成
⑧	勤労者の福祉向上
⑨	教育、スポーツ等を通じて国民の心身の健全発達に寄与又は豊かな人間性を涵養
⑩	犯罪防止、治安維持

⑪	事故、災害の防止
⑫	人種、性別などによる不当差別や偏見の防止、根絶
⑬	思想、良心、信教、表現の自由の尊重、擁護
⑭	男女共同参画社会の形成、その他のより良い社会の形成推進
⑮	国際相互理解の促進、開発途上地域への経済協力
⑯	地球環境保全、自然環境保護・整備
⑰	国土の利用、整備、保全
⑱	国政の健全な運営の確保
⑲	地域社会の健全な発展
⑳	公正、自由な経済活動の機会確保、促進、活性化による国民生活の安定向上
㉑	国民生活に不可欠な物資、エネルギー等の安定供給の確保
㉒	一般消費者の利益の擁護、増進
㉓	その他、公益に関する事業として政令で定めるもの

■公益認定事業はたった22事業しかないのか？

　認定法はその第2条第4号に、公益目的事業とは何かという定義を置いています。そこには「学術、技芸、慈善その他の公益に関する別表各号に掲げる種類の事業であって、不特定かつ多数の者の利益の増進に寄与するもの」とあります。

　そして、その別表において、上記の表の①から㉒までの各種の事業が掲げられていますが、最後の23号に「前各号に掲げるもののほか、公益に関する事業として政令で定めるもの」という規定があり、政令で定めることで事業を増やすことは容易です。

　しかし、今のいろいろな法律の目的規定を分類整理して、およそ現在公益と考えられているような事業であれば、①から㉒までのどれかに当てはまると考えられています。

　ただ、将来、仮に㉒までのいずれでも捉え切れないような公益に関する事業が生じた場合に、見直すことが可能となるよう㉓の事業追加の規定を設けているのですが、現在、当面の間は政令追加しないという方向で考えているようです。

たとえば⑱に「国政の健全な運営の確保」に資することを目的とする事業というのがありますが、国政でない地方の政治は入らないのかというような四角四面の考え方ではなく、社会通念に従って拡大解釈してよいこととし、地方政治も入ると考えるのです。

■定款に22のどの事業に当てはまるのか記載すべきか？

　NPO法（特定非営利活動促進法）は、特定非営利活動を同じように17項目挙げており、NPO法人の定款には、該当する事業の種類を必ず記載することになりますが、新公益法人の定款には、個別具体的に別表第何号に該当する事業であるかということを書かなくてもよいのです。

　また、NPO法は限定列挙ですが、17番目に、16番目までを扱う団体の連絡助言等、いわゆる中間支援組織の法人化を認めています。公益法人にも中間支援組織はありますが、そういう規定は設けられませんでした。よって、認められないと考えるのではなく、⑭「男女共同参画社会の形成、その他のより良い社会の形成推進」の中の「その他のより良い社会の形成推進」に該当すると考えることもできます。

　つまり、一般に現在、公益と考えられるような事業は、この表①から㉒の中のいずれかに含まれると考えられており、今回はその他の事業を政令で規定しなかったのです。

4 従来の社団法人・財団法人は、いったん「特例民法法人」として存続

平成25年11月30日までに新法人に移行しないと自動的に解散。

■従来の社団法人・財団法人の移行とは？

　今回の新制度では、従来の民法第34条の規定により設立された法人は、新制度の施行日である平成20年12月1日から、「特例社団法人」又は「特例財団法人」（総称して「特例民法法人」という）と呼ばれ、そのまま存続します（整備法42条）。

　特例民法法人は、移行期間と定められた5年後の平成25年11月30日までは「社団法人」「財団法人」という、これまで使用してきた馴染みのある名称を使用することができます。当然従来どおりですから、従来の規定・基準等に基づき、従来の主務官庁が引き続き指導監督します（整備法95条）。もちろん税制面でも、従来どおりの収益事業課税や軽減税率が適用されます。

　そして、移行期間満了日である平成25年11月30日までに、「公益社団法人」「公益財団法人」になるために公益性の認定を受ける**移行認定申請**を行うか、又は公益性の認定を受けない「一般社団法人」「一般財団法人」への移行認可申請を行います（整備法44条・45条）。

　もし、移行期間満了日が過ぎても公益性の認定や移行認可を受けない場合は、その日をもって解散することになります。なかには期限ぎりぎりになって申請する法人があるかもしれませんので、11月30日までに申請をしている法人は、11月30日を越えても、その申請に対する認定又は認可等の処分がされるまでは、今までどおりの特例民法法人として存続することになっています（整備法46条）。

　そして、「公益社団法人」「公益財団法人」への移行を希望する特例民法法人は、平成20年12月1日以降、旧主務官庁を経由せず、新たな行政庁（内閣総理大臣又は都道府県知事）に対して、直接移行認定申請をすることになります（整備法47条）。

　なお、従来から公益法人であった社団法人や財団法人は、まったく新しく

設立した一般法人よりも当然有利に公益認定を受けられると思いがちですが、特例民法法人が行う公益認定の申請については、定款変更案などが新法の規定に適合しているかなど、新制度になって新たに設立した一般法人の公益認定と同一の基準によって審査を受けることになり、特別の配慮や優遇は一切ありません（整備法100条）。

●新法施行から移行までの流れ

```
       ┌─────────────────────┐
       │ 従来の社団法人・財団法人 │
       └─────────────────────┘
                  ↓
```

新法施行の日（平成20年12月1日）から起算して5年を経過する日までの間（これを「移行期間」といいます）は、一般社団・財団法人とみなされて、とりあえず存続。

↓

存続するもののうち、新しい法人格への移行の登記をしていないものを特例民法法人（「特例社団法人」「特例財団法人」）と呼ぶ。

↓

特例民法法人は、移行期間内に公益認定の申請、又は、公益認定を受けない一般法人への移行認可の申請ができる。

↓

移行期間中に公益移行認定又は一般移行認可を受けていない場合は、移行期間満了の日（平成25年11月30日）をもって解散したものとみなす。

↓

公益移行認定の申請や一般移行認可の申請をする際には、行政庁（全国規模の法人なら内閣総理大臣、地域限定なら都道府県知事）に対して、申請書とともに総会議決等必要な手続を経た定款変更の案、事業計画書、収支予算書、財産目録、貸借対照表などを提出。基本的に書面審査。詳細は第3章及び第4章。

↓

公益移行認定申請の場合は、行政庁の長の意見を付して行政庁に設置される「公益認定等委員会」「合議制の機関」に諮問され、法律で定められている諸規定や認定基準を満たしているかどうかの審査が行われ、同委員会の答申によって行政庁が認定等の処分を行う。

● 特例民法法人から公益社団・財団法人への移行

> 従来の社団法人・財団法人（法的には特例民法法人）
> ↓
> 行政庁に移行認定申請書などを提出
> （申請書、定款変更案、事業計画書、収支予算書、財産目録、貸借対照表等）
> ↓
> 行政庁は「公益認定等委員会」に公益性の判定を諮問
> ↓
> 公益移行認定（公益性があるかないか）の答申
> ↓
> 行政庁が認定証（又は不認定証）を交付
> ↓
> 認定なら「公益社団・財団法人」の登記、不認定なら「一般社団・財団法人」への認可申請を検討

● 特例民法法人から一般社団・財団法人への移行

> 従来の社団法人・財団法人
> ↓
> 行政庁に移行認可申請書などを提出
> （申請書、定款変更案、公益目的支出計画書等）
> ↓
> 行政庁が認可等の処分
> ↓
> 認可されれば「一般社団・財団法人」
> 不認可なら解散か他の法人格へ

5 新制度の公益法人税制はこう変わった！

公益認定を受けた法人は原則非課税、さらに寄附優遇税制有。
一般法人は原則課税グループと原則非課税グループに区分。全部で3区分。

■課税か非課税か、新しい公益法人の税金はどう変わったのか？

　新公益法人制度では、非営利法人を「公益社団・財団法人」と「一般社団・財団法人」に分けましたが、税制の面では、「一般社団・財団法人」をさらに「収益事業課税が適用される法人」と「全所得課税が適用される法人」の2つに分けることになりました。簡単にいうと一般法人は、「原則非課税グループ」と「原則課税グループ」とに区分されたことになります。

　つまり、制度上は「公益社団・財団法人」と「一般社団・財団法人」の2つに分かれていますが、**税制上は「公益社団・財団法人」「収益事業課税が適用される一般社団・財団法人」「全所得課税が適用される一般社団・財団法人」の3つに分かれた**のです。

　そして、新しい「公益社団・財団法人」の税制にも大きな変化があります。従来の公益法人に適用されていた制度と比較してみると、従来は収益事業として課税対象であった事業であっても、新制度では公益目的事業であれば非課税になります。そのかわり、税率については、従来の公益法人に適用された軽減税率は適用されず、NPO法人と同様（資本金1億円以下の株式会社と同様）に原則30％、所得金額のうち年800万円以下の部分は22％ということになりました。このあたりは従来の公益法人にとっては相当のショックかもしれません。

　ただし、みなし寄附金（収益事業から公益事業のために支出した金額）は、従来の、所得金額の25％から、所得金額の50％又は公益目的支出のどちらか多いほうということに拡充されましたので、こちらのほうは大歓迎でしょう。

　そして、一番の驚きは、やはり「一般法人」のさらなる区分です。「一般社団・財団法人」を税制上、さらに2つに分けることにしたのです。

　「収益事業が全て課税対象となる一般社団・財団法人」として、剰余金の分

配を行わないことなどを定款に定める団体や、会員に共通する利益を図る活動を行うことを主たる目的としている団体には、各事業年度の所得の金額のうち、収益事業から生じた所得についてのみ法人税を課税することになりました。

　もちろん、軽減税率は「公益法人」同様なくなり、各事業年度の所得金額に対して税率30％（所得金額のうち年800万円以下の部分については22％）になりましたが、この新しい公益法人制度の法律制定時点では原則課税が当たり前だったのですから、本当にびっくりという感じです。

●新しい非営利法人の税制区分

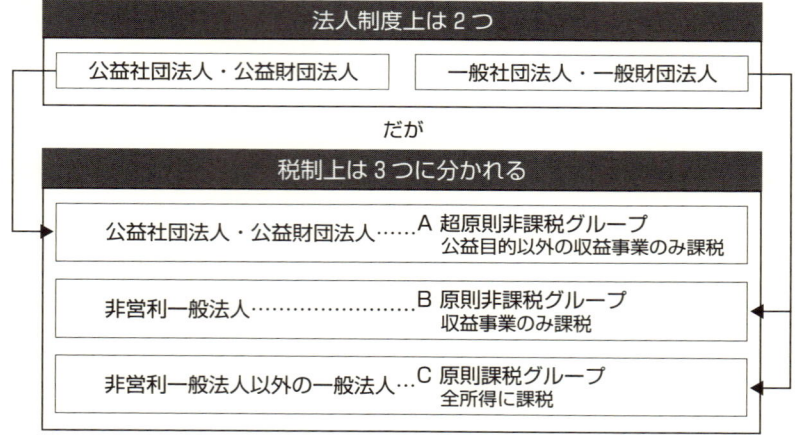

■公益法人の税制上の最大の魅力は収益事業非課税？

　従来、課税対象となっていた法人税法上の収益事業についても、大きな変化がありました。

　これまではどんな公益法人であっても、法人税法上の収益事業を行えば、それは必ず課税対象事業になっていたわけです。しかし、**新制度では、公益認定等委員会（又は合議制の機関）からその事業が公益目的であると認定を受けた場合、たとえ法人税法上の収益事業であっても、一切課税対象からはずされるのです**。

ということは、公益認定の際に公益目的事業であると認定されれば、いちいち税務署の顔色を窺わなくてもよいことになります。なんとも分かりやすい制度だといえるでしょう。
　ただし、一般法人については、原則として課税グループであっても、非課税グループであっても、これまでどおり収益事業は課税対象となります。
　従来、収益事業として、法人税法では物品販売業や運送業など民間と競合する33種が挙げられていましたが、昔ながらの事業名で限定列挙されているものなどもあり、かなり批判があったのも事実です。そこで、収益事業の範囲も今回改正されました。
　たとえばこの収益事業の中の「技芸教授業」については、いわゆる国家資格に関する試験事業や登録事業などを除外することになりました。その代わ

●新制度から法律で課税対象となる収益事業の範囲（34種）

1．物品販売業	13．写真業	25．美容業
2．不動産販売業	14．席貸業	26．興行業
3．金銭貸付業	15．旅館業	27．遊技所業
4．物品貸付業	16．料理店業他	28．遊覧所業
5．不動産貸付業	17．周旋業	29．医療保健業
6．製造業	18．代理業	30．技芸教授業
7．通信業	19．仲立業	31．駐車場業
8．運送業	20．問屋業	32．信用保証業
9．倉庫業	21．鉱業	33．無体財産権提供業
10．請負業	22．土石採取業	34．労働者派遣業
11．印刷業	23．浴場業	
12．出版業	24．理容業	

※上記の収益事業のうち、その業務が法律の規定に基づいて行われる等、下記の内容のような公共・公益的な一定の事業は収益事業から除外している。
○身体障害者及び生活保護者等が従業員の2分の1以上を占め、かつ、その事業がこれらの者の生活の保護に寄与しているもの。
○母子福祉資金の貸付けの対象となる母子福祉団体が行う事業で、母子福祉資金等の貸付期間内に行われるもの及び公共的施設内において行われるもの。
○保険契約者保護機構が、破綻保険会社の保険契約の引受け及びその引受けに係る保険契約の管理等の業務として行うもの。

り、外洋小型船舶の操縦の教習は、除外措置が廃止となりました。

　また、労働者派遣業については、これまでその言葉がなかったため、混乱をもたらしていましたが、今回からは労働者派遣業そのものが収益事業に追加されることになりました。これにより、これまで33種類であった収益事業が34種類になりました。

■寄附金税制も激変！

　今回、最も大きく前進したのは、公益社団・財団法人が特定公益増進法人の仲間入りをしたことです。

　寄附金優遇税制が適用されると、所得税における寄附金控除が個人にも拡大され、所得税等の課税対象になる所得から、寄附金控除の限度額まで寄附金分を差し引けるのです。これで、公益法人等に寄附しようとする人が増える可能性があります。

　また、法人税における寄附金の損金算入限度枠も拡大され、一般寄附金とは別枠でさらに損金算入限度額がプラスされるだけでなく、その所得基準にも拡大が図られました。

　法人にとっても、近年の企業の社会的責任や社会貢献の盛り上がりにより、新しい公益社団・財団法人に寄附をしようとする動きが活発になるでしょう。

　さらに、租税特別措置法第40条に規定する、公益法人等に対して財産を寄附した場合の譲渡所得等の非課税の特例の対象として、公益社団・財団法人が追加されました。また、公益社団・財団法人だけでなく、一般社団・財団法人であっても、それが原則非課税グループの中の「非営利型」の一般社団・財団法人であれば、この特例の対象に加わることになったのです。

●公益社団・財団法人等の寄附金に関する税制上の優遇措置

（1）個人の場合
▼寄附金控除の内容

　個人が寄附をした場合、その寄附金は特定寄附金となり確定申告の際、年間の所得額の40％を限度として所得控除の措置を受けることができます。

　この場合、その年の寄附金の合計額から5,000円を差引いた金額が所得額から控除できるのです。

　寄附金控除額＝寄附金額（年間所得金額の40／100を限度）－5,000円

　【例】年間所得1,000万円の人が100万円を寄附した場合
　　　　100万円－5,000円＝99万5,000円（寄附金控除額）

　【例】年間所得1,000万円の人が500万円を寄附した場合※
　　　　1000万円×0.4＝400万円（限度額）
　　　　400万円－5,000円＝399万5,000円（寄附金控除額）

※この場合、寄附した金額が限度額を超えているので、500万円全額は控除されません。

（2）法人の場合
▼公益社団・財団法人に対する寄附金控除の扱い

　法人が公益社団・財団法人等に寄附した場合は、一般寄附金の損金算入限度額とは別枠で、下記の特別な限度額をプラスした金額を限度として損金に算入できます。

① 　一般損金算入限度額
　　（資本等の金額×2.5/1000＋年間所得金額×2.5/100）×1/2
　　※この額は公益社団・財団法人に限らずあらゆる寄附金について損金算入が認められている限度額です。
② 　公益社団・財団法人に対する寄附金の特別損金算入限度額
　　（資本等の金額×2.5/1000＋年間所得金額×5/100）×1/2

　公益社団・財団法人の場合、特定公益増進法人と同じく、①と②の合計額が損金算入できるのです。一般社団・財団法人であれば、①のみです。

【例】資本金10億円、当該事業年度の所得3億円の株式会社が、公益社団・財団法人にのみ寄附した場合の限度額の計算
①は500万円②は875万円　①＋②は1,375万円
※合計1,375万円までの寄附金について損金算入することができます。

■地方税にも優遇はあるのか？

　まず、法人住民税・法人事業税です。

　法人住民税均等割については、公益社団・財団法人も一般社団・財団法人も、最低税率が適用されますが、その中でも、博物館の設置又は学術の研究を目的とする公益社団・財団法人は、収益事業を行わない場合のみ非課税となります。

　法人事業税は、公益社団・財団法人も一般社団・財団法人も、所得割額又は収入割額によって課税することになりました。

　また、固定資産税及び都市計画税ですが、従来の民法第34条法人が設置するものに対して非課税措置が講じられている施設については、公益社団・財団法人が設置する施設については非課税です。一般社団・財団法人に移行した法人が設置する施設で、移行の日の前日において非課税とされていたものについては、平成25年度分まで非課税措置を継続します。

　さらに、不動産取得税ですが、従来の民法第34条法人が使用するために取得した場合に非課税措置が講じられている施設は、公益社団・財団法人が使用するために取得した場合のみ非課税となります。

　そして、事業所税については、公益社団・財団法人も一般社団・財団法人も、課税の範囲は法人税と同様となります。その中でも、公益社団・財団法人又は原則非課税グループ（収益事業課税）の一般社団・財団法人が経営する専ら勤労者の利用に供する福利又は厚生のための施設については、非課税となります。

　このように、地方税についても、公益社団・財団法人には様々な優遇措置が講じられています。ただし、一般社団・財団法人の場合は、原則非課税グループのみに優遇措置が与えられている場合がありますのでそのあたりは注意しましょう。

● 新しい非営利法人の税制比較

法人類型	法人税				利子に係る源泉所得税
	課税対象	税率	みなし寄附金制度	寄附金損金算入限度額	
特例民法法人	収益事業所得	22％	有	所得の20％	非課税
公益社団法人 公益財団法人	収益事業（公益目的事業を除く）所得	30％（800万円以下は22％）	有	所得の50％と公益目的支出の多い方	非課税
非営利一般社団法人 非営利一般財団法人	収益事業所得	30％（800万円以下は22％）	無	所得の2.5％（特定公益増進法人に対しては5％）	課税
非営利一般法人以外の一般社団法人 一般財団法人	全所得	30％（800万円以下は22％）	無	所得の2.5％（特定公益増進法人に対しては5％）	課税

※表中の「非営利一般社団法人」「非営利一般財団法人」とは剰余金の分配を行わないことなどを定款に定める団体や、会員に共通する利益を図る活動を行うことを主たる目的としている団体など、一定の条件を備えている団体を指します。

第2章

完全解説！
新公益法人になるための
公益認定基準

1 「公益認定法」とは何か

新公益法人制度に関する3つの法律の1つ。従来の公益法人にとって今後の団体存続にもかかわってくる公益認定を規定する法律。

■ **法律制定の目的とは？**

　公益法人の設立許可や指導監督を主務官庁が行う従来の制度は、公益性の判断基準が不明確であり、しかも天下りの温床になっていたため、以前から、批判の声があちこちから聞こえていました。そこで、こうした声に応え、この法律では、民間の力を活用した新たな組織が、できるだけ裁量の余地の少ない客観的で明確な判断基準に従って、民意を適切に反映しながら、その「公益性」を統一的に判断できるようにしたのです。

公益性の判断
これまでの制度……主務官庁が許可 ➡ 社団法人・財団法人
新制度から…………公益認定等委員会（又は合議制の機関）が認定審査
　　　　　　　　　➡ 公益社団法人・公益財団法人

　正式な法律名を「公益社団法人及び公益財団法人の認定等に関する法律」とするこの法律は、主に法人の事業や組織の公益性の認定や監督について規定し66条の条文からなっています。そして、この法律に則り公益認定基準を満たした「一般社団・財団法人」だけが、"公益性のない組織"から抜け出して、"公益性のある組織"である「公益社団・財団法人」になることができるのです（認定法4条）。

　なお、公益認定を受けられるのは、従来の公益法人（特例民法法人）以外では、一般社団・財団法人に限られますので、まだ法人格を取得していない任意団体やNPO法人が、いきなり公益認定を受けることはできません。それらの団体がもし公益社団・財団法人を望むのであれば、いったん一般社団・財団法人を設立してから公益認定の申請をすることになります（認定法4条・7条1項）。

公益認定等委員会（又は合議制の機関）の判断の結果	
特例民法法人で公益性あり	公益社団・財団法人に移行
特例民法法人で公益性なし	一般法人を目指すか解散か(不認定)
一般社団法人で公益性あり	公益社団法人に移行
一般財団法人で公益性あり	公益財団法人に移行
一般社団法人で公益性なし	一般社団法人のまま（不認定）
一般財団法人で公益性なし	一般財団法人のまま（不認定）
一般社団・財団法人以外の法人	審査の対象外
新規に設立しようとする団体	審査の対象外

■主務官庁制度を廃止しても、行政が関与する？

　公益認定の判断が、民間の公益認定等委員会（又は合議制の機関）に委ねられるようになったからといって、行政の関与がなくなったわけではありません。公益認定を受けた法人の活動に対して適切な監督を行うことは、公益認定制度の信頼を確保する観点からも重要であるという理由から、公益社団・財団法人における監督責任者は、やはり行政庁が担うのです（認定法27条）。

　ただし、これまでのようにすべての中央省庁が担当することはなくなり、下記のとおり、公益法人の区分に応じて、内閣総理大臣又は都道府県知事となります（認定法3条）。

　このように完全に行政の手から離れなかったことにより、行政庁が依然として大きな影響力を維持するのではないかという意見もあり、それではせっかくの新しい制度が台無しであると、専門家などが首をかしげているのも事実なのです。

公益認定を受けた法人の担当行政庁（認定法3条）	
2以上の都道府県に事務所を置く法人	内閣総理大臣
公益目的事業を2以上の都道府県で行う法人	内閣総理大臣
国の事務や国の事業を代わりに行う法人	内閣総理大臣
それ以外の法人	都道府県知事

2 公益性を判断する認定基準

公益か非公益かの運命を決める認定基準。あまりにも複雑なので、すぐに理解することは難しい。

■許認可事業に関わる行政庁も認定審査に関与？

　法人の公益性を判断するのは、旧主務官庁でも、新しい行政庁でもありません。それは、内閣府の設置する第三者機関「公益認定等委員会」の7人の有識者たちや、都道府県に設置される「合議制の機関」の3～7人の委員なのです。彼らが法人の公益性の認定や認定の取消しを判断し、それを行政庁に答申します（認定法32～46条）。

　そして、それを元に申請を出している従来の公益法人（特例民法法人）又は一般社団・財団法人に対して、行政庁が判断（認定・不認定・認定取消し）を下すことになるのです（認定法5条）。

　もちろん、認定される団体は、一定の基準を満たした法人だけであり、認定された法人だけが「公益社団法人」又は「公益財団法人」の名称を使用できるようになり、「公益」と名乗れるのは、これらの法人だけになります（認定法9条4項）。

　気になる公益認定・移行認定ですが、認定法第5条に示された公益認定の基準（右頁からの表参照）に基づき、申請する法人が行っている公益目的事業の個別具体的内容などを、公益認定等委員会（又は合議制の機関）が審査し、適切に判断することになっています。また、その法人の行う事業が行政から何らかの許認可が必要な許認可事業である場合、その事業に許認可等を与えている行政機関からも意見を聴取することになっています（認定法8条）。

　公益認定・移行認定を受けるためには、この公益認定基準を正しく理解することが重要です。そこで、本書では42頁からこの公益認定基準を徹底的に解説しています。ぜひ本章の内容をしっかり踏まえて申請に臨んでください。

● 認定法で示された公益認定の主な基準18項目（認定法5条）

①	公益目的事業を行うことを主たる目的とするものであること。
②	公益目的事業を行うのに必要な経理的基礎及び技術的能力を有するものであること。
③	その事業を行うに当たり、社員、評議員、理事、監事、使用人その他の政令で定める当該法人の関係者に対し特別の利益を与えないものであること。
④	その事業を行うに当たり、株式会社その他の営利事業を営む者又は特定の個人若しくは団体の利益を図る活動を行うものとして政令（認定法施行令2条）で定める者に対し、寄附その他の特別の利益を与える行為を行わないものであること。ただし、公益法人に対し、当該公益法人が行う公益目的事業のために寄附その他の特別の利益を与える行為を行う場合は、この限りでない。
⑤	投機的な取引、高利の融資その他の事業であって、公益法人の社会的信用を維持する上でふさわしくないものとして政令（認定法施行令3条）で定めるもの又は公の秩序若しくは善良の風俗を害するおそれのある事業を行わないものであること。
⑥	その行う公益目的事業について、当該公益目的事業に係る収入がその実施に要する適正な費用を償う額を超えないと見込まれるものであること。
⑦	公益目的事業以外の事業（以下「収益事業等」という。）を行う場合には、収益事業等を行うことによって公益目的事業の実施に支障を及ぼすおそれがないものであること。
⑧	その事業活動を行うに当たり、第15条に規定する公益目的事業比率が100分の50以上となると見込まれるものであること。
⑨	その事業活動を行うに当たり、第16条第2項に規定する遊休財産額が同条第1項の制限を超えないと見込まれるものであること。
⑩	各理事について、当該理事及びその配偶者又は三親等内の親族（これらの者に準ずるものとして当該理事と政令（認定法施行令4条）で定める特別の関係がある者を含む。）である理事の合計数が理事の総数の3分の1を超えないものであること。監事についても、同様とする。
⑪	他の同一の団体（公益法人又はこれに準ずるものとして政令（不制定）で定めるものを除く。）の理事又は使用人である者その他これに準ずる相互に密接な関係にあるものとして政令（認定法施行令5条）で定める者である理事の合計数が理事の総数の3分の1を超えないものであること。監事についても、同様とする。

⑫	会計監査人を置いているものであること。ただし、毎事業年度における当該法人の収益の額、費用及び損失の額その他の政令（認定法施行令6条）で定める勘定の額がいずれも政令（認定法施行令6条）で定める基準に達しない場合は、この限りでない。
⑬	その理事、監事及び評議員に対する報酬等（報酬、賞与その他の職務遂行の対価として受ける財産上の利益及び退職手当をいう。以下同じ。）について、内閣府令（認定法施行規則3条）で定めるところにより、民間事業者の役員の報酬等及び従業員の給与、当該法人の経理の状況その他の事情を考慮して、不当に高額なものとならないような支給の基準を定めているものであること。
⑭	一般社団法人にあっては、次のいずれにも該当するものであること。 　イ　社員の資格の得喪に関して、当該法人の目的に照らし、不当に差別的な取扱いをする条件その他の不当な条件を付していないものであること。 　ロ　社員総会において行使できる議決権の数、議決権を行使することができる事項、議決権の行使の条件その他の社員の議決権に関する定款の定めがある場合には、その定めが次のいずれにも該当するものであること。 　　(1) 社員の議決権に関して、当該法人の目的に照らし、不当に差別的な取扱いをしないものであること。 　　(2) 社員の議決権に関して、社員が当該法人に対して提供した金銭その他の財産の価額に応じて異なる取扱いを行わないものであること。 　ハ　理事会を置いているものであること。
⑮	他の団体の意思決定に関与することができる株式その他の内閣府令（認定法施行規則4条）で定める財産を保有していないものであること。ただし、当該財産の保有によって他の団体の事業活動を実質的に支配するおそれがない場合として政令（認定法施行令7条）で定める場合は、この限りでないこと。
⑯	公益目的事業を行うために不可欠な特定の財産があるときは、その旨並びにその維持及び処分の制限について、必要な事項を定款で定めているものであること。
⑰	第29条第1項若しくは第2項の規定による公益認定の取消しの処分を受けた場合又は合併により法人が消滅する場合（その権利義務を承継する法人が公益法人であるときを除く。）において、公益目的取得財産残額（第30条第2項に規定する公益目的取得財産残額をいう。）があるときは、これに相当する額の財産を当該公益認定の取消しの日又は当該合併の日から1箇月以内に類似の事業を目的とする他の公益法人若しくは

	次に掲げる法人又は国若しくは地方公共団体に贈与する旨を定款で定めているものであること。 　イ　私立学校法（昭和24年法律第270号）第3条に規定する学校法人 　ロ　社会福祉法（昭和26年法律第45号）第22条に規定する社会福祉法人 　ハ　更生保護事業法（平成7年法律第86号）第2条第6項に規定する更生保護法人 　ニ　独立行政法人通則法（平成11年法律第103号）第2条第1項に規定する独立行政法人 　ホ　国立大学法人法（平成15年法律第112号）第2条第1項に規定する国立大学法人又は同条第3項に規定する大学共同利用機関法人 　ヘ　地方独立行政法人法（平成15年法律第118号）第2条第1項に規定する地方独立行政法人 　ト　その他イからヘまでに掲げる法人に準ずるものとして政令（認定法施行令8条）で定める法人
⑱	清算をする場合において残余財産を類似の事業を目的とする他の公益法人若しくは前号イからトまでに掲げる法人又は国若しくは地方公共団体に帰属させる旨を定款で定めているものであること。

公益認定基準徹底分析 1

法人の主たる目的

> 認定法第5条第1号　公益目的事業を行うことを主たる目的とするものであること。

■公益目的事業の定義

　認定法第2条第4号に定める公益目的事業の定義は、右の図に示すとおり、A「学術、技芸、慈善その他の公益に関する別表各号に掲げる種類の事業」であって、なおかつB「不特定かつ多数の者の利益の増進に寄与するもの」であるということです。

　そこで、公益目的事業かどうか、まず個々の事業が44頁の別表に掲げられた23の事業のいずれに該当しているかを確認します。それがAの作業です。

　次に、Bの作業については、不特定かつ多数の者の利益の増進に寄与しているかどうかで、こちらは相当高度な判断が求められます。そこで国は、法人が行っているどんな事業が公益目的事業になるのか、公益目的事業の事業区分と具体的な事業名を45頁のとおり17事業示した上で、さらにその事業が公益目的となるためのチェックポイントを示しています。

　まず、45頁で法人の事業がどの事業区分にあてはまるかを確認したうえで、46頁から解説されている各チェックポイントをチェックしてください。これにより、個々の事業が特定の者のみの利益の増進になっていないかどうかを確認することになります。つまり、公益目的事業か否かについては、次頁図のようにAだけでもダメ、Bだけでもダメ、Aに該当する事業をBのような方法で実施していることが必要なのです。

● 公益目的事業について

```
┌─────────────────────────────────────────────────┐
│         「公益目的事業」の定義（認定法第2条第4号）      │
│  A  学術、技芸、慈善その他の公益に関する別表各号に掲げる種類の事業であって、│
│  B  不特定かつ多数の者の利益の増進に寄与するものをいう。    │
└─────────────────────────────────────────────────┘
```

Aについて

個々の事業が別表各号のいずれかに該当しているかを検討。

認定法　別表（第2条関係）

一　学術及び科学技術の振興を目的とする事業
二　文化及び芸術の振興を目的とする事業
三　障害者若しくは生活困窮者又は事故、災害若しくは犯罪による被害者の支援を目的とする事業
四　高齢者の福祉の増進を目的とする事業
……
二十二　一般消費者の利益の擁護又は増進を目的とする事業
二十三　前各号に掲げるもののほか、公益に関する事業として政令で定めるもの

Bについて

個々の事業が特定多数の者のみの利益の増進になっていないかどうかの観点からチェックポイントに沿って検討。
※事実認定に当たって留意すべき点であり、これらを勘案して委員会で審議の上、判断することとなる。

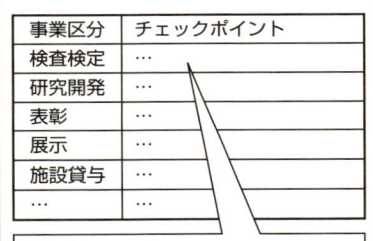

事業区分	チェックポイント
検査検定	…
研究開発	…
表彰	…
展示	…
施設貸与	…
…	…

検査検定	○不特定多数の利益増進への寄与を明示？ ○検査検定の基準を公表？ …

■「主たる」とは何で判断？

　そして、申請時に記載する予算書上の公益目的事業の事業費割合の見込みが50％以上になる場合に「主たる目的」として認められます。ですから、公益目的と考えられる事業にほとんどの時間を費やしていても、経費はちっともかからないということになると、この基準を満たさないことになってしまうので、注意が必要です。

● **公益目的事業として示されている 23 の事業の種類（認定法別表〈第 2 条関係〉）**

> （1）学術及び科学技術の振興を目的とする事業
> （2）文化及び芸術の振興を目的とする事業
> （3）障害者若しくは生活困窮者又は事故、災害若しくは犯罪による被害者の支援を目的とする事業
> （4）高齢者の福祉の増進を目的とする事業
> （5）勤労意欲のある者に対する就労の支援を目的とする事業
> （6）公衆衛生の向上を目的とする事業
> （7）児童又は青少年の健全な育成を目的とする事業
> （8）勤労者の福祉の向上を目的とする事業
> （9）教育、スポーツ等を通じて国民の心身の健全な発達に寄与し、又は豊かな人間性を涵養することを目的とする事業
> （10）犯罪の防止又は治安の維持を目的とする事業
> （11）事故又は災害の防止を目的とする事業
> （12）人種、性別その他の事由による不当な差別又は偏見の防止及び根絶を目的とする事業
> （13）思想及び良心の自由、信教の自由又は表現の自由の尊重又は擁護を目的とする事業
> （14）男女共同参画社会の形成その他のより良い社会の形成の推進を目的とする事業
> （15）国際相互理解の促進及び開発途上にある海外の地域に対する経済協力を目的とする事業
> （16）地球環境の保全又は自然環境の保護及び整備を目的とする事業
> （17）国土の利用、整備又は保全を目的とする事業
> （18）国政の健全な運営の確保に資することを目的とする事業
> （19）地域社会の健全な発展を目的とする事業
> （20）公正かつ自由な経済活動の機会の確保及び促進並びにその活性化による国民生活の安定向上を目的とする事業
> （21）国民生活に不可欠な物資、エネルギー等の安定供給の確保を目的とする事業
> （22）一般消費者の利益の擁護又は増進を目的とする事業
> （23）前各号に掲げるもののほか、公益に関する事業として政令で定めるもの

● 事業区分ごとの事業名の例（公益認定等ガイドラインより）

	事業区分	事業名の例（事業報告書等に記載されているもの）
1	検査検定	検査・検定、検査、検定、認証
2	資格付与	技能検定、技術検定、資格認定
3	講座、セミナー、育成	講座、講習、セミナー、シンポジウム、人材育成、育成、研修会、学術集会、学術講演会
4	体験活動等	イベント、体験、体験教室、ツアー、観察会
5	相談、助言	相談、相談対応、相談会、指導、コンサルタント、助言、苦情処理
6	調査、資料収集	調査研究、調査、統計、資料収集、情報収集、データベース作成、分析
7	技術開発、研究開発	研究開発、技術開発、システム開発、ソフト開発、研究、試験研究
8	キャンペーン、〇〇月間	キャンペーン、普及啓発、週間、月間、キャラバン、政策提言
9	展示会、〇〇ショー	展示会、博覧会、ショー、〇〇展、フェア、フェスタ、フェスティバル
10	博物館等の展示	〇〇館、コレクション、常設展示場、常設展示
11	施設の貸与	施設（又は会館、ホール、会議室）管理、施設の管理運営、施設の維持経営
12	資金貸付、債務保証等	融資、ローン、債務保証、信用保証、リース
13	助成（応募型）	助成、無償奨学金、支援、補助、援助、補助金、利子補給、家賃補助、無償貸与、無償貸付、無償レンタル
14	表彰、コンクール	表彰、〇〇賞、〇〇大賞、コンクール、コンクール大会、審査、コンテスト、グランプリ、展覧会
15	競技会	競技大会、試合、大会、〇〇カップ、〇〇杯、〇〇オープン
16	自主公演	公演、興行、演奏会
17	主催公演	主催公演、主催コンサート

前頁の表の17の事業区分のそれぞれに、公益目的事業かどうかの判断基準となるチェックポイントが設けられているので、この頁からはそれぞれの区分ごとにチェックポイントを解説していきましょう。

1 ◆ 検査検定事業のチェックポイント

■公益認定等委員会によるチェックポイント

　ここでいう「検査検定」は、申請に応じて、主として製品等の安全性、性能等について、一定の基準に適合しているかの検査を行い、当該基準に適合していれば当該製品の安全性等を認証する事業のことです。法人の事業名としては、検査、検定、認証等とされています。

　公益目的事業としての「検査検定」は、製品等の安全性、性能等について適切に確認することを趣旨としている必要があります。また、審査の質が低いと却って不特定多数の者の利益を害しかねません。したがって、審査の公正性や質が確保されているかに着目して事実認定するのが有効であるとされています。

　このため、公益目的事業のチェックポイントは以下のとおりです（「公益目的事業のチェックポイントについて」より）。

①	当該検査検定が不特定多数の者の利益の増進に寄与することを主たる目的として位置付け、適当な方法で明らかにしているか。
②	当該検査検定の基準を公開しているか。
③	当該検査検定の機会が、一般に開かれているか。
④	検査検定の審査に当たって公正性を確保する仕組みが存在しているか。（例：個別審査に当たって申請者と直接の利害関係を有する者の排除、検定はデータなど客観的方法による決定）
⑤	検査検定に携わる人員や検査機器についての必要な能力の水準を設定し、その水準に適合していることを確認しているか。（例：検査機器の定期的点検と性能向上／能力評価の実施／法令等により求められる能力について許認可を受けている）

■「検査検定」が公益目的事業になるためには

「検査検定」はその事業の結果としては、たとえば安全性が確認された製品であることを表示できることにより、市場の競争力が向上するなどのメリットがあると考えられます。このため、基準設定、申請受付、審査、この3つの段階で公正性が確保されているか、その辺りを問われることになります。

特に、たとえば安全性の認証を信用して製品を使用した結果、性能が基準を満たしておらず、事故が発生してしまうということを防ぐため、とりわけ審査の質の確保には留意する必要があるでしょう。

チェックポイントの②では、特に基準が目的から離れて、たとえば製品の安全性とはまったく関係のない要素が入り込んでいたりすると、特定の者に有利になっているおそれがあるので、基準をしっかり定め、公開することを求めています。基準を公開することによって、基準の内容に対して外部チェックが働くことになり、不公正な基準となることを防止しているのです。

またチェックポイントの③では、「検査検定」の機会が、社員や賛助会員等の特定の者に限定されていたりすると、公益目的にはなりません。その機会が社員等に限定されている場合、結果として得られるメリットが特定の者に限定されるという側面を持つこととなり、そこの社員等でないと性能認証をしてもらえないとか、「検査検定」をしてもらえないということになるわけで、機会が社員等に限らず開かれているかということを事前チェックの段階で確認することが必要なのです。

ただ、この事業の性格上、特定の法人に属しているという限定ではなく、特定の業種に限定するというのは合理的な制限であると考えられています。

それから、チェックポイントの④では、審査の公正性が求められています。社団法人の社員等だとか、財団法人の賛助会員など、特定の者だけ審査を甘くするということが考えられるので、一般には機会は開かれていても、そういった特定の者だけ有利な取り扱いをすることは、公益法人としてふさわしくないということになります。

チェックポイント⑤は、「検査検定」に携わる人員や検査に用いる機器について、必要な能力の水準を設定して、その水準に適合しているか、そして適合していることを確認しているかということです。

検査機器の定期的点検と時代の技術革新に合わせた性能の向上、あるいは人員の能力評価の実施や、法令等に求められる能力のチェックなどを常に心がけていないようでは、公益目的事業にはならないのです。
　これについては、たとえば、耐震強度が非常に高いということで、その製品を使用した結果、実は検査能力が低くて、検査がずさんだったために十分に安全性が確保されず、事故を招くということも考えられるので、「検査検定」については、人員の能力や技術的能力とも関係ありますが、公益目的事業かどうかを見るための事実認定の留意点として挙げられているのです。

■「検査検定」や「資格付与」は1業種1社に限らない？

　これまでは、国が基準などを制定したときに、その基準でのみ対応するということで、1分野で1団体だけ、公益法人を認めるということがよくありました。
　しかし、現在では、行政委託型公益法人改革により、特定の分野を指定して、特定の団体だけに「検査検定」や「資格付与」を実施させるということは全面的に改めています。原子力安全の特定分野など、どうしても国家の代行で行うようなもの以外は、すべて法律で要件を定めて、要件をクリアしている団体は登録ができるようになっており、むしろ営利法人も含めて競合して行っているという方が普通になっている状況です。
　そこで、今回の制度でも、**1つの分野で1団体だけ公益を認定するということは一切ありません。**

2 ◆ 資格付与事業のチェックポイント

　ここでいう「資格付与」は、申請者の技能・技術等について、一定の水準に達しているかの試験を行い、達していれば申請者に対して資格を付与する事業のことです。法人の事業名としては、技能検定、資格認定等とされています。文化及び芸術の振興に係るものについては、「3　講座、セミナー、育成」が適用されます。
　公益目的事業としての「資格付与」は、技能・技術等について、一定の水

準に達しているかについて適切に確認することを趣旨としている必要があります。したがって、審査の公正性や質が確保されているかに着目して事実認定するのが有効であるとされています。

このため、公益目的事業のチェックポイントは以下のとおりです（「公益目的事業のチェックポイントについて」より）。

①	当該資格付与が不特定多数の者の利益の増進に寄与することを主たる目的として位置付け、適当な方法で明らかにしているか。
②	当該資格付与の基準を公開しているか。
③	当該資格付与の機会が、一般に開かれているか。 （注）ただし、高度な技能・技術等についての資格付与の場合、質を確保するため、レベル・性格等に応じた合理的な参加の要件を定めることは可。
④	資格付与の審査に当たって公正性を確保する仕組みが存在しているか。 （例：個別審査に当たって申請者と直接の利害関係を有する者の排除）
⑤	資格付与の審査に当たって専門家が適切に関与しているか。

■「資格付与」が公益目的事業になるためには

「資格付与」はその事業の結果、たとえば安全性が確認された製品であることを表示できることにより、市場の競争力が向上するなどのメリットがあると考えられます。このため、基準設定、申請受付、審査、この３つの段階で公正性が確保されているかどうかが、公益認定事業のカギを握ることとなります。

特に、たとえば安全性の認証を信用して製品を使用した結果、性能が基準を満たしておらず、事故が発生してしまうという事態を防ぐため、審査の質が確認されているかという点にはとりわけ留意する必要があるでしょう。

チェックポイントの②では、特に基準が目的から離れて、たとえば技能とはまったく関係のない要素が入り込んだりして、特定の者に有利にならないよう、基準を公開することによって、基準の内容に対して外部チェックが働き、不公正な基準となることを防止するよう求めています。

チェックポイントの③では、「資格付与」の機会が、社員や賛助会員等の特定の者に限定されていないかどうかがチェックされます。もちろん、高度

な技能・技術等についての「資格付与」の場合は、質を確保するため、レベル・性格等に応じた合理的な参加の要件を定めることは可能です。ただし、何でもかんでも参加要件の設定を認めるということではありませんので、できれば、15歳以上の者であれば誰でも受験できるようにすべきでしょう。

　チェックポイントの④では、審査に当たって、社団法人の会員や財団法人の賛助会員など、特定の者だけに審査を甘くするというようなことがあってはいけませんので、公正な仕組みになっているかどうかが確認されることになります。

　また、「**資格付与**」も、「**検査検定**」と同様に、公益認定を受けられるのは1業種1社に限られません（48頁参照）。

3 ◆ 講座、セミナー、育成事業のチェックポイント

　ここでいう「講座、セミナー、育成」は、受講者を募り、専門的知識・技能等の普及や人材の育成を行う事業のことです。法人の事業名としては、講座、講習、セミナー、育成等とされています。防災研修など社会的な課題への対処、文化・芸術等の振興を目的とした専門的知識・技能の講座等が挙げられます。

　公益目的事業としての「講座、セミナー、育成」は、専門的知識・技能等の普及や人材の育成を行うことを趣旨としている必要があります。したがって、その事業内容につき一定の質が確保されているか等に着目して事実認定するのが有効であるとされています。

　このため、公益目的事業のチェックポイントは以下のとおりです（「公益目的事業のチェックポイントについて」より）。

①	当該講座、セミナー、育成（以下、「講座等」）が不特定多数の者の利益の増進に寄与することを主たる目的として位置付け、適当な方法で明らかにしているか。
②	当該講座等を受講する機会が、一般に開かれているか。 （注）ただし、高度な専門的知識・技能等を育成するような講座等の場合、質を確保するため、レベル・性格等に応じた合理的な参加の要件を定めることは可。

③	当該講座等及び専門的知識・技能等の確認行為（受講者が一定のレベルに達したかについて必要に応じて行う行為）に当たって、専門家が適切に関与しているか。 （注）専門的知識の普及を行うためのセミナー、シンポジウムの場合には、確認行為については問わない。
④	講師等に対して過大な報酬が支払われることになっていないか。

■「講座、セミナー、育成」が公益目的事業になるためには

　公益目的になるような「講座、セミナー」というのは、たとえば防災研修など社会的な課題への対処を目的とした専門的知識・技能の研修などのことで、法人の事業名としては、「研修」「講習」「講座」「セミナー」といった名称が使われています。実例を挙げると、危険物の取扱責任者の講習や、アスベスト（石綿）の作業主任者の講習や、フォークリフト講習、あるいは健康運動指導員などが考えられます。

　また、「育成」とは、文化・芸術の振興を目的とした芸能等の人材の育成のことで、法人の事業名としては、「研修」「修練」「育成」などが該当します。

　ここで注意したいのは、社団法人の社員や財団法人の賛助会員などに特定の情報を提供することをもって「研修」としているところもありますが、このような情報提供のみをもって「講座、セミナー、育成」をすることは、不特定多数の者の利益の増進に寄与しているとはいえません。つまり、人材を育成することによって不特定多数の者の利益の増進に寄与するということが大事な点であり、一定の質が確保されているかということに着目して事実確認をすることになります。

　よって、「講座、セミナー、育成」が公益目的事業になるために留意すべき点としては、まずチェックポイント①、②にある公開性です。「講座、セミナー、育成」の対象者が一般に開かれているかということです。ただし、「講座、セミナー、育成」が高度な専門的知識や技能等を育成するような場合は、レベルとか事業の性格によって、合理的な要件を定めることは可能ですが、合理的な参加の要件となっていない場合は、誰でも参加できるようにするべきです。

たとえば、芸術分野で人材発掘の裾野を広げるために、幼児期からの「育成」を行っているというようなケースでは、父兄が研修の趣旨に賛同して、関心があるというような緩やかな要件であれば問題ありませんが、父兄がその道の関係者であるというような要件は、どう考えても不当な差別的な参加の要件ということになるでしょう。

 また、芸術とか文化の分野ではよく見受けられますが、高度な技能を培うような研修などの場合には、対象者の要件をかなり限定しなければ、研修そのものの質が確保できない場合もあります。この場合は、合理的な参加の要件と考えられるでしょう。

 次にチェックポイント③では、「講座、セミナー、育成」の受講者が一定のレベルに達したかについて必要に応じて行う確認行為について、その際、専門家が適切に関与しているかが問われます。

 要するに「講座、セミナー、育成」という名目で事業を行っているものの、なかなか質が伴っていない、事業意図に合致しないレベルの単なる情報提供を行うなどといった程度の「講座、セミナー、育成」では、公益性があまりないと考えるのが妥当だということです。そこで、本来の「講座、セミナー、育成」の意図に沿った専門家が関与しているかということを確認するのが有効なのです。

 なお、この確認行為というのは、たとえば弟子を初めて発表会などに出す場合、先生が弟子の状態やレベルを見て、出す出さないを決めることになりますが、そのようなものが確認行為と考えられています。その際、最低限チェックすべき点として、専門家が適切に関与しているかどうかが重要となります。

 また、チェックポイント④は、世間の相場に比べて講師等への報酬が高すぎると、その者に対する特別な利益となってしまうおそれがあり、ここも重要なポイントとされています。

■講習の後に資格付与したらどっちでチェックするのか？

 一連の事業として研修を行い、最後に確認行為としてテストを行い、最終的に○○士というような資格を付与するときは、**それが一連の事業としてな**

されている場合には、「講座、セミナー、育成」のチェックポイントと「資格付与」のチェックポイントと両方を満たす必要があります。

■専門業種に限るセミナーなどは共益的？

たとえば医師を対象とした研修をする場合、医師に限定されていても、医師の専門的知識を高めることによって、それが国民的な医療行為の水準を上げるということで不特定多数の利益の増進につながると考えることもできます。よって、医師という業界の研修をやっているのだから、それは共益的だと決めつけることはできません。もちろん、研修の内容自体がまったく内向きのものにとどまり、その効果がどこかでとどまっている場合は、その事業は公益目的にならないこともあるでしょう。つまり、本当にその「講座、セミナー、育成」が共益団体の構成員のためだけの事業なのかどうかは、その効果が内向きにとどまるのかそうでないかということにより、公益性が判断されるのです。

たとえば、学術に関係するような学会などの場合は、専門外の人が入ってくるとその学会の水準を下げることになりますので、高い水準を保つためには資格を制限することも必要です。よって、医学会などの場合は、参加者を医師に限るということは許容の範囲と考えられます。

■会員以外にも開放する「講座、セミナー、育成」が高額だったら

セミナー等を会員や資格者に限るというのがよくないのだろうということで、会員だけに限定しないで一般にも公開する団体は今後多くなるでしょう。しかし、実際の受講料に会員とかなりの差をつけてしまえば、会員以外はほとんど参加できなくなってしまいます。

ですので、いくら会員以外にも開放されているといっても、非常識な料金設定の場合は、一般に開かれているといえないこととなりますので、十分注意が必要です。つまり、会員が3,000円で非会員が5,000円という程度ならば開放されていると考えられますが、会員が3,000円で非会員が30,000円となると、公開は形式的なものと考えられるでしょう。

4 ◆ 体験活動等事業のチェックポイント

　ここでいう「体験活動等」は、公益目的のテーマを定め、比較的短期間の体験を通じて啓発、知識の普及等を行う事業のことです。法人の事業名としては、○○体験、○○教室等とされています。

　公益目的事業としての「体験活動等」は、公益目的として設定されたテーマについて体験を通じた啓発・普及活動を趣旨としている必要があります。したがって、本来の公益目的と異なり、業界団体の販売促進や共同宣伝になっていないか等に着目して事実認定するのが有効であるとされています。このため、公益目的事業のチェックポイントは以下のとおりです（「公益目的事業のチェックポイントについて」より）。

①	当該体験活動等が不特定多数の者の利益の増進に寄与することを主たる目的として位置付け、適当な方法で明らかにしているか。
②	公益目的として設定されたテーマを実現するためのプログラムになっているか。 （例：テーマで謳っている公益目的と異なり、業界団体の販売促進や共同宣伝になっていないか）
③	体験活動に専門家が適切に関与しているか。

■「体験活動等」が公益目的事業になるためには

　チェックポイントの①で問われているのは、法人が社会への貢献を意図して事業を設計して、対外的にそれを明らかにしているかどうかということで、「当該体験活動等がどのように社会に貢献するかを明らかにしているか」ということです。

　チェックポイントの②は、たとえば業界団体による試飲会や試食会、あるいは職場体験など、その製品・商品を体験してみようということで、公益目的を謳っていながら特定業界の販売促進や共同宣伝あるいは物品販売になっていないかをチェックする必要があり、「体験活動等」のプログラムの内容が公益目的と設定された事業目的に沿ったものになっているかをチェックします。

チェックポイントの③は、体験活動に専門的な知見や識見が反映されていないと、公益目的事業としての実態をなかなか認め難く、単なる遊びを行っているにすぎない可能性があるので、専門家の適切な関与があるかどうかという点が重要になります。

■体験活動にお金を取っていいの？

それぞれに参加費というものは当然必要な場合も多く、1年間の材料費やイベント参加費、あるいは保険代などを徴収することもあるでしょう。このように、事業を続けていくためには参加費の形で徴収するということは当然必要なことですので、あまりにも金額が高過ぎるということがなく、普通に参加費を取っている分には問題はありません。

■どこまでが体験でどこからが共同宣伝？

「公益目的と異なり、業界団体の販売促進や共同宣伝になっていないか」という点ですが、仮に業界団体のような、専門家集団で体験活動をすると、当然その得意分野においてのイベントになるはずですから、多少なりとも宣伝の要素は含みます。

たとえば、水関係の団体でまったく水のない生活を子どもたちにさせて、いかに水というのは大事なのかということを体験させる。それは、ある意味では水の宣伝になっているかもしれませんが、結果としてその分野の共同宣伝になっているなどという解釈をしてしまうと、それぞれ得意分野でやっているものはすべて宣伝活動となってしまうので、その辺りは善意に解釈をすべきでしょう。

そのほか、伝統芸能やスポーツに若いうちから関心を持ってもらうというのは大事なことですが、それが将来の興行収益を上げることにつながるからダメだという考えでは、何もできなくなってしまいます。そこで、まず公益目的として伝統文化の振興、青少年の健全育成などをきちんと公益目的として立てていて、それを実現するためのプログラムになっているのか、専門家の適切な関与があるのか、単に宣伝のために行うようなものか、その辺りを見て判断することになるでしょう。

5 ◆ 相談、助言事業のチェックポイント

　ここでいう「相談、助言」は、相談に応じて、助言や斡旋その他の支援を行う事業のことです。法人の事業名としては、相談、助言、苦情処理等とされています。支援を行うに当たっては専門家を派遣することもあります。

　公益目的事業としての「相談、助言」は、問題を抱える者に対して適切に助言等の支援を行うことを趣旨としている必要があります。

　したがって、助言の質の確保に着目して事実認定するのが有効であるとされています。このため、公益目的事業のチェックポイントは以下のとおりです（「公益目的事業のチェックポイントについて」より）。

①	当該相談、助言が不特定多数の者の利益の増進に寄与することを主たる目的として位置付け、適当な方法で明らかにしているか。
②	当該相談、助言を利用できる機会が一般に開かれているか。
③	当該相談、助言には専門家が適切に関与しているか。 （例：助言者の資格要件を定めて公開している）

■「相談、助言」が公益目的事業になるためには

　チェックポイントとしては、まず①として、「相談、助言」の社会貢献の意義を明らかにしているかです。

　チェックポイントの②は、「当該相談、助言を利用できる者としてその門戸が一般に開かれているか」ということで、社団法人の社員等に限定されていないことが求められています。

　チェックポイントの③としては、「相談、助言」に専門家が関与しているかどうかです。専門家とは、自称専門家というのが幾らでも活動できるということがありますので、法人が「相談、助言」に責任を持って専門家を配置しているのかという辺りが重要なポイントとなります。

　例としては、助言者の要件を定めて公開している、たとえば、「助言」には医師が当たりますとか、臨床心理士が当たりますとか、そういう要件というものを定めて公開しているかということをチェックします。

　なお、相談は無料にしなければならないわけではありません。有料相談で

あっても、法外な額を取っていなければ問題ありません。

6 ◆ 調査、資料収集事業のチェックポイント

　ここでいう「調査、資料収集」は、あるテーマを定めて、法人内外の資源を活用して、意識や実態等についての調査、資料収集又は当該調査の結果その他の必要な情報をもとに分析を行う事業のことです。法人の事業名としては、調査、統計、資料収集等とされています。

　公益目的事業としての「調査、資料収集」は、原則として、その結果が社会に活用されることを趣旨としている必要があります。したがって、結果の取扱いに着目して事実認定するのが有効であるとされています。

　このため、公益目的事業のチェックポイントは以下のとおりです（「公益目的事業のチェックポイントについて」より）。

①	当該調査、資料収集が不特定多数の者の利益の増進に寄与することを主たる目的として位置付け、適当な方法で明らかにしているか。
②	当該調査、資料収集の名称や結果を公表していなかったり、内容についての外部からの問い合わせに答えないということはないか。 （注）ただし、受託の場合、個人情報保護、機密性その他の委託元のやむを得ない理由で公表できない場合があり、この場合は、当該理由の合理性について個別にその妥当性を判断する。
③	当該調査、資料収集に専門家が適切に関与しているか。
④	当該法人が外部に委託する場合、そのすべてを他者に行わせること（いわゆる丸投げ）はないか。

■「調査、資料収集」が公益目的事業になるためには

　「調査、資料収集」は、あるテーマを定めて、法人内外の資源を活用して、意識や実態等についての調査、資料収集又は当該調査の結果その他の必要な情報を基に分析を行う事業のことで、法人の事業名としては、調査、統計、資料収集等としています。ただし、知的財産権を生ずるものについては、委託元に利益が生ずるという性格のものなので、事業区分上は、「技術開発・研究開発」となり、知的財産権が生ずる可能性のないものを「調査、資料収

集」と便宜上区分しています。

「調査、資料収集」が公益目的事業になるためには、原則として、その結果が社会に活用されることを趣旨としていますので、結果の取扱いに着目して事実認定するのが有効であると考えられます。

このため、公益目的事業のチェックポイントは以下の4点です。

チェックポイント①は、その調査、資料収集が不特定多数の者の利益の増進に寄与することを主たる目的として位置付け、適当な方法で明らかにしているかどうかです。これについては他と同じです。

チェックポイントの②は、その調査、資料収集の名称や結果を公表していなかったり、内容についての外部からの問い合わせに答えないことはないかということです。簡単に言うと、調査結果をホームページで公表し、外部の問い合わせ窓口を設ければよいだけのことです。問い合わせ窓口はもちろん、法人の事務所で事務員が受けてもよいことになります。

ただ、その調査が受託の場合、個人情報保護、機密性その他の委託元のやむを得ない理由で公表できないこともあるでしょう。その場合は、その理由の合理性について個別にその妥当性を判断することになりますが、一般的には、行政からの委託は公表の許容範囲ですが、民間企業からの委託は、その性格上公表できませんし、調査の効果については委託元次第ということになりますので、これについては公益目的事業にすることは極めて困難です。

③は、その調査、資料収集に専門家が適切に関与しているかどうかですが、こちらは専門的な調査員等を加えれば問題ないでしょうし、専門的な団体であれば、理事がほとんど専門家だったりするわけですから、理事がきちんとこの調査に関与すればそれでも問題はありません。

ただし、④として、その法人が外部に委託する場合、そのすべてを他者に行わせてはいけないことになっています。つまり、事業の丸投げをした場合は、いくらとても素晴らしい内容の調査であっても、その調査を行う実力がない法人ということとなり、その調査が公益目的事業と認められることはないでしょう。

このことについては、該当する法人もかなりあると思われます。特に、職員が3名以内である場合、事務局長、経理、後は総務か企画か営業に該当す

るような人が1名しかいないことになり、調査研究を丸投げする傾向にあります。職員が10名以上いても同じようなことはよくあります。

ですので、丸投げと受け止められないよう、最低でもその調査の企画段階（最初）と結果分析（最後）の段階には、職員や役員が適切に関与するようにしましょう。

7 ◆ 技術開発、研究開発事業のチェックポイント

ここでいう「技術開発、研究開発」は、あるテーマを定めて、法人内外の資源を活用して技術等の開発を行う事業のことです。なお、成果については、成果の発表や論文の発表を行うとともに、知的財産権の取得を行うのが一般的です。法人の事業名としては、技術開発、研究開発、研究、システム開発等とされています。

公益目的事業としての「技術開発、研究開発」は、原則として、その成果が社会に活用されることを趣旨としている必要があります。したがって、成果の普及をしているかに着目して事実認定するのが有効であるとされています。

このため、公益目的事業のチェックポイントは、「6　調査、資料収集」のチェックポイントと同じです。

①	当該調査、資料収集が不特定多数の者の利益の増進に寄与することを主たる目的として位置付け、適当な方法で明らかにしているか。
②	当該調査、資料収集の名称や結果を公表していなかったり、内容についての外部からの問い合わせに答えないということはないか。 （注）ただし、受託の場合、個人情報保護、機密性その他の委託元のやむを得ない理由で公表できない場合があり、この場合は、当該理由の合理性について個別にその妥当性を判断する。
③	当該調査、資料収集に専門家が適切に関与しているか。
④	当該法人が外部に委託する場合、そのすべてを他者に行わせること（いわゆる丸投げ）はないか。

■「技術開発、研究開発」が公益目的事業になるためには

まず、「技術開発、研究開発」と「調査、資料収集」はとても似ている事業ですが、知的財産権を生ずるものについては、委託元に利益が生ずるという性格のものなので、事業区分上は、「技術開発、研究開発」とし、知的財産権が生ずる可能性のないものを「調査、資料収集」と便宜上区分しています。

もちろん、成果次第では結果として知的財産権を生じない場合もありますが、知的財産権を生む可能性があるものも含めて「技術開発、研究開発」とします。

「技術開発、研究開発」の一般的な事業内容は、あるテーマを定めて、法人内外の資源を活用して、技術などの開発を行う事業ということになり、成果については、特許出願などの知的財産権取得のための手続を行うことや、学会や専門誌などで論文を発表するのが一般的です。

ただし、中にはほとんど公表しないというものや、インセンティブを付与する目的で知的財産権を受託者に帰属させる契約を受託者との間で締結する外部委託方式もありますが、この場合、公表また活用されて初めて不特定多数の者の利益の増進に寄与するということになりますので、特定の者に利益が誘導されることのないよう、委託元の選定には公正性が求められるでしょう。

また、「技術開発、研究開発」の場合、法人の外部の資源を活用することも多いので、その場合は、法人が責任を持って事業を行っているシステムになっていなければなりません。

さらに、外部に「技術開発、研究開発」を委託する場合、委託先の選定について公正なプロセスが存在していることも重要です。そのため、委託先を選定するための委員会を設置することや、そのすべてを丸投げしないよう、監督担当を置くことなども対策として考えられますが、肝心なことは、実質的に説明可能なプロセスが存在し、それを公表することです。

また、不特定多数の者の利益の増進を意識して、法人が事業を設計していることを確認する趣旨で、特定の企業等のためだけを意図していないことをきちんと位置付け、適当な方法で明らかにする必要もあります。

そして、この事業に専門家が適切に関与していることも重要なポイントです。専門の職員がその事業をすべて担当していればまったく問題ないのですが、職員が担当していない場合、専門家がこの事業遂行の過程の中で必ず関与していなければなりません。

　まったく専門家が関与せず、委託先にすべて「丸投げ」ということになると、この事業の公益性が認定されることは難しいでしょう。認定法第5条第2号の技術的能力のところでもチェックを受けることになりますが、いわゆる「技術開発、研究開発」のような事業を法人が何もしないで丸投げをし、そのくせ管理費とか人件費などを支出して、利ざやだけ稼いでいるようなものは公益法人の資格がないということになります。

　さらに、これは一般企業でも時々悪い事例としてあるのですが、丸投げでやって、利益は取らないという方法も認められていません。丸投げですと事業費が膨らむため、公益目的事業比率を高めるいわば粉飾のような手法だからです。丸投げを公益法人同士がお互いにやり合って公益事業比率を高めるなどということになると、事業費から外されることになりますので注意しましょう。

8 ◆ キャンペーン、○○月間事業のチェックポイント

　ここでいう「キャンペーン、○○月間」は、ポスター、新聞その他の各種広報媒体等を活用し、一定期間に集中して、特定のテーマについて対外的な啓発活動を行う事業のことです。法人の事業名としては、キャンペーン、○○運動、○○月間等とされています。各種広報媒体等とは、ポスター、リーフレット、新聞、テレビ、ラジオ、車内広告、電光掲示板等です。なお、キャンペーンの手段として特定の機関等に対する要望・提案を行う場合があります。

　公益目的事業としての「キャンペーン、○○月間」は、公益目的として設定されたテーマについて啓発・普及を行うことを趣旨としている必要があります。したがって、その趣旨から逸れて、販売促進や共同宣伝を行うのが主眼となっていないか、キャンペーンの一環として要望・提案を行う場合に、

メリットが特定の者に限定されるような内容となっていないかに着目して事実認定するのが有効であるとされています。

このため、公益目的事業としてのチェックポイントは以下のとおりです（「公益目的事業のチェックポイントについて」より）。

①	当該キャンペーンが不特定多数の者の利益の増進に寄与することを主たる目的として位置付け、適当な方法で明らかにしているか。
②	公益目的として設定されたテーマを実現するプログラムになっているか。 （例：テーマで謳っている公益目的と異なり、業界団体の販売促進や共同宣伝になっていないか）
③	（要望・提案を行う場合には）要望・提案の内容を公開しているか。

■「キャンペーン、○○月間」が公益目的事業になるためには

まずチェックポイントの①は、「キャンペーン、○○月間」が社会への貢献というものを意図して事業を設計して、対外的にそれを明らかにしているかどうかを問うものです。

チェックポイントの②は、「キャンペーン、○○月間」の手段として広報媒体などを用いる場合、この機会を利用して商品の販売促進、あるいはその共同宣伝が行われていないかどうか。つまり、適切に「キャンペーン、○○月間」のテーマを設定するとともに、テーマに沿った事業を行っているかという辺りをチェックすることになります。

チェックポイントの③は、要望・提案を行う場合、特定の業界がたとえば事業の拡大を求めるような共益的で特定の者の利益になるような陳情になっていないかどうかです。行政の理解が足りない部分について専門的な知見を提供するという内容であれば、法人は公開することに躊躇はまったくないはずであり、専ら特定の業界の利害に関わるような陳情・要望であれば公開しないということが考えられるので、その内容を公開しているかをチェックポイントとしています。

9 ◆ 展示会、○○ショー事業のチェックポイント

　ここでいう「展示会、○○ショー」は、展示という手段により、特定のテーマについて対外的な啓発・普及活動を行う事業（文化及び芸術の振興に係る事業を除く）のことです。比較的短期間であるため、法人が会場を借り上げ、ブースを出展者に貸す場合が多いでしょう。法人の事業名としては、展示会、博覧会、ショー、フェア等とされています。

　公益目的事業としての「展示会、○○ショー」は、公益目的として設定されたテーマについて啓発・普及を行うことを趣旨としている必要があります。したがって、その趣旨から逸れて、販売促進や共同宣伝を行うのが主眼となっていないか、また、出展者を選定するに当たって公正性が確保されているかに着目して事実認定するのが有効であるとされています。

　このため、公益目的事業のチェックポイントは以下のとおりです（「公益目的事業のチェックポイントについて」より）。

①	当該展示会が不特定多数の者の利益の増進に寄与することを主たる目的として位置付け、適当な方法で明らかにしているか。
②	公益目的として設定されたテーマを実現するプログラムになっているか。 （例：テーマに沿ったシンポジウムやセミナーを開催／出展者にはテーマに沿った展示を厳守させている／テーマで謳っている公益目的と異なり、業界団体の販売促進や共同宣伝になっていないか[注]／入場者を特定の利害関係者に限っていないか） （注）公益目的と異なるプログラムになっていないかを確認する趣旨であり、公益目的と異なっていない限り、製品等の紹介も認め得る。
③	（出展者を選定する場合、）出展者の資格要件を公表するなど、公正に選定しているか。 （例：出展料に不当な差別がないか）

■「展示会、○○ショー」が公益目的事業になるためには

　「展示会、○○ショー」が公益目的になるには、まずチェックポイント①として、「当該展示会がどのように社会に貢献するかが明らかにされているか」

が挙げられます。事業の意味付けというものを法人が意識しているのかという点です。

チェックポイント②としては、「公益目的として設定されたテーマを実現するプログラムになっているか」ということで、例としては、テーマに沿ったシンポジウムやセミナーを開催しているか、あるいは出展者にテーマに沿った「展示」を厳守させているか、または、テーマで謳っている公益目的事業と異なり、業界団体の販売促進や共同宣伝になっていないか、入場者を特定の利害関係者に限っていないかなどが考えられます。

チェックポイントの③は、出展者を選定する場合、出展者の資格要件を公表し、公正に選定しているかどうかをチェックします。

よく、会員とそれ以外で出展料にかなりの差がある場合もありますが、展示会場のキャパシティの都合上、出展者を限定するということはもちろんやむを得ないまでも、出店料などで不当に差別してはいけません。

■展示会場で商談をしたら共益的？

展示会で商談をすることはよくあることで、当然これが主体であれば、法人としては収益事業と位置付けるべきでしょう。

しかし、展示会場に商談をする場を設けたからといって、それだけでこの事業が公益目的にならないとは考えられていません。程度の問題ですが、傍らでそういう場を設定することは許容範囲と考えられています。

10 ◆ 博物館等の展示事業のチェックポイント

ここでいう「博物館等の展示」は、歴史、芸術、民俗、産業、自然科学等に関する資料を収集・保管し、展示を行う事業のことです。法人の事業名としては、○○館、コレクション、常設展示、企画展等とされています。

公益目的事業としての「博物館等の展示」は、歴史、芸術、民俗、産業、自然科学等に関する資料に直接接する機会を不特定多数の者に与えることを趣旨としている必要があります。

したがって、テーマを適切に定めるとともに、展示内容にそのテーマを反

映させているか、一定の質が確保されているか等に着目して事実認定するのが有効であるとされています。
　このため、公益目的事業のチェックポイントは以下のとおりです（「公益目的事業のチェックポイントについて」より）。

①	当該博物館等の展示が不特定多数の者の利益の増進に寄与することを主たる目的として位置付け、適当な方法で明らかにしているか。
②	公益目的として設定されたテーマを実現するプログラムになっているか。 （例：テーマに沿った展示内容／出展者にはテーマに沿った展示を厳守させている／テーマで謳っている公益目的とは異なり、業界団体の販売促進や共同宣伝になっていないか）
③	資料の収集・展示について専門家が関与しているか。
④	展示の公開がほとんど行われず、休眠化していないか。

■「博物館等の展示」が公益目的事業になるためには

「博物館等の展示」とは、個人のコレクションを収蔵・陳列する博物館も含まれます。ただし、単に財産管理を有利に進めるための博物館等は排除しています。
「博物館等の展示」には、展示物について直接接するような機会を不特定多数の者に与えることを趣旨とするもので、テーマを適切に定めるということと、その展示内容にそのテーマを反映させているか、一定の質が確保されているかといったことに着目しています。
　チェックポイントの①として「博物館等の展示」がどのように社会に貢献するかが明らかにされているかということです。特定の企業などと関係があるようなものの場合、特定の企業なりとの関わりばかりが主になっていることがありますが、それでは社会貢献とみなされません。
　②のチェックポイントは、公益目的として設定されたテーマを実現するプログラムになっているかどうかです。つまり、テーマに沿った展示内容になっているか、出展者にはテーマに沿った展示を厳守させているか、また、テーマで謳っている公益目的とは異なり、業界団体の販売促進や共同宣伝にな

っていないかということが重要です。

③と④は個人の博物館などが、たとえば節税対策とかに使われないかということを念頭に置いています。③のチェックポイントとしては「資料の収集・展示について専門家が関与しているか」です。これは、普通の博物館法で登録されているような博物館であれば、学芸員を置くことになっていますが、そういった専門家を置いているか、単に財産管理のための財団法人化ではないかということに着目しています。

④では、個人のコレクションなどを収蔵・陳列するような博物館で、博物館事業が単なる名目となっていることが考えられますので、展示の公開がほとんど行われず休眠化していないかということをポイントとしています。

博物館については博物館法という法律があり、法律上の要件を備えると登録を受けられますが、登録を受けた公益法人の博物館は固定資産税が免除されるということが地方税法上、定められています。新法では、公益認定が取得できず、一般法人になった場合でも、平成25年までは、固定資産税が免除されることになっていますが、その先は未定ですので、注意が必要です。

11 ◆ 施設の貸与事業のチェックポイント

ここでいう「施設の貸与」は、公益目的のため、一定の施設を個人、事業者等に貸与する事業のことです。法人の事業名としては、○○施設の貸与、○○施設の利用等とされています。

公益目的事業としての「施設の貸与」は、施設を貸与することによって公益目的を実現しようということを趣旨としている必要があります。したがって、公益目的として設定された使用目的に沿った貸与がされるか等に着目して事実認定するのが有効であると考えられます。

このため、公益目的事業のチェックポイントは以下のとおりです（「公益目的事業のチェックポイントについて」より）。

| ① | 当該施設の貸与が不特定多数の者の利益の増進に寄与することを主たる目的として位置付け、適当な方法で明らかにしているか。 |

②	公益目的での貸与は、公益目的以外の貸与より優先して先行予約を受け付けるなどの優遇をしているか。

(注1) 施設を効率的に利用する等の理由から公益目的以外で貸与するとともに、貸与以外でもたとえば公益目的の主催公演で使用することも多いが、この場合には、法人は公益目的での貸与（公益目的事業）、公益目的以外での貸与、公益目的の主催公演を区別した上で、費用及び収益を配賦する必要がある。配賦後の公益目的事業に係る費用が、公益目的事業費となる。
(注2) 公益目的での貸与を区別するに当たり、以下の点に注意する必要がある。
・公益的な活動をしている法人に貸与する場合であっても、当該法人の収益事業、共益事業等のために貸与する場合は、公益目的での貸与とならない。
・定款で定める事業又は目的に根拠がない事業は、公益目的事業と認められないことがあり得る。

■「施設の貸与」が公益目的事業になるためには

「施設の貸与」では、公益目的として設定された使用目的に沿った「貸与」がなされているかという点に着目して公益認定することになります。

チェックポイントとしては、まず①の「当該施設の貸与がどのように社会に貢献するかを明らかにしているか」という点です。

チェックポイントの②は、社会への貢献を意図している場合、公益目的で貸し出したり、あるいはその利用率を高めて効率的な利用を行うために公益目的以外にも貸し出したりすることがあります。その両者が競合した場合に公益目的での「貸与」に対しては、たとえば先行予約を受け付けるとか、あるいは公益目的の場合には事後的に緊急で発生した場合に調整して使えるようにするとか、そういうことを利用条件として定めていたりすることが求められています。

よって、法人は公益目的での「貸与」と、公益目的以外での「貸与」、さらに公益目的の「主催公演」を区別した上で、費用と収益を配賦する必要があるでしょう。それを配賦した上で、公益目的事業に係る費用が公益目的事業費となります。

さらに、他の団体に貸与する場合に、その「貸与」が公益目的として設定された使用目的で使用されるのかどうかをチェックする必要があります。いくら公益的な法人だとしても、定款で定めた目的などに根拠のない場合や、

その法人の収益活動や共益活動等のために使用する場合は、公益目的事業になりません。

12 ◆ 資金貸付、債務保証等事業のチェックポイント

　ここでいう「資金貸付、債務保証等」は、公益目的で個人や事業者に対する資金貸付や債務保証等を行う事業のことです。法人の事業名としては、資金貸付、融資、債務保証、信用保証等とされています。また、資金貸付、債務保証のほか、設備導入の援助（リース、割賦販売）等も含みます。

　公益目的事業としての「資金貸付、債務保証等」は、公益目的として設定された事業目的に沿って資金貸付、債務保証等を行うことを趣旨としている必要があります。したがって、事業目的として公益の増進を掲げていても実質的には構成員の共通の利益に奉仕するに過ぎないものになっていないかに着目して事実認定するのが有効であるとされています。

　このため、公益目的事業のチェックポイントは以下のとおりです（「公益目的事業のチェックポイントについて」より）。

①	当該資金貸付、債務保証等が不特定多数の者の利益の増進に寄与することを主たる目的として位置付け、適当な方法で明らかにしているか。
②	資金貸付、債務保証等の条件が、公益目的として設定された事業目的に合致しているか。
③	対象者（貸付を受ける者その他の債務者となる者）が一般に開かれているか。
④	債務保証の場合、保証の対象が社員である金融機関が行った融資のみに限定されていないか。
⑤	資金貸付、債務保証等の件数、金額等を公表しているか（対象者名の公表に支障がある場合、その公表は除く）。
⑥	当該資金貸付、債務保証等に専門家の適切な関与があるか。

■「資金貸付、債務保証等」が公益目的事業になるためには

　「資金貸付、債務保証等」に当たる事業として、公益目的で個人や事業者に

対する「資金貸付」や「債務保証」などを行う事業のことで、法人の事業名としては「資金貸付」「○○融資」「何々に対する債務保証」「信用保証」などがあります。また、その類似のものでは、創業支援のような形で設備導入の援助という形で「リース」とか「割賦販売」というものもあります。例としては、小規模企業者などに対して「設備導入資金」制度があります。これは、小規模企業者等設備導入資金助成法という法律に基づいてやっているもので、資金繰りがまだ安定していない創業者に対して設備資金を貸し付けたり、あるいは設備を導入する際に、その設備を法人が買ってそれをリースで貸したり、あるいはやはり同じように法人がその設備を買って企業者に対してそれの割賦販売を行うという事業です。さらに、「就農支援資金」というものは、地域振興の一環で、農業に従事しようとする者に対しその資金を援助する事業です。

　他にも「高齢者居住支援事業」があります。これは、バリアフリー改修やリフォームなどの債務保証を60歳以上の高齢者向けに行う事業で、こういった融資の対象、融資の内容が公益目的に限定されているというものです。

　その一方、「融資」とか「資金貸付」という事業名ではありますが、たとえば○○互助会という名前で、生活資金、あるいは結婚資金、それから住宅取得資金とか融資内容を限定しないで、こういったものを会員に限定して行っているものもありますが、これらは共益という性格が強いので対象外となります。

「資金貸付、債務保証等」については、公益目的として設定された事業目的と異なる事業が行われることがないか、融資の対象、融資の内容が公益目的として設定されていて、それとは異なる、それと逸れるようなことがないかどうかを見ます。また、公益目的として公益の増進というものを掲げていても、実質的には構成員、社団法人の場合はたとえば社員とか、そういった者の共通の利益に奉仕するにすぎないというものになっていないかどうか、こういった点に着目して公益認定をすることになります。

　チェックポイントの①としては、公益目的に照らした形で事業を行っているかという点です。法人が社会への貢献を意図して事業を設計し、対外的にそれを明らかにしているかを確認するため、「資金貸付、債務保証等がどの

ように社会に貢献するかが明らかにされているか」ということをチェックしています。

チェックポイントの②は、「資金貸付、債務保証等」の条件が、公益目的として設定された事業目的に合致しているかどうかです。

チェックポイントの③は、「資金貸付、債務保証等」の対象者が、社団法人の会員などにしか利用できないということのないよう、一般に開かれているかどうかです。ここでは、貸付を受ける者その他の債務者が社団法人などの会員などに限定されていないことをチェックすることになります。

それから、チェックポイントの④は、「債務保証」の場合、保証の対象が社員である金融機関が行った融資のみに限定されているものは、事業目的として公益の増進というものを掲げていても、実質的に社員である金融機関の貸倒れのリスクに対する防御の制度であると考えられるので、「債務保証の場合、保証の対象が社員である金融機関が行った融資のみに限定されていないか」ということも重視されています。

チェックポイントの⑤は、外部チェックを可能とすべく、どのような「資金貸付」「債務保証」を何件、どの程度の金額で行ったのかという点を公表しているかという点です。

最後のチェックポイント⑥は「資金貸付、債務保証等」に専門家が適切に関与しているかという点です。こちらも、公正な事業遂行には必ず必要なアイテムです。

13 ◆ 助成(応募型)事業のチェックポイント

ここでいう「助成(応募型)」は、応募・選考を経て、公益目的で、個人や団体に対して資金を含む財産価値のあるものを原則として無償で提供する事業のことです。法人の事業名としては、助成、給付、奨学金等としています。奨学金の場合には、無利息・長期分割返還の貸与も含みます。

公益目的事業としての「助成(応募型)」は、原則として財産価値あるものの無償提供です。また、その事業の流れは、助成の対象となるべき事業・者の設定及び対象者の選考の2段階です。したがって、この2段階で、公正

性が確保されているかに着目して事実認定するのが有効であるとされています。

このため、公益目的事業のチェックポイントは以下のとおりです（「公益目的事業のチェックポイントについて」より）。

①	当該助成が不特定多数の者の利益の増進に寄与することを主たる目的として位置付け、適当な方法で明らかにしているか。
②	応募の機会が、一般に開かれているか。
③	助成の選考が公正に行われることになっているか。 （例：個別選考に当たって直接の利害関係者の排除）
④	専門家など選考に適切な者が関与しているか。
⑤	助成した対象者、内容等を公表しているか（個人名又は団体名の公表に支障がある場合、個人名又は団体名の公表は除く）。
⑥	（研究や事業の成果があるような助成の場合）助成対象者から、成果についての報告を得ているか。

■「助成（応募型）」が公益目的事業になるためには

「助成（応募型）」の法人の事業名としては、「助成」「補助」「援助」「給付」「奨学金」としている例が多く、「表彰」の結果、「奨学金」を支給するというように「表彰」とセットになっているようなケースもありますが、この場合は「表彰」のチェックポイントと「助成」のチェックポイントと両方を適用することとなります。

「助成」の性格上、原則として財産価値のあるものを無償で提供するということで、事業の流れとしては「助成」の対象となるべき事業・者の設定あるいはその対象者の選考の2段階でチェックすることとなりますが、無償財産の提供ということで公正性が確保されているかということが重要です。

チェックポイントとしては、まず①で、「助成」事業が、社会への貢献を意図して事業を設計し、対外的にそれを明らかにしているかどうかという点を挙げています。現状では、おおむね多くの「助成」が対外的にこういった意義の部分を説明していますが、単に事業内容の説明、たとえば「助成」の対象者とか応募方法の記載だけというような「助成」もありますので、どの

ようにその「助成」が社会に貢献するかを対外的に発信していく必要があると考えられています。

②としては、対象となるべき者の選考の基準、あるいは選考の方針など、法人がどのようなものに対して「助成」を行おうとしているのかということを公表し、応募の機会が一般に開かれているかどうかということです。

チェックポイントの③は、選考自体がゆがむと特定の者に利益が誘導されるので、個別選考に当たって直接の利害関係者の排除がなされているかなど「助成の選考が公正に行われることになっているか」という点です。

さらに、④は、助成の際、「専門家など選考に適切な者が関与しているか」という点です。

⑤は、「助成した対象者、内容等を公表しているか」ということで、結果をオープンにすることは公正性を外部チェックしていく上で非常に有効だと考えられています。ただし、個人名とか団体名については、個人情報保護の観点から、公表に支障があってやむを得ない場合には個人名や団体名の公表を除いてもよいことになります。

最後のポイントは、助成先の研究対象者等がきちんと活動を行っているかどうかを事後的に確認する必要があることから、「助成」対象者から成果についての報告を得ることが求められています。

14 ◆ 表彰、コンクール事業のチェックポイント

ここでいう「表彰、コンクール」は、作品・人物等表彰の候補を募集し、選考を経て、優れた作品・人物等を表彰する事業のことです。法人の事業名としては、表彰、コンクール、○○賞等とされています。なお、部内の者に対する表彰（職員の永年勤続表彰等）もありますが、ここでは対象から除きます。

公益目的事業としての「表彰、コンクール」は、適切な選考を通じて、優れた作品・人物等を顕彰することを趣旨としている必要があります。したがって、選考の質や公正性が確保されているかに着目して事実認定するのが有効であるとされています。

このため、公益目的事業のチェックポイントは以下のとおりです(「公益目的事業のチェックポイントについて」より)。

①	当該表彰、コンクールが不特定多数の者の利益の増進に寄与することを主たる目的として位置付け、適当な方法で明らかにしているか。
②	選考が公正に行われることになっているか。 (例:個別選考に当たっての直接の利害関係者の排除)
③	選考に当たって専門家が適切に関与しているか。
④	表彰、コンクールの受賞者・作品、受賞理由を公表しているか。
⑤	表彰者や候補者に対して当該表彰に係る金銭的な負担(応募者から一律に徴収する審査料は除く)を求めていないか。

■「表彰、コンクール」が公益目的事業になるためには

「表彰、コンクール」の意図するところとしては、優れた作品・人物を世の中に顕彰していくということ、あるいは日常的な訓練の励みとなるということを通じて、不特定多数の者の利益の増進に寄与するかどうかが重要であり、したがって、本来意図している事業として成立するためには、一定の質が確保されているかどうかがカギとなります。

このため、公益認定に当たり留意すべき点は、まず一部の者だけの選考を甘くするということがないよう、選考が公正に行われているかどうかをチェックします。その際、当然個別の選考に当たって直接の利害関係者を排除しているかどうかも判断材料となります。

公正性とは、たとえば芸術作品の審査を挙手等で行う場合、審査に当たる会員なり理事なりの中で、影響力の強い人が大きな声で、「この絵はいい」と言った場合、そちらの方に票がざっと流れるということも考えられますので、こういう選考は公正ではないということになります。

また、審査員に「表彰、コンクール」分野について専門的な知見・識見がなければ、優れた作品・人物を選考することは不可能となりますので、選考には専門家が適切に関与している必要があります。この際、理事に選考に必要な適切な専門家が含まれていれば、理事会が選考するということも認められます。たとえば、芸術関係の法人の理事会の構成員が全員芸術の専門家で

あれば、理事会で選考するということも考えられるということになります。

さらに、「表彰、コンクール」の受賞者・受賞作品、あるいはその受賞理由というものを公表しているかもチェックポイントです。選考がゆがんでいれば最終的に「表彰」結果に反映されるので、外部のチェックを可能とするため公表を義務付けています。

最後に、表彰者や候補者に対して「表彰、コンクール」に係る金銭的な負担を求めていないかということもチェックポイントです。その際、応募者から一律に徴収する審査料は対象外となります。

このように「表彰、コンクール」に当たって一律に徴収する審査料以外に金銭を求めることは、選考をゆがめるおそれがあると考えられているのです。

■社団法人の表彰者が会員でもいいのか

社団法人が賞を出す場合に、受賞者が結果的に全員会員だったということも当然起こり得るでしょう。しかし、これについては、受賞者、選考の対象が会員に限られているからといって、それをもって公益的ではないとはいえません。当然、選考する専門家が、公正中立的に選考し、さらにその受賞理由などを公表していれば特に問題になることはありません。

15 ◆ 競技会事業のチェックポイント

ここでいう「競技会」は、スポーツ等の競技を行う大会を開催する事業のことです。法人の事業名としては、競技会、競技大会、○○大会等とされています。

公益目的事業としての「競技会」は、競技者に対して技能の向上の機会を提供するとともに、当該競技の普及を図ることによってスポーツ等を振興することを趣旨としている必要があります。したがって、競技会の質を維持・向上するような工夫がなされているかに着目して事実認定するのが有効であるとされています。

このため、公益目的事業のチェックポイントは以下のとおりです（「公益目的事業のチェックポイントについて」より）。

①	当該競技会が不特定多数の者の利益の増進に寄与することを主たる目的として位置付け、適当な方法で明らかにしているか。
②	公益目的として設定した趣旨に沿った競技会となっているか。 (例：親睦会のような活動にとどまっていないか)
③	出場者の選定や競技会の運営について公正なルールを定め、公表しているか。

■「競技会」が公益目的事業になるためには

「競技会」とは、スポーツ等の競技を行う大会を開催する事業のことで、ただし、相撲の「興行」などは、ここでいう「競技会」の典型的な類型からは外れています。

公益認定に当たって留意すべき点は、まず①として、当該「競技会」がどのような公益を増進するか、その趣旨を明らかにしているかということです。

②としては、業界団体が野球大会を行っているような場合は、社員同士の親睦のために行われるものですから、それらは公益目的事業にはなりません。よって、「競技会」は、公益目的として設定した趣旨が実現されるか、技能向上の機会を提供するという趣旨が実現されるか、という点がポイントとなります。

なお、「競技会」に伴って協賛企業が広告掲載等の宣伝を行うことで費用を賄うということがよくありますが、それ自体は構わないのですが、その「競技会」の主催者の運営に当該企業が介入する、要するにその「競技会」の趣旨を損なうような介入、たとえば出場者に当該企業の枠を設けるとか、競争を排除するようなことは、避ける必要があります。

チェックポイントの③は、出場者の選定とか「競技会」の運営が技能の向上という趣旨を阻害するようなものになっていないということが必要で、たとえば予選から出場者を選出する場合に情実が含まれてくると競技者の技能の向上、切磋琢磨という趣旨が損なわれると考えられますので、このため出場者の選定、あるいは「競技会」の運営について公正なルールが定められて、それらが公表されているかということをチェックすることになります。

■競技会のパンフレットに広告を入れても公益目的事業？

　「競技会」における収入の構造として、競技者の参加登録料がまずあり、入場料収入があり、テレビ放映が行われる場合には放映料収入というものがあります。さらに、パンフレットや競技場に掲げる広告料収入があり、それらを協賛金としている場合が多いと思います。記者会見のとき後ろの立て看板にロゴがあるとか、Tシャツやトレーナーにロゴが入っているというのも同じような扱いです。

　協賛金収入というのは全体の「競技会」の収入の中のかなりの部分を占めることになります。それらが企業の広告宣伝費から出ている場合には、広告宣伝費ということで、ある意味、対価性を期待されていることになります。しかし、収入は多くても、協賛に係わる経費は、全「競技会」の経費に比べると、その比率というのは極めて小さいはずです。ですので、それに係る費用を公益目的事業と切り離して収益事業に計上させれば、それに相当する収入があっても、その事業についてその浮いた部分の収益というのは、公益事業に繰り入れれば、みなし寄附として非課税になりますから、公益目的事業比率にも税金にも大きな影響は及ぼさないでしょう。

　よって、それらの協賛金の類は、広告事業などとして、公益目的事業である「競技会」から切り離すことが望ましいでしょう。

■合宿やエキジビションも競技会？

　強化合宿のような場合、どちらかというと「講座、セミナー、育成」という事業区分で、人を「育成」していく事業としてとらえるべきですが、それが一つながりの事業として切り離せないような場合には、基本的な考え方として、複数の事業区分のチェックポイント、両方のチェックポイントを適用することになります。

　また、海外の大会に出かけて行くときの経費は、役員等の費用も含めて、別の「講座、セミナー、育成」事業などの経費として考えることもできます。

　ただ、スケートとか体操など大会の後で行うエキジビションについては、スポーツを振興していくという観点から「競技会」の一連のものとして取り扱うべきでしょう。

■**協賛企業に招待券を配ったら特別な利益供与？**

「競技会」の開催に当たって、お金を出した協賛企業に、無料で入場券等を割り当てることがよくあります。もちろん、その「競技会」の入場者に関して、特定の企業に多少便宜を図るだけでなく、一般の人に対して入場を断っているということであれば問題ですが、そうでない以上、それをもって特別な利益とは考えられません。

寄附者に対して社会通念上、通常許される程度の便宜は特別の利益に当たらないということで整理していけばよいでしょう。

■**プロが出ても、公益目的事業？**

出場する選手について、最近のようにオリンピックでもプロ選手が出てきて構わないということがよくあります。今、プロとアマの境界というのがかなり曖昧になりつつあり、またプロの場合の相場観、報酬の相場がどの程度のものなのかということも含めて客観的に判断できるものがあるのかというと、そういうものはありません。

さらに、建て前上その競技に対して報酬が支払われていないというのがアマチュアということになりますが、報酬が支払われているから公益目的事業にはならないということではありません。

たとえば相撲などは、全員ある意味ではプロということになり、芸術関係の演奏活動をされている方は当然それもプロです。したがって、むしろ当該分野が振興に値するような芸術あるいはスポーツなのかという観点で判断するしかないのです。

16 ◆ 自主公演事業のチェックポイント

ここでいう「自主公演」は、法人が、自らの専門分野について制作又は練習した作品を演じ、又は演奏する事業のことです。法人の事業名としては、公演、興行、演奏会等とされています。芸術の鑑賞機会の提供のみならず、高齢者、障害者が芸術等に触れ、癒される機会を提供すること等の福祉的なものも含まれます。

公益目的事業としての「自主公演」は、法人の専門分野の公演により、芸術等の振興や不特定多数の者に対し芸術等に触れる機会の提供を行うことを趣旨としている必要があります。したがって、公益目的として設定された趣旨を実現できるよう、質の確保・向上の努力が行われているかに着目して事実認定するのが有効であるとされています。

（注）本事業区分の場合、特に当該事業が認定法の別表各号（たとえば「文化及び芸術の振興を目的とする事業」）に該当するかが重要であるが、実質的に判断することとなる。

　このため、公益目的事業のチェックポイントは以下のとおりです（「公益目的事業のチェックポイントについて」より）。

①	当該自主公演が不特定多数の者の利益の増進に寄与することを主たる目的として位置付け、適当な方法で明らかにしているか。
②	公益目的として設定された趣旨を実現できるよう、質の確保・向上の努力が行われているか。

■「自主公演」が公益目的事業になるためには

　「自主公演」とは、法人が自らの専門分野、たとえば能やクラシック音楽といった専門分野において自ら制作した作品を演じ、又は演奏する事業のことで、法人の事業名としては「公演」「興行」「演奏会」等があります。ただし、劇場などが主催する「主催公演」というのは、別のチェックポイントを用意しています。

　「自主公演」のプロセスとしては、「公演」を作るプロセスと、実際に観客の前で演じるプロセスと大きく2段階に分かれます。作るプロセスとしては、「公演」作品の選択から始まり、出演者の選別、それから演出家の選別、舞台の借上げ、集客、作品の練習などということになります。演じるプロセスとしては、観客に対して演じる行為そのものです。

　「自主公演」と次の「主催公演」の典型的な違いは、「自主公演」はこのような一連の流れがあるということで、自分たちで芸術を創造するプロセスというものを持っていますが、一方で「主催公演」の場合、典型的なものは「買取り公演」などで、観客に対して演じるという部分を提供するために外部で制作したものを買い上げていくというもので、練習によって作り上げて

いくプロセスがありません。そういう趣旨で「自主公演」と「主催公演」を分けているのです。

公益目的事業としての「自主公演」のチェックポイント①は、法人が、それぞれ専門とする分野における「公演」を行うことで、芸術等の振興や不特定多数の者に芸術等に触れる機会を提供することが必要であり、公益目的として設定された趣旨を実現できるよう、質の確保・向上の努力が行われているかどうかをチェックすることになります。つまり、その「自主公演」がどのように社会に貢献するかを明らかにしているかということです。

もちろん、この場合、認定法別表の「文化及び芸術の振興を目的とする事業」に該当するかどうかが重要であり、法人が自主的に判断を行う場合は、そのことを意識すべきでしょう。

なお、社会への貢献としては、芸術を鑑賞する機会を提供するということにとどまらず、高齢者や障害者が芸術などに触れて癒されるような機会を提供するという、福祉目的での貢献も含まれると考えられていますので、たとえば老人ホームを慰問するというものであっても公益目的事業の「自主公演」に含まれることになります。

チェックポイントの②としては、「公演」が、不特定多数の者にとって芸術に触れる機会となるためには、提供される「公演」の質について注意が払われている必要があるのではないかということから、「公益目的として設定された趣旨を実現できるよう、質の確保・向上の努力が行われているか」という点が挙げられています。

たとえば、法人が自ら演劇とかバレエなどの「公演」を行う場合には、オーディションを実施したり、オーケストラの場合には団員の技能についての何らかの評価・選別を行うということが一般的で、こうしたことを行っているのかどうかが判断基準となります。

■プロならば新人でも「自主公演」？

「自主公演」は、アマチュアではなく、プロであることを想定していますが、たまに内容的に新人の練習のようなものもあり、割に安い料金で「公演」をすることがあります。そういう場合は、「自主公演」というよりも「講座、

セミナー、育成」の中の「育成」に該当すると考える方が妥当でしょう。新人の「研修」ということで「発表会」というものもありますが、「育成」の中の確認行為という意味合いが強く、弟子の「育成」をしていくということが基本ですので、「自主公演」に該当しません。

　ただし、老人ホームへの慰問などは、福祉を目的とするものですが、芸術に触れることによって何がしか感化されたり、癒されたりという効果もあるので、公益目的と考えられます。その一方で、障害者自身が「公演」を行う場合は、相手を癒すということよりもむしろ自分たちのためという印象が強く、「自主公演」よりも「体験活動等」を選択すべきでしょう。

17 ◆ 主催公演事業のチェックポイント

　ここでいう「主催公演」は、法人が、主として外部制作の公演の選定を行い、主催者として当該公演を実施する事業のことです。法人の事業名としては、主催公演、主催コンサート等とされています。芸術の鑑賞機会の提供のみならず、高齢者、障害者が芸術等に触れ、癒される機会を提供すること等の福祉的なものも含まれます。

　公益目的事業としての「主催公演」は、外部制作の公演を活用して、芸術等の振興や不特定多数の者に対する芸術等に触れる機会の提供を行うことを趣旨としている必要があります。したがって、公益目的として設定された事業目的に沿った公演作品を適切に企画・選定することになっているかに着目して事実認定するのが有効であるとされています。

　このため、公益目的事業のチェックポイントは以下のとおりです（「公益目的事業のチェックポイントについて」より）。

①	当該主催公演が不特定多数の者の利益の増進に寄与することを主たる目的として位置付け、適当な方法で明らかにしているか。
②	公益目的として設定された事業目的に沿った公演作品を適切に企画・選定するためのプロセスがあるか。 （例：企画・選定の方針等の適切な手続が定められている／（地域住民

	サービスとして行われる場合）企画段階で地域住民のニーズの把握に努めている）
③	主催公演の実績（公演名、公演団体等）を公表しているか。

■「主催公演」が公益目的事業になるためには

「主催公演」とは、法人が主として外部制作の「公演」の選定を行い、主催者として当該「公演」を実施する事業のことで、法人の事業名としては「主催公演」「主催コンサート」等が該当します。

「自主公演」との違いは、「自主公演」の場合には法人が自分のところの演奏家を用いたり、内部の資源を使いながら練習を積み重ね、つまり作り上げるプロセスがありますが、「主催公演」の場合には外からバレエ団を呼んでくるとか、あるいは能の演者を呼んでくるとかいう形で、法人は開催者としての立場ということになります。

公益目的事業としての「主催公演」で重要なことは、外部制作の「公演」を活用して芸術等の振興や不特定多数の者に対し芸術等に触れる機会を提供することを趣旨としているかどうかということです。

まず、チェックポイントの①としては、その「主催公演」がどのように社会に貢献するかを明らかにしているかどうかです。

チェックポイントの②は、公益目的として設定された事業目的に沿った公演作品を適切に企画・選定するためのプロセスがあるかどうかです。たとえば企画・選定の方針などの適切な手続が定められているとか、あるいは地域住民サービスとして行われる場合、企画段階で地域住民のニーズの把握に努めているかなどが考えられます。

地域住民サービスとして行われる場合の「地域住民のニーズの把握に努めているか」というところについては、たとえば、入場者のアンケートを取ってその事業に反映させるとか、どういう「公演」をやってほしいのか意見をホームページで募集しているかなどで判断します。さらに、地域住民の代表を理事にしたり、あるいはチェックの場として地域住民の枠というものを評議員の中に設けるという方法もあります。

又は、理事会の下に設けた運営委員会、企画委員会に地域住民の代表を参

画させるという方法でもよいでしょう。

　チェックポイントの③は、②では「公演」内容をチェックせずに企画・選定のプロセスが適当かということをチェックしたため、その外部チェックを可能とするために、「主催公演」の実績（公演名、公演団体等）を公表しているかどうかということをチェックポイントとしています。

■「主催公演」は自分の施設を持っていないとダメなの？

　公益目的かどうかの判断では、施設を持っているとか、施設を管理している法人だけではなく、自分のところでは「公演」を作らずに他の外部の資源を使って作り、作られたものを提供するということが趣旨なので、特に施設にこだわってはいません。

　ですので、自前の施設でなくても、どこかの文化施設を借りて「チャリティ公演」などをしてもよいのです。

　ただ、「チャリティ公演」の場合、多くの場合公益的な活動への寄附とか、あるいは障害者等に入場料の減免措置が行われたりするようですが、一部悪質な場合、「チャリティ公演」と銘打って出演料を低廉にした上で収益を上げたり、その法人職員の人件費をかさ上げして収益がないように装うことも見受けられますので、こういった問題に対しては個別の「公演」の収支を公表したり、外部チェックを働かせるなどの工夫が必要です。

◆ 上記の事業区分に該当しない事業について チェックすべき点

　1～17のチェックポイントは、概ね以下に集約され、1～17の事業区分に該当しない事業についても、これを参考にチェックするのが有効であるとされています。

①	事業目的（趣旨：不特定多数でない者の利益の増進への寄与を主たる目的に掲げていないかを確認する趣旨）
②	事業の合目的性（趣旨：事業の内容や手段が事業目的を実現するのに適

> 切なものになっているかを確認する趣旨)
> ア 受益の機会の公開（例：受益の機会が、一般に開かれているか）
> イ 事業の質を確保するための方策（例：専門家が適切に関与しているか）
> ウ 審査・選考の公正性の確保（例：当該事業が審査・選考を伴う場合、審査・選考が公正に行われることとなっているか）
> エ その他（例：公益目的として設定した事業目的と異なり、業界団体の販売促進、共同宣伝になっていないか）
> （注）ア～エは例示であり、事業の特性に応じてそれぞれ事実認定上の軽重には差がある。

■17項目以外の事業でも公益目的事業になる？

　17項目挙げられた事業の種類の中に、自分たちの事業がないという団体もあるでしょう。その場合は、公益目的事業と認められないのではなく、そういう団体であっても、ここに掲げられた「上記の事業区分に該当しない事業についてチェックすべき点」で粛々とチェックしていけばよいのです。

　ここでわかることは、事業目的が不特定多数でない者の利益の増進への寄与を主たる目的に掲げていないということと、その目的を達成するための事業の内容や手段が事業目的を実現するのに適切なものになっているかどうかということなのです。

　特に、目的達成のための事業の手法として注意したいことは、次の4点です。

> ① 受益の機会の公開
> ② 事業の質を確保するための方策
> ③ 審査・選考の公正性の確保
> ④ 非共益性

　つまり、その事業の受益の機会が一般に開かれ、専門家がその事業に適切に関与し、審査・選考を伴う事業の場合は審査・選考が公正に行われ、さらに、公益目的として設定した事業目的と異なり、業界団体の販売促進や共同宣伝になっていないということがわかれば、その事業は公益目的事業として認められる可能性が高いということになります。

ただし、法人の行う事業が公益目的事業か否かについては、認定法第5条各号の基準への適合性を認定委員会において判断することとなりますが、このチェックポイントは、あくまでもそのうちの1つである「公益目的事業を行うことを主たる目的とするものであること」という基準についてはOKだということのみであって、そのチェックポイントをすべてクリアして、晴れてその事業が公益目的事業として認められたとしても、それは、公益認定基準18項目のうち、たった1つをクリアしただけに過ぎませんので、それだけで安心するのはまだ早いといえるでしょう。

■なぜ特定の者の利益の増進ではだめなのか

　ここでいう特定の者とは、ある特定の団体を構成している、その特定の構成員の利益を図るような活動という意味であって、認定法第5条第4号のようにまさに特定の者だけの利益を図ってはいけないというものとは、まったく異なると考えられています。

　たとえば、ある企業が奨学金の財団を作って、その企業の子弟に奨学金を配るということになると、これは特定の職域団体の者に金銭を出すということになります。そのほか、「A高校の学生や卒業生への奨学金」という設定も、たとえ不特定の人たちがA高校に入学できるとしても、やはり、特定の者の利益の増進に当たるでしょう。

　では、区域が限定されている場合や利用者があまりにも少ないときは、問題はないでしょうか。

　これについては、ある地域の子弟に奨学金を出すという場合、地域は確かに限定されていますが、厳密にいえば特定であっても、不特定の要素の方が強く、これについては、おそらく問題になることはないでしょう。利用者の数については、その団体の規模にもよりますが、予算の関係で都合がつかないわけですから、それも問題ないでしょう。

　また、特定少数の難病者を対象とした事業はどうでしょうか？　その人たちの救済やそのための研究開発というのは、国民すべからくその病気になり得る可能性があると思えば、潜在的には不特定かつ多数ということになります。

そのほか、特定の国の特定の非常に恵まれない人たちを支援するというときに、潜在的に多くの人がその環境に置かれる可能性があるとすれば、たまたまそこで表面上は特定の人の支援であっても、潜在的にはそれは不特定多数の者の利益といえるでしょう。

　つまり、「特定」というのは、閉じた活動になってはいけないというのが全体の趣旨であり、その法人の構成員だけにとどまっているような活動ではいけないという意味で、たとえて言えば、もっとオープンでなければいけないというぐらいの大ざっぱな感じで見ると、大体見分けがつくのではないでしょうか。

◆ すべての事業のチェックポイント

(1) 事業の単位（どのように事業をまとめるか）は、事業の実態等から類似、関連するものであれば、適宜まとめることは構いませんが、以下の点に留意する必要があります。
　・事業のまとめ方によっては、当該事業が複数の事業区分に該当することもあり得ます。その場合、該当する複数の事業区分が適用されます（たとえば、一定期間のセミナーの後、試験合格者に資格を付与する事業の場合、「講座、セミナー、育成」と「資格付与」の両方の事業区分が適用されます）。
　・また、収益事業等は明確に区分する必要があります（たとえば、博物館で売店事業や食堂事業を営む場合、当該事業は博物館事業とは区分する必要があります）。
　・ここでの事業の単位が、収支相償の第1段階の事業の単位となります（108～116頁参照）。
(2) 事業に付随して行われる会議は、当該事業の一環と整理して構いません（たとえば、公益目的事業に係る会議（例：公益目的事業と認められるセミナーに必要な企画を行う会議）に要する費用は、公益目的事業の費用に含まれ得ます）。

（3）チェックポイントの各用語の解説

　ア「機会が、一般に開かれているか」：共益的に行われるものを除く趣旨の言葉です。

　　受益の機会が特定の者（たとえば、社団法人の社員）に限定されている場合は原則として共益と考えられます。ただし、機会が限定されている場合でも、たとえば44頁の表の各号の目的に直接貢献するといった合理的な理由がある場合、不特定かつ多数の者の利益の増進に寄与するという事実認定をし得るとされます（例：特定の資格等を有する者の大半で構成される法人における講習による人材の育成が学術の振興に直接貢献すると考えられる場合、受講者が社員に限定されていても、公益目的事業とし得ます）。

　イ「専門家が適切に関与しているか」：ここでいう「専門家」とは、事業の内容に応じて、企画、指導、審査等を行うのに必要な知識、技術、知見等を教育、訓練、経験等によって備えている者をいいます。チェックを行う趣旨は、事業目的を実現するための質が確保されているかを確認するためです。その関与の形態としては、必ずしも法人で雇用している必要はなく、事業を遂行するに当たって適切な関与の方法であればよいとされています。

（「公益目的事業のチェックポイントについて」より）

■一般公開や専門家の意味

　なお、上記にあるとおり、チェックポイントでよく出てくる表現の中で、特に用語で注意すべきものがあります。

　まず、「機会が、一般に開かれているか」とは、共益的に行われる事業を除くという趣旨のことで、具体的には、受益の機会が特定の者、たとえば社団法人の社員に限定されているような場合は原則として共益と考えられるということです。ただし、学会の「セミナー」のように参加の機会を学会員に限定することによって質を確保することは、受益の機会が「限定されている場合でも、たとえば事業目的が別表各号を直接実現するといった合理的な理由がある場合には、不特定多数の者の利益の増進に寄与するという事実認定

をし得る」ということで、公益目的事業と考えてもよいことになります。

次に、「専門家が適切に関与しているか」とは、「専門家」というのは事業の内容に応じていろいろなタイプの「専門家」がいますが、その者が「適切に関与しているか」という部分は必ずしも法人で雇用しているということを意味するのではなく、「事業を遂行するに当たって適切な関与の方法であればよい」という意味で、外部の専門家を使うことも可能ということになります。

■新規事業は不利？

公益目的事業になるかどうかは、ガイドラインを見ながら粛々と自分たちのどの事業が公益認定されるかをチェックしていくことになりますが、ガイドラインどおりにチェックすることがなかなか難しい事業もたくさんあるのではないでしょうか。

特に新規事業です。まだ実際に事業をしていないが、公益目的事業が足りないからと、新しく始めようとする法人もあるでしょうし、一般法人を設立してすぐに公益認定申請をしようとする法人もあるでしょう。

そういう事業は、計画書にしか反映していないので、判断がとても難しいのです。そこで、最終的には公益認定等委員会（又は合議制の機関）が主観で判断し、わからない部分はヒヤリングになる可能性もあります。つまり、具体的案件における審査及び監督処分等については、法令に照らして、個々の案件ごとに判断し、判断しにくいものは、個別に説明を求めることになるでしょう。

そして、説明を求めても、実際まだ事業活動に至っていないような場合は、絵空事のような話になる可能性もありますので、法人からの申請内容が具体性を欠く場合、内容が不明確であるために、結果として不認定となるでしょう。

新規法人の場合、1事業年度は一般法人で実績を積み、それから公益認定申請を出す方が、具体的な事業の中身がわかって審査もしやすいのではないでしょうか。

Q 行政機関からの受託事業等

行政機関から受託した事業（指定管理者含む）は、公益目的事業と認められますか。また、営利企業も参加する一般競争入札等を経て受託した事業は、公益目的事業と認められないですか。

A

1　行政機関からの受託事業であっても、単純な業務委託もあり、それだけで直ちに公益目的事業ということにはなりません。逆に、営利企業も参加する一般競争入札等を経ていても、一般競争入札等であることのみをもって直ちに公益目的事業としないということもありません。

2　行政機関からの受託か否かを問わず、営利企業と競合しているような事業の場合であっても、たとえば、通常の営利企業では採算割れする等の理由で提供しないサービスのように、その法人の事業がなければ、社会的弱者等がサービスを利用することが困難となるような場合は、一般的に公益性が高いと考えられます。

3　公益目的事業か否かについては、
ⓐ認定法別表各号のいずれかに該当するかという点と、ⓑ不特定かつ多数の者の利益の増進に寄与するものとなっているかという点を公益認定等委員会で判断することとなります。

考え方

従来は行政機関が直接実施していた事業であっても、民間事業者の創意工夫を適切に反映させることにより、より良質かつ低廉な公共サービスを実現するため、いわゆる「市場化テスト」が実施され、行政機関から委託された公益法人について過去に見直した際にも、官民の役割分担や規制改革の推進を基本的な考えとして改革が行われたところです。

さらに、認定法と同時に成立した整備法においても、法令に基づく事業を定めた個別法にある「民法第34条の規定により設立された法人」との規定を「公益社団法人又は（及び）公益財団法人」と改正するのではなく、原則として「一般社団法人又は（及び）一般財団法人」と改正していますように、法令に基づく事業であるからといって直ちに公益目的事業という前提ではありません。

行政機関からの受託事業については、こうした諸般の改革や法律の整理の趣旨とも整合性をもって考える必要があり、行政機関からの受託だからといって直ちに公益目的事業となるということはありません。

参照条文 認定法第2条第4号、別表

> **Q 調査報告書、学会誌等の発行**
> 調査報告書、学会誌等の発行が公益目的事業か否かは、どのように判断するのですか。

A

1 公益目的事業であるためには「不特定かつ多数の者の利益の増進に寄与するもの」である必要があります。したがって、発行物が、何らかの公益目的事業についての情報を普及するための手段として発行されるものであれば、当該発行も当該公益目的事業の一環と整理することが可能です。

2 本体の公益目的事業には調査など様々なものがありますが、たとえば、調査の場合であれば、「公益目的事業のチェックポイント」の「6 調査、資料収集」をご参照ください。

3 また、たとえば、学会誌の発行の場合には、論文の選考という事業が本体事業で、選考した論文を普及する発行が密接不可分になっている場合、この論文の選考が公益目的事業か否かという点をチェックすることとなります。これについては、優れたものを選考する際に適用する「14 表彰、コンクール」をご参照ください。

補足

発行物によって広く情報が普及されることが望ましいが、その分野を専攻する研究者の大半で構成される法人における学会誌の発行が学術の振興に直接貢献すると考えられる場合、たとえ配布が社員に限定されていても、公益目的としての「普及」に当たるものと考えられる。

参照条文 認定法第2条第4号、別表

> **Q 施設の貸与**
> 施設の貸与事業を行っていますが、公益目的事業と認められますか。

A

1 施設を効率的に利用する等の理由から公益目的以外で貸与することも多くありま

す。
2　公益目的事業と収益事業等は明確に区分していただく必要がありますから、この場合には、貸与先によって公益目的での貸与（公益目的事業）と公益目的以外での貸与を区別した上で、費用及び収益を公益目的事業とそれ以外で配賦してください。なお、公益的な活動をしている法人に貸与する場合であっても、当該法人の収益事業、共益事業等のために貸与する場合は、公益目的での貸与となりませんので、この場合は公益目的以外での貸与として整理してください。
3　また、定款で定める法人の事業又は目的に根拠がない事業は公益目的事業と認められない場合がありますので、万一、現在の定款では公益目的での貸与先が読み込めない場合、定款を変更するのが適当と考えますので、ご注意ください。

補　足

「公益目的事業のチェックポイント」の「11　施設の貸与」をご参照ください。
　なお、費用としては、施設の維持管理に必要な経費として、減価償却費、光熱水道費、人件費等が挙げられます。これらの総費用を使用頻度等に応じて按分していただくこととなります。

参照条文　認定法第2条第4号、別表

Q　公益的な活動を行う法人の支援
社会福祉法人、学校法人、宗教法人等を支援する事業は、公益目的事業と認められますか。

A
1　社会福祉法人、学校法人、宗教法人等は、「学術、技芸、慈善、祭祀、宗教その他の公益を目的とする法人」（民法(注)第33条第2項）について特別法の定めに基づく法人です。支援の態様にもよりますが、こうした法人の公益的な活動を支援しているということは、こうした法人の活動を通じて社会に公益を生み出していると考えられますので、支援している内容を申請の際に説明していただくことになります。
2　ただし、こうした法人の収益事業、共益事業等を支援する場合は公益目的事業とはならないので、この場合は収益事業等として公益目的事業とは明確に区分してください。

（注）整備法による改正後の民法

参照条文　民法第33条第2項、認定法第2条第4号、別表

> **Q　特定地域に限定された事業**
> 特定地域に限定された事業は、不特定かつ多数の者の利益の増進に寄与するものと認められないのでしょうか。

A

1　不特定かつ多数の者の利益の増進に寄与するには、できるだけ多くの人が事業の恩恵を受けることができるのがよいのはいうまでもありません。

2　ただ、公益目的を達成するために必要な合理的な限定であれば、特定地域に限定するのは認められます。なお、目的に照らして対象者に不当な差別を設けて限定している場合、公益目的事業と認められませんので、ご注意ください。

補足

このケースの別表各号の代表的な例としては、3号の障害者若しくは生活困窮者又は事故、災害若しくは犯罪による被害者の支援を目的とする事業、4号の高齢者の福祉の増進を目的とする事業、7号の児童又は青少年の健全な育成を目的とする事業、犯罪の防止又は治安の維持を目的とする事業、11号の事故又は災害の防止を目的とする事業、12号の人種、性別その他の事由による不当な差別又は偏見の防止及び根絶を目的とする事業などが挙げられる。

参照条文　認定法第2条第4号、別表

> **Q　特定の弱者を救済する事業**
> 特定の弱者を救済するのは、不特定かつ多数の者の利益の増進に寄与するものと認められるでしょうか。

A

1　たとえば、現に発病しているのが少数に限定されるような難病の患者を救済する事業であっても、潜在的には、不特定多数の者が同じ病気になる可能性があるという合理的な理由による限定であるため、不特定かつ多数の者の利益の増進に寄与す

るものとなり得ます。
2 このように特定の弱者の救済については、現時点で受益者が特定されていても、潜在的に不特定多数の者が当該特定された弱者になる可能性がある場合には、不特定多数の者の利益の増進に寄与する場合があります。

補足

このケースの別表各号の代表的な例としては、3号の障害者若しくは生活困窮者又は事故、災害若しくは犯罪による被害者の支援を目的とする事業、4号の高齢者の福祉の増進を目的とする事業、7号の児童又は青少年の健全な育成を目的とする事業、犯罪の防止又は治安の維持を目的とする事業、11号の事故又は災害の防止を目的とする事業、12号の人種、性別その他の事由による不当な差別又は偏見の防止及び根絶を目的とする事業などが挙げられる。

参照条文 認定法第2条第4号、別表

Q 墓地の管理
墓地を管理するのが与えられた使命である法人ですが、墓地管理は公益目的事業と考えてよいでしょうか。

A
1 墓地管理については、「公益目的事業のチェックポイント」の事業区分にはありませんので、不特定かつ多数の者の利益の増進に寄与するものであるかの事実認定については「上記の事業区分に該当しない事業についてチェックすべき点」を用いていただくことになり、その際、たとえば、墓地使用の機会が一般に開かれているか（当該墓地の使用について宗派その他で差別を設けていないなど）等を説明していただくことになります。
2 墓地管理に伴って様々な事業を行っている場合、収益事業等については公益目的事業とは明確に区分の上、地代等を含む費用面でみて公益目的事業比率が100分の50以上となっている必要がありますので、ご注意ください。

参照条文 認定法第2条第4号、第5条第8号、第15条、別表

Q 法令に基づく事業

○○法に基づく法定検査を行っているが、公益目的事業と認められるでしょうか。

A

1 法令に基づく事業であっても、それだけで直ちに公益目的事業ということにはなりません。

　なお、この点に関連しては、認定法と同時に成立した整備法においては、法令に基づく事業を定めた個別の法律の「民法第34条の規定により設立された法人」という規定を、原則として「一般社団法人又は（及び）一般財団法人」と改正していることに留意してください。

2 公益目的事業か否かについては、ⓐ認定法別表各号のいずれかに該当するかという点と、ⓑ不特定かつ多数の者の利益の増進に寄与するものとなっているかという点を判断することとなります（申請者側において、どのような点を記載すればよいのかは、内閣府公益認定等委員会のホームページに「公益目的事業のチェックポイント」の案を掲載していますのでご参照ください）。

（注）公益社団法人とは、一般社団法人のうち公益認定を受けた一般社団法人であり、公益財団法人も同様ですので、1の「一般社団法人」・「一般財団法人」の語には、公益認定を受けた「公益社団法人」・「公益財団法人」の意味も含まれています。

補足

　検査の場合の不特定かつ多数の利益の増進に寄与するものかどうかについては、「公益目的事業のチェックポイント」「1　検査検定」をご参照ください。

参照条文　　整備法第2章、認定法第2条第4号、別表

公益認定基準徹底分析 2

経理的基礎及び技術的能力

> 認定法第5条第2号　公益目的事業を行うのに必要な経理的基礎及び技術的能力を有するものであること。

◆ 経理的基礎について

■**経理的基礎とは何か**

　まず、この条文は、前半と後半では別のことを意味していますので、2つに分けて審査することになります。

　まず、前半の「公益目的事業を行うのに必要な経理的基礎」についてですが、公益法人が担う社会的な責任に照らすと、その経理事務において、公益目的事業の継続性、事業の財源となる財産の確保と安全性、活動実態の正確な把握と開示に特に配意する必要があるだろうと考えられており、旧法の指導監督基準でも、同様に「公益法人は、設立目的の達成等のため、健全な事業活動を継続するに必要な確固とした財政的基礎を有するとともに、適切な会計処理がなされなければならない」といったことを定めていました。

　こういった事項等を踏まえ、内容としては、財政基盤があること、適切な経理処理や財産管理がなされていること、情報開示をしっかりしていくことといったことが考えられたのです。

　そこで、経理的基礎を次の3つに分けて審査することになります。
①財政基盤の明確化、②経理処理、財産管理の適正性、③情報開示の適正性です。

■①財政基盤の明確化

　まず、はじめの「財政基盤の明確化」ですが、これは、法人の貸借対照表、収支（損益）予算書等で判断することになります。計算書類の中で、法人の財務状態を確認し、法人の事業規模を踏まえ、この財政規模で大丈夫なのかを見るわけです。

　具体的には、資産・負債の状況は貸借対照表等によって、また資力については収支予算書等によって確認することとなり、財務状態や収益構造いかんによっては今後の見通し計画についても追加的に説明を求めることとなります。

　また、資力との関係について、寄附金収入については寄附金の上位大口5者程度の見込みについての情報、会費収入についてはその積算についての情報、又は借入の予定があればその情報も申請書に記載することになります。もし、法人の規模に見合った事業実施のための収入が適切に見積られていない場合は、認定されないこともあります。

■②経理処理、財産管理の適正性

　次に、「経理処理・財産管理の適正性」ですが、これは、財産の管理や運用について法人の役員が適切に関与しているかどうかを確認することになります。そして、開示情報や行政庁への提出資料の基礎として十分な会計帳簿を備え付けているか、不適正な経理を行っていないかを審査するのです。不正な経理とは、法人の支出に使途不明金があったり、会計帳簿に虚偽の記載があったりすることです。

　なお、法人が備え付ける会計帳簿は、事業の実態に応じてもちろん法人により異なることになりますが、できるだけ備え付けるべきものとしては、仕訳帳、総勘定元帳、予算の管理に必要な帳簿、償却資産その他の資産台帳、得意先元帳、仕入先元帳等の補助簿が挙げられています。また、区分経理が求められる場合には、帳簿から経理区分が判別できるようにすることになります。

■③情報開示の適正性

　最後に、「情報開示の適正性」ですが、これは、外部監査を受けているか、そうでない場合には費用及び損失の額又は収益の額が1億円以上の法人については監事（2人以上の場合は少なくとも1名、以下同じ）を公認会計士又は税理士が務めているかの、どちらかが求められています。1億円未満の法人の場合は、公認会計士等が監事でなくてもよいのですが、たとえば営利又は非営利法人の経理事務に5年以上従事した者等が監事を務めることが求められています。このような者がいれば、適切に情報開示が行われるものとして扱われるのです。

　ただ、これは必ずしも義務付けられているわけではありません。もし、このような体制にない場合は、公認会計士、税理士又はその他の経理事務の精通者が法人の内部監査等にどのように関与しているのかを個別に説明することとなります。要は、監事に公認会計士等の資格者か経理のベテランを置けばよいことなのですが、多くの法人では、理事と同等の関係者を配置していることが多く、その場合には、決算などに関与している税理士等がその法人の経理等には一切不正などがないということを適正な計算書類で証明することになるでしょう。

■公認会計士か税理士を監事にする理由は？

　「情報開示」の条件として、外部監査を受けているか、そうでない場合には1億円以上の収入がある法人は、必ず監事に税理士か公認会計士を置かなければいけないという条件はかなり厳しいという声もあります。また、1億円未満についても経理事務を5年以上経験している者という条件がありますが、これも別に5年でなくても2年とか3年でもいいのではないかともいわれています。

　特に、公認会計士や税理士は、大都市に集中しており、地方の法人は、人数的に確保できるのかというところも心配されています。公認会計士の場合、関東周辺に1万1,000名強が集中しており、一方、四国全体では140名程度、東北全域では240名程度になってしまいます。ただ、税理士であれば全国的に相当数が分布しており、それほど困難なく見つけられるのではないか

とも考えられています。

　気になる料金ですが、監事の場合、理事会にはもちろん出席することになりますから、その他に監査で1日か2日かかると考えると、ボランティアで監事を引き受ける人はほとんどいないでしょう。

　現実には、きちんと監査報告書を出すために監査をやろうということになると、いま非常に監査基準が厳しくなっているので、計画で10日間、審査で10日間、実際に監査をするのが10日間ということになると、それだけで30日ですから、経費は何百万円という数字になってしまうでしょう。大法人の場合は、1千万円を超えることもあります。このように、正規の監査だとなかなかお金がかかってしまうので、監事としての簡単な内部監査を頼むことになるでしょうが、はたしてそれを引き受ける者がいるかどうか、そのあたりが大変疑問です。

　いずれにせよ、法人の大きな出費になるわけですから、置かなくてよいならなるべく置きたくないのも本音でしょう。公認会計士や税理士を監事にするかわりに経理のベテランを配置することもできますが、なぜこれだけ政府がこだわっているかというと、それは新法での公益社団・財団法人が特定公益増進法人になるからなのです。

　新法では、公益認定を受けた法人は、無条件で特定公益増進法人になれるのです。そうすると税の恩恵、特に寄附者に対する寄附税制の優遇措置が与えられるのですから、政府としては歳入が減る分、厳しい管理体制になっていないと、脱税や悪意を持った節税が横行してしまうおそれもあり、あとで困ると考えているのでしょう。

　公認会計士等の国家資格者に支払う経費を抑えたいという気持ちもわかりますが、最低でも決算などに関与する税理士等にどこに出しても恥ずかしくない計算書類を作成してもらい、それらをきちんと公開するなどといった情報開示についての協力を求める必要はあるでしょう。ただ、間違っても税務代理の署名までしている顧問の税理士等を監事にはしないようにしましょう。それでは逆に、自分で作った書類を自分でチェックすることとなり、コンプライアンスの意識に最も欠けているということになります。そういう法人は、当然不認定になるでしょう。

■今までの監事をそのまま頼んでも大丈夫か？

　監事といっても、今までは、何となく名誉職のような方が就いて、監査のときには、単に監事の判子をついて、監査しましたということがよくありました。

　しかし、特に一般法上、監事の役割というのが大変重くなっているので、それなりに財務諸表を見る能力のある人が就任すべきなのです。通常であれば税務顧問以外の資格を持っている税理士や公認会計士が監事を務めるべきで、そうでないときには、とにかく能力のある人をきちんと見つけて責任者に据えるべきでしょう。

　公益法人には、株主はいませんが、公益法人の活動を支援する人たちとの関係で、情報開示についての適正性を担保する必要があります。公益法人にいろいろな支援をしたり寄附をするような人たちに対して、外から受け入れたお金を適正に使っていることを説明できるようにしなければなりません。

　そこで、行政庁も当然、公益認定の基準を満たしているかどうかということは継続的にチェックしなければならないので、行政庁との関係でも情報開示の適正性というのは必要なのです。

■関連企業の経理担当者に法人の経理を頼んでもいいのか？

　今回の制度改革の大きな柱の1つが主務官庁制の廃止と法人のガバナンスの強化にあり、なかでも法人において事業に必要な経理的基礎を整備することは重要だと考えられており、このような背景から経理的基礎を有することが認定基準として定められています。

　しかし、中には経理業務そのものを関連する企業の経理課に頼んでやってもらっているという法人もあるでしょう。

　経理そのものを外注しているような法人の場合、経理処理や情報開示に大きな不安があると判断されるでしょう。

　ですから、常識的に考えて、事務員の1人に経理専門職員を置くことを検討し、それが無理であれば、税務顧問などの税理士に情報開示の適正性を証明できる計算書類等を作成してもらい、それを積極的に公表するようにしましょう。

特に、事務所備え置きの義務のある計算書類は1つ残らずホームページで公開するよう心がけて下さい。

■公益法人を作るのに適正な財産はいくら必要か？

新法の公益法人には、財務が健全であることだけでなく、事業に必要な資力を有することが求められていますが、従来のように、社団法人の場合には会費が何千万円とか、財団法人の場合には資産が何億円とか必要なのだろうかと心配する人もいるでしょう。

しかし、新法では、まさに立法の趣旨で、社団・財団を簡単に作れるように、社団法人の場合は社員2人から、財団法人の場合は資産300万円からということになったわけですので、そのあたりが矛盾しているような気がします。

ただ、この審査では、たとえば純資産額はいくらといった数値を設けているわけではなく、たとえば特に返済の見込みが立っていないにもかかわらず、過大な借入れによって何か事業を行うというようなことはないかどうか、あるいは収入の見込みがしっかりした根拠に基づくかどうかといったところを見ることになるので、それほど多くの財産を求めているわけではありません。

昨今、たとえば国との契約の関係で、今まで随意契約だったものが入札になり、財務状況が悪くなっていく法人も今後どんどん増えることが予想されています。よって、赤字で債務超過のおそれがあるような法人も出てくることになるでしょう。そのため、特に財務状況が悪いようなものについて、あるいは債務超過のおそれがあるようなものについて、特別にチェックするという趣旨なのです。

◆ 技術的能力について

■技術的能力とは何か

認定法第5条第2号の後半部分「公益目的事業を行うのに必要な技術的能力」とは、いったい何を意味しているのでしょうか。

これは、法人の事業実施のための技術、専門的人材や設備などの能力の確

保を意味しています。

　たとえば、検査検定事業を行う法人の場合、人員や検査機器の能力の水準の設定とその確保について、申請書類にある「公益目的事業のチェックポイント」を満たすことが必要です。

　もし、法人の中核的事業においてチェックポイントで掲げられた技術的能力が欠如していると判断される場合には、不認定となるでしょう。また、事業を行うに当たり法令上許認可等を必要とする場合には、認定の申請の際に認定法第7条第2項第3号にある許認可証などの「書類」の提出をすることが求められています。

■技術的能力は法人がすべて備えなければならない？

　技術的能力があるかどうかは、当然法人内部にその能力があることが前提です。しかし、法人には、事務局長と事務員がいるだけで、事業は外部にかなり依存しているという法人も多いのではないでしょうか。その場合、法人内部の技術的能力が不足しているからという理由で、公益認定がなされないのではないかと心配でしょうが、事業に必要な技術的能力は、法人自らがすべてを保有していることを求めているものではありません。当然外部に委託しながら事業を遂行することも許されるでしょう。

　しかし、実態として自らがその事業を実施しているとは評価されない程度にまで事業に必要な資源を外部に依存しているときには、技術的能力を備えていないものと判断される場合もあるでしょうから、何もかも委託している法人は、技術的な職員を増やしたり、技術的能力を保持する理事の関与を強めたり、何かしらの対策を立てる必要がありそうです。

　職員にも理事にも、法人の行う事業の専門家が1人もいないような場合は、100％公益認定は得られないと考えて下さい。

公益認定基準徹底分析 3

特別の利益

> 認定法第5条第3号　その事業を行うに当たり、社員、評議員、理事、監事、使用人その他の政令で定める当該法人の関係者に対し特別の利益を与えないものであること。

■どこまで特別な利益を与えてはいけないのか？

　新制度では、不特定多数の者の利益の増進を目的とする事業を促進するために、公益認定を得ると、公益目的事業はすべて非課税となり、さらに寄附金の優遇税制の適用を受けられます。こうしたメリットを考えると、公益法人が特定の者に特別の利益を与えるなどということは、許されるものではないということがよくわかります。

　そこで、特別な利益とはどのようなものなのかが問題となります。たとえば、会員割引や会員向けサービスなど、会員などに何かしらの特典を与えている場合、それが不当な利益に当たるかということも心配でしょう。特別な利益とは、主に業務の下請けや資産の譲渡など、何かしらのお金のやり取りが生ずる際に便宜を図ったり、不当な優遇をしていないかということです。ですから、社会通念に照らして問題のない限り、割引制度や会員サービスをもって、すぐに特別な利益という判断は下されないと考えるのが一般的です。

　ただし、「特別の利益」の判断については、公益認定等委員会（又は合議制の機関）が適切に判断することになっており、厳しい委員によっては、法人の関係者に少しでも特典を与えたらダメだという人もいるでしょう。お金のやり取りがなくても、職員採用の際の便宜や会員向けの特別ローンなどは注意が必要です。特に、法人運営が非常に閉鎖的で排除の論理があり、内部だけでお金や仕事をぐるぐる回しているという印象があると、特別な利益と

見られてもしかたありません。

　なお、特別な利益については、社員、評議員、理事、監事、使用人以外にも、基金の拠出者、設立者、役員等の配偶者や親族、そしてさらに、それらの者の内縁関係者や愛人なども含まれることが政令で定められています（認定法施行令1条）。

　また、人間だけでなく、社員や設立者が法人である場合には、それらの子法人や親法人も関係者の範囲に入ることが、内閣府令で定められています（認定法施行規則1条）。

　もっとも、その法人が特別の利益を誰かに与えているかどうかを厳密に調べようとしたら、私立探偵でも頼んで調べてもらうしかありません。そこで、申請時には、提出書類等から判断することになりますので、どちらかというと、内部通報などによって、後から認定を取り消すための基準といってもよいでしょう。認定後の場合、確定的に利益が移転しなくても、そのおそれがあると認められただけで報告徴収（認定法27条1項）の対象となるので、注意が必要です。

　また、「その事業を行うに当たり」とは、公益目的事業の実施に係る場合に限られませんので、収益事業や共益事業であっても、特別な利益を供与しないように注意しましょう。

■事実上夫婦関係にある者や法人の支配者でも特別な利益供与はダメ？

　認定法施行令第1条第5号では、「事実上婚姻関係と同様の事情にある者」となっていますが、現実として、日本において内縁関係は、現行の法制度上も夫婦関係と位置付けられている場合が多く、同性愛者についての社会的位置付けは固まっていませんので、ここでは、内縁関係者を意味しています。

　しかし、当然、同性愛者の場合とか愛人関係というものに対しても特別な利益供与は許されるわけではありませんので、同性愛者や愛人関係については、「その者から受ける金銭その他の財産によって生計を維持する者」に含まれる範囲で対象になると考えられます。

　また、法人の関係者に対しても特別な利益供与はダメとなっていますが、

「法人の事業活動を支配する者」までは関係者になりますが、その親族は、法人の関係者となりません。

　もし、株式会社等で寄附をする者があれば、当該株式会社に特別の利益を与えないということで、認定法第5条第3号ではなく、第4号において規制を受けることになります。なお、個人が寄附をする場合については、寄附者についてはここの法人の関係者には該当しないことになります。

　そもそも、一般法第84条で、利益相反の規定があり、明らかに公益目的事業というのをやっていて、公益目的事業の趣旨とは異なる形で第三者に特別の利益を与えるというのは、利益相反のところで引っかかるのが一般的です。阪神・淡路大震災を例に考えると、寄附者というのは、非常に多数に及ぶこともありますので、条文中の「当該法人の関係者」の中に、寄附者を含めないことになったのです。

認定法第5条第4号　その事業を行うに当たり、株式会社その他の営利事業を営む者又は特定の個人若しくは団体の利益を図る活動を行うものとして政令で定める者に対し、寄附その他の特別の利益を与える行為を行わないものであること。ただし、公益法人に対し、当該公益法人が行う公益目的事業のために寄附その他の特別の利益を与える行為を行う場合は、この限りでない。

■支部や地方会にお金を支出している場合は特に注意が必要

　ここでの対象は、第3号のような法人内部の関係者のことではなく、外部の関係者つまり取引先や関連団体のことです。趣旨は、公益法人の保有する財産等が特定の企業や団体などに流れていったり、利用されたりすることを防止する目的で定められています。

　さらに、企業や団体だけではなく、個人を対象とした特別な寄附や助成事業なども対象となります。たとえば、「○○花子ちゃん心臓移植募金」「○○一郎選手応援団」といった活動は、特定の個人への利益となり、公益的では

ありませんが、「心臓移植を待つ人々への募金」「日本人大リーガーを増やそう運動」は、対象が1人に特定されていませんので、特別な利益に該当しません。

なお、関連企業や関連団体への一方的な寄附、事業委託、補助金や助成金の支出なども特別な利益を与えることになります。この部分については、該当する法人も多いはずですから、十分注意が必要です。たとえば「○○大学同窓生への助成」「○○株式会社各部署対象の研究補助金」などは、大学や企業が特定されており、公益的な事業といえないばかりか、それらの団体の応援団に過ぎないので、公益認定を得ることは不可能です。

さらに、支部や地方会、政治連盟などを持つ法人は、その活動に関する会計が法人本体と別会計である場合、それらについても関連する別団体ということになり、この基準に抵触することになります（認定法施行令2条、認定法施行規則2条）。

つまり、支部や地方会に一方的な活動補助金や助成金などを出している場合は、特定の別団体に特別な利益を与えているということで不認定となります。このような法人はかなり多く見受けられますので、早急に対策を練らないと、不幸な結果を招くことになります。よって、こういう場合は、支部などの会計も本体に組み入れるか、まったく補助金などを出さないようにするなど抜本的な対策の必要があります。

さらに、認定法施行規則第2条では、わざわざ「会員等相互の支援、交流、連絡その他その対象が会員等である活動に参加する者」と、会員だけではなく、それに類する者まで対象が広がっています。つまり、支部の会員や政治連盟の会員であっても、寄附や特別な利益を供与してはいけないということを意味しているのです。

ただし、ここでは会員向け事業を行っている者であれば、すべて対象になるということではなくて、主たる目的として行っている者ということです。かつそれが特別の利益かどうかは別途判断することになっていますので、普通の公益法人自身がいろいろ事業をやっている中において、事業の相手方がたまたま会員向け事業をやっているからといって、それが特別の利益になるかというと、そうではありません。つまり、親しい仲間内でのサークル、同

好会などが1つの例として考えられ、そうした閉鎖的な団体への金銭の支出はよくないということになります。

　もちろん、大原則として相手が公益法人であれば、仮に特別の利益を与えても、その法人は与えられた利益を公益目的に使うだろうと想定されることから、問題はないのです。ここで言っているのは、公益目的事業として特定の団体などに寄附をしたりすることはできても、特別の利益として与えるというのはダメだということです。

　特別の利益というのは通常の経費等を超えて、自分たちの財産の中から補助金を渡してしまうとか、たとえば某大学の同窓会や意見交換の場などに通常の利益としてではなくて、何か特別に自分たちの持っている財産を支出してしまうというのはダメですよという意味です。

■他の法人や団体に助成金を出すことはできる？

　特別の利益とは、利益を与える個人又は団体の選定や利益の規模が、事業の内容や実施方法等具体的事情に即して、社会通念上問題となるような不相当な利益の供与や優遇のことであり、お金を出したらすべて特別の利益になるというわけではありません。

　ですので、認定法第5条第4号では、「寄附その他の特別の利益」と定められていますが、寄附を行うことが直ちに特別の利益に該当するわけではなく、当然、他の法人への助成金や補助金についても、それをもって直ちに特別の利益に該当するというわけではありません。

　もちろん、同じ団体に、何の審査も経ずに毎年お金を支出しているような場合は、先述した支部や地方会同様、完全にこの法人に依存していることになるので、特別な利益と考えられるでしょう。

　とにかく、公益法人を目指すなら、相手が公益認定を受けた法人でない場合は、毎年お金を渡すということをやめるべきです。

公益認定基準徹底分析 4

投機的な取引を行う事業

> 認定法第5条第5号　投機的な取引、高利の融資その他の事業であって、公益法人の社会的信用を維持する上でふさわしくないものとして政令で定めるもの又は公の秩序若しくは善良の風俗を害するおそれのある事業を行わないものであること。

■どんな投機的な取引がダメなのか

　ここでいう投機的取引とは、相場に関する自らの予想に賭ける取引のことで、予想が当たれば儲けを生み、予想が外れれば損失を出すというものです。もちろん、公益的な団体が、そうしたリスクの大きい賭け事のようなものを行ってよいはずはなく、これは当然ともいえるでしょう。リスクの大きい○○養殖や、○○燃料など、よく出てくるような儲け話などがこの類です。

　また、高利の融資とは、文字どおり、利息制限法に抵触するような契約や利率で、金銭消費貸借による貸付けを行うことです（認定法施行令3条）。

　さらに、公の秩序や善良の風俗を害するおそれのある事業というのは、他の法令で定める必要な手続等を踏まえ法律に違反していなくても、社会通念上で考えた場合、公益団体が行うのはいかにもふさわしくないというような事業のことで、風俗営業やマルチ商法のような事業などのことで、誰でもわかる内容でしょう。

　しかし、逆に考えると、新制度では、一般社団・財団法人には、このような規定はなく、新規設立の場合は、登記だけで設立できるのですから、何でも好き勝手にできてしまうということを考えると、やはり、公益認定を得ないと、社会的な信用は得られないということがよくわかります。

■株式投資はできなくなるのか？

　今回の投機的取引の禁止条項を見て、株式運用等というのはできなくなるのかという疑問をもつ法人もあるようですが、きちんと役員等が運営に関わって、法人として責任をもって行ったポートフォリオ投資のようなものはここにいう投機的な取引には当たりませんので、安心してください。

　かつて、アルゼンチン国債等に投資して財産を一気になくしてしまった公益法人もありましたが、それはその法人の役員が責任をもって関与していなかったからであり、逆にいうと、きちんと役員が関与していたのに起こってしまったら、その役員が責任を取らなければいけないという話であって、これが今回の法律の構成になっているのです。

　つまり、○○養殖に投資をするなどの話でない限り、この投資はダメですよなど、行政が裁くのはなかなか難しいので、その取引の規模、内容等具体的事情によるという表現でしか規制できないということになります。

　たとえば、株価が暴落しているので公益法人は純金を買って資金運用していいかどうかという場合、まず、経理的基礎のところで財務会計にきちんと役員が関与して検討し、そういうプロセスを経た上で、この際こういうマーケットの状況なので純金を買うかということがあっても、それは許されるということになります。

5 公益認定基準徹底分析

公益目的事業の収入

> 認定法第5条第6号　その行う公益目的事業について、当該公益目的事業に係る収入がその実施に要する適正な費用を償う額を超えないと見込まれるものであること。

■公益目的事業は儲かってはいけない？

　認定法第5条第6号の「公益目的事業に係る収入がその実施に要する適正な費用を償う額を超えない」（認定法第14条で同旨の規定）は、俗に「収支相償」と呼ばれ、文字どおり収入と支出が相償うようなバランスを求めています。

　その、収支相償かどうかについては、2段階で判断することになります。まず、第1段階では、法人の行う事業の公益性は、個々の事業ごとに判断されることになっています。認定基準として事業に係る収入が適切な費用を超えないことが求められているので、公益性があると判断した事業ごとに収入と費用とを測ります。具体的には、公益目的事業単位で事業に特に関連付けられる収入と費用とを比較して、その収支にどのくらいの開きがあるのかを審査します。

　次に、第2段階で、第1段階を満たす事業の収入、費用も含め、公益目的事業を経理する会計全体の収入と費用を比較します。

　当然新規の団体もあるので、申請時には、「収支予算書」の対象事業年度に係る見込み額を計算して記載することになり、認定後においては、「運営組織及び事業活動の状況の概要及びこれらに関する数値のうち重要なものを記載した書類」（認定法施行規則28条1項2号）に実績値を記載することになります。

　なお、「適正な費用を償う額」の意味ですが、認定法上では費用という言

葉はいろいろなところで用いられていますが、公益目的事業比率の計算等においては基本的には損益計算書の経常費用を基礎としていることにならい、ここにおいても損益計算書の経常費用の部における公益目的事業費を基礎としています。

ただし、公益目的事業比率や遊休財産額の規制等において、その費用についてはその公益目的事業に係る特定費用準備資金（将来の特定の活動の実施に充てるために特別に法人において管理して積み立てた資金）を費用額に繰り入れるという調整項目を設けていますが、その調整項目として繰り入れた額も適正な費用に含めています。

そのほか、公益目的事業収益としてどういうものを合算するかということについては、公益目的事業の活動に係る対価収入のほか、公益目的事業に充てるために受ける寄附金、補助金など、当該公益目的事業を行うことにより取得するすべての収益を対象としています。

寄附金、補助金等についてはすぐに使用する場合もあるでしょうし、プールしておいてその運用益を事業費に充てるということもありますので、その両方がここに入ってきます。

具体的な方法は以下のとおりです。

① 第1段階においては、公益性が認められる公益目的事業（「公益目的事業のチェックポイント」における事業の単位と同様の考え方に基づいて、事業の目的や実施の態様等から関連する事業をまとめたものも含む）を単位として、当該事業に関連付けられた収入と費用とを比較します。当該事業に関連付けられた収入と費用は、法人の損益計算書（正味財産増減計算書）におけるそれぞれ当該事業に係る経常収益や経常費用とします。収入が費用を上回る場合には、当該事業に係る特定費用準備資金への積立て額として整理することになり、下回る場合は、そのままで結構です。

なお、上回る場合、本来の特定費用準備資金として積み立てるほか、翌年度の事業費に費消するため、流動資産の現預金等で短期の特定費用準備資金として管理することができますので、これらの方法を活用すれば、収入が支出を大きく上回る事業があっても十分対応できるでしょう。

② 第2段階においては、第1段階の収支相償を満たす事業に係る経常収益

及び経常費用に加え、特定の事業と関連付けられない公益に係るその他の経常収益及び経常費用を合計し、特定費用準備資金、公益目的保有財産等に係る一定の調整計算を行った上で収支を比較します。

　この段階において、法人が収益事業等を行っている場合には、収益事業等の利益から公益目的事業財産に繰入れた額も収入に含めますが、その繰入れが認定法第18条第4号、認定法施行規則第24条に基づく利益額の50％の繰入れか、認定法施行規則第26条第7号、第8号に基づく利益額の50％超の繰入れかに応じて、2つの計算方法があります（法人が収益事業等を行っていない場合は、50％繰入れの方法に準じます）。

　なお、収益事業等会計から公益目的事業会計への繰入れは、あくまでも内部振替ですから、公益目的事業比率（認定法15条）の算定上、当該収益事業等の事業費には含まれません。

　また、費用は「適正な」範囲である必要があるため、謝金、礼金、人件費等について不相当に高い支出を公益目的事業の費用として計上することは適当ではありません。なお、公益目的事業に付随して収益事業等を行っている場合に、その収益事業等に係る費用や収益を収支相償の計算に含めることはできません。

■収益事業等の利益額（収益事業等における利益から、管理費のうち収益事業等に按分される額を控除した額）の50％を繰入れる場合の計算法

① まず、収入として以下の合計額を算出します。
　Ⅶ　損益計算書上の公益目的事業の会計に係る経常収益
　Ⅷ　公益目的事業に係る特定費用準備資金（認定法施行規則18条）の当期取崩し額
　Ⅸ　損益計算書上の収益事業等会計から公益目的事業会計への資産繰入れ額（実物資産を繰入れた場合は帳簿価額相当額（収益事業等からの利益を実物資産で繰入れる場合には、繰入時の実物資産の帳簿価額に相当する額が収益事業等の資産から公益目的事業財産となり、同額を支出して、当該実物資産

> を取得するものと見なします。この場合の当該実物資産は公益目的保有財産となります）
>
> ※法人が収益事業等を行っていない場合にはⅨは除かれます。
>
> ② 次に、費用として以下の合計額を算出します。
>   Ⅶ 損益計算書上の公益目的事業の会計に係る経常費用
>   Ⅷ 公益目的事業に係る特定費用準備資金の当期積立て額
> ③ 最後に、上記①と②の額を比較し、収支の差がどのくらいあるのかを算出します。

このように、収益事業等からの利益の50％を繰入れる場合には、第1段階の収支相償を満たした各公益目的事業に直接関連する費用と収益に加え、公益目的事業の会計に属するその他の収益で各事業に直接関連付けられない収益、公益目的事業に係る特定費用準備資金への積立て額と取崩し額、さらに収益事業等を行っている法人については、収益事業等から生じた利益の50％を加算して収支を比較します。

そして、剰余金が生じる場合には、公益目的事業のための資産の取得や翌年度の事業費に充てるなど、公益のために使用することになります。

■収益事業等の利益額を50％を超えて繰入れる場合の計算法

> ① まず、収入として以下の合計額を算出します。
>   Ⅶ 損益計算書上の公益目的事業の会計に係る経常収益
>   Ⅷ 公益目的事業に係る特定費用準備資金の当期取崩し額（資金積立て時に、収支相償の計算上、費用として算入した額の合計額）
>   Ⅸ 公益目的保有財産の取得又は改良に充てるために保有する資金（認定法施行規則22条3項3号）（以下「公益資産取得資金」）の当期取崩し額（資金積立て時に、収支相償の計算上、費用として算入した額の合計額）
>   Ⅹ 公益目的保有財産の当期売却収入（帳簿価額＋売却損益）
> ② 次に、費用として以下の合計額を算出します。
>   Ⅶ 損益計算書上の（公益目的事業の会計に係る経常費用－公益目的保有財産に係る減価償却費）
>   Ⅷ 公益目的事業に係る特定費用準備資金の当期積立て額（上限あり[※]）

> Ⅸ　公益資産取得資金の当期積立て額（上限あり（※））
> Ⅹ　公益目的保有財産の当期取得支出
> 　（※）「（各資金の積立て限度額－前期末の当該資金の残高）／目的支出予定時までの残存年数」として計算される額。
> ③　最後に、（②－①）の額について収益事業等から資産を繰入れます（利益の100％を上限とし、実物資産を繰入れた場合は帳簿価額相当額とする（収益事業等からの利益を実物資産で繰入れる場合には、繰入れ時の実物資産の帳簿価額に相当する額が収益事業等の資産から公益目的事業財産となり、同額を支出して、当該実物資産を取得するものと見なします。この場合の当該実物資産は公益目的保有財産となります）（認定法18条5号、認定法施行規則26条7号））。

　おさらいすると、まず事業費以外に公益目的事業のための資金需要として資産の取得又は改良（資本的支出）があることから、当期の公益目的保有財産に係る取得支出とその売却収入、及び将来の公益目的保有財産の取得又は改良に充てるための資産取得資金（認定法施行規則22条3項3号）への積立て額と取崩し額を公益目的事業が属する会計の費用、収益にそれぞれ加えます。

　その際に、公益目的事業費には公益目的保有財産に係る減価償却費が含まれていますが、これは財産の取得支出や資産取得資金の積立て額と機能が重複することから、減価償却費は控除します。

　また特定費用準備資金への積立て額と取崩し額を加えます。ただし、この資産取得資金と特定費用準備資金は将来の事業のための資金ですから、計画性をもって積立てと取崩しを行うため、この収支相償の計算上は、今後積立てなければならない見込み金額を積立てる年数で除した額を限度として積立て額を算入します。

　このように、公益目的事業に必要なすべての資金収支とその見通しを立て、不足分を収益事業等の利益から100％を上限に繰入れるという枠組みになっているため、公益目的事業のために法人において特に繰入れの必要があると決定された場合には、決定に当たっては計画性をもって繰入れていくことが適切です。

■内訳書の中でも会計を区分する必要あり

　計算書類の作成に当たっては、損益計算書及び貸借対照表の内訳書において、収益事業等に関する会計（収益事業等会計）は、公益目的事業に関する会計（公益目的事業会計）、管理業務やその他の法人全般に係る事項（公益目的事業や収益事業等に属さない事項）に関する会計（法人会計）とは区分して表示します。つまり、公益目的事業会計、収益事業等会計、法人会計の3つに区分するということになります。

■剰余金が出たらどうするの？

　ある事業年度において剰余が生じる場合、それだけでダメということではなく、公益目的保有財産に係る資産取得や改良に充てるための資金に繰り入れたり、当期の公益目的保有財産の取得に充てたりすることにより、この基準は満たされているものとして扱われます。

　ただし、不動産以外は償却資産やその他の固定資産を念頭に置いていますが、収蔵品の拡大に充てるための資金は該当することになります。

　さらに、使いたくないという場合には、翌年度に事業の拡大等により同額程度の損失となるようにすることで、こちらも基準を満たすことができますし、そうできない場合でも、事業の性質上特に必要がある場合には、個別の事情について案件ごとに判断してくれるので、法人の行う公益目的事業の会計が収支相償になっていなくてもあきらめる必要はありません。

　また、この収支相償の判定により、著しく収入が超過し、その超過する収入の解消が図られていないと判断される時は報告を求め、必要に応じて行政庁がさらなる対応を検討してくれることになっています。

■寄附金が極端に多く入ってきたら

　ある年に非常に多く寄附金が入ってきて、それに対して支出はそれよりも少なかったということになった場合、その余分な資金に関しては特定費用準備資金の方に繰り入れることができます。その際、予算の段階で特定費用準備資金というものを作っていなかった場合は、年度途中でも、以前からやっているものがあればそこに入れても構いませんし、決算の段階でその項目を

収支相償対照表

(収益事業等からの利益の繰入れが50%の場合)

費　用	収　入
公益目的事業に係る経常費用	公益目的事業に係る経常収益
	公益に係るその他の経常収益
	公益に係る特定費用準備資金取崩し額
公益に係る特定費用準備資金繰入れ額	収益事業等の利益を公益に繰入れた額 （利益の50％を上限）

> 収入超過の場合には公益目的保有財産の取得支出や資産取得金への繰入れ、翌事業年度の事業拡大等による同額程度の損失とする等剰余金の説明を法人に求める

収支相償対照表

(収益事業等からの利益の繰入れが50%超の場合)

費　用	収　入
公益目的事業に係る経常費用 （減価償却費を除く）	公益目的事業に係る経常収益
	公益に係るその他の経常収益
公益目的保有財産取得支出	公益目的保有財産売却収入 （簿価＋売却損益）
公益に係る特定費用準備資金繰入れ額 （（所要資金額－前期末資金残高）／ 積立て期間残存年数を限度）	公益に係る特定費用準備資金取崩し額 （過去に費用として算入した額の合計額）
公益目的保有財産取得資金繰入れ額 （（所要資金額－前期末資金残高）／ 積立て期間残存年数を限度）	公益目的保有財産取得資金取崩し額 （過去に費用として算入した額の合計額）
	収益事業等の利益を公益に繰入れた額 （利益の100％を上限）

作ることもできます。特定費用準備資金の限度額を超える場合は、次年度においてより多く使うという対応をすることもできます。

また、特定費用準備資金に積んだ資金は、翌年使わなければいけないというのではなく、準備資金の計画上において、支出する時期が具体的に決めてあれば、必ずしも翌年度に使わなければいけないものではありません。

なお、こうした場合の余った寄附金は、次年度において使うということも可能です。

■法人の都合で、毎年繰り入れる割合を変えてもいい？

法人の公益目的事業、収益事業等の状況や計画は事業年度ごとに異なりますので、法人において50％か50％超かは毎事業年度、選択することが可能です。ですから、いったん決めたからといって、将来にわたって同じような繰入れ方法を選択しなければならないのではなく、その年の状況を踏まえて、毎年繰入れる割合を戦略的に変更することができます。

なお、収益事業等の利益の50％超を公益目的事業財産に繰入れた場合には、繰入れた事業年度末の貸借対照表は、公益目的事業と収益事業等とに区分経理（認定法19条）を行わなければなりません。

そして、いったん50％超の繰入れを行った場合には、その後の繰入れが50％に留まったときでも、継続性の観点から区分経理を維持することになります。

> **Q** 収支相償
> 公益目的事業に係る収入は費用を上回ってはならないという基準を厳格に運用すると、収支がゼロか損失を計上しなければならなくなってしまい、公益目的事業を継続的に実施できなくなってしまうのではないでしょうか。

A

1　公益目的事業に係る収入がその実施に要する適正な費用を償う額を超えないという基準（認定法5条6号・14条）は、公益目的事業は不特定かつ多数の者の利益の増進に寄与するものであり（認定法2条4号）、無償又は低廉な価格設定などに

よって受益者の範囲を可能な限り拡大することが求められることから、設けられたものです。
2　一方で、事業は年度により収支に変動があり、また長期的な視野に立って行う必要があることから、本基準に基づいて単年度で必ず収支が均衡することまで求めることはしません。仮にある事業において収入が費用を上回った場合には、翌年度の当該事業費に充てたり、将来の当該事業の拡充等に充てたりするための特定費用準備資金（認定法施行規則18条）への積立てをもって費用と見なすことによって、中長期では収支が相償することが確認されれば、本基準は満たすものとしています。
3　公益目的事業の実施について計画性を持っていただく必要はありますが、このような対応をとることによって、事業の継続性は確保されるものと考えます。

公益認定基準徹底分析 6

公益目的事業の実施に支障を及ぼすおそれ

> 認定法第5条第7号　公益目的事業以外の事業（以下「収益事業等」という。）を行う場合には、収益事業等を行うことによって公益目的事業の実施に支障を及ぼすおそれがないものであること。

■支障を及ぼす程度というのはどのくらい？

　認定法第5条第7号の「収益事業等を行うことによって公益目的事業の実施に支障を及ぼすおそれ」とは、収益事業等への資源配分や事業内容の如何により、公益目的事業の円滑な実施に支障を及ぼす可能性が生じる程度を意味しています。

　認定申請時には、公益認定の申請書や事業計画書等の添付書類の内容から総合的に判断することになっていますが、ほとんどの場合、公益認定基準の次の項目に当たる公益目的事業比率から判断されると考えられていますので、ここは特に意識しなくてもよいでしょう。

　もちろん、公益法人だからといって、公益目的の事業だけしかできないわけではありません。公益事業を行うために必要な経費を賄うためには、その資金を稼ぎ出さなければならないという法人も多いことでしょう。そうした公益目的以外の資金稼ぎ事業や共益的な事業のことを、一般に「収益事業等」と呼び、その収益事業等に関する会計は、公益目的事業に関する会計と区分して、収益事業等ごとに特別の会計として経理しなければなりません。区分会計をすることによって、収益事業による純粋な差益がカウントできます。それをどのような用途に使うかも公益認定に影響してきます。

　もちろん、収益事業から生じた収益をすべて公益目的事業のために使用しなければいけないわけではありません。新法では最低50％が義務付けられ

ていますが、それ以外の部分についての使途に制限は課さないことになっていますので、100％繰り入れることが無理だからといってあきらめる必要はありません。ただし、できればすべて使用することが望ましいのは事実です。

　それよりも大事なことは、収益事業等の事業活動があまりにも忙しく、公益目的事業の実施に支障をきたさないかということです。たとえば、収益事業は毎日行っているが、公益事業は1年で10日しか行っていないなどという場合は、支障をきたす、きたさない以前の問題として、どちらが本来の事業なのかわかりませんので、公益認定を得ることは難しいでしょう。

　つまり、儲けることに忙しくて、本来のやるべきことを疎かにしているような団体は、公益性という観点から考えると大いに問題があるということになります。支障をきたすというのは、あくまでも時間や労力としての指標であって、それを数値で表したのが次に述べる第5条第8号の基準です。

　なお、多くの団体が心配する、営利企業との競合事業については、競合するからといって、それだけで公益事業として認めない（非公益）ということはありません。営利企業が公益的な事業を行っている又は公益事業に参入しているというような業界もありますので、あくまでも内容により判断するものと思われます。

■収益事業等がやむを得ぬ経済事情等から突然欠損金を出したら？

　法人全体としては黒字だけれども、収益事業等で赤字になって、これはたとえ翌年黒字になったとしても収益事業の利益の50％は必ず公益目的事業につぎ込むことになるわけですから、いったん赤字が出るとなかなか身動きがとれなくなって、下手をすると法人全体として黒字だとしても収益事業のマイナス分は次年度以降でプラスに転じられず、黒字倒産ということもあり得なくはないわけです。

　欠損金が出たときで、次年度以降また黒字になったようなケースの場合、税務上のいわゆる繰越欠損金というものは適用されません。収益事業等で黒字、赤字等がまだらになるという場合、収益事業等からその年に黒字が出ていればその半分は公益目的事業財産になるので、繰越欠損という考え方はあ

りません。

　また、公益法人が倒産した場合、その債務が収益事業のものであり、一方で公益目的事業のところで公益目的事業財産があって、債権者が公益目的事業財産から返済を受けたいと言ってきた場合ですが、公益法人が認定取消しあるいは清算されたときは、公益目的事業財産残額相当額というのは国やその他の適格な法人に贈与されます。その場合、国等は他の債権者と同位になりますから、非営利でありながら、結果として債務者等に分配してしまうことになります。

公益認定基準徹底分析 7

公益目的事業比率

> 認定法第5条第8号　その事業活動を行うに当たり、第15条に規定する公益目的事業比率が100分の50以上となると見込まれるものであること。

■公益認定最大の難関、公益目的事業比率とは？

　新しい公益法人は、認定法第5条第1号にあるように公益目的事業が主たる目的となっており、認定法第5条第7号のとおり、他の事業に邪魔されることなく、粛々と公益目的事業をしなくてはいけません。そのことを事業の費用で表したのがこの基準です。

　つまり、毎年行う公益目的事業の実施に係る経費が、他の収益事業等の経費やその公益法人の運営に必要な経常的経費を加えた合計に比べて、半分以上を占めているかどうかという指標です。

> **公益認定を受けるための事業比率**
> 公益目的事業経費÷(公益目的事業経費＋収益事業等経費＋運営に必要な経常的経費)×100≧50

　公益目的事業比率が50％以上ということを、どの書類で判断するかについては、認定申請時には、収支予算書の対象事業年度に係る見込み額を計算し、記載することになります。認定後においては、「運営組織及び事業活動の状況の概要及びこれらに関する数値のうち重要なものを記載した書類」（認定法施行規則28条1項2号）に実績値を記載します。

■事業費と管理費はどうやって計算するか？

　公益目的事業比率の算定のための費用の額を定めるのに用いられる「事業

費」「管理費」の定義は次のとおりです。

> ① 事業費：当該法人の事業の目的のために要する費用
> ② 管理費：法人の事業を管理するため、毎年度経常的に要する費用

　管理費の例としては、総会・評議員会・理事会の開催運営費、登記費用、理事・評議員・監事報酬、会計監査人監査報酬が考えられます。
　なお、事業費に含むことができるものとして、専務理事等の理事報酬、事業部門の管理者の人件費は、公益目的事業への従事割合に応じて公益目的事業費に配賦することができます。
　また、今回のガイドラインから初めて、法人本部における総務、会計、人事、厚生等の業務を行う管理部門で発生する費用（職員の人件費、事務所の賃借料、光熱水費等）についても、事業費に算入する可能性のある費用として、法人の実態に応じて算入することができるようになりました。

■共通費用はどうやって按分するのか？

　計算をする過程で「事業費」と「管理費」の両方に共通して発生する関連費用がある場合は、適正な基準によりそれぞれの費用額に配賦しなければなりませんが、按分計算の際には、以下の配賦基準を参考にして配賦しましょう。

●配賦基準

配賦基準	適用される共通費用
建物面積比	地代、家賃、建物減価償却費、建物保険料等
職員数比	福利厚生費、事務用消耗品費等
従事割合	給料、賞与、賃金、退職金、理事報酬等
使用割合	備品減価償却費、コンピューターリース代等

■自分の土地を使用していたら費用に計上できる？

　公益目的事業比率の費用額には、法人の判断により土地の使用に係る費用額の算入を可能としています。その際には、土地の賃借に通常要する想定賃料の額から当該土地の使用に当たり実際に負担している費用の額を控除した額となります。

　土地の賃借に通常要する想定賃料の額の算定方法については、①不動産鑑定士等の鑑定評価、②固定資産税の課税標準額を用いた倍率方式（一般には3倍以内）、③賃貸事例比較方式や利回り方式など法人の選択に委ねられています。

　そして、算定の根拠については、申請時に提出する「第28条第1項第2号に掲げる書類に記載された事項及び数値の計算の明細」（認定法施行規則38条2号イ）において明らかにする必要があります。

■融資に係る費用額も計上できる？

　貸付事業をやっている法人は、公益目的ですから、無利子や低利で貸し付けていることがよくありますが、公益目的事業比率の費用額には、法人の判断で市場の融資利率との差額を算入することができます。

　その際、借入れをして調達した場合の利率については、前事業年度末の長期プライムレートその他の市場貸出金利を用いることになります。

■ボランティアの費用も計上できる？

　公益法人の多くは、役員などもほとんどボランティアで参加することが多く、その費用も実際に支払っていたら大変なものになります。そこで、こうした無償の「役務」の提供等に係る費用額も公益目的事業比率の費用額に、法人の判断によって算入することができるのです。

　ただし、理事、監事、評議員については報酬等支給の基準の定めに従うことになっており、無報酬の理事等の「理事等としての職務の遂行」は、費用に算入可能な「役務」には含まれませんので、注意が必要です。

　「役務」等は、次の条件を満たすものを対象としています。

> ①　その提供等が法人の事業等の実施に不可欠であること
> ②　法人は提供等があることを予め把握しており、法人の監督下において提供等がなされること
> ③　通常、市場価値を有するものであること

　なお、役務の提供を受けた法人においてその役務の提供に関して通常負担すべき額が「必要対価の額」であり、合理的な算定根拠によるか、役務等の提供地における最低賃金に基づいて計算することとします（認定法施行規則17条1項）。

　また、「役務の提供があった事実を証するもの及び必要対価の額の算定の根拠」（同17条4項）を証することが必要で、法人において、提供者の住所、氏名、日時、役務等の内容、単価とその根拠、法人の事業との関係、提供者署名を記載した書類を作成し10年間保存することとなります。

■特定費用準備資金ならば費用に参入してもよい？

　すべてではありませんが、特定費用準備資金への繰入れ額も、公益目的事業比率の費用額に法人の判断によって算入することが可能となりました。繰入れることができる特定費用準備資金とは、以下のとおりです。

> ①　資金の目的である活動を行うことが見込まれること
> ・　活動の内容及び時期が費用としてみなされる程度に具体的なものであることが必要ですが、法人において関連する事業をまとめて1の事業単位として経理を区分する際には、その事業単位で設定することも、その事業単位の中の個々の事業で設定することも可能です。
> 　なお、活動時期が単年度である必要はありませんが、法人の規模、実績等に比べて実現の見込みが低い事業や、実施までにたとえば10年の長期を超えるような事業は、積立て対象として適当ではありませんので、今設立から33年目でしたら、40周年事業に関する費用は認められますが、50周年事業は、10年を超えているので、残念ながら認められません。
> ・　繰越金、予備費等、将来の単なる備えとして積み立てる場合は、繰入れ可能な特定費用準備資金にはなりません。

また、当然ですが、法人の定款からは根拠付けられない活動は適当ではありませんし、またその特定の活動の実施に当たっては、定款変更の認定等を必要とする場合もありますので注意が必要です。
② 他の資金と明確に区分して管理されていること。
　・ その資金は、貸借対照表、財産目録上は、資金単位でどの事業に関する資金かが判別できる程度に具体性をもって、また資金が複数ある場合には相互の違いが明確になるように、適宜の名称、たとえば「○○事業人材育成積立資産」などとして、目的、取崩しの要件等を定めた貸借対照表上の特定資産として計上されることが必要です。
　　　ただし、1度これに使うと決めた資金は永遠に変えられないということになると、支障をきたす場合も起こり得ます。
　　　そのため、資金の目的である事業の内容の変更について変更認定を受けた場合には、資金を取り崩して他の事業に使用することができますので、その場合には、事業比率に注意しながら、変更をしましょう。また、実施時期が近づくことに伴う見積りの微調整など、その目的や性格が変わらない範囲での資金の見直しやその事業の予期できないような損失への充当は問題ありません。
③ 目的である支出に充てる場合を除いて、取り崩すことができないものであることや取崩しについて特別の手続が定められていること。
④ 積立限度額が合理的に算定されていること。
⑤ 事業報告に準じた備置き及び閲覧等の措置が講じられていること。

　ただし、こうして認められた資金であっても、止むを得ない理由もなく複数回、計画が変更されたり、実質的に同一の資金が残存し続けるような場合は、正当な理由がないのにその資金の目的である活動を行わない事実があったと見なされ、資金は取崩しとなりますので、十分注意が必要です。

■公益目的事業だけに想定賃料などを加算できるの？

　前述のように、法人が公益目的事業比率に関する特別の調整を行う場合は、ある項目を公益目的事業について適用する場合には、当然公益目的事業以外の事業や管理運営に係る業務においても適用することとなります。
　たとえば公益目的事業において自己所有地に係る見なし費用額を算入した

場合には、収益事業等においても自己所有地を使用しているときは、その収益事業等についても見なし費用額を算入しなければなりません。こうして、複数の事業等で使用している土地については、面積比など適正な基準により、それぞれの事業等に配賦することが義務付けられています。

なお、ボランティアの役務費や特定費用準備資金は、それぞれ別個の調整項目ですから、ある項目を適用した場合に、他の項目も適用しなければならないということではありません。

ですから、法人の都合にあわせて、ボランティアの役務費は計上するが、融資にかかわる費用は計算が面倒だから計上しないというようにしてもよいのです。

> **Q　公益目的事業比率**
> 法人が、地震、火災等災害時に備えて積み立てる資金は、特定費用準備資金の対象となるのでしょうか。

A

1　法人が地震等の災害時に施設、事業所等の復旧、復興に充てるために積み立てる資金は、その資金の目的である活動をいつ行うのかという具体的な見込みを立てることが一般的には困難であり、したがって特定費用準備資金の要件を満たすことは難しいものと考えられます。
2　災害時の復旧等のための資金を合理的に見積った範囲で貸借対照表上の特定資産として経理する場合には、公益目的事業に必要な活動の用に供する財産（認定法施行規則22条3項2号）として、遊休財産額の対象から除外されます。

公益認定基準徹底分析 8

遊休財産額の保有の制限

> 認定法第5条第9号　その事業活動を行うに当たり、第16条第2項に規定する遊休財産額が同条第1項〔公益目的事業の実施費用又は準ずる額〕の制限を超えないと見込まれるものであること。

■財産はありすぎるとダメなのか？

　遊休財産額とは、公益目的事業や収益事業等の活動のために現在使用されていない財産で、なおかつこれからも引き続き使用が見込まれない財産のことです。

　この条文だけ読むと、遊休財産を沢山持っているような裕福な法人は公益認定しない、という大変厳しい基準のように感じるかもしれませんが、そうではなくて、目的もなくお金を持っていても、国民に痛くもない腹を探られるだけなので、この際、すっきりと目的を持たせましょうという、そういう条文だと思ってよいでしょう。

　つまり、公益法人が保有する財産というのは、公益目的事業に充てられるということで取得、形成されたものが主であるということが考えられます。したがって、いったん保有した財産を特に使う当てもなく持っているということは、財産を拠出した者等の意思にも反するということになりますので、公益法人が保有する財産は速やかに公益目的事業のために使用されるように、一定の計算で遊休財産額を計算して、それが公益目的事業を翌事業年度も引き続き行うのに必要な額を上回るものではないということを認定基準として設けたということです。

　簡単にいうと、仮に公益法人がトラブルに見舞われて、まったく収入がなくなったとしても、1年間くらいは公益目的事業が行える分だけ、法人の遊休財産として勘定される一定の余剰資産を保有できるようにしたというわけ

です。

■今までの内部留保とどう違うの？

今までの指導監督基準においては、総資産額から以下のものを控除したものが内部留保とされていました。

●今までの内部留保

純資産から以下のものを控除した額
① 財団法人における基本財産
② 公益目的事業を実施するために有している基金
③ 法人の運営に不可欠な固定資産
④ 将来の特定の支払いに充てる引当資産等
⑤ 負債相当額

そして、その金額が1事業年度の事業費と管理費と固定資産取得費の30％を超えてはいけないということになっていました。

新制度の公益認定基準における遊休財産額とは、資産から負債を控除した純資産のうち、公益目的事業やその他の必要な事業に具体的に用いられていない財産を意味します。

両者の範囲を比較すると、上記①、③については公益目的事業や管理業務など使途が明確であれば遊休財産に該当しません。

また、②については、対象となる事業や使用時期などが具体的に定まっていて、特定資産として経理していれば遊休財産に該当しません。

さらに、④については、公正妥当な会計慣行に基づいて引当金が計上されている分については、資産から負債を控除するという遊休財産額の計算上、該当しません。

そして、⑤の負債相当額も遊休財産に該当しません。

つまり、とても似ていますが、しかし、○○財産ですよと、記載しただけでは、内部留保からは外れていても、遊休財産になってしまいます。

■遊休財産から除かれる控除対象財産の中身とは？

　公益認定基準における遊休財産とは、公益目的事業か公益目的事業に必要なその他の業務に現に使っておらず、またその見込みもない財産を指します。

　新しい制度で、遊休財産額から除外される財産として「控除対象財産」を定めていますが、これについては認定法施行規則第22条第3項で以下の6つが定められています。それぞれの控除対象財産を説明します。

(1) 公益目的保有財産（控除対象財産その1）

① 　継続して公益目的事業の用に供するために保有している財産であって、財産目録等にその旨を表示することが必要です。

　　ただし、断続的であっても、長期間継続して使用している場合は継続して使用するものと判断することになります。

② 　対象となる財産は事業に使用する範囲に限定されます。他の事業等と共用する財産については、法人において区分、分離可能な範囲で財産を確定し、表示する必要があり、その際には、可能であれば物理的に特定する（例：建物1階介助浴室、脱衣室部分）ことになりますが、物理的な特定が困難な場合には、1の事業の資産として確定し、減価償却費等の関連費用は使用割合等適正な基準により按分することになります。

　　なお、金融資産については、貸借対照表において基本財産又は特定資産として計上し、範囲を確定しなければなりません。

③ 　財産目録には、公益目的保有財産は、財産の勘定科目をその他の財産の勘定科目と区分して表示することとなっており（認定法施行規則31条3項・25条1項）、具体的には「公益」の勘定区分のもとで財産の名称、面積等、所在場所（物理的特定が可能な場合に限る）、帳簿価額、事業との関連性、不可欠特定財産である場合にはその旨と取得時期と認定時期との関係を明らかにして表示を行います。

④ 　公益認定の申請書には、各公益目的事業に主として利用する財産の名称、所在場所、面積、帳簿価額等を記載することで、その財産をどの公益目的事業の用に供するかを明らかにする必要があります。

例1:財産目録の記載例

貸借対照表科目	場所・物量等	使用目的等	金額
(流動資産) ・・・・ (固定資産) (基本財産)			
土地	○○㎡ ××市▽▽町 3-5-1	公益目的保有財産であり、○○事業の施設に使用している。	×××
美術品 ・・・・	絵画 ○点 (詳細明細)	公益目的保有財産であり、○○事業に供している。認定前に取得した不可欠特定財産である。	×××
資産合計			

例2:公益目的保有財産の明細(財産目録の明細)

財産種別	公益認定前取得 不可欠特定財産	公益認定後取得 不可欠特定財産	その他の 公益目的保有財産	使用事業
土地			○○㎡ ××市▽▽町 3-5-1 ×××円	○○事業
建物				
美術品	○○像 ×××円 ○○○図 ×××円 ・・・・			○○事業
・・・・				
合計	×××円		×××円	

(2) 公益目的事業を行うために必要な収益事業等その他の業務又は活動の用に供する財産（控除対象財産その２）

① 公益目的事業の財源確保のため又は公益目的事業に付随して行う収益事業等に使用している固定資産、公益目的事業やその収益事業等の管理業務のために使用している固定資産のことです。

② 利用効率が低いため、財源確保に実質的に寄与していない固定資産は該当しません。たとえば、法人の事務所から離れたところにたまたまある時期に買った土地があって、ほとんど使われず、栗を植えて、年間何百円かの栗が採れますというような場合は、いくら収益事業に使われているといっても、それは遊休財産とせざるを得ないことになります。

　もちろん、使われていなければ、100％遊休財産です。

③ 土地等でなくても、管理業務に充てるために保有する金融資産についても、合理的な範囲内において、貸借対照表において基本財産又は特定資産として計上されていれば、控除対象財産となります。

　つまり、ここで大事なことは、控除対象財産というのは、公益目的事業に限った話ではないということです。収益事業でも構いませんし、その他の事業でもかまいません。さらに、一般的な管理費であっても、そのお金がきちんと特定されていればすべて控除対象財産として認められることになります。

　この場合、イメージ的には金融資産を持っている法人が、それを事業費に充当する部分の基本財産と、管理費に充当するための基本財産というものに按分して、基本財産自体を金融資産として運用するということを認めるということになります。

(3) 上記 (1)、(2) の特定の財産の取得又は改良に充てるために保有する資金（控除対象財産その３）

① 資金の目的である財産を取得したり改良したりすることが見込まれる財産のことで、認められるためには、取得又は改良の対象とその時期が具体的なものである必要があります。そのため、減価償却引当資産についても、対象が具体的であれば控除対象財産となりますが、漠然と積んでいるだけでは、控除対象財産となりません。

② 財産の取得や改良に必要な限度額を見積る必要がありますが、その財産が市場で取得できるものであれば、その金額は、毎事業年度末の市場調達価格とします。

③ 資金について、止むを得ない理由に基づくことなく複数回、計画が変更され、実質的に同一の資金が残存し続けるような場合は、「正当な理由がないのに当該資金の目的である財産を取得せず、又は改良しない事実があった場合」（認定法施行規則18条4項3号）に該当し、資金は取崩しとなります。

具体的には、3年後に研究用設備を購入するために積み立てている資金だとか、あるいは5年後に資料館を大規模修繕するために積み立てている資金といったものが該当します。

(4) 123～124頁記載の特定費用準備資金（控除対象財産その4）

前述したとおり、将来の特定の事業のための資金のことで、実際の認定審査では、この項目を利用して遊休財産を減らす団体が多くなることでしょう。

ただし、事業の具体的な特定、あるいは費用見積りの合理性等の要件を満たして、対象や使用時期の見込みが明確であるということが定まっていることが条件ですから、繰越金とか予備費のように単にプールしている資金というのはこれには該当しません。

(5) 寄附等によって受け入れた財産で、財産を交付した者が定めた使途に従って使用又は保有されているもの（控除対象財産その5）

たとえば、賃貸事業利益を公益目的事業費に充てるような定めがあって寄附された建物を、その定めに従って賃貸し、収益を上げているような財産が該当します。また、定められたとおりの「使用」の実態がない場合には、遊休財産と判断されることになります。

または、融資事業のために使ってほしいといって基金という形で受けた寄附を、法人においてまったく融資を行う努力をすることなくただ持っているだけという場合は、形式的には使途に従って使用又は保有しているように見えますが、実際は使っていないので、遊休財産となります。

(6) 寄附等によって受け入れた財産で、財産を交付した者の定めた使途に充てるために保有している資金（控除対象財産その6）

　たとえば、研究用設備を購入するような定めがあって寄附されたが、研究が初期段階にあるためまだ購入時期が到来していないので、そのまま保有している資金などのことです。

■寄附された財産ならば何でもよいのか？

　寄附者が、「こういう目的で使ってください」ということで遺産を寄附した場合には、指定正味財産になり、遊休財産には該当しません。

　ただ、目的もなく、「おたくの法人のために私の財産を差し上げます」ということになると、これは使途が指定されていませんので、指定正味財産にはなりません。その場合に、遊休財産としないようにするためには、そのもらったものをどういう目的に使うのか法人としてすぐに決める必要があります。土地を買うとか、土地でもらったら土地のまま持っていて、この事業で使うとか、そういう工夫をすれば、特定の事業の費用の支出とか、特定の財産の取得とか、あるいは公益目的事業に使用している固定資産とか、そちらに該当することになり、控除対象財産ということになります。つまり、もらったものをそのまま放置するなということです。

■準備金は控除対象？

　準備金というものを法人が設置している場合に、利益留保性のある準備金については控除対象財産には該当しません。ただし、負債性引当金に準ずる内容の準備金として、保険を事業としてやっている場合、保険数理計算をしないで、単に余っている金額を準備金として積んでいるのはダメですが、きちんと保険数理計算をして、適正な計算に基づいた責任準備金は、遊休財産額の計算では引当金と同様の取扱いとし、結論的にいうと遊休財産にならないということになります。

■財産や資金がいろいろあって分かりにくい

　公益目的保有財産や特定費用準備資金など、今回の制度改正ではいろいろ

な言葉が飛び交っています。そこで、これらの法令上の各種財産、資金概念の意味や相互の関係、遊休財産額との関連を1度きちんと整理してみましょう。

① **公益目的事業財産**

公益目的事業に関して得た寄附金、補助金、対価収入等の財産ですから、公益目的事業のために使用、処分しなければなりません。特定の目的、使途が定まっていなければ⑥遊休財産額となる可能性があります。

② **公益目的保有財産**

公益目的事業財産の一部であり、次の固定資産が該当します。
・公益目的事業財産を支出することで得た財産
・不可欠特定財産
・法人自ら公益目的に使用すると定めた財産

貸借対照表等では固定資産に区分して表示され、対象資産が金融資産の場合には基本財産又は特定資産として表示します。また、これらの財産は、継続して公益目的事業のために使用しなければなりません。

③ **不可欠特定財産**

②公益目的保有財産の一部で、公益目的事業を行うための不可欠で特定の財産に限られます。貸借対照表上では基本財産として表示しますが、通常の土地、建物のように買換え可能なものや金融資産は該当しません。なお、認定前に取得した不可欠特定財産は、取消し時の④公益目的取得財産残額から除かれます。

なお、不可欠特定財産は、定款にその旨、維持及び処分の制限を定めることが認定基準となっています。

④ **公益目的増減差額**

公益に充てられるべき資金（流動資産）であり、当該事業年度中に増加した①公益目的事業財産から当該年度の公益目的事業費等を差し引いた額が、前事業年度末からの公益目的増減差額の変動額になります。

⑤ **公益目的取得財産残額**

毎事業年度末における①公益目的事業財産の未使用残高です。認定取消し時には残高に相当する金額を、法で定める適格な法人のうち、定款で定める

者に贈与しなければなりません。④公益目的増減差額と②公益目的保有財産の合計額で、毎事業年度末、計算し、行政庁に報告します。

⑥　遊休財産額

遊休財産額の算出方法としては、その法人の純資産額（総資産－総負債）から⑦控除対象財産（対応する負債の額を除く）を引いた残額を遊休財産額としていますが（認定法施行規則22条）、実質的には、特定の目的、使途を持たずに保有している財産がこれに該当します。これまでの指導監督基準の内部留保規制と異なり、1年分の事業費相当額まで保有することができます。

⑦　控除対象財産

法人の資産のうち、⑥遊休財産額から除かれる一定の用途を持った財産で、以下のものが列挙されています。

- ・公益目的保有財産
- ・公益目的事業を行うために必要な収益事業等や管理運営に供する財産
- ・特定費用準備資金
- ・資産取得資金
- ・寄附等によって受け入れた財産で、財産を交付した者の定めた使途に従って使用又は保有されているもの及び定めた使途に充てるために保有している資金

⑧　特定費用準備資金

将来の特定の事業費、管理費に充てるため、法人の任意で積み立てる資金で、貸借対照表上の特定資産として計上しますが、将来、費用として支出することが予定されていることから、公益目的事業比率の算定上、前倒し的に積立額を見なし費用として算入することが可能なほか、資金の使途が具体的に定まっていることから、遊休財産額の計算からは除外されます。

また、資金の目的となる事業の種類は問いませんが、一定の要件を満たすとともに事業ごとに積み立てる必要があります。

⑨　資産取得資金

公益目的事業やその他の必要な事業、活動に用いる実物資産を取得又は改良に充てるため、法人の任意で積み立てる資金で、貸借対照表上の特定資産として計上します。

なお、資産の取得又は改良を行った時点では資金から実物資産に振り替わるだけであるため、費用で測る公益目的事業比率の算定には積立額を算入することはできませんが、資金の使途が具体的に定まっていることから遊休財産額からは除外されます。

　また、資金の目的となる財産が供される事業の種類は問いませんが、特定費用準備資金と同様の要件を満たすとともに、同一の財産を公益目的事業及び収益事業等で共同して用いる場合には、事業区分別に積み立てる必要があります。

● 要点整理

　認定法では、法人が公益に使うべき財産を①公益目的事業財産として定めていますが、これには法人が公益目的事業のために受け取った寄附金、補助金、事業収入等のすべての財産が含まれます。

　そこから公益目的事業の実施のために使った財産を差し引いた残りが⑤公益目的取得財産残額であり、引き続き公益に充てるべき財産となります。この公益目的取得財産残額は、資金として保有すると④公益目的増減差額であり、固定資産として保有すれば②公益目的保有財産となります。

　さらに公益目的保有財産のうち、事業に不可欠特定のものがあれば一定の手続を経て③不可欠特定財産となります。

　一方で、認定法における⑥遊休財産額とは、公益目的事業に限らず、公益目的事業以外のその他の必要な活動に使うことが具体的に定まっていない財産を指します。具体的な計算方法は、法人の財産の中で目的、用途が具体的に定まっている財産を⑦控除対象財産とし、法人の純資産からこの控除対象財産を差し引いた金額となります。

　この⑦控除対象財産に分類される財産は、遊休財産額には含まれませんが、まず、②公益目的保有財産は控除対象財産です。また、公益目的に限らず、特定の事業の実施又は特定の資産の取得、改良に充てるために、一定の要件を満たしつつ積み立てる資金を、それぞれ⑧特定費用準備資金、⑨資産取得資金として定めていますが、これらも控除対象財産です。

　なお、遊休財産額は１年分の公益目的事業費相当額を保有の上限としてい

ますが、その考え方は、仮に法人の収入源が途絶えた場合においても1年程度は公益目的事業が実施できるよう、特段の使途の定めがない財産を保有することを認めたものです。

財産目録から見たそれぞれの財産区分

財産目録（例示）

	貸借対照表科目（財産の科目）（例示）		財産の使途・保有目的	認定法の財産区分（丸付き数字は規則22③該当号）
一般社団・財団法人法：財団法人の目的である事業を行うために不可欠なものとして定款で定めたもの / 公益法人会計基準：定款において基本財産と定められた資産	（流動資産）	現金預金	具体的な使途の定めがないもの	遊休財産
		A事業積立資産（短期特定費用準備資金）	公益目的事業で生じた剰余金で翌年度に費消することが約されているもの	④特定費用準備資金
	（固定資産）基本財産	土地・建物等	公益目的事業実施のために保有	①公益目的保有財産
			公益目的事業を支える収益事業財産	②収益事業・管理活動財産
		○○基金（預金・有価証券等）	公益目的事業に果実を充当	①公益目的保有財産
			単に公益目的とのみ定款で定め、積み立てているもの	遊休財産
		美術品コレクション	美術館展示に不可欠な特定の財産	①公益目的保有財産（不可欠特定財産）
公益法人会計基準：特定の目的のために使途等に制約を課した資産	特定資産	土地・建物等	公益目的事業実施のために保有	①公益目的保有財産
			管理費に収益を充当（適正な範囲に限る）	②収益事業・管理活動財産
			寄附を受けた財産で寄附者の定めた使途に従っていないもの	遊休財産
		預金・有価証券等	公益目的事業に果実を充当	①公益目的保有財産
			管理費に果実を充当（適正な範囲に限る）	②収益事業・管理活動財産
		修繕積立資産（資産取得資金）	公益に使う建物の大規模修繕のために積み立てているもの	③資産取得資金
		B事業実施積立資産（特定費用準備資金）	公益目的事業拡充に備え積み立てているもの	④特定費用準備資金
	その他固定資産	土地 建物 構築物	公益目的事業を支える収益事業財産	②収益事業・管理活動財産
			その他	遊休財産

■特定費用準備資金はいろいろな基準に出てくる売れっ子アイドル？

　特定費用準備資金は、いろいろな基準をクリアするために登場する一番売れっ子のアイドル的存在ですから、ぜひ活用しましょう。

　まず、認定法第5条第6号、同法第14条の収支相償の計算では、公益目的事業に係る特定費用準備資金に積立てた金額がある場合には、その積立て額を収支相償の計算上は費用と見なして、事業に関する費用の額に加算できます。その際、収益事業等の利益の50％を公益目的事業財産に繰入れる場合には、目的に沿った積立ては必要ですが、積立て期間内に計画的に積立てる計算までは必要ありません。

　次に、認定法第5条第8号、同法第15条の公益目的事業比率の計算においては、特定費用準備資金に繰入れた金額がある場合には、その繰入額を費用と見なして事業等の区分に応じてそれぞれの経常費用に加算できます。

　最後は、認定法第5条第9号、同法第16条の遊休財産の計算に登場します。公益目的事業に係る特定費用準備資金に繰入れた金額がある場合には、その繰入額を費用と見なし、遊休財産額の上限額である1年分の公益目的事業費相当額に加算できるのです。

■特定費用準備資金と資産取得資金の違いとは

　特定費用準備資金と資産取得資金は、資金の目的である活動の実施や財産の取得又は改良が具体的に見込まれていること、資金ごとに他の資金と区分して管理されていること、積立て限度額が合理的に算定されていること、算定の根拠が公表されていることといった要件を満たす必要がある点でとてもよく似ていますが、特定の事業と結びつくことがなく、法人の事業全体に係るインフラ整備としての設備の取得や更新、本部のある建物の修繕のための積立金などは、資産取得資金として計上することが適当です。

　なお、将来の事業計画として、施設等の整備を行いつつ事業の拡充を計画している場合には、そういった施設等の資産の整備は、資産取得資金の積立て対象にすることもできますが、それらも一体のものとして特定費用準備資金に計上し、管理することもできます。

また、特定費用準備資金を取り崩して事業を実施した事業年度においては、事業費から資金の取崩し額を控除して公益目的事業比率を算定しますが、資産の取得等も一体のものとして特定費用準備資金を利用した場合には、資金のうち資産の取得等に充てられた分は費用にはならない一方、資産の取得等分も含めた資金の取崩し額は全額、事業費から控除して公益目的事業比率を算定することになるため、同比率が実際より引き下げられる結果となることに注意が必要です。

■遊休財産については心配いらない？
　新制度では、このようにして、遊休財産額は、１年間分の公益目的事業費という保有上限額を超えてはいけないことが規定されているので、一見すると大変厳しい基準のような感じがしますが、実際は、財産目録の正味財産がすべて遊休財産になるのではなく、負債もそうですが、控除対象の財産と認められればすべて差し引くことができるので、それほど難しい基準ではないような気がします。
　あとは、控除対象財産になるかどうかが勝負の分かれ目になりますが、公益目的保有財産だけでなく、収益事業等や管理運営に供する財産についても、控除対象となることや、今まで何に使うか決めていなかった資金であっても、特定費用準備資金や資産取得資金に充てれば、結局ほとんど遊休財産は残らなくなり、多くの法人はこの基準をクリアできるのではないでしょうか。

■遊休財産の計算はいつの時点の財産？
　この遊休財産額の保有制限の算定は、認定申請時には、認定法第７条第２項第２号により提出する収支予算書の対象事業年度に係る見込み額を計算することになります。つまり、申請時は、これからの予定でよいのですから、今までの決算書上は遊休であっても、これからは遊休にしないと決めれば、それで判断してくれることになります。
　ただし、認定後においては、認定法施行規則第28条第１項（認定法21条２項４号の書類を定めるもの）第２号の「運営組織及び事業活動の状況概要

及びこれらに関する数値のうち重要なものを記載した書類」に実績値を記載することになりますから、申請は通っても、毎年の報告時に、遊休と判断されるような結果になっていれば、それで処分の対象ということになってしまうでしょう。

　実際には、毎年の事業報告だけでなく、3年くらいに1回の立入検査がありますので、認定されたときの説明と違っていれば、そのときに勧告、命令、取消しという順序で処分されることになります。

> **Q 遊休財産額**
> 収支の変動に備えて積み立てている財政基盤確保のための募金（基金）、基本財産からの運用益を積み立てている運用財産、減価償却引当資産、建物の修繕積立金、土地取得のための積立金等は遊休財産となるのでしょうか。

A

1　遊休財産となるかどうかは、財産に付けられる名前によってではなく、財産の用途によって判断されることになります。認定法においては、法人の資産から負債を控除した純資産の中で、次の控除対象財産（認定法施行規則22条3項）の要件に合致する財産に相当するものは遊休財産額には含まれません。
① 公益目的保有財産
② 公益目的事業を行うために必要な収益事業等や管理運営に供する財産
③ 資産取得資金
④ 特定費用準備資金
⑤ 寄附等によって受け入れた財産で、財産を交付した者の定めた使途に従って使用又は保有されているもの及び定めた使途に充てるために保有している資金

2　基本財産からの運用益を積み立てている運用財産は、単に積み立てているだけでは、上記のいずれにも該当しないため遊休財産額に含まれます。運用益を管理業務に充てるため又は公益目的事業に充てるために保有する金融資産として、適正な範囲に限った上で、それぞれ上記①又は②の財産として貸借対照表上の特定資産に計上するものは、遊休財産額には入りません。

　　また、予備費などの将来の単なる備えや資金繰りのために保有している資金も遊休財産に含まれます。将来の収支の変動に備えて法人が自主的に積み立てる財政基盤確保のための資金（基金）は、過去の実績や事業環境の見通しを勘案して、活動見込みや限度額の見積りが可能など、④特定費用準備資金の要件を満たす限りで、遊休財産額からは除外されます。

3　減価償却引当資産、建物の修繕積立金、土地取得のための積立金は、特定の財産の取得又は改良に充てるための上記③資産取得資金の要件（認定法施行規則22条4項）を満たしていれば、遊休財産額には含まれません。

Q 遊休財産額

遊休財産額の具体的な計算方法について詳しく教えてください。

A

1 　遊休財産額は、その法人の純資産額（資産の額－負債の額）から控除対象財産（使途の定めがある財産として認定法施行規則第22条第3項に列挙されている財産。ただし、対応する負債の額を除く）を差し引いた残額です。ここでは控除対象財産から対応する負債の額を控除する計算方法について説明します。

2 　まず、控除対象財産から対応する負債を除く計算をするのは、借入金等によって資産を取得しているような場合には、負債が二重で減算されることになってしまうからです。たとえば法人の総資産500、総負債100、控除対象財産300のうち100は借入金で取得、他の資産はすべて遊休財産額となるといった下記の例の場合、対応負債である借入金を考慮しないで遊休財産額を計算すると、

$$\underset{\text{総資産}}{500} - \underset{\text{総負債}}{100} - \underset{\text{控除対象財産}}{300} = 100$$

となり、遊休財産額が200という実態から離れた結果になります。したがって控除対象財産から対応する負債の額を除くことによって、

$$\underset{\text{総資産}}{500} - \underset{\text{総負債}}{100} - (\underset{\text{控除対象財産}}{300} - \underset{\text{対応負債}}{100}) = 200$$

となり、負債の二重控除を排除するわけです。

貸借対照表

遊休財産額　200	借入金　100
控除対象財産額　300	純資産額　400

3 　認定法施行規則第22条に定める対応負債の額は、上記の例による控除対象財産に直接対応する負債と、資産との対応関係が明らかでないその他の負債のうち控除対象財産に係る負債と認められるものを合計した額としています。これらを踏まえ、具体的な計算例を示すと次のとおりです。

貸借対照表

資産	金額	負債・正味財産	金額
流動資産		負債	
現金預金	40	未払金	20
固定資産		借入金	40
基本財産		その他	20
土地	80	賞与引当金	20
建物	40	負債合計	100
その他固定資産		正味財産	
その他	90	指定正味財産	70
		一般正味財産	80
資産合計	250	負債・正味財産合計	250

※ 控除対象財産は公益目的保有財産とした土地及び建物 （80、40）

資産の各項目との対応関係が明らかな負債の額
- 20　未払金は翌期首に現金預金から支払うもの
- 40　借入金は次の資産の取得に充てている（建物10、その他資産30）控除対象財産に対応する負債

《個別対応方式》（認定法施行規則22条7項）

　まず、控除対象財産と個別の対応関係が明らかな負債を特定する。控除対象財産より、負債との個別の対応関係が明らかな額と指定正味財産から充当される額とを控除した財産額の中には、資産の各科目との対応関係が明らかでない負債に係るものが含まれ得るが、これを資産の各科目との対応関係が明らかでない負債の額と一般正味財産額との割合に基づいて算出する。

$$\underset{\text{資産}}{250} - \underset{\text{負債}}{100} - (\underset{\text{控除対象財産(A)}}{120} - \underset{\text{対応負債(B)}}{18}) = \underset{\text{遊休財産額}}{48}$$

$$\underset{\text{対応負債(B)}}{18} = \underset{\text{控除対象財産に対応する負債}}{10} + [(\underset{\text{控除対象財産(A)}}{120} - \underset{\text{控除対象財産に対応する負債}}{10} - \underset{\text{指定正味財産}}{70}) \times$$

$$\underset{\text{負債}}{⑦100} - \underset{\text{引当金}}{20} - (\underset{\text{各資産に対応する負債の合計額}}{20 + 10 + 30}) / (⑦ + \underset{\text{一般正味財産}}{80})]$$

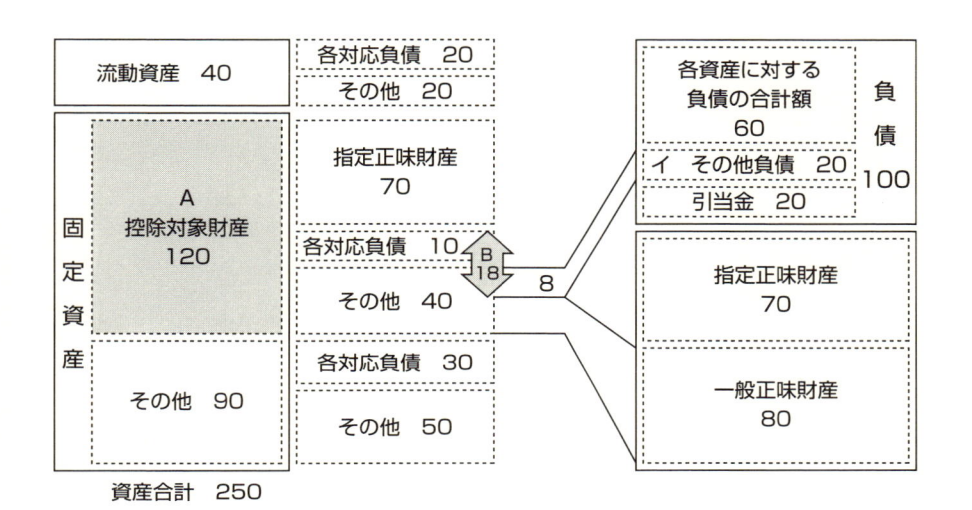

```
┌─────────────────┐  ┌─────────────────┐                    ┌─────────────────┐ ┌──┐
│  流動資産  40   │  │ 各対応負債 20   │                    │ 各資産に対する  │ │負│
│                 │  │─────────────────│                    │  負債の合計額   │ │  │
└─────────────────┘  │ その他     20   │                    │      60         │ │  │
┌─────────────────┐  ├─────────────────┤                    │─────────────────│ │  │
│                 │  │  指定正味財産   │                    │イ その他負債 20 │ │債│
│        A        │  │      70         │                    │─────────────────│ │  │
│  控除対象財産   │  ├─────────────────┤                    │  引当金    20   │ │100│
│     120         │  │ 各対応負債 10   │┌──┐                └─────────────────┘ └──┘
│固               │  │─────────────────││B │ 8              ┌─────────────────┐
│定               │  │ その他     40   ││18│                │  指定正味財産   │
│資               │  ├─────────────────┤└──┘                │      70         │
│産               │  │ 各対応負債 30   │                    │─────────────────│
│   その他  90    │  │─────────────────│                    │  一般正味財産   │
│                 │  │ その他     50   │                    │      80         │
└─────────────────┘  └─────────────────┘                    └─────────────────┘
   資産合計  250
```

《簡便方式》（認定法施行規則22条8項）

　　控除対象財産と個別の対応関係がある負債を特定する作業は行わない。控除対象財産より、指定正味財産から充当される額を控除した財産額の中には負債に係るものが含まれ得るが、これを負債の額と一般正味財産額との割合に基づいて算出する。

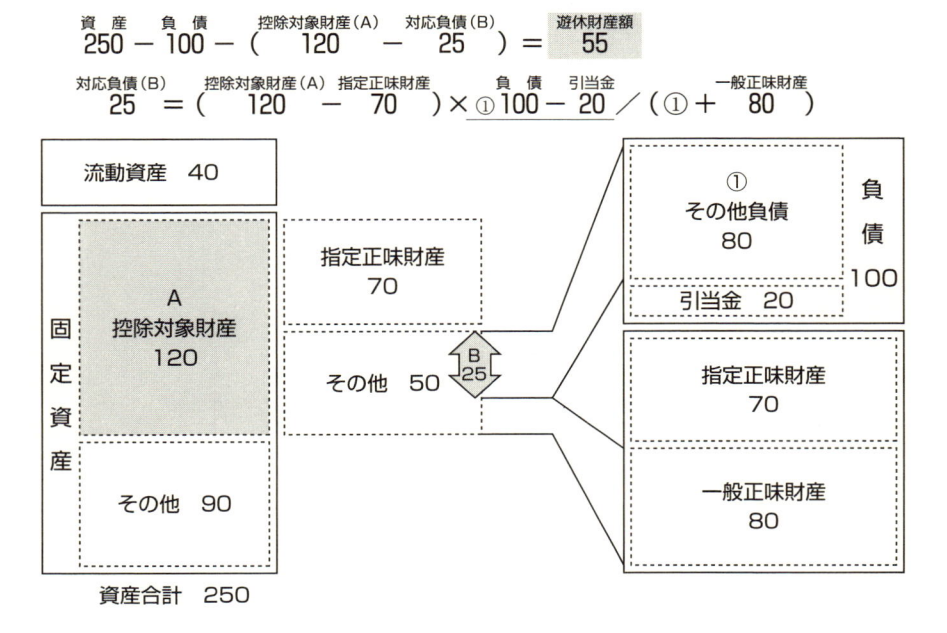

$$\underset{資産}{250} - \underset{負債}{100} - (\underset{控除対象財産(A)}{120} - \underset{対応負債(B)}{25}) = \underset{遊休財産額}{55}$$

$$\underset{対応負債(B)}{25} = (\underset{控除対象財産(A)}{120} - \underset{指定正味財産}{70}) \times \underset{負債}{①100} - \underset{引当金}{20} / (① + \underset{一般正味財産}{80})$$

```
┌─────────────────┐  ┌─────────────────┐                    ┌─────────────────┐ ┌──┐
│  流動資産  40   │  │                 │                    │      ①         │ │負│
│                 │  │  指定正味財産   │                    │   その他負債    │ │  │
└─────────────────┘  │      70         │                    │      80         │ │  │
┌─────────────────┐  │                 │                    │                 │ │  │
│                 │  ├─────────────────┤                    │─────────────────│ │債│
│        A        │  │                 │┌──┐                │  引当金    20   │ │  │
│  控除対象財産   │  │                 ││B │                └─────────────────┘ │100│
│     120         │  │  その他    50   ││25│                ┌─────────────────┐ └──┘
│固               │  │                 │└──┘                │  指定正味財産   │
│定               │  │                 │                    │      70         │
│資               │  ├─────────────────┤                    │─────────────────│
│産               │  │                 │                    │                 │
│   その他  90    │  │                 │                    │  一般正味財産   │
│                 │  │                 │                    │      80         │
└─────────────────┘  └─────────────────┘                    └─────────────────┘
   資産合計  250
```

公益認定基準徹底分析 9

理事と特別の関係がある者

> **認定法第5条第10号** 各理事について、当該理事及びその配偶者又は三親等内の親族（これらの者に準ずるものとして当該理事と政令で定める特別の関係がある者を含む。）である理事の合計数が理事の総数の3分の1を超えないものであること。監事についても、同様とする。

■親族はなぜいけない？

　公益認定を受けるためには、同族会社のような経営では困るという観点から、同一親族等が理事や監事に占める割合にも制限を加えることになりました。同一親族等のように密接な関係を有する者の割合が大きくなると、理事会が支配されて、親族等の共通利益に基づいて法人の運営がなされるおそれがあったり、監事についても、理事に対する監査機能が不十分になるおそれが高まるためです。

　このことから、これらの者が理事や監事総数の3分の1を超えないことを認定基準として設けることにしたわけです。

　たとえば、理事が12人、監事が3人だとすると、理事の3分の1は4人ですから、4人までは親族でもよいことになります。5人以上いると認定基準をクリアできません。そして、監事は3人ですから、3分の1は1人となり、2人以上が親族であってはいけないのです。よく、役員として合計数の15人で計算しようとする人がいますが、あくまでも理事は理事だけで計算し、監事は監事だけで計算することになっていますので、間違えないようにしましょう。

　なお、親族等の範囲ですが、法律では配偶者又は三親等内の親族は理事の数の制限の対象に入っていますが、「政令で定める者」としては、配偶者、三親等内の親族以外に、これらの者に準じて扱った方がいい者を同じグルー

プの中に入れて考えています。それが「特別の関係がある者」となります。他の法人法制においても、同じように役員規制がかかっている規定がありますが、その「特別の関係がある者」は、大きく分けて3つの類型に分かれます。

それが、①事実上婚姻関係にある者、②その役員等の使用人であるとか、金銭その他の提供を受けて生計を維持している者、③これらの者と生計を一にしている者です。

つまり、その理事の配偶者や三親等内の親族に限らず、お手伝いさんや運転手といった使用人、内縁関係者、愛人など理事から受ける金銭等で生計を維持している者です。さらに、理事のお手伝いさんと別居しているそのお母さんは含まれませんが、運転手と同居しているそのお父さんは関係者となり、この親族制限に引っかかることになります（認定法施行令4条）。

■社員や評議員はすべて親族でもいいの？

社員や評議員にもこの親族制限を適用すべきという声もあります。社員とか評議員というのは、それぞれ社団法人や財団法人において役員を決める権限がありますから、そういう意味での決定権はあります。しかし、各法人の日々の業務運営は基本的には理事が行うことになりますので、認定法では理事や、理事を監査する監事のみ規制をしています。社員や評議員までは及ぼす必要はないだろうという判断があったので、社員や評議員にはこの親族制限を適用しないことになりました。理論上は、社員や評議員のすべてが親族でもよいということになります。

■理事の人数は3人以上なら何人でも何歳でもいいの？

従来の指導監督基準においては、理事の定数に関する規定があり、「理事の定数は、法人の事業規模、事業内容等法人の実態から見て適正な数とし、上限と下限の幅が大きすぎないこと」となっていました。よって、これに基づいて、各主務官庁が個別に判断していたわけですが、この指導監督基準に基づいた運用指針には、それを補足するような形で、「法人の事業規模から見て余りに少数であれば、法人の適正な運営を確保することが困難になるお

それがある。一方、余りに多数であれば、理事会の運営が法人にとって負担になる。いずれの場合においても、理事会の機能が形骸化し、特定の理事の専横を招くおそれがある。また、事業内容によっては、理事の間で職務の分担が必要であったり、一定の有識者等を理事に加える等の配慮が必要な場合もある。このため理事の定数は法人の事業規模、内容等に応じ、また同種の公益法人の例等から判断して適切な数とする必要がある」となっていました。

しかし、新法では一切、上限についての、又は定数についての規定はありません。ですから、実際は理事が3人以上で、監事が1人以上いれば、何も問題ないことになります。

さらに、いわゆる役員の年齢制限というものもありませんので、実際は、幼児でもよいことになります。ただし、仮に幼児を理事にして決議があった場合、そういう決議は無効だと裁判に訴えられたなら、かなり不利になることが予想されますので、最低でも15歳、できれば成人が望ましいでしょう。

■監事が2人だとそれだけで3分の1を超えている？

公益法人は必ず理事会を置く必要があるため（認定法5条14号ハ）、理事は必ず3人以上必要ですが、監事は1人か2人の場合がかなり多くなるでしょう。ここで注意したいのは、認定法第5条第11号で、「合計数」が、総数の3分の1を超えてはならないとしているため、監事が1人か2人しかいない場合は、監事1人で常に監事の総数の3分の1を超えた状態になってしまうように見えることです。

しかし、監事の総数が2人の場合に別の親族からそれぞれ1人ずつ監事を受け入れたとしても、各々の親族に属する者は1人であり、ここでいう「合計数」という表現で意味するところの「監事に占める特定の親族の割合」には該当しないと考えられていますし、監事の総数が1人の場合も、同様に「合計数」でいうところの特定の親族は存在しないこととなります。

もちろん、監事の総数が2人の場合に同一の親族から2人の監事を受け入れたときは、監事の「合計数」が2人となり、監事の総数の3分の1を超えてしまうため本基準に抵触していることとなりますし、監事の総数が3人の場合に別の親族から監事をそれぞれ2人及び1人を受け入れた場合も、その

うち一方の親族の合計数（2人）が監事の総数の3分の2となり、上限の3分の1を超えてしまうため、本基準に抵触することとなります。

■そもそも役員等になれない人っているの？

　新たな公益法人制度では、公益法人の名称の使用など公益認定に伴う法律上の効果を付与するにふさわしくないものとして、一定の欠格事由（これに該当する場合には、たとえ公益認定の基準を満たしていても公益認定を受けられない事由）を設けています（認定法6条）が、このうち、公益法人が暴力団員等に利用されることを排除するため、理事、監事及び評議員に暴力団員等がいること、事業活動が暴力団員等により支配されていることを欠格事由としています（同条1号ニ・6号）。

　よって、役員にこうした人がいないかを調べるために、行政庁が内閣総理大臣の場合には警察庁長官、行政庁が都道府県知事の場合には、警視総監又は道府県警察本部長に意見を聴くこととしています（認定法8条2号）。

　そのため、登記簿謄本等に記載された役員等の住所データによって照会されるものと思われます。

　なぜ、ここまでして厳しく欠格事由を設けているかというと、それは、公益法人に関しては、①認定取消し後は行政庁による一般的な指揮監督権が及ばないため、公益法人である期間中に不当にあげた利益の不当な利用を予防する必要があること、②公益法人という名称の独占的使用が認められており、高い社会的信用を得て多額の寄附金を募ることが可能であること、③モノ、サービスによる反対給付を行うことなく、寄附金受領により容易に資金獲得、蓄積が可能であること、④認定取消し後も一般社団・財団法人として実質的に事業継続が可能であること等の特徴があるためなのです。

Q 欠格事由

過去5年間に公益認定を取り消された法人において業務を行う理事であった者が、理事、監事及び評議員に就いている法人は、欠格事由に該当し公益認定を受けられないことになっていますが、その場合の「業務を行う理事」とは、どういう者を指しますか。

A

1 認定法第6条は、一般社団・財団法人の理事、監事及び評議員の中に、一定条件に該当した者が存在した場合は、当該法人の適正な運営や公益目的事業の公正な実施が確保できないおそれがあるため、そのような者が理事等に就任していることをもって欠格事由とし、当該法人は公益認定を受けられないことを定めています。

2 そのうち、過去5年以内に公益認定を取り消された法人において、取消し原因となる事実があった日以前1年以内にその法人の「業務を行う理事」であった者が現在、理事、監事及び評議員を務める法人は、欠格事由として公益認定を受けられないこととなっています（認定法6条1号イ）。これはその理事が過去に公益認定の取消しを受けたことにつき責任を負っており、現時点において、他の法人の理事、監事及び評議員に就任すると、その法人の適正な運営等に影響を及ぼすおそれが生じると考えられるからです。

3 このような欠格事由の趣旨に照らすと、「業務を行う理事」とは取消し原因となった事実に関する業務の責任者と考えられます。具体的には、常勤、非常勤を問わず、法人の業務に関して一切の権限を持っている代表理事（一般法91条1項1号）及び取消し原因となった事実に関する業務を執行する理事として理事会において選定された理事（同条2号）が該当します。

公益認定基準徹底分析 10

同一の団体の範囲

> 認定法第5条第11号　他の同一の団体（公益法人又はこれに準ずるものとして政令で定めるものを除く。）の理事又は使用人である者その他これに準ずる相互に密接な関係にあるものとして政令で定める者である理事の合計数が理事の総数の3分の1を超えないものであること。監事についても、同様とする。

■他団体の役員や職員が牛耳ることを防げる？

　この規定も、認定法第5条第10号の親族制限とまったく同じ観点から設けられた制限です。同一親族と同様に、他の同一団体（特定企業・団体関係者）の役員や職員の占める割合が法人の中で大きくなると、その団体の影響力が増し、不特定多数の者の利益が損なわれ、法人の目的がやはり達成されないおそれがあります。そこで、これらの団体に舵取りを奪われることがないように、理事や監事総数の3分の1を超えないことを認定基準として設けているのです。

　他の団体の関係者のどこまでが制限規定の範囲に入るかについては、理事や使用人のほかに、理事以外の役員である監事や業務執行社員も含まれます。

　ただし、相手の団体が公益性のある団体であれば、その役員らが舵取りをしても、同じく公益的に運営されるであろうという観点から、相手の団体が公益社団・財団法人であれば、何人役員が共通していても問題はありません。

　しかし、一般社団法人や一般財団法人はもちろん、他の法制に基づく団体や、あるいは民間企業や行政機関であっても、公益法人以外はすべて規制の対象となります。

■行政職員も3分の1以上はダメ？

いくら公益性が高いといっても、行政機関等の公務員が公益法人の理事などを占めてしまうと、その行政の単なる出先機関に過ぎなくなり、天下りの温床となるおそれがあります。

そこで、国、地方公共団体、独立行政法人、国立大学法人等の同一団体の現職公務員等が1つの公益法人の理事等の3分の1を占めることはできませんので、外郭団体などは注意が必要です（認定法施行令5条）。

また、この場合の同一団体の範囲ですが、人格、組織、規則などから同一性が認められる団体ごとに判断することとなり、国の場合は、一般的には事務分掌の単位である省庁単位、法人の目的や事業が国全般に関係する場合には国の機関全体で考えます。そして、地方公共団体は地方公共団体ごと、大学は大学ごとになります。たとえば、隣り合っている市区町村の職員がいる場合、単一の市区町村ごとに合計することになりますので、市区町村を超えて合計することはありません。

■天下りはこれで防げる？

今回のこの基準は、あくまでも現職であるかどうかが問われていますので、歴代の事務次官がすべての役員を占めていたとしても、まったく問題がないことになってしまいます。

つまり、現職でなくOBならばこの規制から外れますので、OBが天下ることは、基本的にはこの制度では許容されることになります。当初、天下りの防止を目的に始まったこの制度改革ですが、結局政治が混迷する中で、最終的にはうやむやになってしまったのはとても残念です。

ですから、よくありそうなのは、以前同じ省庁の職員であったのが、企業や大学に一度移ってしまうと、元の職場の仲間同士でもまったく問題なく同じ法人の役員になれるということです。

また、グループ企業の場合、どこまでがグループ企業の範囲かというのは難しく、企業としての同一性で見ていかざるを得ないこととなり、グループ企業の職員だけで作る公益法人というものも可能であるということになってしまいます。本当に不思議です。

■政治連盟の役員や支部の役員はダメなの？

　政治連盟や支部を設けている法人の場合、それらも法人とは別会計である以上、他団体ということになりますので注意が必要です。

　政治連盟と法人が同じ役員で行っているところはもちろん3分の1まで減らすことが必要ですし、支部の場合も、同じ支部から3分の1以上選ばないことにするか、支部も法人本体と会計を同一にして、同じ1つの団体扱いにすることが必要です。会計が同じであれば、同一団体なのですから、たとえば、関東支部の役員が法人全体の半分を超えていても、まったく問題はありません。

　このように、「他の同一の団体」の対象となる団体は、法人格の有無を問わないため、権利能力なき社団も含まれます。また、今までは法人の付属機関とされていたようなものであっても、会計が別であれば当然別団体ということになりますので、特に注意しましょう。

　なお、この権利能力なき社団かどうかは、①団体としての組織をそなえ、②多数決の原理が行われ、③構成員の変更にもかかわらず団体そのものが存続し、④その組織によって代表の方法、総会の運営、財産の管理その他団体としての主要な点が確定していることが判断材料となります（参考：最高裁判所判例昭和39年10月15日）。これらの実体がない普通の「釣りクラブ」や「ゴルフ同好会」などの会員が理事の3分の1を超えて参加していてもまったく問題ないということになります。

公益認定基準徹底分析 11
会計監査人の設置

> 認定法第5条第12号 会計監査人を置いているものであること。ただし、毎事業年度における当該法人の収益の額、費用及び損失の額その他の政令で定める勘定の額がいずれも政令で定める基準に達しない場合は、この限りでない。

■会計監査人は置かなければいけない？

　会計監査人は、公益性を証明するために、非常に重要なセクションです。その業務は主に財産目録やその他の書類を監査し、会計監査報告にその監査結果を記載することですが、内部での不適正な会計上の操作などがあれば、この会計監査人が許しません。

　そういうチェック機能を発揮するための存在なので、公益認定には欠かせないのです。

　しかし、先のカネボウの粉飾決算でも明らかなように、いくら有名な監査法人であっても、その報酬を監査される側の会社が支払うというシステムである以上、本当に信頼できる会計監査人なのかどうか、市民にはわからないという声もあります。

　このように、法人が自分に都合の悪い監査人を交替させることができるという制度を見直さない限り、いつまでもその問題は解決しないかもしれません。

　なお、会計監査人を置くことになると、少なくとも法人は年間数百万円以上もの出費を覚悟しなければなりません。

　小さな法人であれば、こんな出費は到底できないというところも多いでしょう。

　そこで、会計監査人設置を義務付ける法人の規模については、法人の運営

の実態を踏まえ、事業規模等が一定の基準に達しない法人には、会計監査人を設置する必要がないということになりました。

一般法においては、貸借対照表の負債の部の額が200億円以上の法人は既に会計監査人の設置が義務付けられていますが、公益認定を受ける場合、それではあまりにも現実離れしているということで、この一般法以上のディスクロージャーが求められるという考え方から、政令で定める一定基準を満たす法人について会計監査人の設置を求めるとしたのがこの認定基準の趣旨です。

政令で定めた、会計監査人を置く必要がある規模は次のとおりです（認定法施行令6条）。

> ① 損益計算書の収益の部に計上した額の合計額が1,000億円以上
> ② 損益計算書の費用及び損失の部に計上した額の合計額が1,000億円以上
> ③ 貸借対照表の負債の部に計上した額の合計額が50億円以上

①②の2つは、ほとんどの法人が該当しないと思いますが、③の負債50億円以上の条件については、従来の公益法人で約2,900法人ありました。そのうち実際に会計監査人を設置しているのは1,100法人程度です。ちなみに、一般法において負債額が200億円以上の法人は会計監査人の設置が義務付けられていますが、こちらですと対象法人は約200法人程度です。

それにしても、金額が大きすぎて、ほとんどの法人には会計監査人設置が義務付けられないということになってしまったのはとても残念です。

これについては、認定法第5条の公益認定基準の第2号にある「経理的基礎」のところでしっかりと判断するということなのでしょう。

■役員だってボランティアなのに、会計監査人にボランティアはないの？

従来、公益法人は理事も無償の場合がとても多く、監事もそれにならって無償の方が圧倒的に多かったため、監事の監査に余り手数をかけてもらっては申し訳ないということで、帳簿を見ないまま信頼関係だけで、監査報告書

にサインをしてもらっていたということが多かったようです。

監査する監事としても、余り厳しくやっては悪いのかなということで、いい加減な監査が横行していたような気がします。

何かあったときはそれでは大問題になってしまうので、従来会計監査人が入っていないようなところも、報酬を払って専門家に見てもらい、経理をきちんと調査することが必要になってくるでしょう。

しかし、実際に公認会計士を会計監査人にするとしたら、費用がかなり高額ですから、その分管理費がふくれ上がり、公益事業割合の50％ラインを満たせなくなってしまうということもあるかもしれません。

そこで、大規模な法人のみを対象としていることはわかるのですが、何か妙案がないと、小さいところはいい加減でもよくて、大きいところだけがきちんとしていないといけないような制度ということになります。

そうならないためにも、法人内部で複数の目で管理できる体制をとることが必要になるでしょう。

■会計監査人は何を見るの？

一般法に基づいて、貸借対照表、損益計算書及びその附属明細書というのを監査することになっていますので、認定法第23条における公益法人の会計監査人は、一般法の規定によるものの他、財産目録その他の内閣府令で定める書類を監査するということになっています。

その内閣府令では、既に法で例示として挙げられている財産目録及び大規模法人についてのキャッシュ・フロー計算書を規定しています。

■会計監査人はいつ置けばいいの？

条文上は「会計監査人を置いているものであること」ということから、認定時には会計監査人がいることが必要です。

しかし、一般社団・財団法人が設立してすぐに公益認定を受けようという場合には、最終事業年度の損益計算書がないため費用及び損失、収益の額の基準をどう適用するのかという問題が生じます。

これについては、そういう場合は費用及び損失、収益の額の基準は適用

しないということになりますが、そういう法人であっても貸借対照表における負債の額は明らかであり、負債額の基準のみによって設置するかどうかということを判断していくことになります。

公益認定基準徹底分析 12

役員等の報酬等の支給基準

> 認定法第5条第13号　その理事、監事及び評議員に対する報酬等（報酬、賞与その他の職務遂行の対価として受ける財産上の利益及び退職手当をいう。以下同じ。）について、内閣府令で定めるところにより、民間事業者の役員の報酬等及び従業員の給与、当該法人の経理の状況その他の事情を考慮して、不当に高額なものとならないような支給の基準を定めているものであること。

■報酬は高すぎるとだめなのか？

「理事、監事、評議員に対する報酬等」となっていますが、この「等」の中には、報酬という名目にかかわらず職務遂行の対価として受ける財産上の利益が入ります。これについて民間事業者の役員の報酬等及び従業員の給与、当該法人の経理の状況その他の事情を勘案して、公益法人の役員、評議員の報酬等が不当に高額なものとならないよう、支給の基準を定めているということです。

この趣旨は、公益法人自身は非営利法人ということですから、当然利益分配しないということで、仮に報酬等が不当に高額なものだと、この非営利性を潜脱するおそれがあるので、その報酬等について支給の基準を定めて、それを公開し、それに則って支給しなければいけないということにして、高額な報酬等を防止しようとしたのです。

従来の指導監督基準においては、理事の報酬等が不当に高額になってはならないということを定め、さらに、国から補助金等を受けている公益法人については、役員の報酬・退職金に対する規定を定めて公開することを求めていました。

新しい認定制度においては、従来の指導ベースでは理事に対してのみ設定

されていた基準を、理事に限らず監事、評議員についても基準を定めなさいということになっています。

なお、報酬等の支給基準を定めるといっても、報酬等の支給を義務付ける趣旨ではなく、無報酬でもまったく問題ありません。その場合は、報酬等の支給基準において無報酬である旨を定めることになります。

逆に、非常勤理事や評議員に対し、職務遂行の対価として、各々の責任に見合った報酬等を支給することも可能ですが、そうした日当なども本基準でいう報酬等に含まれますのできちんと基準を定めましょう。

■報酬はどこで決めるのか？

公益法人の理事等の報酬等支給基準については、定款に定めていない場合は、①理事、監事に係る分については社員総会又は評議員会で決定する方法、②社員総会又は評議員会においては、報酬等の総額を定めることとし、支給基準は理事については理事会で、監事が複数いる場合は監事の協議によって決定する方法、の2通りが考えられます（一般法89条・105条）。

したがって、必ずしも理事会で決定する必要はありませんが、上記のうちいずれかの方法で決定しましょう。

なお、評議員の報酬等の額は、定款で定めることになっていますが（一般法196条）、その支給基準については、定款又は評議員会のいずれかで決定することになり、理事会で決定することはできません。

■報酬等支給基準に何を書けばよいのか？

今後、報酬等支給基準を策定する際には、次のような項目を記載するとよいでしょう。

・報酬の目的
・報酬の区分（常勤・非常勤）
・算定方法と報酬額
・報酬の種類（本給、調整手当、通勤手当、期末特別手当）
・支給の方法や形態（支払日、振込or手渡し）

なお、「報酬等」というのは、法人の理事、監事又は評議員としての職務遂行の対価に限られることから、その法人の職員として受ける財産上の利益つまり給料やボーナスなどは一切含まれません。
　また、役員への支給であっても、実費支給の交通費等は報酬等に含まれず、職員等と並んで等しく受けるその法人の通常の福利厚生等も含まれません。
　独立行政法人は、役員報酬の支給基準を定めて主務大臣の認可を得、公開することになっています。そういった独立行政法人の例を参考にして、理事の勤務形態、常勤、非常勤（週3日未満が前提）に応じた報酬等の区分、たとえば月給や賞与や、理事がどういう名目でどういう種類の報酬をもらっているかを報酬等支給基準として定めます。それから、各金額としてはどういう算定方法で算出したのか、絶対額でも、実費という考え方でもよいので、その算定法を定めることになります。もちろん、無報酬であれば、単に無報酬と定めればよいことになります。
　それから、月1回とか年2回とか、あるいは現金で払うなど、そういった支給の方法を決めることになります。
　趣旨は不当に高額にならないようにということなので、各理事等が最大限どれだけもらい得るのかというところが明らかになればよいのです。

■交通費ならば報酬にならない？

　理事、監事、評議員に対する報酬等とは、「報酬、賞与その他の職務遂行の対価として受ける財産上の利益及び退職手当」と定められていますので、理事に対するお車代は、交通費実費相当額を支給する場合は、報酬等には該当しません。
　ただし、あくまでそれは実費相当額ということであって、実費を超えるような交通費の名目で払われている金銭、図書券等は報酬扱いということになります。
　ですから、よく「お車代」などと書いて、1万円とか3万円とかを渡している法人がありますが、その方がすぐ近くから来ている場合、それは報酬扱いになるということです。もちろん、東京の団体が、北海道から来る役員に、その交通費や宿泊代を支払うことはまったく問題ありません。

■**理事兼務の事務局長などの報酬も公表すべき？**

　事務局長が理事を兼務している場合は、使用人としての給料と理事としての報酬の両方を合算して報酬等として明らかにするのではなく、役員報酬と使用人給与に分けられている場合は、役員報酬の部分だけを公表することになります。

　事務局長としての給料というのは従業員部分ですからお手盛りはないので、理事部分についてきちんと開示すればよいという規定になっています。

　だからといって、自分の親戚筋の者を従業員として使って、破格の従業員給与を払うということになると、これは第5条第3号にある「特定の人に特別の利益を与えている」という面でチェックされますから、役員と従業員を兼ねている場合、わざと役員報酬を少なくして従業員給与の方を多くしたりすると、それは「特別の利益」となりますので、注意が必要です。

Q 役員に対する報酬

役員等報酬等支給基準について、「理事の報酬額は理事長が理事会の承認を得て定める」のような支給基準とすることは可能でしょうか。

A

1 公益法人の理事等の報酬等が、民間事業者の役員の報酬等や公益法人の経理の状況に照らし、不当に高額な場合には、法人の非営利性を潜脱するおそれがあり、適当ではありません。このため、理事等に対する報酬等が不当に高額なものとならないよう支給の基準を定めていることを公益認定の基準とした上（認定法5条13号）、当該支給基準は公表するとともに、その基準に従って報酬等を支給することを定めています（認定法20条）。さらに、この支給基準は、理事等の勤務形態に応じた報酬等の区分、金額の算定方法、支給の方法等が明らかになるよう定める必要があります（認定法施行規則3条）。

2 支給基準において理事等各人の報酬額まで定める必要はありませんが、ご質問いただいたような定め方では報酬科目や算定方法が明らかにされず、認定基準を満たしていないものと考えます。

3 なお、理事の報酬等の支給基準ではありませんが、報酬等の額については、定款で定めていないときは、社員総会又は評議員会の決議により定めることが必要です（一般法89条）。これは、理事が自らの報酬等の額を定めることによるお手盛りを防止するためです。したがって、支給基準に則った場合であっても、理事長が理事の個々の報酬等の額を決定することは認められません。

(注) 理事によるお手盛りを防止するという一般法の趣旨からは、定款又は社員総会若しくは評議員会においては、理事の報酬等の総額を定めることで足り、理事が複数いる場合における理事各人の報酬等の額を、その総額の範囲内で理事会の決議によって定めることは差し支えないと解されます。

公益認定基準徹底分析 13
社員の資格得喪に関する条件

> 認定法第5条第14号　一般社団法人にあっては、次のいずれにも該当するものであること。
> イ　社員の資格の得喪に関して、当該法人の目的に照らし、不当に差別的な取扱いをする条件その他の不当な条件を付していないものであること。
> ロ　社員総会において行使できる議決権の数、議決権を行使することができる事項、議決権の行使の条件その他の社員の議決権に関する定款の定めがある場合には、その定めが次のいずれにも該当するものであること。
> 　(1)　社員の議決権に関して、当該法人の目的に照らし、不当に差別的な取扱いをしないものであること。
> 　(2)　社員の議決権に関して、社員が当該法人に対して提供した金銭その他の財産の価額に応じて異なる取扱いを行わないものであること。
> ハ　理事会を置いているものであること。

■社員は誰でも無条件に入退会させなければいけない？

　社員の入退会の条件に関する規制については、同様の規定がNPO法にもありますが、不当な入会条件があると、法人の最高意思決定機関である社員総会の意思決定が適切に行われないおそれがあると考えられています。

　そこで、こうしたことを防止するために、入退会、特に入会条件が妥当かどうかを認定の判断基準にすることになったのです。

　たとえば、入会できるのは男性だけとか、年齢の制限とか、一定の職業資格者だけであるとか、その法人の試験に合格した人だけであるとか、理事の

推薦が必要であるとか、そのような条件は、基本的には一般国民を対象としていないわけですから、門戸が開かれているとはいえない可能性があります。それをもってダメという意味ではありませんが、その団体になぜそれらの制限が必要なのか、きちんとした理由があり、一般国民を納得させられるかどうか、そのあたりが不当に差別的かどうかの判断の分かれ目となりそうです。
　ただし、社会通念に従って判断するとしていますので、その法人の目的、事業内容に照らして入会の条件に合理的な関連性や必要性があれば、不当な条件には該当しないこととなっています。
　たとえば、専門性の高い事業活動を行っている法人が、その専門性の維持、向上を図ることが法人の目的に照らして必要であり、その必要性から合理的な範囲で社員資格を一定の有資格者等に限定したり、理事会の承認等一定の手続き的な要件を付したりすることは、不当な条件に該当しないということです。
　つまり、不当か否かの判断は、その条件が法人の目的や事業内容に照らして合理性等が認められるかどうかなので、制限があるから認定されないということはありません。ただ、最終判断は、行政庁ではなくやはり公益認定等委員会（又は合議制の機関）によって適切に行われることとなりますので、もちろん、そうした入会資格などの制限はないほうが公益認定を得られやすいということは、覚えておきましょう。新規で団体を作る場合は、会費さえ払えば誰でも入会できる法人を目指しましょう。

■誰でも入会はできるけど、議決権は代議員だけというのはダメなの？

　従来の公益法人の中には、実情に応じて会員から選ばれるところの代議員だけが総会に出席でき、そこで基本的な意思決定を行っている例がありました。もちろん、そうした選ばれた者だけに社員資格を限定するということを定款に規定しようと考えている団体も多いことでしょう。もし、代議員制がダメということになると、かなり多くの団体が困惑することになります。
　そこで、代議員制はダメだけれども、次のような5つの決まりを定款で定めていれば、会員の中から選ばれた者だけが社員となるかたちも認められる

ことになりました。

　1点目は、会員から一定の者を選んで、それを社員とするということについて、その制度の骨格、人数とか任期とか選出方法など基本的なことを定款で定めておくことが必要です。

　2点目は、選出に当たって会員が等しく選挙権、被選挙権を有するということが明らかであるということです。代議員を選ぶことはできても、自分がなれないというのでは不公平だからです。誰にでも平等に代議員になれるチャンスも、選べるチャンスも与えるということです。

　3点目は、一般社団法人においては社員自身がガバナンスの責任者として重要な位置付けを持っているので、社員に統制される側の理事や理事会が選挙に関わるということがなく、理事や理事会から独立して選出が行われることが必要です。

　4点目は、一般法において、社員はガバナンスについて重要な権能を持っており、理事等の責任についての訴えや、社員総会決議取消しの訴えなどが法律上認められており、訴訟の提起中に任期が切れてしまうと原告適格を失いかねないということになるので、そういう場合には暫定的に訴訟の継続に必要な範囲において社員の任期が終了しないということを定めておくことが必要です。

　5点目は、会員に社員と同等の情報開示請求権を付与するということです。

　以上5点を定款に盛り込めば、差し当たり不当な条件ではないと考えられますので、代議員制をどうしても利用したい団体は、社員を絞った代議員制ということではなく、会員を絞った代表会員制の定款にするよう十分注意しましょう。

　なお、会員のうち一定の者を社員とする定款の定めを置く公益社団法人においては、社員以外の会員が支払う会費収入が公益目的事業財産に組み入れられるのか、注意が必要です。

　この場合、代議員以外の会員が支払う会費を代議員が支払う会費と分けて考える理由がないことから、代議員が支払う会費と同様に、徴収に当たり使途を定めなければ半分が公益目的事業財産となり、使途を定めればそれに従うということになります（認定法施行規則26条1号）。

■なんで代表会員制は不当ではないのか？

　最高裁判所の判例はありませんが、東京高等裁判所の昭和33年の判例で、定款に総会の規定がなく、代議員総会のみ規定している点が無効かどうか争われたことがあります。具体的には、その団体は何百万人という社員がいるのですが、ある社員が、定款には代議員の総会の規定しかなくて、社員全員の総会の規定がないことをもって定款を無効だとする訴訟を起こしたのです。

　しかし、最終的に東京高等裁判所では、これは無効ではないという判決を下しました。この団体は社員があまりにも多くて、総会を開くことが現実的にできないということを理由に、無効でないとしたわけです。

　このような判例の影響もあり、社員が多い団体は、社員総会もなかなか開けないため、代議員制はダメだけれども、会員を絞って社員とする代表会員制は、前述のような条件を定款にきちんと記載すれば基本的にOKとなったのです。

　では、なぜ代表会員制は認められて、社員から議決権を持つ社員を絞る代議員制はダメなのでしょうか。

　ここで、注意したいのは、一般法第35条第4項に社員総会の議決事項を他の機関が決定できるとする内容の定款の定めは無効であるという規定が置かれていることです。財団法人の場合にも第178条第3項で評議員会について同様の規定があります。そのため、基本的には「全員が社員」だとした場合には、その「全員の社員」が構成員である社員総会を開かなければいけないこととなり、実際には代議員だけで決めるというような制度を置くと、一般法第35条第4項に違反することになるのです。

　ですから、一般法第35条第4項違反の問題を避け、そもそも「社員の資格」を絞ってしまい、他の会員は法律上の社員ではないという定款の定めをした場合には、それが認められるということなのです。もちろん、各支部長が任命する者とか、あるいは実態としては会の運営に協力的な人だけを選んで任命したりとか、そういう選び方の場合は、いくら代表会員制であっても、到底認められません。

■会費をたくさん払っている人も少ない人も同じ1票って不公平では？

　入会条件だけでなく、議決権に関しても、差別があってはいけません。もちろん、社員以外の人に議決権を与えないということは、当然のことなのでまったく差別にはなりませんが、社員の中で議決権に差をつけるのは、好ましいことではないという意味です。

　たとえば、10年以上在籍している会員は2票で他が1票だとか、5人以上推薦して入会させた会員が他よりも票が多いとか、そういう差別ができないということになります。

　さらに、1口制の会費であっても、1口で1票。5口で5票などという議決権の取り扱いは認められていません。確かにお金を多く出した人に発言権が多いというのは、資本主義の観点からは正しいかもしれませんが、公益法人は利益重視の資本主義的組織ではありませんので、民主的運営を心がける意味で、何口であってもやはり1人1票が原則ということになります。

　なお、個人と法人とで社員の議決権数に差を設けることについても、同様の観点から認められていませんし、業界の取扱い高に応じて会費が高くなる制度や支部会員の保有数に応じて議決権が変わるという制度も一切認められませんので、そのあたりは注意が必要です。

　確かに株式会社の場合は、いわゆる1人1議決権ではなくて1株1議決権ですから、たとえば3分の2の株式を独占する株主がいれば、株主が10万人いる会社でも、3分の2の株式を持っている株主が1人だけ出席すればそれで株主総会というのは成立することになります。

　ですが、一般法では1人1議決権の原則があるので、社員数が多い場合には、株式会社の株主総会とは違い、社員総会の運営が非常に難しいことになります。営利の株式会社などであれば多数の議決権を有する大株主から委任状を取ればそれで株主総会が成立するということがよくあるのですが、少なくとも一般法の下では1人1議決権の原則があるので、多数の構成員を抱える社団法人は、先ほどのような代表会員制にでもしない限り、社員総会を適切に運営することができないでしょう。

■理事会は必ず置かなければならないの？

　理事会は、一般財団法人では義務ですが、一般社団法人では任意となっています（一般法60条2項）。

　しかし、理事を複数置くことが原則なのですから、一般的に考えても、理事会は必要でしょう。置かないということは、誰の意見も聞かないで運営したいととられても仕方がありません。よって、公益社団法人になるためには、民主的な運営をするために、必ず理事会を置くことが義務付けられています。

　さらに、理事と理事会だけでなく、監事も置くことになります。理事会があるのに監事を置かないという形は、法律では禁止されていませんが、チェックが甘い体制と思われます。理事会と監事は、切っても切り離せない関係であると考えてもよいでしょう。

　また、会計監査人の設置は、認定法第5条第12号の規定に該当する法人には義務付けられていますが、会計監査人の業務はあくまでも会計監査が仕事です。理事の業務監査や法人の運営に関するチェックができる監事がいないのは、公益という観点から考えると、不備といわざるを得ません。できれば、会計知識の豊富な監事が内部にいるとよいでしょう。

Q 社員資格に関する他の制限
社員の資格を〇〇士など一定の有資格者に限定することは問題でしょうか。

A
1　公益社団法人が、社員資格の得喪に関して不当に差別的な取扱いをするような条件（社員資格を合理的な理由なく特定の要件を満たす者に限定している等）を設けている場合には、社員総会の構成員である社員の意思が一定の傾向を有することで、当該法人が、不特定かつ多数の者の利益の増進に寄与するという公益法人本来の目的に反した業務運営を行うおそれが生じます。

2　「社員資格の得喪」に関する定款の定めにおいて「不当な条件」を付しているかどうかについては（認定法5条14号イ）、社会通念に従い判断されます。当該法人の目的、事業内容に照らして当該条件に合理的な関連性及び必要性があれば、不当な条件には該当しません。

3　したがって、専門性の高い事業活動を行っている法人において、その専門性の維持、向上を図ることが法人の目的に照らして必要である場合は、その必要性から合理的な範囲で社員資格を〇〇士のように一定の有資格者等に限定したり、理事会の承認等一定の手続き的な要件を付したりすることは、不当な条件に該当しません（ガイドラインⅠ13.参照）。

公益認定基準徹底分析 14
他の団体の意思決定に関与することができる財産

> **認定法第5条第15号** 他の団体の意思決定に関与することができる株式その他の内閣府令で定める財産を保有していないものであること。ただし、当該財産の保有によって他の団体の事業活動を実質的に支配するおそれがない場合として政令で定める場合は、この限りでない。

■株をもっていたらダメなの？

　株式というものは、その企業の意思決定に関与することができる権利を保有することになりますので、他の法人を支配することによる弊害を防止するためには、こうした株式などを保有すべきではありません。

　そこで、公益認定基準でも、他の団体の意思決定に関与することができる株式や財産の保有が禁止されましたが、具体的には、次に掲げる財産となります（認定法施行規則4条）。

> ① 株式
> ② 特別な法律により設立された法人の発行する出資に基づく権利
> ③ 合名会社、合資会社、合同会社その他の社団法人の社員権（公益社団法人に係るものを除く）
> ④ 組合契約等に基づく権利等
> ⑤ 信託契約に基づく委託者又は受益者としての権利
> ⑥ 外国の法令に基づく財産等

　ただし、従来の指導監督基準においては、原則として営利企業の株式保有は認めていませんが、財産の管理運用や基本財産として寄附された場合には、全株式の2分の1を上限として可能ということになっていましたので、

上記の財産を保有していても、株主総会その他の団体の財務及び営業又は事業の方針を決定する機関における議決権の過半数を有していない場合は、その財産の保有によって他の団体の事業活動を実質的に支配するおそれがないとして、その保有が認められることになりました（認定法施行令7条）。

万が一持っている場合、又は持たなくてはいけない場合は、次のような方法を取るのがよいでしょう。

① 保有株の議決権数を50％未満に減らす
② 保有株の議決権を無議決権にする
③ 信託財産にして議決権を受託者に全部渡しておく
④ 転換社債や新株予約権（実行されない段階のみ）にする

■法人が50％未満なら、理事や評議員がほかに持っていてもよい？

公益法人以外にオーナーや親族が株式を持っている場合、確かに合算すれば、その会社を支配できるということになりますが、その範囲をどこまで定めたらよいか、又は実効性を持って監督していくにはどうすればよいかという点などから問題が多く、結局、そこまで広げる必要はないということで、規制の対象から外れることになりました。

よって、これはよくある例ですが、法人が入居している建物を管理するため不動産管理会社を設立し、その株式を全部持つという場合、理事や関係者がそのうち50％以上を保有していれば、法人自身が持っている分と合算して100％になったとしても許されることになります。

これについては余りよいことではないと思いますので、国は早急に対応するべきでしょう。

ただし、50％以上持つのは絶対に悪いことかというと、必ずしもそうも言い切れないと思います。たとえ、その会社から上がってきた収益であっても、公益法人は非営利であり、最終的にはこの公益法人の活動に使われるので、問題がないとも考えられます。

ベンチャー育成などを目的とする財団が、育成しようとする会社の株を持って、場合によっては人を派遣したりして支援しつつ、育てていこうとすることは悪いことではありません。
　ただし、実質営利活動をどんどん自由に広げられるという点については、連結決算になっていないことから、無限に広がるのが望ましくないということで、どこかで線を引かなければならなかったのでしょう。
　ですから、議決権等を持たないのであれば、ある意味、一種の財産運用と認識して、そういうことであれば最終的に非営利法人として別に分配してしまうわけではないし、あるいは勝手に給与に配ってしまうわけではないので、よいということになったのです。
　さらに、転換社債や新株予約権は、転換したときや予約権を行使したときには株式を取得することになりますが、実際まだ議決権を保有していない段階のものは、他の団体の意思決定に関与することができる財産とはいえないということで含まれていません。

Q 株式保有の制限

他の団体の意思決定に関与することができる財産と信託契約との関係について教えてください。

A

1 　公益法人が株式等の保有を通じて営利法人等の事業を実質的に支配することにより、公益目的事業比率が50％以上という認定基準を潜脱することを防ぐため、公益法人による他の団体の意思決定に関与することができる財産の保有を制限する認定基準を設けています。

2 　保有制限の対象に信託契約に基づく委託者又は受託者の権利を含めているのは、委託者又は受託者としての権利に他の団体の意思決定に関与することができる権利が含まれる場合が考えられるためです。したがって信託についての意思決定に関与する場合を想定しているものではなく、公益法人が株式等を信託する場合に株式等の議決権を委託者又は受託者以外のものに無条件に付与する場合には、その範囲において意思決定に関与することができる財産には含まれません。

公益認定基準徹底分析 15

不可欠特定財産

> 認定法第5条第16号　公益目的事業を行うために不可欠な特定の財産があるときは、その旨並びにその維持及び処分の制限について、必要な事項を定款で定めているものであること。

■不可欠な特定財産って何？　基本財産のこと？

　認定法においては、公益目的事業を行うために不可欠な特定の財産があるときは、その旨、維持及び処分の制限について定款で定めることとなっています。こうして定めた財産は、公益目的事業財産として公益目的事業のために使用し、処分しなければなりません。また、認定取消しのときには認定前に取得したものは公益目的取得財産残額の計算から除外されることになっています。

　この不可欠特定財産には、法人の目的事業と密接不可分な関係にあって、それなくして事業の実施は困難な財産が該当します。金融資産つまりお金は特定性がないため、特定財産には含めません。

　不可欠特定財産には、美術館の美術品、歴史的文化的価値のある建物等が考えられますが、看板、運搬用自動車、什器備品、その利益を公益目的事業に充てている収益事業の用に供する財産等は不可欠特定財産とはいえません。

　一方、一般法第172条第2項と第202条第3項において、一般財団法人には基本財産についての規定があります。基本財産の滅失による法人の目的事業の成功の不能はその法人の解散事由に該当するということも同じく定められています。

　また、一般財団法人については設立の際に設立者が計300万円の財産を拠出しなければならず、さらに、純資産が2期連続して300万円未満となった

場合には、財団法人の要件を満たしていないため解散となります。また、整備法においては従来の民法第34条法人である財団法人が寄附行為で基本財産と定めたものについては、そのまま保有していても一般財団法人の基本財産に関する定めとしての効力は持ちません。

不可欠特定財産と基本財産についての定めを比較すると、両方とも定款においては、その旨、並びに維持、処分の制限について定めが置かれていることが必要です。違いは不可欠特定財産については公益社団・財団法人、両方に共通しますが、基本財産については一般財団法人のみとなっていることです。

また、その財産を使用できる対象ですが、不可欠特定財産の方は公益目的事業となり、基本財産の方はその法人の目的である事業を対象としている所に違いがあります。その対象となる財産としては、不可欠な特定の財産であることに対して、基本財産では「特定」という要件がないことになります。こういった法令の規定に基づいて、不可欠特定財産と基本財産との関係を整理すると、特に重複する一般財団法人において問題となると考えられます。一般財団法人においてこの要件を比較すると、不可欠特定財産として定めたものはその性質上、基本財産とも考えられますので、不可欠特定財産とする定款の定めは一般財団法人としての基本財産の定めも兼ね備えていることになります。

また、一般財団法人が維持すべき300万円の純資産と、不可欠特定財産との間には特段の関係はないと考えられます。

なお、一般社団法人においては基本財産に関する法令上の定めはありませんが、公益社団法人が基本財産を不可欠特定財産として定めた場合には、その計算書類上、基本財産として表示すればよいことになります。

要するに公益法人の不可欠特定財産についての計算書類上の表示方法は、財産目録、貸借対照表、その附属明細書、又はそれらの注記等において、基本財産として記載をしていくことになります。

■認定法第18条の公益目的事業財産との違いは？

認定法第18条では、公益法人は、寄附を受けた財産、交付を受けた補助

金、公益目的事業に係る活動の対価として得た財産（以下「公益目的事業財産」という）を公益目的事業を行うために使用し、又は処分しなければならないと定めています。

このうち一定の固定資産については、公益目的保有財産として財産目録等において表示することが定められています。

公益目的事業財産は、固定資産である公益目的保有財産以外に、資金である公益目的増減差額で構成され、モノとカネの和が公益目的事業財産ということになります。

具体的に公益目的保有財産には次の5つの類型があります（認定法施行規則26条6号・7号、認定法18条5～7号）。

① 公益目的事業を行うために不可欠な特定の財産
② 公益認定前に取得している財産で、公益目的事業の用に供する財産
③ 民法第34条法人が移行認定を受ける際に、一定の財産を公益目的事業の用に供する財産
④ 公益認定を受けた後に、公益目的事業財産から買えば自動的に公益目的保有財産になる財産
⑤ 公益目的事業財産以外の財産から繰り入れて公益目的事業の月に供する旨を表示した財産

公益目的保有財産の①の不可欠特定財産は、法人において、その旨、維持及び処分の制限について定款で定めるものということです。

なお、不可欠特定財産は、認定前でも後でも法人で定めることができるわけですが、認定取消し時において、他の公益法人等に贈与しなければいけない公益目的取得財産残額の計算からは、認定前から持っている財産については控除される規定になっています。

また、法人において不可欠特定財産を定めても、法人が考えていた事業が結果として公益目的事業ではないとされる場合があり得たり、あるいは不可欠特定財産だと法人の方で考えていても、その事業との関連性で不可欠特定財産とは認められない場合もあり得るので、そういう場合は不可欠特定財産にはなりません。

したがって、事業との関連性を明らかにする意味で、定款及び公益認定の申請書において、どの事業の用に供するかということを明らかにしておく必要があります。
　次に、公益目的保有財産の②ですが、認定前の財産で、公益目的事業の用に供するものであることを表示した財産については、継続して事業の用に供している必要があることを定めています。
　この場合の継続という意味ですが、年間通して全部使うわけではなくて、数日とか何ヵ月しか使わない場合であっても、その法人において毎年使っている場合には、継続して用に供していると考えることができます。
　また、事業の用に供している範囲が、広い土地とか建物の一部のみの場合は、その一部に限定されることになります。
　なお、認定前の財産は、法人の判断によって公益目的事業財産に繰り入れるものなので、財産が、他の事業と共同で使っているような場合には、法人において、区分や分離可能な範囲で財産を特定して表示する必要があります。その際には可能な限り物理的に特定し、物理的な特定が困難な共用スペースについては、使用時間割合あるいは使用している人数の割合等によって合理的に按分することになります。
　また、移行認定を受ける公益法人については、申請時に不可欠特定財産以外に、公益目的の用に供している財産についても表示することになります。移行認定の審査では、不可欠特定財産以外の財産で、どの財産が公益目的事業の用に供されているか、法人から提出される定款、事業計画書、収支予算書等から判断されます。
　その際に、他の事業等と共用している財産については、予算書等において、たとえば減価償却費がどういう割合で配分されているかというところから、公益目的事業に使う割合が見られることになります。
　公益認定後の財産で、公益目的保有財産になるものですが、公益目的事業財産となっている寄附金や補助金等を支出して取得した財産は、公益目的事業の用に供していることを確認する必要があるために、取得した時以降の事業年度末に作成、備え置く財産目録等において事業等との関連性を示します。
　また、認定後に受け入れた財産で、公益目的事業財産になっていないもの

を、法人において指定して公益目的事業財産に繰り入れることが可能です。法人の判断で指定されるものなので、法人において区分や分離が可能な範囲で財産を確定し表示します。その際、可能な限り物理的に特定し、物理的な特定が困難であれば、合理的な配分基準で按分します。

　こちらも認定後に繰り入れる財産ですので、繰り入れた日以降の毎事業年度末に作成、備え置く財産目録等において事業等との関連性を表示します。

公益認定基準徹底分析 16

財産の贈与、帰属先

> **認定法第5条第17号** 第29条第1項若しくは第2項の規定による公益認定の取消しの処分を受けた場合又は合併により法人が消滅する場合（その権利義務を承継する法人が公益法人であるときを除く。）において、公益目的取得財産残額（第30条第2項に規定する公益目的取得財産残額をいう。）があるときは、これに相当する額の財産を当該公益認定の取消しの日又は当該合併の日から1箇月以内に類似の事業を目的とする他の公益法人若しくは次に掲げる法人又は国若しくは地方公共団体に贈与する旨を定款で定めているものであること。
>
> イ　私立学校法（昭和24年法律第270号）第3条に規定する学校法人
> ロ　社会福祉法（昭和26年法律第45号）第22条に規定する社会福祉法人
> ハ　更生保護事業法（平成7年法律第86号）第2条第6項に規定する更生保護法人
> ニ　独立行政法人通則法（平成11年法律第103号）第2条第1項に規定する独立行政法人
> ホ　国立大学法人法（平成15年法律第112号）第2条第1項に規定する国立大学法人又は同条第3項に規定する大学共同利用機関法人
> ヘ　地方独立行政法人法（平成15年法律第118号）第2条第1項に規定する地方独立行政法人
> ト　その他イからヘまでに掲げる法人に準ずるものとして政令で定める法人

■公益認定を取り消されたら財産は没収なの？

　認定法第30条では、公益認定を取り消された時に、公益法人が取得した

すべての公益目的事業財産を足し上げ、そこから公益目的事業を行うために費消し、又は譲渡したすべての財産額を控除し、残ったものが公益目的取得財産残額であると規定しています。

よって、公益認定を受けている期間中に取得したすべての公益目的事業財産から公益目的事業実施のために費消したすべての財産を控除した残りのお金を、他に流用させないために、また、勝手にそれらの財産を処分することはできないように、1ヵ月以内に類似事業目的の公益法人等、又は国や地方公共団体にそれらを認定取消し時には贈与しなければならず、そのことを必ず定款で定めなければなりません。

ここでいう公益法人等というのは、公益社団・財団法人のほか、「学校法人」「社会福祉法人」「更生保護法人」「独立行政法人」「国立大学法人」「大学共同利用機関法人」「地方独立行政法人」と、それらに準ずるものとして政令で定めた「特殊法人」や「NPO法人のような非営利法人」ということになります（認定法施行令8条）。

もちろん、類似事業を目的とする公益法人等であれば、1つでなく複数であってもまったく問題ありません。

ただし、一般社団・財団法人はその行う事業に格別の制限がなく、法令や公序良俗に反しない限り、あらゆる事業を目的とすることが可能ですので、残余財産の帰属先として適格な者を定める認定法施行令第8条第2号イの「主たる目的が公益に関する事業を行うものであることが法令で定められている」という要件は満たさないことから、一般社団・財団法人を帰属先として指定することはできません。

■認定を取り消されてから計算すればいいの？

認定の取消し時に、認定を受けた当初まで遡って、すべての出入りを計算するというのは非常に困難であろうということから、公益法人は毎事業年度、もし仮に事業年度末に認定が取り消されたとしたならば、どれだけ残っているかという残額を計算しておかなければなりません。

別に悪いことをしたわけでもないのに、認定を受けると、毎年毎年取り消される時のために、公益目的取得財産残額を確定しておくというのは、何と

も気分の悪いものではありますが、いつ取り消されてもいいように必ず毎事業年度終了時点で確定しなければならないのです。

　具体的な算出方法としては、まず、公益目的事業のために受け入れた財産のうちまだ使っていないお金を、便宜的に収支差額と呼び、お金を使って取得した財産を便宜的に公益資産と呼んで、そのお金と資産の合計額として算定をしていきます。次に、公益資産については、その取得によってお金を使いますから収支差額が減り、資産を売ればお金が入りますから収支差額が増えるといった形で管理をします。収支差額については、前年度末の残高に当該年度の増加額や減少額を加算減算して計算していきます。

　なお、公益資産については、帳簿価額として管理していくことから、年度末の帳簿価額に収支差額を足し上げて公益目的取得財産残額として毎事業年度末に計算をしていくことになります。

　そしていよいよ認定取消し時にはどうするかというと、公益資産についてはいったんそこで時価評価をし、収支差額については事業年度末を基準として、経過年度中に受け入れたお金、払ったお金、その増減を計算して、前事業年度末の数字を修正します。そして、時価評価した公益資産と収支差額の修正額とを足し上げたものが最終的な金額になるのです。

　つまり、公益目的事業財産として入ってきたものはすべて足し上げて、そこから公益目的事業のために使った額を引く。その残りが公益目的取得財産残額となって、認定の取消しの時に他の法人に贈与するということになっています。ただ、認定法第30条第2項第2号や第3号においては、どういうお金が公益目的取得財産残額の計算上控除されるかということが書いてありますが、まず、公益目的事業のために使った金額、それから公益目的事業財産以外の財産であって、同じく公益目的事業のために使ったもの、それから、公益目的事業のために負担した公租公課の支払いです。

　また、内閣府令でその他に控除すべき金額があるかどうかということを決めていますが、既に法律において列挙してあるもの以外ということになると、かなり限定的になりますが、まだ取消し時には確定していない公租公課があります。認定の取消しの時に、法人としての課税上のステイタスが変わることになるので、その段階で法人側で税額を計算して申告することになり

ます。

　申告によって確定するという建て前ですから、認定の日に自動的に確定することがなく、法人の方で計算して、普通、認定の取消しの日から2ヵ月以内に申告書を出します。その時点では、税額を減額できるということになります。

■認定を取り消されたら、関係団体に配ってもいい？

　公益目的取得財産残額をどこに贈与するかということについては、認定法第5条第17号で掲げられている対象先としては、国・地方公共団体のほかに類似の事業を目的とする他の公益法人、それから学校法人、社会福祉法人、更生保護法人、独立行政法人等となっていますが、最後のト号においては、「イからへまでに掲げる法人に準ずるものとして政令で定める法人」ということになっています。そして、公益法人が公益目的事業のために取得し形成した財産が引き続き公益目的に使用されるためには、帰属先の法人も法人の目的、機関、財産処分がその公益法人と類似の仕組みを取っている法人が適当ではないかということから、政令では、まず「特殊法人」を定めています（認定法施行令8条）。

　さらにその他の法人のうち、目的、機関、財産処分等が公益法人とほぼ同じような内容の法人ということで、法令や行政機関の承認等によって、次のことが定められている法人にも贈与してよいのです（認定法施行令8条）。

---
① 法人の目的たる事業が公益に関する事業である法人
② 同一親族等による役員が総数の3分の1を超えていない法人
③ 法人の構成員に剰余金が分配されない法人
④ 法人の構成員やその親族に対して法人が特別な利益を与えていない法人
⑤ 残余財産は法人の類似の目的のために処分し、又は国庫、地方公共団体に帰属するとされている法人

　上記のような条件が満たされている法人は、財産の帰属先になりますが、具体的には、NPO法人や宗教法人などが考えられます。
　つまり、決して没収ではなく、あくまでもどこか公益的な法人などに寄附

をしなさいというのがこの条文の趣旨です。

　なお、公益認定というのは新しい制度で初めて作られたものですから、従来の公益法人の定款や寄附行為には、これらの文言が一切記載されていませんので、新しく作る定款変更案にこのことについてきちんと規定しましょう。なお、定款に定めたこの規定については、一切変更することができませんので、あらかじめ注意が必要です（認定法30条5項）。

■1ヵ月を少しくらい超えてもいいのか？

　認定取消しの日から1ヵ月以内に寄附をするというのは非常に短いように感じますが、罰と考えれば仕方のないことかもしれません。もし、1ヵ月以内に寄附をしなかった場合は、国又は地方公共団体に取り上げられてしまうことになります。

　ただし、公益認定取消しの日というのは突然やってくるわけではありません。当然命令や勧告を受けているわけですから、どうしてもそれに従えないということであれば、この法令に則って速やかに寄附の準備にとりかかるべきでしょう。いくら罰とはいえ、大切な財産なのですから1ヵ月以内にきちんと寄附先を決めて、他の団体の公益の増進に夢を託しましょう。

公益認定基準徹底分析 17

公益目的事業財産

> 認定法第5条第18号　清算をする場合において残余財産を類似の事業を目的とする他の公益法人若しくは前号イからトまでに掲げる法人又は国若しくは地方公共団体に帰属させる旨を定款で定めているものであること。

■清算をする場合の残余財産は自由に寄附できる？

　一般社団・財団法人は、あくまでも公益目的に限定されていませんので、清算をする場合の残余財産は、法人の自律的な意思決定に委ね、定款で定めるところにより譲渡することになっています（一般法239条1項）。

　しかし、公益認定を受けた公益社団・財団法人に関しては、認定法第5条第17号と同じ理由（公益目的事業のために保有している財産を他に流用させないため）により、清算後の残余財産は、第17号と同じく公益法人等に譲渡するか、国や地方公共団体に帰属させなければなりません。こちらの方は、1ヵ月という制限はありませんので、解散を決議する日までにじっくり検討して、帰属先を決定しましょう。

　多くの場合、自分たちの団体と関係の深い公益法人を選択することになるでしょう。

公益認定基準徹底分析 18
収益事業等の区分経理

> 認定法第19条　収益事業等に関する会計は、公益目的事業に関する会計から区分し、各収益事業等ごとに特別の会計として経理しなければならない。

■収益事業はどうやって分けるの？

　認定法第19条が規定された趣旨というのは、公益法人は公益目的事業比率を達成する範囲で収益事業を行うことは可能ですが、それは公益目的事業を支えるためなので、認定法のその他の規定において収益事業等から生じた収益の100分の50以上は公益目的事業のために使用しなければならないということからきています。

　そのため、この収益事業等の実態を明らかにしておく必要があるので、収益事業等に関する会計は公益目的事業に関する会計から区分して各収益事業ごとに経理することになったのです。

　この公益法人が行う「収益事業等」というものは、まさに法人税法上の収益事業として行うものと、それから収益事業でも公益目的事業でもない共益事業のような事業も収益事業等の「等」の中に入ってきますから、収益事業の利益が公益目的に使われるということを担保するために、その収益事業等の中の純粋な収益事業と、収益事業でもない、公益目的事業でもない、相互扶助事業のような共益事業とは区分をすることが必要です。

　つまり、収益事業等のうち、まず①収益事業と②その他の事業（共益事業など）を区分し、次に必要に応じ、事業の内容、設備・人員、市場等により、さらに区分することができます。その際、①は関連する小規模事業又は付随的事業を含めて「○○等事業」とすることができ、②については、1事業として取り上げる程度の事業規模や継続性がないもの（雑収入・雑費程度の事

業や臨時収益・臨時費用に計上されるような事業）はまとめて「その他事業」とすることもできます。

■計算書はどうやって分けるの？

　収益事業については、それぞれの事業の実態の把握という必要性も勘案し、事業の実態に応じて区分する必要があり、こういった区分は計算書類にも当然反映されなければなりません。ところが、従来の新公益法人会計基準ではそれが反映されていないので、平成20年4月11日内閣府公益認定等委員会から発表された運用指針として新しい会計基準が登場し、計算書類上の区分については以下のとおりとなります。

　まず、法人が事業年度ごとに作成する損益計算書においては、その内訳表で、公益目的事業に関する会計（公益目的事業会計）、収益事業等に関する会計（収益事業等会計）、管理業務やその他法人全般に係る事項に関する会計（法人会計）の3つに区分し、さらに上記の区分に応じて収益事業等ごとに表示しなければなりません。その際、収益事業とその他の事業とに関連する費用で、どちらに該当するのか配賦が困難な費用がある場合には、収益事業に係る費用とすることができることになっています。

　また、収益事業やその他の事業には分けられるけれども、各事業のどの事業に該当するのか配賦が困難な費用については、「共通」という会計区分を設けてそこに表示することもできるようになっています。

　また、認定法第7条第2項第2号の収支予算書の作成も同様の方法で区分することになります。

　なお、事業を区分した際の各事業名は、事業報告書に概要を記載する各事業との対応関係が明確になるようわかりやすい表示が求められています。

　さらに、収益事業等から生じた利益の50％を超えて公益目的事業財産に繰り入れる法人の場合は、貸借対照表の内訳表で、収益事業等会計は公益目的事業会計、法人会計（管理業務に関する会計）とは区分して表示することになります。

　このように、事業の実態と法人経営の視点から、事業を区分して経理をすることは、収益事業等に限らず、公益目的事業にも共通して行うこととなり

ます。この場合、どの公益目的事業に配賦すべきか判断できない費用や収益は、こちらも「共通」という会計区分を設けて、そこに表示することができます。

■会計基準はどうなったの？

　公益法人は、一般に公正妥当と認められる公益法人の会計基準その他の公益法人の会計の慣行によることが求められますが（認定法施行規則12条）、これは特定の会計基準の適用を義務付けるものではありません。

　したがって従来の公益法人会計基準（平成16年10月14日公益法人等の指導監督等に関する関係省庁連絡会議申合せにより公表され、平成18年4月1日以降開始する事業年度より適用されている会計基準のこと）を適用することも可能です。

　ただし、どのような会計基準を選択する場合であっても、法令で定められた書類（貸借対照表及び損益計算書並びにこれらの附属明細書、キャッシュ・フロー計算書、財産目録）を法令に則った方法により作成し、提出する必要があります。なお、キャッシュ・フロー計算書については、会計監査人の設置義務がある公益法人のみ作成が義務付けられています（認定法21条、認定法施行規則28条）。

　また、新しい制度からは、収益事業等の区分経理（認定法19条）や公益目的で保有する財産の表示（同法18条7号）が必要とされるなど、書類の作成方法についても新たに規定が設けられていますので、会計基準も作り直す必要がありました。

　新しく作られた公益法人会計基準（俗に言う「新新公益法人会計基準」平成20年4月11日公布内閣府公益認定等委員会（平成20年12月1日実施））は、新たに法律で定められた附属明細書や基金をはじめ、公益法人に求められる区分経理や公益目的で保有する財産の表示をすべて網羅していますので、公益認定を受ける法人の会計処理には、必要不可欠でしょう。

　なお、法令上作成が必要な書類や公益認定基準のうち財務会計関係の基準は、損益計算をベースとしていますので、旧公益法人会計基準（昭和60年9月17日公益法人指導監督連絡会議決定により公表された会計基準）に基

づく現金収支ベースで作成する計算書類では、法律で求められている書類とは見なされないと考えられます。

　つまり、新しい公益認定法人は、損益計算を基礎とした会計基準に基づき、計算書類等を作成することが必要なので、特例民法法人が公益社団・財団法人に移行した場合、特定の会計基準の適用を義務付けていることはありませんので、平成16年改正基準を適用することも可能ですが、行政庁に報告の際便利なのでなるべく新しい公益法人会計基準を選択するようにしましょう。

■公益認定を受けない法人の会計基準は？

　一般社団・財団法人が適用する会計基準については、特に義務付けられている会計基準はなく、一般に公正妥当と認められる会計の基準その他の会計の慣行によることが求められています（一般法施行規則21条）。

　そのため、平成16年改正基準や企業会計の基準を適用することも可能ですが、どのような会計基準を選択する場合であっても、法令に則った書類を作成することが必要となります。

　ただ、一般社団・財団法人においては、貸借対照表や損益計算書の他にこれらの附属明細書の作成が義務付けられており（一般法123条）、その義務付けられている書類は、損益計算をベースとして作成することを求めているため、たとえば、従来の公益法人会計基準に基づく現金収支ベースで作成されている計算書類では、法律で求められている書類とは見なされないと考えられますので、損益計算を基礎とした会計基準に基づいて計算書類等を作成することが必要です。

　要するに、新制度に合わせて作成された新新公益法人会計基準は、新たに法律で定められた附属明細書や基金も含む会計基準ですから、公益認定を受けない一般法人であっても、新制度に合わせて作られた新新公益法人会計基準を使った方が、法人の会計処理の利便を考えると妥当であるといえるでしょう。

　中には、公益社団・財団法人又は一般社団・財団法人のどちらに移行しても、特定の会計基準の適用を義務付けていることはないという理由で、企業

会計の基準を用いる法人があるかもしれませんが、かえって、計算書類を作成する上で、別のソフトを使用して補足したりしないといけないことになりますので、それだけはやめておいた方がよいでしょう。

■では、いつから新しい会計基準にすればいいの？

　特例民法法人が公益認定申請するに当たり、経理的基礎を有することを明らかにする書類として直前事業年度に係る計算書類を添付することになりますが、その際は新制度を踏まえた計算書類となっていることが望ましいでしょう。

　新たに作成された新新公益法人会計基準の実施時期は、平成20年12月1日以降に開始する最初の事業年度からですが、移行認定又は移行認可を申請する特例民法法人は、公益法人会計基準運用指針附則2において、その翌事業年度から適用することで差し支えないとされています。

　その意味は、特例民法法人が新基準の適用を決めたとしても、法人ごとに移行準備の事情が様々であることから、平成22年3月期の計算書類は平成16年改正基準を適用することも可能ということで、この場合において、申請時に添付する計算書類が平成22年3月期の計算書類であれば、法令で規定するその他の資料は整えて提出する必要があるものの、平成16年改正基準に基づく計算書類を添付することでも構わないことになります。

　もちろん、申請時点との関係で、申請時に添付する計算書類が平成21年3月期以前のものとなる場合には、平成16年改正基準を用いることができますし、また逆に、新制度施行後の適宜の事業年度から新基準を適用し、新基準に習熟した後に申請するという過程を経ることも当然可能です。

　多くの法人は3月決算だと思いますが、理想としては、平成22年の4月1日から始まる22年度会計期から、新新公益法人会計基準を使用すべきでしょう。

■共済団体、ついに公益の舞台から降ろされる？

　共済事業というのは、偶然の一定の事故に備えるために、集団の構成員が掛金を出し合い事故が起きた人に共済金を支払うという保障事業のことで、

非営利事業ではありますが、会員の相互扶助の理念に基づいて行われている共益的な活動のことです。

しかし、これは保険会社と違って、その多くは社団法人等の公益法人で運営されていることが多く、今回の制度改革では、果たして共済事業は公益目的になるかどうかが、いろいろなところで議論されていました。

しかし、当初、内閣府のガイドラインには、どのような事業が公益目的事業になるか、チェックポイントまで上げて記されていますが、具体的にこの事業はよくて、この事業はダメだというような記述は一切書かれていませんでした。そこで、誰が見ても公益目的だと思われている事業であっても、ガイドラインどおりにチェックしたところ、公益認定される内容でないという事業もあるのが現状です。

さらに、ダメという事業も書かれていなかったので、まず公益認定は無理だろうという法人までもが、公益法人を目指すことになり、「不認定激増！」という悲劇を生みそうな状況になっていたのです。

そこで、政府も重い腰をあげることとなり、その第一弾が「共済事業は公益認定にあらず」だったのです。もちろん、噂だけでは混乱を増す原因になるので、それをきちんと明記して、もっぱら共済事業をしている法人には、公益法人をあきらめてもらって、一般法人化を促そうというわけです。

その運命の分れ目は、平成20年7月18日の公益認定等委員会で出された「公益認定等ガイドラインの追加について（案）」でした。

どこに書かれているかというと、おもしろいことに、認定法第19条関係のところで登場しています。そう、収益事業等の区分経理のところなのです。

今までのガイドラインでは、公益目的事業にならないその他の事業というものは、「法人の構成員を対象として行う相互扶助等の事業が含まれる。」としか書いていなかったのですが、それでも一向に共済事業や地縁事業、同業者的事業をしている法人が、公益認定を目指すことをやめないので、もっと具体的にしたのでしょう。

今回ガイドライン追加に当たって、認定法第19条関係（注）において「その他の事業」の具体例が初めて示されました。つまり、公益目的事業にならない事業が、法律制定から2年を経て初めて例示されたのです。

そして、「例えば、構成員から共済掛金の支払を受け、共済事故の発生に関し、共済金を交付する事業、構成員相互の親睦を深めたり、連絡や情報交換を行ったりなど構成員に共通する利益を図る事業などはその他の事業である。」と断言したのです。
　区分経理の項目とはいえ、ここに、共済事業はその他の事業であると書かれた以上、どこの公益認定等委員会でも判断は同じになるでしょう。つまり、共済＝非公益目的となります。
　こんな形で、法律制定後初めて公益認定されない事業が発表されることになるとは、専門家も含めてだれも予想していなかったのです。
　公益認定を目指す共済事業法人は、さぞがっかりしたことでしょう。

　以上の18項目が公益社団・財団法人になるために必ずクリアしなければいけない公益認定基準です。公益社団・財団法人になろうとする法人は、1つでも基準を満たさない場合は、公益認定されませんので、十分研究・検討の上、認定申請に臨みましょう。

> **Q 移行後の基本財産の扱い**
> 現在の法人における基本財産、運用財産は新制度ではどのように整理すればいいのでしょうか。

A

1 現在の民法法人で基本財産、運用財産として管理されている財産にはいろいろな性格のものがあると考えられます。
2 基本財産
 (1) 財団法人の基本財産は、寄附行為においてその旨定めているものですが、現在の寄附行為の定めは、公益財団法人又は一般財団法人に移行した後は、基本財産の定めとしての効力を持ちません（整備法89条6項）。新制度では、基本財産は財団法人の目的である事業を行うために不可欠なものとして定めた上、維持義務と処分制限がかかり（一般法172条2項）、その滅失により法人の目的事業が不能となると法人の解散事由になるものとして（一般法202条1項3号）、定められています。そのため財団法人においては、新制度での基本財産の要件と効果を見定めた上で改めて定款で基本財産を定めることになります。基本財産を定めた場合には、貸借対照表の資産の部において基本財産として計上します。また新制度では必ずしも基本財産を定めなければならないものでもありません。
 (2) 社団法人の基本財産は、定款においてその旨定めているものと考えられますが、新制度においては社団法人の基本財産に関する規定はなく、現在の定款の定めは、公益社団法人又は一般社団法人に移行した後も、引き続き効力を持つものと考えられます。貸借対照表には、資産の部の基本財産として計上します。
 (3) 公益法人に移行する場合には公益目的事業財産（認定法18条）、遊休財産額（認定法16条）との関係が問題となります。
  ① 基本財産が金融資産、通常の土地、建物であり、公益目的事業の用に供する場合には、公益目的事業に不可欠な特定の財産（認定法5条16号）には該当しませんが、財産目録で公益目的保有財産である旨を表示して、公益目的事業財産に組み入れることができます（認定法18条7号）。基本財産が、特定性のある財産で、法人の目的、事業と密接不可分な関係にあり、その法人が保有、使用することに意義がある場合には、不可欠特定財産である旨、維持及び処分の制限を定款で定めて公益目的事業財産に組み入れ、財産目録で不可欠特定財産である旨を表示します（公益認定等ガイドラインⅠ15.）。
  ② 基本財産を公益目的事業財産に組み入れると、その運用益も公益目的事業に

使用しなければなりません。基本財産のうち、管理業務やその他の必要な活動に使用するものは合理的な範囲内で公益目的保有財産の表示をせず、公益目的事業財産に組み入れないことができます。
③　基本財産のうち、公益目的保有財産の表示をして公益目的事業の用に供する財産、管理業務やその他の必要な活動に使用するために合理的な範囲で保有する財産は遊休財産額には含まれません（認定法施行規則3項1号・2号、公益認定等ガイドラインⅠ8.(1)(2)）。
3　運用財産は、現在も新制度でも法令上の定めはなく、その運用益を法人の事業運営に充てるために安全、確実な方法で管理、運用している資産であると考えられます。新制度においては、一般的には①目的、②積立ての方法、目的取崩し及び目的外取崩しの要件、④運用方法等を定める特定資産に該当するものと思われます。貸借対照表においては特定資産として計上した上で、公益目的事業の財源に充てる場合には、財産目録で公益目的保有財産である旨を表示して、公益目的事業財産に組み入れます（認定法18条7号）。ただし公益目的事業財産に組み入れると、使途が公益目的事業に限定されることから、管理業務やその他の必要な活動の財源に充てる運用財産については、合理的な範囲で公益目的保有財産にはしないで特定資産として計上することができます。

第3章

さあつくろう！新公益法人になるための新定款

1 新制度で変わる新公益法人用定款の留意点

移行認定・公益認定を得るためには、認定の条件等をすべてクリアする必要があるので注意が必要！

■**すべての団体が変更するのか？**

　従来の公益法人であっても、新しい公益法人制度に伴い、定款をまったく新しく作り直すことになります。新法前の定款や寄附行為は、新しい規定をクリアしていないものがほとんどであり、そのまま使用することはできません。

　せっかく法律が新しくなったのですから、まったく一から作り直してもよいし、法律に合わせて若干の修正にとどめてもよいでしょう。それは、法人の自由です。

　ただし、公益認定を受けるには一定程度の修正は当然必要であり、どこをどう直せばよいかわからないという声をよく聞きます。従来の公益法人の関係者の中には、組織や事業の見直しとともに、新しい定款づくりに頭を痛めている方も多いのではないでしょうか。

　そこで、ここでは、新しい定款づくりの参考にしていただくために、法令に規定される定款上の絶対的記載事項、相対的記載事項、任意的記載事項を盛り込んだ、内閣府による「モデル定款案」を一例として掲載いたしますので、法人移行事務作業の参考にしていただければ幸いです。

　ただ、これはあくまでも平成20年10月10日段階での法令を参考にして作られた「定款案」に過ぎませんので、法人の事情や今後発表が予想される政令・内閣府令等により、これが加筆修正される可能性があることもあらかじめご了承ください。

■**新制度における定款づくりに当たっての留意事項**

　新制度からは、今まで社団法人は「定款」、財団法人は「寄附行為」だった法人の根本規則（基本ルール）が「定款」に一本化されます。さらに、今までの定款等では、新たに公益認定を受けるための外形基準は満たしていま

せんので、必ず定款変更をしなければならず、その新しい定款を作成することが、新制度移行の重要な仕事になるわけです。

新しい定款を作成する上で、まず検討しなければいけないことは、「必ず記載しなければならないものは何か」「それをどこにどのように記載するのか」といったことでしょう。

公益社団・財団法人であっても、一般法に規定されている「絶対的記載事項」は、それらを必ず定款に記載しなければなりません。

その社団法人の絶対的記載事項には、「目的」「名称」「主たる事務所の所在地」「設立時社員の氏名又は名称及び住所」「社員の資格の得喪に関する規定」「公告方法」「事業年度」（一般法11条）があります。

一方、財団法人の絶対的記載事項は、「目的」「名称」「主たる事務所の所在地」「設立者の氏名又は名称及び住所」「設立に際して設立者が拠出をする財産及びその価額」「設立時評議員、設立時理事及び設立時監事の選任に関する事項」「会計監査人設置の場合、設立時会計監査人の選任に関する事項」「評議員の選任及び解任の方法」「公告方法」「事業年度」（一般法153条）となります。

これらの規定を必ず盛り込んだ上で、認定法第5条やその他の条文に規定されている定款に記載すべき必須事項を盛り込むのです。

また、絶対的記載事項だけでは、法人運営に支障をきたすことになるので、定款に記載することによって効力を有する「相対的記載事項」や「任意的記載事項」も必要に応じて記載することになるでしょう。特に問題がなければ記載しておいたほうがよい「相対的記載事項」や団体の事情に合わせて記載を選択する「任意的記載事項」は、必ず定款に記載しなくてはいけないものではありませんが、記載することによって効力が生じることになりますので、後でトラブルにならないよう、法人運営を円滑にするためになるべく盛り込むべきでしょう。

ただ、何でも定款に盛り込もうとする団体もありますが、定款変更は特別決議となり、変更するには社員総会や評議員会の一定の承認が必要となりますので、定款は必要最低限にとどめ、定款細則等の諸規則を別に策定し、そちらに細かい事項は規定しておくことをお勧めします。

また、必要最低限の内容が規定された定款にするのか、何でも盛り込んでおく定款にするのかは法人の自由ですが、定款を変更する場合、公益社団・財団法人であれば、公益認定にも影響を与えることになるので、認定時と同様に担当行政庁に届け出ることになり、その妥当性等について指導を受けることになるのですから、特に公益認定を受けようとする法人は、定款に盛り込まなくても済むものは、なるべく細則や他の規則に盛り込むべきでしょう。

　したがって、定款の変更に当たっては、社員総会や評議員会等で定款の変更決議を行う前に、変更の内容や理由についてあらかじめ担当行政庁と協議した上で、社員総会又は評議員会に諮ることを忘れないようにしましょう。もし、それを忘れて議決した後に、その定款が認められないということになると、事務局や理事会の責任問題にも発展するおそれがあります。

　今回のモデル定款では、そのことも踏まえて、なるべく簡素化した定款を例示していますので、法人の内容に合わせて、追加したり削除したりしてください。

■移行申請をする法人の定款審査とは

　特例民法法人が移行認定又は移行認可を受けるためには、その定款の内容（定款の変更の案の内容）が、一般法等の法令を遵守する必要があります（整備法100条・117条）。

　なぜなら、従来の公益法人の場合、過去に許可された基準はまちまちでした。ですから、従来の民法における公益法人制度から大きく変革した新制度の趣旨を新制度に移行する法人に徹底させるため、例外なく、移行に際しては、その定款の内容を新しい行政庁が審査することによって、移行に伴う定款変更等の手続を確実に遂行させ、その内容の明確性を確保することで、移行に伴う不平等感を防ごうとしたのでしょう。

　したがって、新制度施行後、一般法等の規定に適合していないような内容の定款の定めはもちろんのこと、一般法等の規定の趣旨に反することとなる定款の定めがある場合についても、定款の内容を新法の趣旨に適合したものにするよう法人に求めようとしています。

このような定款審査の意義を踏まえて、行政庁が行う定款審査では、定款の絶対的記載事項、相対的記載事項及び任意的記載事項のすべてについて、その内容が一般法等の規定に適合するものか否かを細かくチェックしていくことになるでしょう。
　そのため、今後、一般法等の規定に適合させるため定款の内容の変更を行うこととなる法人関係者は、新しい制度を理解した上で、どのようにそれを定款案に反映させているのかが明確に、具体的にわかるように心がけるべきでしょう。

2 内閣府が示す定款モデル 公益社団法人編、公益財団法人編

◆ 公益社団法人の場合

定款の定めの例	説　明
公益社団法人○○○○定款 　　第1章　総則 　（名称） **第1条**　この法人は、公益社団法人○○○○と称する。 【一般法人に移行する場合については、（注1）を参照】 　（事務所） **第2条**　この法人は、主たる事務所を＜例：東京都○○区＞に置く。 　　第2章　目的及び事業 　（目的） **第3条**　この法人は、○○○○に関する事業を行い、○○○○に寄与することを目的とする。 　（事業） **第4条**　この法人は、前条の目的を達成するため、次の事業を行う。	・法人の名称は、法人法上の必要的記載事項です（法人法11条1項2号）。公益社団法人は、その名称中に「公益社団法人」という文字を用いなければなりません（認定法9条3項）。 ・主たる事務所の所在地は、必要的記載事項です（法人法11条1項3号）。「所在地」とは最小行政区画（市町村、東京都の特別区）です。 ・従たる事務所については、（注2）を参照。 ・法人の目的（法人が行う事業）は、必要的記載事項です（法人法11条1項1号）。 ・法人は、法令の規定に従い、定款に定められた目的の範囲内において、権利を有し、義務を負うので、

下線（実線）　⇒　必要的記載事項、認定を受けるために記載が必要な事項
下線（点線）　⇒　相対的記載事項
下線なし　　　⇒　任意的記載事項
明朝体　　　　⇒　理事会を設置する一般社団法人に移行する場合でも参考にできる記載
ゴシック体　　⇒　公益社団法人についてのみ適用される記載
表中の略語：法人法…一般社団法人及び一般財団法人に関する法律（平成18年法律第48号）

備　考
（注１）一般社団法人は、その名称中に「一般社団法人」という文字を用いなければなりません（法人法５条）。 ＜例＞第１条　この法人は、一般社団法人○○○○と称する。 （注２）従たる事務所の所在地は、必要的記載事項ではありませんが、定款に記載することもできます。なお、２以上の都道府県の区域内に事務所を設置する法人は、国（内閣総理大臣）へ申請することとなります（整備法47条１号イ）。 ＜例１＞２　この法人は、理事会の決議によって従たる事務所を必要な地に置くことができる。 ＜例２＞２　この法人は、従たる事務所を○○県○○市及び○○県○○町に置く。

(1) ○○○○の△△△△△その他××××及び○○○○に関する△△△△△の普及 (2) △△△△において××××を行う○○○○の推進 　　： 　　： (n) その他この法人の目的を達成するために必要な事業 2　前項第1号の事業は、＜例1：日本全国、例2：○○地方、例3：○○県、・・・及び○○県、例4：○○県及びその周辺、例5：○○市、例6：本邦及び海外＞、同項第2号の事業は・・・・・において行うものとする。	事業内容を具体的に記載する必要があります。定款に根拠がない事業は、公益目的事業として認められないことがありますので注意が必要です（公益認定等ガイドライン5条1号関係）（注3）。
	・公益目的事業を2以上の都道府県の区域内において行う旨を定款で定める法人は、国（内閣総理大臣）へ申請することになります（整備法47条1号ロ）。公益目的事業の実施区域については、定款において明らかにしておくのが望ましいでしょう。
第3章　社員	・「社員」は、社団法人の存立の基礎となる構成員であり、社員総会での議決権を有し、定款で定めるところにより法人に経費を支払う義務を負います（法人法27条、48条）。
（法人の構成員） 第5条　この法人は、＜例：この法人の事業に賛同する個人又は団体であって、次条の規定によりこの法人の社員となった者＞をもって構成する。	・この定款の定めの例では、法人法上の用語である「社員」、「退社」などを用いていますが、各法人の実情に応じて「会員」、「退会」などとすることもできます（注4）。
（社員の資格の取得） 第6条　この法人の社員になろうとする者は、＜例：理事会の定めるところにより申込みをし、その承認を受けなければならない＞。	・社員の資格の得喪に関する規定は、法人法上の必要記載事項です（法人法11条1項5号）。公益法人においては、法人の目的に照

（注3）公益法人は、認定法別表各号に掲げる種類の事業であって、不特定かつ多数の者の利益の増進に寄与する事業（公益目的事業）を行うことを主たる目的とするものでなければなりません（認定法2条4号、5条1号）。また、公益目的事業以外の事業（収益事業等）を行う場合には、公益目的事業の実施に支障を及ぼすおそれがないものであること等の認定基準に適合する必要があります（認定法5条7号、8号など）。

　一般法人に移行する場合の定款の変更の案においては、公益目的支出計画の実施事業（整備法119条2項1号イ又はハに規定する事業）が、定款に位置付けられている必要があります（公益認定等ガイドライン整備法117条2号関係）。

（注4）法人法の名称とは異なる通称名や略称を定款に使用する場合（例えば、社員を「会員」と表記するような場合）には、「法律上の名称」と定款で使用する名称がどのような関係にあるのかを、定款上、明確にする必要があります（留意事項2（276頁参照））。

　また、法人の実情に応じて、社員以外の構成員として、名誉会員、特別会員、賛助会員等に関する規定を置くこともできます。

＜例＞
　　第5条　この法人に次の会員を置く。
　　　(1) 正会員　この法人の事業に賛同して入会した個人又は団体
　　　(2) 特別会員　・・・・・・・
　　　(3) 賛助会員　・・・・・・・

	らし、不当に差別的な取扱いをする条件その他の不当な条件を付していないものでなければなりません。「不当な条件」を付しているかどうかについては、社会通念にしたがい判断されることとなりますが、法人の目的、事業内容に照らして当該条件に合理的な関連性及び必要性があれば、不当な条件には該当しません（認定法5条14号イ、公益認定等ガイドライン5条14号イ関係）。 ・代議員制を採用する場合については（注5）を参照。
(経費の負担) 第7条 この法人の事業活動に経常的に生じる費用に充てるため、社員になった時及び毎年月、社員は、社員総会において別に定める額を支払う義務を負う。	・法人法27条（経費の負担） ・法人の実情に応じて、名誉会員、特別会員、賛助会員等の会費等に関する規定を置くこともできます。 ・定款における社員による経費の負担の定めと一般社団法人の法人税法上の取扱いについては、(注34)を参照。
(任意退社) 第8条 社員は、理事会において別に定める退社届を提出することにより、任意にいつでも退社することができる。	・法人法28条（任意退社）
(除名) 第9条 社員が次のいずれかに該当するに至ったときは、社員総会の決議によって当該社員を除名することができる。 〈例〉 　(1) この定款その他の規則に違反したとき。 　(2) この法人の名誉を傷つけ、又は目的に	・法人法30条〔除名〕、49条2項（社員総会の特別決議）

2 前項の会員のうち正会員をもって一般社団法人及び一般財団法人に関する法律上の社員とする。

(注5) 代議員制を採用する場合には、定款の定めにより、次の(1)から(5)の事項を満たすことが重要です（留意事項3(278頁参照)）。
(1)「社員」（代議員）を選出するための制度の骨格（定数、任期、選出方法、欠員措置等）が定款で定められていること
(2) 各会員について、「社員」を選出するための選挙（代議員選挙）で等しく選挙権及び被選挙権が保障されていること
(3)「社員」を選出するための選挙（代議員選挙）が理事及び理事会から独立して行われていること
(4) 選出された「社員」（代議員）が責任追及の訴え、社員総会決議取消しの訴えなど法律上認められた各種訴権を行使中の場合には、その間、当該社員（代議員）の任期が終了しないこととしていること
(5) 会員に「社員」と同等の情報開示請求権等を付与すること

＜例＞代議員制を採用する場合の定款の定めの例
第○条 この法人に、次の会員を置く。
(1) 正会員　○○の資格を有する者
(2) 準会員　当法人の活動に協賛する者、○○の資格の取得予定者
2 この法人の社員は、概ね正会員300人の中から1人の割合をもって選出される代議員をもって社員とする（端数の取扱いについては理事会で定める。）。
3 代議員を選出するため、正会員による代議員選挙を行う。代議員選挙を行うために必要な細則は理事会において定める。
4 代議員は、正会員の中から選ばれることを要する。正会員は、前項の代議員選挙に立候補することができる。
5 第3項の代議員選挙において、正会員は他の正会員と等しく代議員を選挙する権利を有する。理事又は理事会は、代議員を選出することはできない。
6 第3項の代議員選挙は、2年に1度、○月に実施することとし、代議員の任期は、選任の2年後に実施される代議員選挙終了の時までとする。ただし、代議員が社員総会決議取消しの訴え、解散の訴え、責任追及の訴え及び役員の解任の訴え（一般社団法人及び一般財団法人に関する法律（以下「法人法」という。）第266条第1項、第268条、第278条、第284条）を提起している場合（法人法第278第1項に規定する訴えの提起の請求をしている場合を含む。）には、当該訴訟が終結するまでの間、当該代議員は社員たる地位を失わない（当該代議員は、役員の選任及び解任（法人法第63条及び第70条）並びに定款変更（法人法第146条）についての議決権を有し

反する行為をしたとき。 (3) その他除名すべき正当な事由があるとき。 (社員資格の喪失) 第10条　前2条の場合のほか、社員は、次のいずれかに該当するに至ったときは、その資格を喪失する。 (1) 第7条の支払義務を2年以上履行しなかったとき。 (2) 総社員が同意したとき。 (3) 当該社員が死亡し、又は解散したとき。 　　　　第4章　社員総会 (構成) 第11条　社員総会は、すべての社員をもって構成する。 (権限) 第12条　社員総会は、次の事項について決議する。 ＜例＞ (1) 社員の除名 (2) 理事及び監事＜並びに会計監査人＞の選任又は解任 (3) 理事及び監事の報酬等の額 (4) 貸借対照表及び損益計算書（正味財産増減計算書）並びにこれらの附属明細書の承認 (5) 定款の変更 (6) 解散及び残余財産の処分 (7) 不可欠特定財産の処分の承認 (8) その他社員総会で決議するものとして法	・法人法29条（法定退社） ・社員総会の名称を定款において「総会」等の通称名で規定する場合については（注6）を参照。 ・理事会を設置する法人の場合、社員総会は、法人法に規定する事項及び定款で定めた事項に限り、決議することができます（法人法35条2項）。 ・法人法の規定により社員総会の決議を必要とする事項について、社員総会以外の機関が決定することができることを内容とする定款の定めは効力を有せず（法人法35条4項）、社員総会以外の機関がその決定をくつがえすこととなるような定款の定めを設けることもできません（留意事項5（287頁参照））。

ないこととする)。
7　代議員が欠けた場合又は代議員の員数を欠くこととなるときに備えて補欠の代議員を選挙することができる。補欠の代議員の任期は、任期の満了前に退任した代議員の任期の満了する時までとする。
8　補欠の代議員を選挙する場合には、次に掲げる事項も併せて決定しなければならない。
　(1)　当該候補者が補欠の代議員である旨
　(2)　当該候補者を1人又は2人以上の特定の代議員の補欠の代議員として選任するときは、その旨及び当該特定の代議員の氏名
　(3)　同一の代議員（2以上の代議員の補欠として選任した場合にあっては、当該2以上の代議員）につき2人以上の補欠の代議員を選任するときは、当該補欠の代議員相互間の優先順位
9　第7項の補欠の代議員の選任に係る決議が効力を有する期間は、当該決議後2年以内に終了する事業年度のうち最終のものに関する定時社員総会の終結の時までとする。
10　正会員は、法人法に規定された次に掲げる社員の権利を、社員と同様に当法人に対して行使することができる。
　(1)　法人法第14条第2項の権利（定款の閲覧等）
　(2)　法人法第32条第2項の権利（社員名簿の閲覧等）
　(3)　法人法第57条第4項の権利（社員総会の議事録の閲覧等）
　(4)　法人法第50条第6項の権利（社員の代理権証明書面等の閲覧等）
　(5)　法人法第52条第5項の権利（電磁的方法による議決権行使記録の閲覧等）
　(6)　法人法第129条第3項の権利（計算書類等の閲覧等）
　(7)　法人法第229条第2項の権利（清算法人の貸借対照表等の閲覧等）
　(8)　法人法第246条第3項、第250条第3項及び第256条第3項の権利（合併契約等の閲覧等）
11　理事、監事又は会計監査人は、その任務を怠ったときは、この法人に対し、これによって生じた損害を賠償する責任を負い、法人法第112条の規定にかかわらず、この責任は、すべての正会員の同意がなければ、免除することができない。

(注6)　法人法の名称とは異なる通称名や略称を定款に使用する場合（例えば、社員総会を「総会」と表記するような場合）には、「法律上の名称」と定款で使用する名称がどのような関係にあるのかを、定款上、明確にする必要があります（留意事項2(276頁参照)）。
＜例＞
　第11条　総会は、社員をもって構成する。

令又はこの定款で定められた事項
【会計監査人を置かない場合、＜　＞内は不要です。】

（開催）
第13条　社員総会は、定時社員総会として毎年度〇月に1回開催するほか、（〇月及び）必要がある場合に開催する。

・定時社員総会は，年に1回、毎事業年度終了後一定の時期に招集しなければならない（法人法36条1項）ので、開催時期を定めておくのが望ましいでしょう。他方、臨時社員総会は、必要がある場合には、いつでも、招集することができます（法人法36条2項）（注7）。

（招集）
第14条　社員総会は、法令に別段の定めがある場合を除き、理事会の決議に基づき代表理事が招集する。
2　総社員の議決権の10分の1以上の議決権を有する社員は、代表理事に対し、社員総会の目的である事項及び招集の理由を示して、社員総会の招集を請求することができる。

・法人法36条、38条（社員総会の招集）

・総社員の議決権の10分の1以上が必要とされますが、定款で10分の1以上5分の1以下の割合を定めることもできます（法人法37条1項）。

（議長）
第15条　社員総会の議長は、＜例1：当該社員総会において社員の中から選出する、例2：代表理事がこれに当たる＞。

・議長は、社員総会の秩序を維持し、議事を整理し、また、命令に従わない者その他当該社員総会の秩序を乱す者を退場させることができる強い権限を有する（法人法54条）ので、その選出方法について定めておくことが通例です。

（議決権）
第16条　社員総会における議決権は、社員1名につき1個とする。

・定款で別段の定めをした場合を除き、社員は各1個の議決権を有します（法人法48条）（注8）。

2　前項の総会をもって一般社団法人及び一般財団法人に関する法律上の社員総会とする。

（注7）事業計画書や収支予算書等の承認のために、毎事業年度開始前に、社員総会を開催する場合であっても、法人法上は、臨時社員総会の位置付けになります。

（注8）定款で別段の定めをした場合であっても、社員総会において決議をする事項の全部につき社員が議決権を行使することができない旨の定款の定めは、その効力を有しません（法人法48条2項）。

（決議） 第17条　社員総会の決議は、総社員の議決権の過半数を有する社員が出席し、出席した当該社員の議決権の過半数をもって行う。 2　前項の規定にかかわらず、次の決議は、総社員の半数以上であって、総社員の議決権の＜例：3分の2以上＞に当たる多数をもって行う。 　(1)　社員の除名 　(2)　監事の解任 　(3)　定款の変更 　(4)　解散 　(5)　不可欠特定財産の処分 　(6)　その他法令で定められた事項 3　理事又は監事を選任する議案を決議するに際しては、各候補者ごとに第1項の決議を行わなければならない。理事又は監事の候補者の合計数が第19条に定める定数を上回る場合には、過半数の賛成を得た候補者の中から得票数の多い順に定数の枠に達するまでの者を選任することとする。	・法人法49条（社員総会の決議） ・公益法人は、定款の定めにより、社員総会の普通決議の決議要件（定足数）を大幅に緩和し、あるいは撤廃することは許されません（留意事項4（283頁参照））。 ・総社員の議決権の3分の2以上が必要とされていますが、定款によりこれを上回る割合を定めることもできます（法人法49条2項）。 ・理事の選任の決議方法については、（注9）を参照。
（議事録） 第18条　社員総会の議事については、法令で定めるところにより、議事録を作成する。 2　議長及び出席した理事は、前項の議事録に記名押印する。	・法人法57条（議事録）。 ・社員総会に関するこのほかの記載事項については、（注10）を参照。
第5章　役員＜及び会計監査人＞ （役員＜及び会計監査人＞の設置） 第19条　この法人に、次の役員を置く。 　(1)　理事〇〇名以上〇〇名以内	・公益法人は、理事会を置かなければならないため、監事を設置し、

公益法人は、社員総会において行使できる議決権の数、議決権を行使することができる事項、議決権の行使の条件その他の社員の議決権に関する定款の定めがある場合、その定めが次のいずれにも該当するものでなければなりません（認定法5条14号ロ）。
 (1) 社員の議決権に関して、当該法人の目的に照らし、不当に差別的な取扱いをしないものであること。
 (2) 社員の議決権に関して、社員が当該法人に対して提供した金銭その他の財産の価額に応じて異なる取扱いを行わないものであること。

（注9）社員総会で理事の選任議案を採決する場合には、各候補者ごとに決議する方法を採ることが望ましく、定款に、社員総会の議事の運営方法に関する定めの一つとして、「理事の選任議案の決議に際し候補者を一括して採決（決議）すること」を一般的に許容する旨の定めを設けることは許されません（留意事項4（283頁参照））。

（注10）法人法では、議決権の代理行使（50条）、書面による議決権の行使（51条）、電磁的方法による議決権の行使（52条）、社員総会の決議の省略（58条）、社員総会への報告の省略（59条）等が定められており、その手続について定款に規定しておくこともできます。

(2) 監事○○名以内
2　理事のうち1名（○名）を代表理事とする。
3　代表理事以外の理事のうち○名を業務執行理事とする。
<u>＜4　この法人に会計監査人を置く。＞</u>

（役員＜及び会計監査人＞の選任）
第20条　理事及び監事＜並びに会計監査人＞は、社員総会の決議によって選任する。
2　代表理事及び業務執行理事は、理事会の決議によって理事の中から選定する。
【会計監査人を置かない場合、＜　＞内は不要です。】

（理事の職務及び権限）
第21条　理事は、理事会を構成し、法令及びこの定款で定めるところにより、職務を執行する。
2　代表理事は、法令及びこの定款で定めるところにより、この法人を代表し、その業務を

理事も3名以上でなければなりません。監事を設置するには定款の定めが必要です（認定法5条14号ハ、法人法60条2項、61条、65条3項）。

・理事会は、理事の中から代表理事を選定しなければなりません（法人法90条3項）（注11）。

・公益社団法人において代表理事の選定等の過程に社員総会を関与させる場合については、（注12）を参照。

・代表理事等の名称を定款において「理事長」等の通称名で規定する場合については（注13）を参照。

・役員の定数は、「○○名以上○○名以内」というように上限と下限を設けることもできます。

・公益法人は、貸借対照表の負債の部の額等が、政令で定める基準（認定法施行令6条）以下の場合を除き、会計監査人を置かなければならず、その旨を定款に規定する必要があります（認定法5条12号、法人法60条2項）（注14）（注15）。

・公益法人における理事等の構成については、（注16）を参照。なお、理事の構成等と租税特別措置法第40条の関係については、（注17）を参照。

・理事は、理事会において、一定の取引について重要な事実を開示し、その承認を受けなければなりません（法人法84条、92条）。

・複数理事間の職務権限分掌関係を定めておくことは、法令上必須で

(注11) 代表権のない者（代表権を有しない理事を含む）に対し、「理事長」など法人を代表する権限を有するものと認められる名称を付した場合には、法人が表見代表ないし表見代理の責任を負う可能性があります（法人法82条、民法110条等）（留意事項1（274頁参照））。

(注12) 公益社団法人において、理事会のみで代表理事の選定等を行うこととせず、代表理事の選定等の過程に社員総会を関与させることとする場合には、理事会によるガバナンスの確保を図ることとした法人法の趣旨を踏まえ、理事会の法定の権限である代表理事の選定及び解職権限を実効的に担保することができる内容の定款の定めを設けることが望ましいでしょう（留意事項7（293頁参照））。
＜例1＞
　第○条　理事会は、代表理事を選定及び解職する。この場合において、理事会は、社員総会の決議により代表理事候補者を選出し、理事会において当該候補者を選定する方法によることができる。
＜例2＞
　第○条　理事会は、代表理事を選定及び解職する。この場合において、理事会は、社員総会にこれを付議した上で、その決議の結果を参考にすることができる。

(注13) 法人法の名称とは異なる通称名や略称を定款に使用する場合（例えば、代表理事を「理事長」と表記するような場合）には、「法律上の名称」と定款で使用する名称がどのような関係にあるのかを、定款上、明確にする必要があります（留意事項2（276頁参照））。
＜例＞代表理事、業務執行理事の役職名を、理事長、常務理事とする場合の例
　2　理事のうち1名を理事長、○名を常務理事とする。
　3　前項の理事長をもって一般社団法人及び一般財団法人に関する法律上の代表理事とし、常務理事をもって同法第91条第1項第2号の業務執行理事とする。

(注14) 一般法人であっても、大規模一般社団法人（貸借対照表の負債の部に計上した額の合計額が200億円以上である一般社団法人）については、会計監査人を置かなければならず、その旨を定款に規定する必要があります（法人法2条2号、60条2項、62条）。

執行し、業務執行理事は、＜例：理事会において別に定めるところにより、この法人の業務を分担執行する。＞	はありませんが、ガバナンス確保上重要と考えられます（注18）。
（監事の職務及び権限） **第22条** 監事は、理事の職務の執行を監査し、法令で定めるところにより、監査報告を作成する。 2 監事は、いつでも、理事及び使用人に対して事業の報告を求め、この法人の業務及び財産の状況の調査をすることができる。	・法人法99条1項、2項（監事の権限）。このほかの監事の職務、権限等については、（注19）を参照。
＜（会計監査人の職務及び権限） **第23条** 会計監査人は、法令で定めるところにより、この法人の貸借対照表及び損益計算書（正味財産増減計算書）並びにこれらの附属明細書、**財産目録、キャッシュフロー計算書**を監査し、会計監査報告を作成する。 2 会計監査人は、いつでも、次に掲げるものの閲覧及び謄写をし、又は理事及び使用人に対し、会計に関する報告を求めることができる。 　（1）会計帳簿又はこれに関する資料が書面をもって作成されているときは、当該書面 　（2）会計帳簿又はこれに関する資料が電磁的記録をもって作成されているときは、当該電磁的記録に記録された事項を法令で定める方法により表示したもの＞ 【会計監査人を置かない場合は、第23条は不要です。】	・法人法107条1項、2項（会計監査人の権限等）。このほかの会計監査人の職務、権限等については、（注20）を参照。
（役員＜及び会計監査人＞の任期） **第24条** 理事の任期は、選任後2年以内に終	・理事の任期は、定款又は社員総会の決議によって短縮することもで

(注15) 旧社団法人の定款における会計監査人を置く旨の定めは、法人法上の会計監査人を置く旨の定めとしては効力を有しないので、移行前に定款を変更して法人法上の会計監査人を設置している場合を除いて、定款変更の案の作成に当たっては、旧定款の会計監査人に関する規定を削除した上で、新たに会計監査人に関する規定を新設するという形にする必要があります（整備法80条3項）。

(注16) 公益法人は、理事の構成について、次の制限が課されます。これらについて、必ずしも定款で定める必要はありませんが、遵守するための手続を決めておくことが重要と考えられます。監事が複数名いる場合についても同様です。
 (1) 各理事について、当該理事及びその配偶者又は3親等内の親族その他特別の関係がある者である理事の合計数が、理事の総数の3分の1を超えるものであってはなりません（認定法5条10号）。
 (2) 他の同一の団体（公益法人を除く。）の理事又は使用人である者その他これに準ずる相互に密接な関係にある者である理事の合計数は、理事の総数の3分の1を超えるものであってはなりません（認定法5条11号）。

(注17) 個人が公益法人に対して財産の寄附をした場合において、一定の要件を満たし国税庁長官の承認を受けたときは、その譲渡所得等に係る所得税は非課税となります（租税特別措置法40条）が、この承認を受けるためには、公益法人の定款において、法人法及び認定法により記載しなければいけない事項のほか、次に掲げる要件を満たしていることが必要となります（租税特別措置法、同法施行令、関係通達等）。
 (1) 定款において、その理事、監事、評議員その他これらの者に準ずるもの（以下「役員等」という。）のうち親族関係を有する者及びこれらと次に掲げる特殊の関係がある者（以下「親族等」という。）の数がそれぞれの役員等の数のうちに占める割合は、いずれも3分の1以下とする旨の定めがあること。
  イ 当該親族関係を有する役員等と婚姻の届出をしていないが事実上婚姻関係と同様の事情にある者
  ロ 当該親族関係を有する役員等の使用人及び使用人以外の者で当該役員等から受ける金銭その他の財産によつて生計を維持しているもの
  ハ イ又はロに掲げる者の親族でこれらの者と生計を一にしているもの
  ニ 当該親族関係を有する役員等及びイからハまでに掲げる者のほか、次に掲げる法人の法人税法第2条第15号に規定する役員（①において「会社役員」という。）又は使用人である者
   ①当該親族関係を有する役員等が会社役員となっている他の法人
   ②当該親族関係を有する役員等及びイからハまでに掲げる者並びにこれらの者と

了する事業年度のうち最終のものに関する定時社員総会の終結の時までとする。 2　監事の任期は、選任後4年以内に終了する事業年度のうち最終のものに関する定時社員総会の終結の時までとする。 <u>3　補欠として選任された理事又は監事の任期は、前任者の任期の満了する時までとする。</u> 4　理事又は監事は、第19条に定める定数に足りなくなるときは、任期の満了又は辞任により退任した後も、新たに選任された者が就任するまで、なお理事又は監事としての権利義務を有する。 ＜5　会計監査人の任期は、選任後1年以内に終了する事業年度のうち最終のものに関する定時社員総会の終結の時までとする。ただし、その定時社員総会において別段の決議がされなかったときは、再任されたものとみなす。＞ 【会計監査人を置かない場合、＜　＞内は不要です。】 （役員＜及び会計監査人＞の解任） **第25条**　理事及び監事＜並びに会計監査人＞は、社員総会の決議によって解任することができる。 ＜2　監事は、会計監査人が次のいずれかに該当するときは、（監事全員の同意により、）会計監査人を解任することができる。この場合、監事は、解任した旨及び解任の理由を、解任後最初に招集される社員総会に報告するものとする。 （1）職務上の義務に違反し、又は職務を怠っ	きます（法人法66条）。 ・監事の任期は、定款によって、選任後2年以内に終了する事業年度のうち最終のものに関する定時社員総会の終結の時までとすることを限度として短縮することもできます（法人法67条）。 ・法人法75条1項（役員に欠員を生じた場合の措置） ・法人法69条（会計監査人の任期） ・法人法70条1項（解任） ・監事を解任する場合は、特別決議が必要となります（法人法49条2項）。 ・法人法71条（監事による会計監査人の解任）

　　　　法人税法第2条第10号に規定する政令で定める特殊の関係のある法人を判定の
　　　　基礎にした場合に同号に規定する同族会社に該当する他の法人
　＜例＞
　　第○条　この法人の理事のうちには、理事のいずれか1人及びその親族その他特殊
　　　の関係がある者の合計数が、理事総数（現在数）の3分の1を超えて含まれるこ
　　　とになってはならない。
　　2　この法人の監事には、この法人の理事（親族その他特殊の関係がある者を含む。）
　　　及びこの法人の使用人が含まれてはならない。また、各監事は、相互に親族その
　　　他特殊の関係があってはならない。
(2) 定款において、公益法人が解散した場合にその残余財産が国若しくは地方公共団
　　体又は租税特別措置法40条1項に規定する公益法人等に帰属する旨の定めがあるこ
　　と。
＜例＞（認定法5条18号と租税特別措置法40条の要件を満たす定めの例）
　　第○条　この法人が清算をする場合において有する残余財産は、社員総会の決議を
　　　経て、国若しくは地方公共団体又は認定法第5条第17号に掲げる法人であって租
　　　税特別措置法第40条第1項に規定する公益法人等に該当する法人に贈与するもの
　　　とする。
(3) 贈与又は遺贈に係る財産が贈与又は遺贈をした者又はこれらの者の親族が法人税
　　法第2条第15項に規定する役員となっている会社の株式又は出資である場合には、
　　その株式又は出資に係る議決権の行使に当たっては、あらかじめ理事会において理
　　事総数（理事現在数）の3分の2以上の同意を得ることを必要とすること。
＜例1＞
　　第○条　この法人が保有する株式（出資）について、その株式（出資）の発行会社
　　　に対して株主等としての権利を行使する場合には、次の事項を除き、あらかじめ
　　　理事会において理事総数（理事現在数）の3分の2以上の承認を要する。
　　　(1) 配当の受領
　　　(2) 無償新株式
　　　(3) 株主配当増資への応募
　　　(4) 株主宛配付書類の受領
＜例2＞
　　第○条　この法人は、保有する株式（出資）について、その株式（出資）の発行会
　　　社に対して、株主等としての権利を行使する場合には、次の事項を除き、権利の
　　　行使又は権利行使の請求をしてはならない。
　　　(1)～(4)＜例1＞と同じ。
（※）個人が一般法人に対して財産の寄附をした場合における国税庁長官の承認の要件に

(2) 会計監査人としてふさわしくない非行があったとき。 (3) 心身の故障のため、職務の執行に支障があり、又はこれに堪えないとき。＞ 【会計監査人を置かない場合、＜　＞内は不要です。】 （報酬等） (A) 第26条　理事及び監事に対して、＜例：社員総会において定める総額の範囲内で、社員総会において別に定める報酬等の支給の基準に従って算定した額を＞報酬等として支給することができる。 (B) 第26条　理事及び監事は、無報酬とする。ただし、常勤の理事及び監事に対しては、＜例：社員総会において定める総額の範囲内で、社員総会において別に定める報酬等の支給の基準に従って算定した額を＞報酬等として支給することができる。 ＜2　会計監査人に対する報酬等は、監事の（過半数の）同意を得て理事会において定める。＞ 【会計監査人を置かない場合、＜　＞内は不要です。】	・理事及び監事の報酬等の考え方については、（注21）を参照。 ・理事及び監事の報酬等について、定款にその額を定めていないときは、社員総会の決議によって定める必要があります（法人法89条、105条1項）。 ・公益法人は、民間事業者の役員の報酬等及び従業員の給与、当該法人の経理の状況その他の事情を考慮して、不当に高額なものとならないよう、理事及び監事の勤務形態に応じた報酬等の区分及びその額の算定方法並びに支給の方法及び形態に関する事項を定めた報酬等の支給の基準を定め、公表しなければなりません（認定法5条13号、20条2項）。 ・法人法110条（会計監査人の報酬等の決定に関する監事の関与） ・役員に関するこのほかの記載事項については、（注22）を参照。 ・公益法人において、役員（理事及

については、関係法令等（租税特別措置法、同法施行令、関係通達等）をご確認下さい。

(注18)「代表理事に事故がある場合は、代表理事が予め定める順番で理事が代表理事の職務を代行する」旨の定款の定めは、理事会の代表理事の選定権限を奪い、（将来の）代表理事の選定を代表理事が行うことを許容するものとなるため無効です（留意事項7（293頁参照））。

(注19) 子法人への調査権（99条3項）、理事への報告義務（100条）、理事会への出席義務等（101条）、社員総会に対する報告義務（102条）、理事の行為の差止め（103条）、理事との間の訴えにおける法人の代表（104条）等

(注20) 子法人への調査権（107条3項）、監事に対する報告（108条）、定時社員総会における意見の陳述（法人法109条）等

(注21) 理事及び監事の報酬等に関しては、
(A) 無報酬では経済的余裕がある者しか参加できず、あるいは業務に専念してもらえなくなることから、職務執行の対価として、その責任に見合った報酬を支払うべきとする考え方
(B) 他方、非営利・公益法人である以上、自主的に無償で社会貢献するものであり、原則的には無報酬であるとの考え方
があると考えられます。そこで、ここでは2例文を用意しました。

(注22) 法人法では、代表理事に欠員が生じた場合の措置（79条）、理事の職務執行状況の報告（91条2項）等が定められており、その手続について定款に規定しておくこともできます。

第3章　さあつくろう！　新公益法人になるための新定款

第6章　理事会

（構成）
第27条　この法人に理事会を置く。
2　理事会は、すべての理事をもって構成する。

（権限）
第28条　理事会は、次の職務を行う。
(1) この法人の業務執行の決定
(2) 理事の職務の執行の監督
(3) 代表理事及び業務執行理事の選定及び解職

（招集）
第29条　理事会は、代表理事が招集する。
2　代表理事が欠けたとき又は代表理事に事故があるときは、各理事が理事会を招集する。

（決議）
第30条　理事会の決議は、決議について特別の利害関係を有する理事を除く理事の過半数が出席し、その過半数をもって行う。

び監事）以外の者に、一定の名称を付する場合については、**(注23)**を参照。

・公益社団法人は理事会を置かなければならず（**認定法5条14号ハ**）、定款に規定する必要があります（法人法60条2項）**(注24)**。

・法人法90条2項（理事会の権限等）

・原則として各理事が理事会を招集しますが、理事会を招集する理事を定款又は理事会で定めることもできます（法人法93条1項）。

・過半数を上回る割合を定款で定めることもできます（法人法95条1項）

・特別の利害関係を有する理事は、議決に加わることができません（法人法95条2項）。

・理事会については、代理人による議決権の行使、書面による議決権の行使は認められません**(注25)**。

・可否同数の場合に、議長に2票を与えることになるような定款の定めをすることはできません（留意事項8（295頁参照））。

(注23) 公益法人において、役員（理事及び監事）以外の者に対して、法律上の権限はないが、権限を有するかのような誤解を生じさせる名称（役職）を付す場合には、原則として、定款に、その名称、定数、権限及び名称を付与する機関（社員総会、理事会など）についての定めを設けることが望ましいでしょう（留意事項1（274頁参照））。

＜例＞

　（相談役）

　第○条　この法人に、任意の機関として、1名以上3名以下の相談役を置く。

　2　相談役は、次の職務を行う。

　　(1) 代表理事の相談に応じること

　　(2) 理事会から諮問された事項について参考意見を述べること

　3　相談役の選任及び解任は、理事会において決議する。

　4　相談役の報酬は、無償とする。

(注24) 旧社団法人の定款における理事会を置く旨の定めは、法人法上の理事会を置く旨の定めとしては効力を有しないので、移行前に定款を変更して法人法上の理事会を設置している場合を除いて、定款変更の案の作成に当たっては、旧定款の理事会に関する規定を削除した上で、新たに理事会に関する規定を新設するという形にする必要があります（整備法80条3項）。

(注25) 理事会に代理人が出席して議決権を行使することを定めることは認められませんし、理事が理事会に出席することなく書面等によって理事会の議決権を行使することも認められません。また、理事が一堂に会することなく、議案の賛否について個々の理事の賛否を個別に確認する方法で、過半数の理事の賛成を得て決議するようないわゆる持ち回り決議も認められません（仮に、理事会の決議方法として、代理人による議決権の行使、書面による議決権の行使又は持ち回り決議を許容する旨の定款の定めを設けたとしても無効な定めとなります）。

　なお、遠方に所在する等の理由により現に理事会の開催場所に赴くことができない理事が当該理事会に参加するため、例えば、電話会議やテレビ会議のように、各理事の音声が即時に他の出席者に伝わり、出席者が一堂に会するのと同等に適時的確な意見表明

2　前項の規定にかかわらず、一般社団法人及び一般財団法人に関する法律第96条の要件を満たしたときは、理事会の決議があったものとみなす。	・理事会の決議の省略については、（注26）を参照。
（議事録） 第31条　理事会の議事については、法令で定めるところにより、議事録を作成する。	
2　出席した理事及び監事は、前項の議事録に記名押印する。	・定款で、記名押印する者を、当該理事会に出席した代表理事及び監事とすることもできます（法人法95条3項）。 ・理事会に関するこのほかの記載事項については、（注27）を参照。 ・法律にない任意の（合議）機関を設ける場合については、（注28）を参照。
第7章　資産及び会計	・法人の会計は、行う事業に応じて、一般に公正妥当と認められる会計の慣行に従うこととされており（法人法119条）、公益法人については、事業等ごとの区分経理が必要とされます（認定法19条など）。
（基本財産） 第32条　別表の財産は、公益社団法人及び公益財団法人の認定等に関する法律第5条第16号に定める公益目的事業を行うために不可欠な特定の財産であり、この法人の基本財産とする。	・公益目的事業を行うために不可欠な特定の財産（不可欠特定財産）があるときは、その旨並びにその維持及び処分の制限について必要な事項を定款で定めている必要があります（認定法5条16号）。
2　前項の財産は、＜例：（社員総会において別に定めるところにより、）この法人の目的を達成するために善良な管理者の注意をもって管理しなければならず、処分するときは、あらかじめ理事会及び社員総会の承認を要す	・不可欠特定財産と社団法人における「基本財産」に関しては、（注29）を参照。

が互いにできることにより、相互に十分な議論を行うことができる方法であれば理事会を開く場所が物理的に同一の場所である必要はなく、このような方法による議決権の行使は、有効な議決権の行使となります。

また、(注26)のとおり、理事会の決議の省略ができる場合があります（留意事項8（295頁参照））。

(注26) 理事が理事会の決議の目的である事項について提案をした場合において、当該提案につき理事（当該事項について議決に加わることができるものに限る。）の全員が書面又は電磁的記録により同意の意思表示をしたとき（監事が当該提案について異議を述べたときを除く。）は、当該提案を可決する旨の理事会の決議があったものとみなす旨を定款で定めることができます（法人法96条）。

(注27) 法人法では、理事会への報告の省略（98条）等が定められており、これを定款に規定しておくこともできます。また、法人法に定められていない理事会の議長などの事項について、理事会のガバナンス確保の観点から、定款で規定しておくか、定款で下位の規則に委任しておくことも考えられます。

(注28) 法人の運営に際し、法律に根拠のない任意の機関（会議体）を定款に設けて運営する場合には、当該の名称、構成及び権限を明確にし、法律上の機関である理事会等の権限を奪うことのないように留意する必要があります（留意事項2（276頁参照））。
＜例＞
　　（企画・コンプライアンス委員会）
　　第〇条　この法人に、企画・コンプライアンス委員会を置く。
　2　前項の委員会は、業務執行理事1名、理事1名、事務局員1名で構成する。
　3　第1項の委員会は、次に掲げる事項を行う。
　　(1) この法人の業務運営の年間計画案を策定し、理事会に提出すること
　　(2) この法人の理事の職務の執行が法令及び定款に適合することを確保するための体制その他業務の適正を確保するために必要な体制の運用及び改善について、理事会に参考意見を提出すること
　　(3) この法人の事業に従事する者からの法令違反行為等に関する通報に対して適切な処理を行うため、公益通報の窓口を設置・運用し、管理すること
　4　第1項の委員会の委員は、理事会において選任及び解任する。
　5　第1項の委員会の議事の運営の細則は理事会において定める。

(注29) 社団法人においては、基本財産に関する法令上の定めはありませんが、不可欠特

る。＞

(事業年度)
第33条 この法人の事業年度は、毎年〇月〇〇日に始まり翌年〇月〇〇日に終わる。

・事業年度は、必要的記載事項です（法人法11条1項7号）。なお、事業年度は1年（事業年度の末日を変更する場合における変更後の最初の事業年度については1年6箇月）を超えることができません（法人法施行規則29条）。

(事業計画及び収支予算)
第34条 この法人の事業計画書、収支予算書、**資金調達及び設備投資の見込みを記載した書類**については、毎事業年度の開始の日の前日までに、代表理事が作成し、＜例1：理事会の承認、例2：理事会の決議を経て、社員総会の承認＞を受けなければならない。これを変更する場合も、同様とする。
2 前項の書類については、主たる事務所（及び従たる事務所）に、当該事業年度が終了するまでの間備え置き、**一般の閲覧に供する**ものとする。

・法人法には事業報告と決算に関する規定しかなく、事業計画及び収支予算に関する定めはありませんが、認定法では事業計画書、収支予算書等の作成・備置きが求められており（認定法21条）、また、法人の業務執行におけるガバナンス確保の観点から、これらの事項についても定款で規定しておくことが望ましいでしょう。

(事業報告及び決算)
【会計監査人を置いている場合の例】（注30）
第35条 この法人の事業報告及び決算については、毎事業年度終了後、代表理事が次の書類を作成し、監事の監査を受け、かつ、第3号から第7号までの書類について会計監査人の監査を受けた上で、理事会の承認を経て、定時社員総会に報告しなければならない。
 (1) 事業報告
 (2) 事業報告の附属明細書
 (3) 貸借対照表

・法人法123条～127条（計算書類等）、認定法21条（財産目録の備置き及び閲覧等）
・毎事業年度経過後3箇月以内に、財産目録等を行政庁に提出することが義務付けられています（認定法22条1項、認定法施行規則38条）

定財産がある場合には、計算書類上、基本財産として表示することとされています（公益認定等ガイドライン5条16号関係）。一方、公益法人会計基準（平成20年4月11日内閣府公益認定等委員会）では、「定款において基本財産と定められた資産」を基本財産として表示することとされているため、定款上、法律に基づかない任意の財産区分としての「基本財産」として不可欠特定財産を記載するのが望ましいでしょう。

（注30）会計監査人を置いていない場合
＜例＞
　第35条　この法人の事業報告及び決算については、毎事業年度終了後、代表理事が次の書類を作成し、監事の監査を受けた上で、理事会の承認を経て、定時社員総会に提出し、第1号及び第2号の書類についてはその内容を報告し、第3号から第7号までの書類については承認を受けなければならない。
　(1)　事業報告
　(2)　事業報告の附属明細書
　(3)　貸借対照表
　(4)　損益計算書（正味財産増減計算書）

(4) 損益計算書（正味財産増減計算書） (5) 貸借対照表及び損益計算書（正味財産増減計算書）の附属明細書 (6) 財産目録 ＜(7) キャッシュフロー計算書＞	・キャッシュフロー計算書の承認（報告）手続については、(注31)を参照。
2　前項第3号から第7号までの書類については、一般社団法人及び一般財団法人に関する法律施行規則第48条に定める要件に該当しない場合には、前項中、定時社員総会への報告に代えて、定時社員総会の承認を受けなければならない。	・法人法施行規則48条（計算書類の承認の特則に関する要件）
3　第1項の書類のほか、次の書類を主たる事務所に5年間（、また、従たる事務所に3年間）備え置き、**一般の閲覧に供する**とともに、定款（を主たる事務所及び従たる事務所に）、社員名簿を主たる事務所に備え置き、**一般の閲覧に供する**ものとする。 (1) 監査報告 (2) 会計監査報告 (3) 理事及び監事の名簿 (4) 理事及び監事の報酬等の支給の基準を記載した書類 (5) 運営組織及び事業活動の状況の概要及びこれらに関する数値のうち重要なものを記載した書類	・法人法14条（定款の備置き及び閲覧等）、32条（社員名簿の備置き及び閲覧等）、129条（計算書類等の備置き及び閲覧等）、認定法21条（財産目録の備置き及び閲覧等） ・従たる事務所については、備置き等が不要な場合があります（法人法14条3項、129条2項、認定法21条6項）。
（公益目的取得財産残額の算定） 第36条　代表理事は、公益社団法人及び公益財団法人の認定等に関する法律施行規則第48条の規定に基づき、毎事業年度、当該事業年度の末日における公益目的取得財産残額	・認定法30条（公益認定の取消し等に伴う贈与）、認定法施行規則48条（各事業年度の末日における公益目的取得財産残額）

（5）貸借対照表及び損益計算書（正味財産増減計算書）の附属明細書
　（6）財産目録
＜（7）キャッシュフロー計算書＞（注31）
2　前項の書類のほか、次の書類を主たる事務所に5年間（、また、従たる事務所に3年間）備え置き、**一般の閲覧に供するとともに、**定款（を主たる事務所及び従たる事務所に）、社員名簿を主たる事務所に備え置き、**一般の閲覧に供するものとする。**
　（1）監査報告
　（2）理事及び監事の名簿
　（3）理事及び監事の報酬等の支給の基準を記載した書類
　（4）運営組織及び事業活動の状況の概要及びこれらに関する数値のうち重要なものを記載した書類

（注31）キャッシュフロー計算書を作成している場合には、計算書類と同様に社員総会の承認（報告）の手続が必要になります（認定法施行規則33条）。なお、会計監査人の設置が義務付けられている法人（認定法5条12号、認定法施行令6条）は、キャッシュフロー計算書を作成しなければなりません（認定法施行規則28条1号）。

を算定し、前条第3項第5号の書類に記載するものとする。	・基金については、（注32）を参照。
第8章　定款の変更及び解散 （定款の変更） 第37条　この定款は、社員総会の決議によって変更することができる。	・社団法人は、社員総会の特別決議（法人法49条2項）によって定款を変更することができます（法人法146条）が、定款は法人の根本規則であり、社員等に重大な影響を与えるおそれがあることから、その変更に関する規定を置き、社員等に対して明らかにしておくことが望ましいでしょう（注33）。
（解散） 第38条　この法人は、社員総会の決議その他法令で定められた事由により解散する。	・社団法人の解散事由は、法定されています（法人法148条）。解散は社員等に重大な影響が及ぶことから、定款上も明らかにしておくことが望ましいでしょう。
<u>（公益認定の取消し等に伴う贈与）</u> <u>第39条　この法人が公益認定の取消しの処分を受けた場合又は合併により法人が消滅する場合（その権利義務を承継する法人が公益法人であるときを除く。）には、社員総会の決議を経て、公益目的取得財産残額に相当する額の財産を、当該公益認定の取消しの日又は当該合併の日から1箇月以内に、公益社団法人及び公益財団法人の認定等に関する法律第5条第17号に掲げる法人又は国若しくは地方公共団体に贈与するものとする。</u>	・認定法5条17号（公益認定の取消し等に伴う贈与）。具体的な贈与先が単数である必要はなく、複数指定することも可能です。また、認定法5条17号に掲げる者とのみ定めることでも足ります（認定法5条17号、認定法施行令8条、公益認定等ガイドライン5条17号関係）。
（残余財産の帰属） 第40条　この法人が清算をする場合において有する残余財産は、社員総会の決議を経て、	・認定法5条18号（残余財産の帰属）。公益認定の取消し等に伴う

(注32) 基金は、剰余金の分配を目的としないという社団法人の基本的性格を維持しつつ、その活動の原資となる資金を調達し、その財産的基礎の維持を図るための制度です。この基金制度は、個々の法人の判断により、任意に採用することができますが、基金の募集を行うためには、まず、定款に「基金を引き受ける者の募集をすることができる旨」のほか、「基金の拠出者の権利に関する規定」及び「基金の返還の手続」を定めることが必要です（法人法131条）。なお、現行の民法法人でも、何らかの事業を実施するために保有する財産に「○○基金」といった名称を付している例がありますが、法人法上の基金には該当しませんので、注意が必要です。

＜例1＞
　第○条　この法人は、基金を引き受ける者の募集をすることができる。
　2　拠出された基金は、基金の拠出者と合意した期日まで返還しない。
　3　基金の返還の手続については、返還する基金の総額について定時社員総会の決議を経るものとするほか、基金の返還を行う場所及び方法その他の必要な事項を理事会において別に定めるものとする。

＜例2＞
　第○条　この法人は、基金を引き受ける者の募集をすることができる。
　2　拠出された基金は、この法人が解散するまで返還しない。
　3　基金の返還の手続については、一般社団法人及び一般財団法人に関する法律第236条の規定に従い、基金の返還を行う場所及び方法その他の必要な事項を清算人において別に定めるものとする。

(注33) 公益認定を受けた後、公益目的事業の種類又は内容の変更（軽微な変更を除く。）などに係る定款の変更をしようとするときには、変更の認定を行政庁から受けなければならず、それ以外の定款の変更についても、行政庁に届出をしなければなりません（認定法11条1項、13条1項3号）。

<u>公益社団法人及び公益財団法人の認定等に関する法律第5条第17号に掲げる法人又は国若しくは地方公共団体に贈与するものとする。</u>	贈与の場合と同様です。 ・定款における残余財産の定めと租税特別措置法第40条との関係については、(注17)を参照。 ・一般法人に移行する場合における残余財産の定めと法人税法上の取扱いとの関係については、(注34)を参照。
第9章　公告の方法 　(公告の方法) 第41条　この法人の公告は、 ＜例1：官報に掲載する方法＞ ＜例2：東京都において発行する○○新聞に掲載する方法＞ ＜例3：電子公告＞ ＜例4：主たる事務所の公衆の見やすい場所に掲示する方法＞ により行う。 ＜例3の場合＞ 2　事故その他やむを得ない事由によって前項の電子公告をすることができない場合は、＜例：東京都において発行する○○新聞に掲載する方法＞による。	・法人法331条(公告方法) ・公告方法は、必要的記載事項です(法人法11条1項6号)。
	・定款のこのほかの記載事項については、(注35)を参照。
附　則 1　この定款は、一般社団法人及び一般財団法人に関する法律及び公益社団法人及び公益財団法人の認定等に関する法律の施行に伴う関係法律の整備等に関する法律第106条第1項に定める公益法人の設立の登記の日から施行する。 【一般法人に移行する場合については、(注36)を参照】	

(注34) 一般法人のうち、非営利性が徹底された法人、共益的活動を目的とする法人については、収益事業についてのみ課税されることとなります。
 (1) 非営利性が徹底された法人の要件（法人税法施行令第3条第1項）
  ①定款に剰余金の分配を行わない旨の定めがあること
   ＜例＞第○条　この法人は、剰余金の分配を行うことができない。
  ②定款に解散時の残余財産が公益法人等の一定の公益的な団体に帰属する旨の定めがあること
   ＜例＞第○条　この法人が清算をする場合において有する残余財産は、社員総会の決議を経て、公益社団法人及び公益財団法人の認定等に関する法律第5条第17号に掲げる法人又は国若しくは地方公共団体に贈与するものとする。
  ③①または②の要件にある定款の定めに違反した行為を行ったことがないこと
  ④理事及びその親族等である理事の合計数が理事の総数の3分の1以下であること
 (2) 共益的活動を目的とする法人の要件（法人税法施行令第3条第2項）
  ①会員に共通する利益を図る活動を行うことを主たる目的としていること
  ②定款に会員が負担すべき金銭の額（会費）の定め又はこの額を社員総会の決議により定める旨の定めがあること
  ③主たる事業として収益事業を行っていないこと
  ④定款に特定の個人又は団体に剰余金の分配を受ける権利を与える旨の定めがないこと
  ⑤定款に解散時の残余財産が特定の個人または団体（一定の公益的な団体等を除く。）に帰属する旨の定めがないこと
  ⑥特定の個人又は団体に特別の利益を与えたことがないこと
  ⑦理事及びその親族等である理事の合計数が理事の総数の3分の1以下であること

(注35) 法令上の規定はありませんが、一定規模以上の法人にあっては事務局が設置されていることが多く、その組織及び運営に関する事項について定款で規定しておくこともできます。また、法人の根本規則である定款だけでは対応困難な技術的、専門的事項について、下位の規則に委ねる場合に、その根拠規定を定款に定めておくこともできます。

2　この法人の最初の代表理事は○○○○＜、会計監査人は○○○○＞とする。 【会計監査人を置かない場合、＜　＞内は不要です。】	・法人法施行後、移行前に定款を変更して法人法上の代表理事、会計監査人を置いている場合を除き、移行後最初の代表理事、会計監査人は、定款の変更の案に氏名を直接記載する方法により選定（選任）する必要があります（注37）。
3　一般社団法人及び一般財団法人に関する法律及び公益社団法人及び公益財団法人の認定等に関する法律の施行に伴う関係法律の整備等に関する法律第106条第1項に定める特例民法法人の解散の登記と、公益法人の設立の登記を行ったときは、第33条の規定にかかわらず、解散の登記の日の前日を事業年度の末日とし、設立の登記の日を事業年度の開始日とする。 【一般法人に移行する場合については、（注38）を参照】	・整備法施行規則2条（計算書類等の作成に係る期間） ・移行認定（認可）の申請においては、「設立時社員の氏名又は名称及び住所」（法人法11条1項4号）を定款の変更の案に記載する必要はありません。

別表　基本財産（第32条関係）

財産種別	場所・物量等
美術品	絵画○点 ○年○月以前取得

(注36) 一般法人に移行する場合
＜例＞
　1　この定款は、一般社団法人及び一般財団法人に関する法律及び公益社団法人及び公益財団法人の認定等に関する法律の施行に伴う関係法律の整備等に関する法律第121条第1項において読み替えて準用する同法第106条第1項に定める一般法人の設立の登記の日から施行する。

(注37) これらの代表理事の選定等（氏名を記載した定款の変更の案の決議）は、法人法の施行日（平成20年12月1日）より前には、行うことができませんが、移行認定（移行認可）の申請に当たっては、定款の変更の案の決議がなされていれば、申請時に代表理事の選定がなされていなくても、申請自体は可能です。この場合、申請後に代表理事の選定等を行い、行政庁に対して役員等就任予定者の氏名等を記載した書類に代表理事を追加したものなどの必要書類を速やかに提出するようにしてください。

(注38) 一般法人に移行する場合
＜例＞
　3　一般社団法人及び一般財団法人に関する法律及び公益社団法人及び公益財団法人の認定等に関する法律の施行に伴う関係法律の整備等に関する法律第121条第1項において読み替えて準用する同法第106条第1項に定める特例民法法人の解散の登記と、一般法人の設立の登記を行ったときは、第33条の規定にかかわらず、解散の登記の日の前日を事業年度の末日とし、設立の登記の日を事業年度の開始日とする。

◆ 公益財団法人の場合

（※）法人法第177条、197条、198条、199条等において、社団法人に関する規定を財団法人に準用している場合の条文の引用は省略しています。

定款の定めの例	説　明
公益財団法人○○○○定款 第1章　総則 （名称） 第1条　この法人は、公益財団法人○○○○と称する。 【一般法人に移行する場合については、（注1）を参照】 （事務所） 第2条　この法人は、主たる事務所を＜例：東京都○○区＞に置く。	・法人の名称は、法人法上の必要的記載事項です（法人法153条1項2号）。公益財団法人は、その名称中に「公益財団法人」という文字を用いなければなりません（認定法9条3項）。 ・主たる事務所の所在地は、必要的記載事項です（法人法153条1項3号）。「所在地」とは最小行政区画（市町村、東京都の特別区）です。 ・従たる事務所については、（注2）を参照。
第2章　目的及び事業 （目的） 第3条　この法人は、○○○○に関する事業を行い、○○○○に寄与することを目的とする。 （事業） 第4条　この法人は、前条の目的を達成するため、次の事業を行う。 　（1）　○○○○の△△△△その他××× 　　　×及び○○○○に関する△△△△の普及 　（2）　△△△△において××××を行う○○○	・法人の目的（法人が行う事業）は、必要的記載事項です（法人法153条1項1号）。 ・法人は、法令の規定に従い、定款に定められた目的の範囲内において、権利を有し、義務を負うので、事業内容を具体的に記載する必要があります。定款に根拠がない事業は、公益目的事業として認められないことがありますので注意が

下線（実線）　⇒　必要的記載事項、認定を受けるために記載が必要な事項
下線（点線）　⇒　相対的記載事項
下線なし　　　⇒　任意的記載事項
明朝体　　　　⇒　一般財団法人に移行する場合でも参考にできる記載
ゴシック体　　⇒　公益財団法人についてのみ適用される記載

備　考
（注1）一般財団法人は、その名称中に「一般財団法人」という文字を用いなければなりません（法人法5条）。 ＜例＞第1条　この法人は、一般財団法人○○○○と称する。 （注2）従たる事務所の所在地は、必要的記載事項ではありませんが、定款に記載することもできます。なお、2以上の都道府県の区域内に事務所を設置する法人は、国（内閣総理大臣）へ申請することとなります（整備法47条1号イ）。 ＜例1＞2　この法人は、理事会の決議によって従たる事務所を必要な地に置くことができる。 ＜例2＞2　この法人は、従たる事務所を○○県○○市及び○○県○○町に置く。 （注3）**公益法人は、認定法別表各号に掲げる種類の事業であって、不特定かつ多数の者の利益の増進に寄与する事業（公益目的事業）を行うことを主たる目的とするものでなければなりません（認定法2条4号、5条1号）。また、公益目的事業以外の事業（収益事業等）を行う場合には、公益目的事業の実施に支障を及ぼすおそれがないものであること等の認定基準に適合する必要があります（認定法5条7号、8号など）。** 　一般法人に移行する場合の定款の変更の案においては、公益目的支出計画の実施事業

〇の推進 ： ： （n）その他この法人の目的を達成するために必要な事業 2　前項第1号の事業は、＜例1：日本全国、例2：〇〇地方、例3：〇〇県、・・・及び〇〇県、例4：〇〇県及びその周辺、例5：〇〇市、例6：本邦及び海外＞、同項第2号の事業は・・・・において行うものとする。	必要です（公益認定等ガイドライン5条1号関係）（注3）。
第3章　資産及び会計	・公益目的事業を2以上の都道府県の区域内において行う旨を定款で定める法人は、国（内閣総理大臣）へ申請することになります（整備法47条1号ロ）。公益目的事業の実施区域については、定款において明らかにしておくのが望ましいでしょう。
	・法人の会計は、行う事業に応じて、一般に公正妥当と認められる会計の慣行に従うこととされており（法人法119条）、公益法人については、事業等ごとの区分経理が必要とされます（認定法19条など）。
（基本財産） 第5条　この法人の目的である事業を行うために不可欠な別表第1及び別表第2の財産は、この法人の基本財産とする。 2　基本財産は、＜例：（評議員会において別に定めるところにより、）この法人の目的を達成するために善良な管理者の注意をもって管理しなければならず、基本財産の一部を処分しようとするとき及び基本財産から除外しようとするときは、あらかじめ理事会及び評議員会の承認を要する。＞ 3　別表第2の財産は、公益社団法人及び公益財団法人の認定等に関する法律第5条第16号に定める公益目的事業を行うために不可欠な特定の財産とする。	・法人の目的である事業を行うために不可欠な財産については、基本財産として定款に定めることができます。定款で定められた基本財産について、理事は、その維持及び法人の目的にかなった使用や運用をしなければならず、基本財産の滅失等による法人の目的である事業の成功の不能は法人の解散事由となります（法人法172条2項、202条1項3号）（注4）。 ・公益目的事業を行うために不可欠な特定の財産があるときは、その旨並びにその維持及び処分の制限について必要な事項を定款で定め

（整備法119条2項1号イ又はハに規定する事業）が、定款に位置付けられている必要があります（公益認定等ガイドライン整備法117条2号関係）。

（注4）旧財団法人の寄附行為における基本財産に関する定めは、法人法上の基本財産に関する定めとしては効力を有しないので、移行前に寄附行為を変更して法人法上の基本財産を定めている場合を除いて、定款変更の案の作成に当たっては、寄附行為の基本財産に関する規定を削除した上で、新たに基本財産に関する規定を新設するという形にする必要があります（整備法89条6項）。

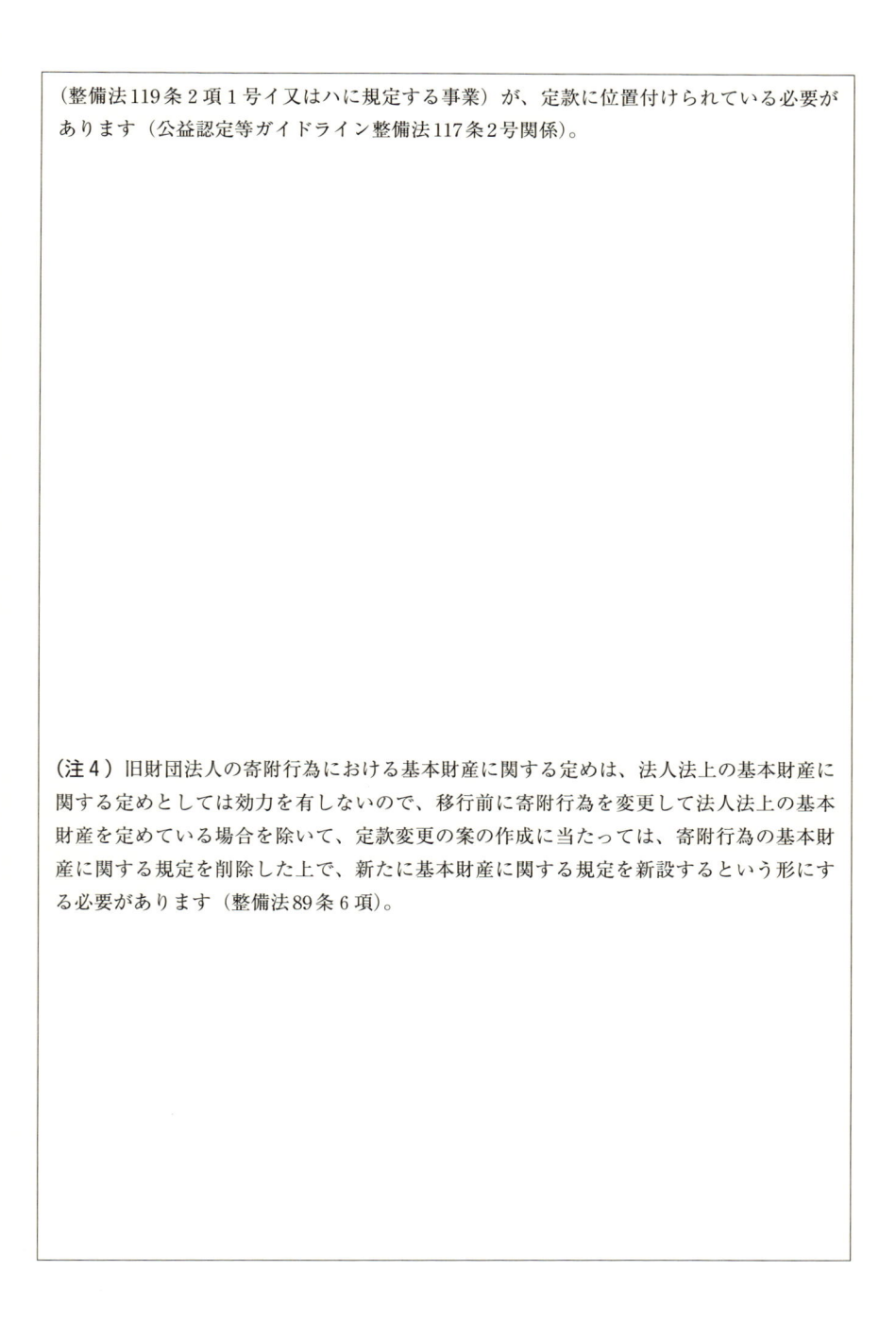

	ている必要があります（認定法5条16号）。なお、公益目的事業を行うために不可欠な特定の財産は、基本財産を兼ねるものとなります（公益認定等ガイドライン5条16号関係）。
（事業年度） 第6条　この法人の事業年度は、毎年○月○○日に始まり翌年○月○○日に終わる。	・事業年度は、必要的記載事項です（法人法153条1項10号）。なお、事業年度は1年（事業年度の末日を変更する場合における変更後の最初の事業年度については1年6箇月）を超えることができません（法人法施行規則29条）。
（事業計画及び収支予算） 第7条　この法人の事業計画書、収支予算書、**資金調達及び設備投資の見込みを記載した書類**については、毎事業年度開始の日の前日までに、代表理事が作成し、＜例1：理事会の承認、例2：理事会の決議を経て、評議員会の承認＞を受けなければならない。これを変更する場合も、同様とする。 2　前項の書類については、主たる事務所（及び従たる事務所）に、当該事業年度が終了するまでの間備え置き、**一般の閲覧に供する**ものとする。	・法人法には事業報告と決算に関する規定しかなく、事業計画及び収支予算に関する定めはありませんが、認定法では事業計画書、収支予算書等の作成・備置きが求められており（認定法21条）、また、法人の業務執行におけるガバナンス確保の観点から、これらの事項についても定款で規定しておくことが望ましいでしょう。
（事業報告及び決算） 【会計監査人を置いている場合の例】（注5） 第8条　この法人の事業報告及び決算については、毎事業年度終了後、代表理事が次の書類を作成し、監事の監査を受け、かつ、第3号から第7号までの書類について会計監査人の監査を受けた上で、理事会の承認を経て、定時評議員会に報告しなければならない。	・法人法123条〜127条（計算書類等）、認定法21条（財産目録の備置き及び閲覧等） ・毎事業年度経過後3箇月以内に、財産目録等を行政庁に提出することが義務付けられています（認定法22条1項、認定法施行規則38条）

（注5）会計監査人を置いていない場合
＜例＞
第8条　この法人の事業報告及び決算については、毎事業年度終了後、代表理事が次の書類を作成し、監事の監査を受けた上で、理事会の承認を経て、定時評議員会に提出し、第1号及び第2号の書類についてはその内容を報告し、第3号から第7号までの書類については承認を受けなければならない。
　(1)　事業報告

（1）事業報告 （2）事業報告の附属明細書 （3）貸借対照表 （4）損益計算書（正味財産増減計算書） （5）貸借対照表及び損益計算書（正味財産増減計算書）の附属明細書 （6）財産目録 ＜（7）キャッシュフロー計算書＞	・キャッシュフロー計算書の承認（報告）手続については、（注6）を参照。
2　前項第3号から第7号までの書類については、一般社団法人及び一般財団法人に関する法律施行規則第48条に定める要件に該当しない場合には、前項中、定時評議員会への報告に代えて、定時評議員会の承認を受けなければならない。	・法人法施行規則48条（計算書類の承認の特則に関する要件）
3　第1項の書類のほか、次の書類を主たる事務所に5年間（、また、従たる事務所に3年間）備え置き、**一般の閲覧に供するとともに**、定款を主たる事務所（及び従たる事務所）に備え置き、**一般の閲覧に供する**ものとする。 （1）監査報告 （2）会計監査報告 （3）理事及び監事並びに評議員の名簿 （4）理事及び監事並びに評議員の報酬等の支給の基準を記載した書類 （5）運営組織及び事業活動の状況の概要及びこれらに関する数値のうち重要なものを記載した書類	・法人法14条（定款の備置き及び閲覧等）、129条（計算書類等の備置き及び閲覧等）、認定法21条（財産目録の備置き及び閲覧等） ・従たる事務所については、備置き等が不要な場合があります（法人法14条3項、129条2項、認定法21条6項）。
（公益目的取得財産残額の算定） 第9条　代表理事は、公益社団法人及び公益財団法人の認定等に関する法律施行規則第48	・認定法30条（公益認定の取消し等に伴う贈与）、認定法施行規則

(2) 事業報告の附属明細書
　　(3) 貸借対照表
　　(4) 損益計算書（正味財産増減計算書）
　　(5) 貸借対照表及び損益計算書（正味財産増減計算書）の附属明細書
　　(6) 財産目録
＜(7) キャッシュフロー計算書＞（注6）
　2　前項の書類のほか、次の書類を主たる事務所に5年間（、また、従たる事務所に3年間）備え置き、一般の閲覧に供するとともに、定款を主たる事務所（及び従たる事務所）に備え置き、一般の閲覧に供するものとする。
　　(1) 監査報告
　　(2) 理事及び監事並びに評議員の名簿
　　(3) 理事及び監事並びに評議員の報酬等の支給の基準を記載した書類
　　(4) 運営組織及び事業活動の状況の概要及びこれらに関する数値のうち重要なものを記載した書類

（注6）キャッシュフロー計算書を作成している場合には、計算書類と同様に評議員会の承認（報告）の手続が必要になります（認定法施行規則33条）。なお、会計監査人の設置が義務付けられている法人（認定法5条12号、認定法施行令6条）は、キャッシュフロー計算書を作成しなければなりません（認定法施行規則28条1号）。

条の規定に基づき、毎事業年度、当該事業年度の末日における公益目的取得財産残額を算定し、前条第3項第5号の書類に記載するものとする。

第4章　評議員

（評議員）

第10条　この法人に評議員○○名以上○○名以内を置く。

（評議員の選任及び解任）

第11条　評議員の選任及び解任は、評議員選定委員会において行う。

2　評議員選定委員会は、評議員1名、監事1名、事務局員1名、次項の定めに基づいて選任された外部委員2名の合計5名で構成する。

3　評議員選定委員会の外部委員は、次のいずれにも該当しない者を理事会において選任する。

(1) この法人又は関連団体（主要な取引先及び重要な利害関係を有する団体を含む。以下同じ。）の業務を執行する者又は使用人

(2) 過去に前号に規定する者となったことがある者

(3) 第1号又は第2号に該当する者の配偶者、3親等内の親族、使用人（過去に使用人となった者も含む。）

4　評議員選定委員会に提出する評議員候補者は、理事会又は評議員会がそれぞれ推薦することができる。評議員選定委員会の運営についての細則は、理事会において定める。

5　評議員選定委員会に評議員候補者を推薦する場合には、次の事項のほか、当該候補者を

48条（各事業年度の末日における公益目的取得財産残額）

・評議員は、3名以上でなければなりません（法人法173条3項）（注7）。

・評議員の選任及び解任の方法は、必要的記載事項です（法人法153条1項8号）（注8）。なお、理事又は理事会が評議員を選任し、又は解任する旨の定款の定めは効力を有しません（法人法153条3項1号）。

（注7）旧財団法人の寄附行為における評議員を置く旨の定めは、法人法上の評議員を置く旨の定めとしては効力を有しないので、移行前に寄附行為を変更して法人法上の評議員等を設置している場合を除いて、定款変更の案の作成に当たっては、寄附行為の評議員に関する規定を削除した上で、新たに評議員に関する規定を新設するという形にする必要があります（整備法89条4項）。

（注8）公益法人において、評議員の選任及び解任方法を定款の変更の案に定めるに際しては、当該法人と相互に密接な関係にある者ばかりが評議員に選任されることのないようにする必要があり、これを確実に担保することができる方法を採らなければなりません。

　そのような方法としては、①「評議員の構成を認定法5条10号及び11号に準じたものにする」旨を定める方法、又は、②評議員の選任及び解任をするための任意の機関として、中立的な立場にある者が参加する機関を設置し、この機関の決定に従って評議員を選任及び解任する方法が望ましいでしょう（留意事項6（287頁参照））。

＜例＞①の方法により選解任を行う場合
　　第11条　評議員の選任及び解任は、一般社団法人及び一般財団法人に関する法律第179条から第195条の規定に従い、評議員会において行う。
　　2　評議員を選任する場合には、次の各号の要件をいずれも満たさなければならない。
　　（1）各評議員について、次のイからヘに該当する評議員の合計数が評議員の総数の3分の1を超えないものであること。
　　　イ　当該評議員及びその配偶者又は3親等内の親族
　　　ロ　当該評議員と婚姻の届出をしていないが事実上婚姻関係と同様の事情にある者
　　　ハ　当該評議員の使用人
　　　ニ　ロ又はハに掲げる者以外の者であって、当該評議員から受ける金銭その他の財産によって生計を維持しているもの
　　　ホ　ハ又はニに掲げる者の配偶者
　　　ヘ　ロからニまでに掲げる者の3親等内の親族であって、これらの者と生計を一

評議員として適任と判断した理由を委員に説明しなければならない。
(1) 当該候補者の経歴
(2) 当該候補者を候補者とした理由
(3) 当該候補者とこの法人及び役員等（理事、監事及び評議員）との関係
(4) 当該候補者の兼職状況
6　評議員選定委員会の決議は、委員の過半数が出席し、その過半数をもって行う。ただし、外部委員の1名以上が出席し、かつ、外部委員の1名以上が賛成することを要する。
7　評議員選定委員会は、前条で定める評議員の定数を欠くこととなるときに備えて、補欠の評議員を選任することができる。
8　前項の場合には、評議員選定委員会は、次の事項も併せて決定しなければならない。
(1) 当該候補者が補欠の評議員である旨
(2) 当該候補者を1人又は2人以上の特定の評議員の補欠の評議員として選任するときは、その旨及び当該特定の評議員の氏名
(3) 同一の評議員（2以上の評議員の補欠として選任した場合にあっては、当該2以上の評議員）につき2人以上の補欠の評議員を選任するときは、当該補欠の評議員相互間の優先順位
9　第7項の補欠の評議員の選任に係る決議は、当該決議後4年以内に終了する事業年度のうち最終のものに関する定時評議員会の終結の時まで、その効力を有する。

（任期）
第12条　評議員の任期は、選任後4年以内に終了する事業年度のうち最終のものに関する

・評議員の任期は、定款によって選任後6年以内に終了する事業年度のうち最終のものに関する定時評

にするもの
(2) 他の同一の団体（公益法人を除く。）の次のイからニに該当する評議員の合計数が評議員の総数の三分の一を超えないものであること。
　イ　理事
　ロ　使用人
　ハ　当該他の同一の団体の理事以外の役員（法人でない団体で代表者又は管理人の定めのあるものにあっては、その代表者又は管理人）又は業務を執行する社員である者
　ニ　次に掲げる団体においてその職員（国会議員及び地方公共団体の議会の議員を除く。）である者
　　① 国の機関
　　② 地方公共団体
　　③ 独立行政法人通則法第2条第1項に規定する独立行政法人
　　④ 国立大学法人法第2条第1項に規定する国立大学法人又は同条第3項に規定する大学共同利用機関法人
　　⑤ 地方独立行政法人法第2条第1項に規定する地方独立行政法人
　　⑥ 特殊法人（特別の法律により特別の設立行為をもって設立された法人であって、総務省設置法第4条第15号の規定の適用を受けるものをいう。）又は認可法人（特別の法律により設立され、かつ、その設立に関し行政官庁の認可を要する法人をいう。）

定時評議員会の終結の時までとする。 2　任期の満了前に退任した評議員の補欠として選任された評議員の任期は、退任した評議員の任期の満了する時までとする。 3　評議員は、第10条に定める定数に足りなくなるときは、任期の満了又は辞任により退任した後も、新たに選任された者が就任するまで、なお評議員としての権利義務を有する。 （評議員に対する報酬等） 第13条　評議員に対して、＜各年度の総額が○○○○○○円を超えない範囲で、評議員会において別に定める報酬等の支給の基準に従って算定した額を、報酬として＞支給する。 　　　　　第5章　評議員会 （構成） 第14条　評議員会は、すべての評議員をもって構成する。 （権限） 第15条　評議員会は、次の事項について決議する。	議員会の終結の時まで伸長することもできます（法人法174条1項）。 ・法人法174条2項（評議員の任期） ・法人法175条（評議員に欠員が生じた場合の措置） ・評議員の報酬等の額は、定款で定めなければなりません（法人法196条）。無報酬の場合は、その旨を定めることとなります。 ・公益法人は、民間事業者の役員の報酬等及び従業員の給与、当該法人の経理の状況その他の事情を考慮して、不当に高額なものとならないよう、理事及び監事並びに評議員の勤務形態に応じた報酬等の区分及びその額の算定方法並びに支給の方法及び形態に関する事項を定めた報酬等の支給の基準を定め、公表しなければなりません（認定法5条13号、20条2項）。 ・評議員会についての定款の定めについては（注9）を参照。 ・評議員会は、法人法に規定する事項及び定款で定めた事項に限り、決議をすることができます（法人

(注9) 旧財団法人の寄附行為における評議員会を置く旨の定めは、法人法上の評議員会を置く旨の定めとしては効力を有しないので、移行前に寄附行為を変更して法人法上の評議員会等を設置している場合を除いて、定款変更の案の作成に当たっては、寄附行為の評議員会に関する規定を削除した上で、新たに評議員会に関する規定を新設するという形にする必要があります（整備法89条4項）。

(1) 理事及び監事＜並びに会計監査人＞の選任及び解任 (2) 理事及び監事の報酬等の額 (3) 評議員に対する報酬等の支給の基準 (4) 貸借対照表及び損益計算書（正味財産増減計算書）並びにこれらの附属明細書の承認 (5) 定款の変更 (6) 残余財産の処分 (7) 基本財産の処分又は除外の承認 (8) その他評議員会で決議するものとして法令又はこの定款で定められた事項 【会計監査人を置いていない場合、＜　＞内は不要です。】	法178条）。 ・法人法の規定により評議員会の決議を必要とする事項について、評議員会以外の機関が決定することができることを内容とする定款の定めは効力を有せず（法人法178条3項）、評議員会以外の機関がその決定をくつがえすこととなるような定款の定めを設けることもできません（留意事項5（287頁参照））。
（開催） **第16条**　評議員会は、定時評議員会として毎年度○月に1回開催するほか、（○月及び）必要がある場合に開催する。	・定時評議員会は、年に1回、毎事業年度の終了後一定の時期に招集しなければならない（法人法179条1項）ので、開催時期を定めておくのが望ましいでしょう。他方、臨時評議員会は、必要がある場合には、いつでも、招集することができます（法人法179条2項）（注10）。
（招集） **第17条**　評議員会は、法令に別段の定めがある場合を除き、理事会の決議に基づき代表理事が招集する。 2　評議員は、代表理事に対し、評議員会の目的である事項及び招集の理由を示して、評議員会の招集を請求することができる。	・法人法179条、181条（評議員会の招集） ・法人法180条（評議員による招集の請求）

(注10) 事業計画書や収支予算書等の承認のために、毎事業年度開始前に、評議員会を開催する場合であっても、法人法上は、臨時評議員会の位置付けになります。

（決議） 第18条　評議員会の決議は、決議について特別の利害関係を有する評議員を除く評議員の過半数が出席し、その過半数をもって行う。 2　前項の規定にかかわらず、次の決議は、決議について特別の利害関係を有する評議員を除く評議員の＜例：3分の2以上＞に当たる多数をもって行わなければならない。 　(1)　監事の解任 　(2)　評議員に対する報酬等の支給の基準 　(3)　定款の変更 　(4)　基本財産の処分又は除外の承認 　(5)　その他法令で定められた事項 3　理事又は監事を選任する議案を決議するに際しては、各候補者ごとに第1項の決議を行わなければならない。理事又は監事の候補者の合計数が第20条に定める定数を上回る場合には、過半数の賛成を得た候補者の中から得票数の多い順に定数の枠に達するまでの者を選任することとする。 （議事録） 第19条　評議員会の議事については、法令で定めるところにより、議事録を作成する。 2　出席した評議員及び理事は、前項の議事録に記名押印する。 第6章　役員＜及び会計監査人＞ （役員＜及び会計監査人＞の設置） 第20条　この法人に、次の役員を置く。 　(1)　理事○○名以上○○名以内	・過半数を上回る割合を定款で定めることもできます（法人法189条1項）。 ・評議員会については、代理人による議決権の行使、書面による議決権の行使は認められません（注11）。 ・評議員の3分の2以上が必要とされていますが、定款でこれを上回る割合を定めることもできます（法人法189条2項）。 ・可否同数の場合に、議長に2票を与えることになるような定款の定めをすることはできません（留意事項Ⅱ8）。 ・理事の選任の決議方法については、（注12）を参照。 ・法人法193条（議事録） ・評議員会に関するこのほかの記載事項については、（注13）を参照。 ・財団法人の理事は3名以上でなければならず、また、監事を置かな

(注11) 評議員会（理事会）に代理人が出席して議決権を行使することを定めることは認められませんし、評議員（理事）が評議員会（理事会）に出席することなく書面等によって評議員会（評議員会）の議決権を行使することも認められません。また、評議員（理事）が一堂に会することなく、議案の賛否について個々の評議員（理事）の賛否を個別に確認する方法で、過半数の評議員（理事）の賛成を得て決議するようないわゆる持ち回り決議も認められません（仮に、理事会又は評議員会の決議方法として、代理人による議決権の行使、書面による議決権の行使又は持ち回り決議を許容する旨の定款の定めを設けたとしても無効な定めとなります）。

なお、遠方に所在する等の理由により現に評議員会（理事会）の開催場所に赴くことができない評議員（理事）が当該評議員会（理事会）決議に参加するため、例えば、電話会議やテレビ会議のように、各評議員（各理事）の音声が即時に他の出席者に伝わり、出席者が一堂に会するのと同等に適時的確な意見表明が互いにできることにより、相互に十分な議論を行うことができる方法であれば評議員会（理事会）を開く場所が物理的に同一の場所である必要はなく、このような方法による議決権の行使は、有効な議決権の行使となります。

また、評議員会（理事会）の決議の省略ができる場合があります（理事会の決議の省略については、**(注26)** を参照。）（留意事項8（295頁参照））。

(注12) 評議員会で理事の選任議案を採決する場合には、各候補者ごとに決議する方法を採ることが望ましく、定款に、評議員会の議事の運営方法に関する定めの一つとして、「理事の選任議案の決議に際し候補者を一括して採決（決議）すること」を一般的に許容する旨の定めを設けることは許されません（留意事項4（283頁参照））。

(注13) 法人法では、評議員会の報告の省略（195条）等についても定められており、これを定款に規定しておくこともできます。また、法人法に定められていない評議員会の議長などの事項について、評議員会のガバナンス確保の観点から、定款で定めておくか、定款で規則等に委任しておくことも考えられます。

(2)　監事○○名以内
2　理事のうち1名（○名）を代表理事とする。
3　代表理事以外の理事のうち、○名を業務執行理事とする。
＜4　この法人に会計監査人を置く。＞

（役員＜並びに会計監査人＞の選任）
第21条　理事及び監事＜並びに会計監査人＞は、評議員会の決議によって選任する。
2　代表理事及び業務執行理事は、理事会の決議によって理事の中から選定する。
【会計監査人を置かない場合、＜　＞内は不要です。】

（理事の職務及び権限）
第22条　理事は、理事会を構成し、法令及びこの定款で定めるところにより、職務を執行する。
2　代表理事は、法令及びこの定款で定めるところにより、この法人を代表し、その業務を執行し、業務執行理事は、＜例：理事会にお

・ければなりません（法人法65条3項、170条1項）。
・理事会は、理事の中から代表理事を選定しなければなりません（法人法90条3項）（注14）。
・代表理事は複数名選定することもできますが、代表理事に事故があるとき等に、代表権を有することとなる者を代表理事が予め指名しておくことになるような定款の定めをすることはできません。
・代表理事等の名称を定款において「理事長」等の通称名で規定する場合については（注15）を参照。
・役員の定数は、「○○名以上○○名以内」というように上限と下限を設けることもできます。
・公益法人は、貸借対照表の負債の部の額等が、政令で定める基準（認定法施行令6条）以下の場合を除き、会計監査人を置かなければならず、その旨を定款に規定する必要があります（認定法5条12号、法人法170条2項）（注16）（注17）。
・公益法人における理事等の構成については、（注18）を参照。なお、理事の構成等と租税特別措置法第40条の関係については、（注19）を参照。

・理事は、理事会において、一定の取引について重要な事実を開示し、その承認を受けなければなりません（法人法84条、92条）。
・複数理事間の職務権限分掌関係を定めておくことは、法令上必須ではありませんが、ガバナンス確保

(注14) 代表権のない者（代表権を有しない理事を含む）に対し、「理事長」など法人を代表する権限を有するものと認められる名称を付した場合には、法人が表見代表ないし表見代理の責任を負う可能性があります（法人法82条、民法110条等）（留意事項1（274頁参照））。

(注15) 法人法の名称とは異なる通称名や略称を定款に使用する場合（例えば、代表理事を「理事長」と表記するような場合）には、「法律上の名称」と定款で使用する名称がどのような関係にあるのかを、定款上、明確にする必要があります（留意事項2（276頁参照））。
＜例＞代表理事、業務執行理事の役職名を、理事長、常務理事とする場合の例
　2　理事のうち1名を理事長、○名を常務理事とする。
　3　前項の理事長をもって一般社団法人及び一般財団法人に関する法律上の代表理事とし、常務理事をもって同法第91条第1項第2号の業務執行理事とする。

(注16) 一般法人であっても、大規模一般財団法人（貸借対照表の負債の部に計上した額の合計額が200億円以上である一般財団法人）については、会計監査人を置かなければならず、その旨を定款に規定する必要があります（法人法2条2号、170条2項、171条）。

(注17) 旧財団法人の寄附行為における会計監査人を置く旨の定めは、法人法上の会計監査人を置く旨の定めとしては効力を有しないので、移行前に寄附行為を変更して法人法上の会計監査人等を設置している場合を除いて、定款変更の案の作成に当たっては、寄附行為の会計監査人に関する規定を削除した上で、新たに会計監査人に関する規定を新設するという形にする必要があります（整備法89条4項）。

(注18) 公益法人は、理事の構成について、次の制限が課されます。これらについて、必ずしも定款で定める必要はありませんが、遵守するための手続を決めておくことが重要と考えられます。監事が複数名いる場合についても同様です。
(1) 各理事について、当該理事及びその配偶者又は3親等内の親族その他特別の関係がある者である理事の合計数が、理事の総数の3分の1を超えるものであってはなりません（認定法5条10号）。

いて別に定めるところにより、この法人の業務を分担執行する。＞	上重要と考えられます（注20）。
（監事の職務及び権限） 第23条　監事は、理事の職務の執行を監査し、法令で定めるところにより、監査報告を作成する。 2　監事は、いつでも、理事及び使用人に対して事業の報告を求め、この法人の業務及び財産の状況の調査をすることができる。	・法人法99条1項、2項（監事の権限）。このほかの監事の職務、権限等については、（注21）を参照。
＜（会計監査人の職務及び権限） 第24条　会計監査人は、法令で定めるところにより、この法人の貸借対照表及び損益計算書（正味財産増減計算書）並びにこれらの附属明細書、**財産目録、キャッシュフロー計算書**を監査し、会計監査報告を作成する。 2　会計監査人は、いつでも、次に掲げるものの閲覧及び謄写をし、又は理事及び使用人に対し、会計に関する報告を求めることができる。 　（1）会計帳簿又はこれに関する資料が書面をもって作成されているときは、当該書面 　（2）会計帳簿又はこれに関する資料が電磁的記録をもって作成されているときは、当該電磁的記録に記録された事項を法令で定める方法により表示したもの＞ 【会計監査人を置かない場合は、第24条は不要です。】	・法人法107条1項、2項（会計監査人の権限等）。このほかの会計監査人の職務、権限等については、（注22）を参照。
（役員＜及び会計監査人＞の任期） 第25条　理事の任期は、選任後2年以内に終了する事業年度のうち最終のものに関する定	・理事の任期は、定款によって短縮することもできますが、評議会

(2) 他の同一の団体（公益法人を除く。）の理事又は使用人である者その他これに準ずる相互に密接な関係にある者である理事の合計数は、理事の総数の3分の1を超えるものであってはなりません（認定法5条11号）。

(注19) 個人が公益法人に対して財産の寄附をした場合において、一定の要件を満たし国税庁長官の承認を受けたときは、その譲渡所得等に係る所得税は非課税となります（租税特別措置法40条）が、この承認を受けるためには、公益法人の定款において、法人法及び認定法により記載しなければいけない事項のほか、次に掲げる要件を満たしていることが必要となります（租税特別措置法、同法施行令、関係通達等）。

(1) 定款において、その理事、監事、評議員その他これらの者に準ずるもの（以下「役員等」という。）のうち親族関係を有する者及びこれらと次に掲げる特殊の関係がある者（以下「親族等」という。）の数がそれぞれの役員等の数のうちに占める割合は、いずれも3分の1以下とする旨の定めがあること。

　イ　当該親族関係を有する役員等と婚姻の届出をしていないが事実上婚姻関係と同様の事情にある者

　ロ　当該親族関係を有する役員等の使用人及び使用人以外の者で当該役員等から受ける金銭その他の財産によつて生計を維持しているもの

　ハ　イ又はロに掲げる者の親族でこれらの者と生計を一にしているもの

　ニ　当該親族関係を有する役員等及びイからハまでに掲げる者のほか、次に掲げる法人の法人税法第2条第15号に規定する役員（①において「会社役員」という。）又は使用人である者

　　①　当該親族関係を有する役員等が会社役員となっている他の法人

　　②　当該親族関係を有する役員等及びイからハまでに掲げる者並びにこれらの者と法人税法第2条第10号に規定する政令で定める特殊の関係のある法人を判定の基礎にした場合に同号に規定する同族会社に該当する他の法人

　＜例＞

　　第○条　この法人の理事のうちには、理事のいずれか1人及びその親族その他特殊の関係がある者の合計数が、理事総数（現在数）の3分の1を超えて含まれることになってはならない。

　　2　この法人の監事には、この法人の理事（親族その他特殊の関係がある者を含む。）及び評議員（親族その他特殊の関係がある者を含む。）並びにこの法人の使用人が含まれてはならない。また、各監事は、相互に親族その他特殊の関係があってはならない。

　　3　この法人の評議員のうちには、理事のいずれか1人と親族その他特殊の関係がある者の数又は評議員のうちいずれか1人及びその親族その他特殊の関係がある

時評議員会の終結の時までとする。 2　監事の任期は、選任後4年以内に終了する事業年度のうち最終のものに関する定時評議員会の終結の時までとする。 3　補欠として選任された理事又は監事の任期は、前任者の任期の満了する時までとする。 4　理事又は監事は、第19条に定める定数に足りなくなるときは、任期の満了又は辞任により退任した後も、新たに選任された者が就任するまで、なお理事又は監事としての権利義務を有する。 ＜5　会計監査人の任期は、選任後1年以内に終了する事業年度のうち最終のものに関する定時評議員会の終結の時までとする。ただし、その定時評議員会において別段の決議がされなかったときは、再任されたものとみなす。＞ 【会計監査人を置かない場合、＜　＞内は不要です。】 （役員＜及び会計監査人＞の解任） 第26条　理事又は監事が、次のいずれかに該当するときは、評議員会の決議によって解任することができる。 　(1)　職務上の義務に違反し、又は職務を怠ったとき。 　(2)　心身の故障のため、職務の執行に支障があり、又はこれに堪えないとき。 ＜2　会計監査人が、次のいずれかに該当するときは、評議員会の決議によって解任することができる。 　(1)　職務上の義務に違反し、又は職務を怠っ	の決議によって短縮することはできません（法人法66条、177条）。 ・監事の任期は、定款によって、選任後2年以内に終了する事業年度のうち最終のものに関する定時評議員会の終結の時までとすることを限度として短縮することもできます（法人法67条）。 ・法人法75条1項（役員に欠員を生じた場合の措置） ・法人法69条（会計監査人の任期） ・法人法176条（解任） ・監事を解任する場合は、特別決議が必要となります（法人法189条2項）。

者の合計数が評議員総数（現在数）の3分の1を超えて含まれることになってはならない。また、評議員には、監事及びその親族その他特殊の関係がある者が含まれてはならない

(2) 定款において、公益法人が解散した場合にその残余財産が国若しくは地方公共団体又は租税特別措置法40条1項に規定する公益法人等に帰属する旨の定めがあること。

＜例＞（認定法5条18号と租税特別措置法40条の要件を満たす定めの例）

　第○条　この法人が清算をする場合において有する残余財産は、評議員会の決議を経て、国若しくは地方公共団体又は認定法第5条第17号に掲げる法人であって租税特別措置法第40条第1項に規定する公益法人等に該当する法人に贈与するものとする。

(3) 贈与又は遺贈に係る財産が贈与又は遺贈をした者又はこれらの者の親族が法人税法第2条第15項に規定する役員となっている会社の株式又は出資である場合には、その株式又は出資に係る議決権の行使に当たっては、あらかじめ理事会において理事総数（理事現在数）の3分の2以上の同意を得ることを必要とすること。

＜例1＞

　第○条　この法人が保有する株式（出資）について、その株式（出資）の発行会社に対して株主等としての権利を行使する場合には、次の事項を除き、あらかじめ理事会において理事総数（理事現在数）の3分の2以上の承認を要する。
　(1) 配当の受領
　(2) 無償新株式
　(3) 株主配当増資への応募
　(4) 株主宛配付書類の受領

＜例2＞

　第○条　この法人は、保有する株式（出資）について、その株式（出資）の発行会社に対して、株主等としての権利を行使する場合には、次の事項を除き、権利の行使又は権利行使の請求をしてはならない。
　(1)～(4) ＜例1＞と同じ。

(※) 個人が一般法人に対して財産の寄附をした場合における国税庁長官の承認の要件については、関係法令等（租税特別措置法、同法施行令、関係通達等）をご確認下さい。

(注20)「代表理事に事故がある場合は、代表理事が予め定める順番で理事が代表理事の職務を代行する」旨の定款の定めは、理事会の代表理事の選定権限を奪い、（将来の）代表理事の選定を代表理事が行うことを許容するものとなるため無効です（留意事項7（293頁参照））。

(注21) 子法人への調査権（99条3項）、理事への報告義務（100条）、理事会への出席義

たとき。 (2) 会計監査人としてふさわしくない非行があったとき。 (3) 心身の故障のため、職務の執行に支障があり、又はこれに堪えないとき。 3 監事は、会計監査人が、前項第1号から第3号までのいずれかに該当するときは、（監事全員の同意により、）会計監査人を解任することができる。この場合、監事は、解任した旨及び解任の理由を、解任後最初に招集される評議員会に報告するものとする。＞ 【会計監査人を置かない場合、＜＞内は不要です。】	・法人法71条（監事による会計監査人の解任）
(報酬等) (A) 第27条 理事及び監事に対して、＜例：評議員会において別に定める総額の範囲内で、評議員会において別に定める報酬等の支給の基準に従って算定した額を＞報酬等として支給することができる。 (B) 第27条 理事及び監事は、無報酬とする。ただし、常勤の理事及び監事に対しては、＜例：評議員会において別に定める総額の範囲内で、評議員会において別に定める報酬等の支給の基準に従って算定した額を＞報酬等として支給することができる。 ＜2 会計監査人に対する報酬等は、監事の（過半数の）同意を得て、理事会において定める。＞ 【会計監査人を置かない場合、＜　＞内は不要です。】	・理事及び監事の報酬等の考え方については、（注23）を参照。 ・理事及び監事の報酬等について、定款にその額を定めていないときは、評議員会の決議によって定める必要があります（法人法89条、105条1項）。 ・公益法人は、理事及び監事並びに評議員の報酬等について支給の基準を定めて、これを公表しなければなりません（認定法5条13号、20条2項）（この定款の定めの例の第13条の説明を参照）。 ・法人法110条（会計監査人の報酬等の決定に関する監事の関与）

務等（101条）、評議員会に対する報告義務（102条）、理事の行為の差止め（103条）、理事との間の訴えにおける法人の代表（104条）等
(注22) 子法人への調査権（107条3項）、監事に対する報告（108条）、定時評議員会における意見の陳述（法人法109条）等

(注23) 理事及び監事の報酬等に関しては、
(A) 無報酬では経済的余裕がある者しか参加できず、あるいは業務に専念してもらえなくなることから、職務執行の対価として、その責任に見合った報酬を支払うべきとする考え方
(B) 他方、非営利・公益法人である以上、自主的に無償で社会貢献するものであり、原則的には無報酬であるとの考え方
があると考えられます。そこで、ここでは2例文を用意しました。

	・役員に関するこのほかの記載事項については、（注24）を参照。 ・公益法人において、役員等（理事、監事及び評議員）以外の者に、一定の名称を付する場合については、（注25）を参照。
第7章　理事会 （構成） 第28条　理事会は、すべての理事をもって構成する。	・法人法170条（機関の設置）（注26）
（権限） 第29条　理事会は、次の職務を行う。 　(1)　この法人の業務執行の決定 　(2)　理事の職務の執行の監督 　(3)　代表理事及び業務執行理事の選定及び解職	・法人法90条2項（理事会の権限等）
（招集） 第30条　理事会は、代表理事が招集する。 2　代表理事が欠けたとき又は代表理事に事故があるときは、各理事が理事会を招集する。	・原則として各理事が理事会を招集しますが、理事会を招集する理事を定款又は理事会で定めることもできます（法人法93条1項）。
（決議） 第31条　理事会の決議は、決議について特別の利害関係を有する理事を除く理事の過半数が出席し、その過半数をもって行う。	・過半数を上回る割合を定款で定めることもできます（法人法95条1項）。 ・特別の利害関係を有する理事は、議決に加わることができません（法人法95条2項）。 ・理事会については、代理人による議決権の行使、書面による議決権の行使は認められません（注11）。 ・可否同数の場合に、議長に2票を与えることになるような定款の定

(注24) 法人法では、代表理事に欠員が生じた場合の措置（79条）、理事の職務執行状況の報告（91条2項）等が定められており、その手続について定款に規定しておくこともできます。

(注25) 公益法人において、役員等（理事、監事及び評議員）以外の者に対して、法律上の権限はないが、権限を有するかのような誤解を生じさせる名称（役職）を付す場合には、原則として、定款に、その名称、定数、権限及び名称を付与する機関（評議員会、理事会など）についての定めを設けることが望ましいでしょう（留意事項1（274頁参照））。
＜例＞
　　（相談役）
　第○条　この法人に、任意の機関として、1名以上3名以下の相談役を置く。
　2　相談役は、次の職務を行う。
　　(1) 代表理事の相談に応じること
　　(2) 理事会から諮問された事項について参考意見を述べること
　3　相談役の選任及び解任は、理事会において決議する。
　4　相談役の報酬は、無償とする。

(注26) 旧財団法人の寄附行為における理事会を置く旨の定めは、法人法上の理事会を置く旨の定めとしては効力を有しないので、移行前に寄附行為を変更して法人法上の理事会等を設置している場合を除いて、定款変更の案の作成に当たっては、寄附行為の理事会に関する規定を削除した上で、新たに理事会に関する規定を新設するという形にする必要があります（整備法89条4項）。

2　前項の規定にかかわらず、一般社団法人及び一般財団法人に関する法律第197条において準用する同法第96条の要件を満たしたときは、理事会の決議があったものとみなす。	めをすることはできません（留意事項Ⅱ8）。 ・理事会の決議の省略については、（注27）を参照。
（議事録） 第32条　理事会の議事については、法令で定めるところにより、議事録を作成する。 2　出席した理事及び監事は、前項の議事録に記名押印する。	・定款で、記名押印する者を、当該理事会に出席した代表理事及び監事とすることもできます（法人法95条3項）。 ・理事会に関するこのほかの記載事項については、（注28）を参照。 ・法律にない任意の（合議）機関を設ける場合については、（注29）を参照。
第8章　定款の変更及び解散 （定款の変更） 第33条　この定款は、評議員の決議によって変更することができる。 2　前項の規定は、この定款の第3条及び第4条（及び第11条）についても適用する。	・財団法人は、評議員会の特別決議（法人法189条2項）によって定款を変更することができます（注30）。ただし、定款の「目的」と「評議員の選任及び解任の方法」の部分については、移行時の定款の変更の案に、評議員会の決議によって変更できる旨を定めていなければ、特別な事情があって裁判所の許可を得ない限り変更することができなくなりますので注意が必要です（法人法200条、整備法94条）。
（解散） 第34条　この法人は、基本財産の滅失による	・財団法人の解散事由は、法定され

(注27) 理事が理事会の決議の目的である事項について提案をした場合において、当該提案につき理事（当該事項について議決に加わることができるものに限る。）の全員が書面又は電磁的記録により同意の意思表示をしたとき（監事が当該提案について異議を述べたときを除く。）は、当該提案を可決する旨の理事会の決議があったものとみなす旨を定款で定めることができます（法人法96条）。

(注28) 法人法では、理事会への報告の省略（98条）等が定められており、これを定款に規定しておくこともできます。また、法人法に定められていない理事会の議長などの事項について、理事会のガバナンス確保の観点から、定款で規定しておくか、定款で下位の規則に委任しておくことも考えられます。

(注29) 法人の運営に際し、法律に根拠のない任意の機関（会議体）を定款に設けて運営する場合には、当該の名称、構成及び権限を明確にし、法律上の機関である理事会等の権限を奪うことのないように留意する必要があります（留意事項2（276頁参照））。
＜例＞
　（企画・コンプライアンス委員会）
　第〇条　この法人に、企画・コンプライアンス委員会を置く。
　2　前項の委員会は、業務執行理事1名、理事1名、事務局員1名で構成する。
　3　第1項の委員会は、次に掲げる事項を行う。
　　（1）この法人の業務運営の年間計画案を策定し、理事会に提出すること
　　（2）この法人の理事の職務の執行が法令及び定款に適合することを確保するための体制その他業務の適正を確保するために必要な体制の運用及び改善について、理事会に参考意見を提出すること
　　（3）この法人の事業に従事する者からの法令違反行為等に関する通報に対して適切な処理を行うため、公益通報の窓口を設置・運用し、管理すること
　4　第1項の委員会の委員は、理事会において選任及び解任する。
　5　第1項の委員会の議事の運営の細則は理事会において定める。

この法人の目的である事業の成功の不能その他法令で定められた事由によって解散する。

（公益認定の取消し等に伴う贈与）
第35条　この法人が公益認定の取消しの処分を受けた場合又は合併により法人が消滅する場合（その権利義務を承継する法人が公益法人であるときを除く。）には、評議員会の決議を経て、公益目的取得財産残額に相当する額の財産を、当該公益認定の取消しの日又は当該合併の日から1箇月以内に、公益社団法人及び公益財団法人の認定等に関する法律第5条第17号に掲げる法人又は国若しくは地方公共団体に贈与するものとする。

（残余財産の帰属）
第36条　この法人が清算をする場合において有する残余財産は、評議員会の決議を経て、公益社団法人及び公益財団法人の認定等に関する法律第5条第17号に掲げる法人又は国若しくは地方公共団体に贈与するものとする。

第9章　公告の方法
（公告の方法）
第37条　この法人の公告は、
＜例1：官報に掲載する方法＞
＜例2：東京都において発行する○○新聞に掲載する方法＞
＜例3：電子公告＞
＜例4：主たる事務所の公衆の見やすい場所に

ています（法人法202条）。解散は、財団法人の設立基盤となっている財産等に重大な影響が及ぶことから、定款上も明らかにしておくことが望ましいでしょう。

・認定法5条17号（公益認定の取消し等に伴う贈与）。具体的な贈与先が単数である必要はなく、複数指定することも可能です。また、認定法5条17号に掲げる者とのみ定めることでも足ります（認定法5条17号、認定法施行令8条、公益認定等ガイドライン5条17号関係）。

・認定法5条18号（残余財産の帰属）。公益認定の取消し等に伴う贈与の場合と同様です。
・定款における残余財産の定めと租税特別措置法第40条との関係については、（注19）を参照。
・一般法人に移行する場合における残余財産の定めと法人税法上の取扱いとの関係については、（注31）を参照。

・法人法331条（公告方法）
・公告方法は、必要的記載事項です（法人法153条1項9号）。

(注30) 公益認定を受けた後、公益目的事業の種類又は内容の変更（軽微な変更を除く。）などに係る定款の変更をしようとするときには、変更の認定を行政庁から受けなければならず、それ以外の定款の変更についても、行政庁に届出をしなければなりません（認定法11条1項、13条1項3号）。

(注31) 一般法人のうち、非営利が徹底された法人、共益的活動を目的とする法人については、収益事業についてのみ課税されることとなります。
(1) 非営利性が徹底された法人の要件（法人税法施行令第3条第1項）
　① 定款に剰余金の分配を行わない旨の定めがあること
　　＜例＞第○条　この法人は、剰余金の分配を行うことができない。
　② 定款に解散時の残余財産が公益法人等の一定の公益的な団体に帰属する旨の定めがあること
　　＜例＞第○条　この法人が清算をする場合において有する残余財産は、評議員会の決議を経て、公益社団法人及び公益財団法人の認定等に関する法律第5条第17号に掲げる法人又は国若しくは地方公共団体に贈与するものとする。
　③ ①または②の要件にある定款の定めに違反した行為を行ったことがないこと
　④ 理事及びその親族等である理事の合計数が理事の総数の3分の1以下であること

掲示する方法＞により行う。 ＜例3の場合＞ 2　事故その他やむを得ない事由によって前項の電子公告をすることができない場合は、＜例：東京都において発行する○○新聞に掲載する方法＞による。	
	・定款のこのほかの記載事項については、（注32）を参照。
附　則 1　この定款は、一般社団法人及び一般財団法人に関する法律及び公益社団法人及び公益財団法人の認定等に関する法律の施行に伴う関係法律の整備等に関する法律第106条第1項に定める公益法人の設立の登記の日から施行する。 【一般法人に移行する場合については、（注33）を参照】	
2　一般社団法人及び一般財団法人に関する法律及び公益社団法人及び公益財団法人の認定等に関する法律の施行に伴う関係法律の整備等に関する法律第106条1項に定める特例民法法人の解散の登記と、公益法人の設立の登記を行ったときは、第6条の規定にかかわらず、解散の登記の日の前日を事業年度の末日とし、設立の登記の日を事業年度の開始日とする。 【一般法人に移行する場合については、（注34）を参照】	・整備法施行規則2条（計算書類等の作成に係る期間）
3　この法人の最初の代表理事は○○○○＜、会計監査人は○○○○＞とする。	・法人法施行後、移行前に寄附行為を変更して法人法上の代表理事、

(2) 共益的活動を目的とする法人の要件（法人税法施行令第3条第2項）
① 会員に共通する利益を図る活動を行うことを主たる目的としていること
② 定款に会員が負担すべき金銭の額（会費）の定め又はこの額を評議員会の決議により定める旨の定めがあること
③ 主たる事業として収益事業を行っていないこと
④ 定款に特定の個人又は団体に剰余金の分配を受ける権利を与える旨の定めがないこと
⑤ 定款に解散時の残余財産が特定の個人または団体（一定の公益的な団体等を除く。）に帰属する旨の定めがないこと
⑥ 特定の個人又は団体に特別の利益を与えたことがないこと
⑦ 理事及びその親族等である理事の合計数が理事の総数の3分の1以下であること

(注32) 法令上の規定はありませんが、一定規模以上の法人にあっては事務局が設置されていることが多く、その組織及び運営に関する事項について定款で規定しておくこともできます。また、法人の根本規則である定款だけでは対応困難な技術的、専門的事項について、下位の規則に委ねる場合に、その根拠規定を定款に定めておくこともできます。

(注33) 一般法人に移行する場合
＜例＞
1　この定款は、一般社団法人及び一般財団法人に関する法律及び公益社団法人及び公益財団法人の認定等に関する法律の施行に伴う関係法律の整備等に関する法律第121条第1項において読み替えて準用する同法第106条第1項に定める一般法人の設立の登記の日から施行する。

(注34) 一般法人に移行する場合
＜例＞
2　一般社団法人及び一般財団法人に関する法律及び公益社団法人及び公益財団法人の認定等に関する法律の施行に伴う関係法律の整備等に関する法律第121条第1項において読み替えて準用する同法第106条1項に定める特例民法人の解散の登記と、

| 【会計監査人を置かない場合、＜　＞内は不要です。】 | 会計監査人を置いている場合を除き、移行後最初の代表理事、会計監査人は、定款の変更の案に氏名を直接記載する方法により選定（選任）する必要があります（注35）。 |

4　この法人の最初の評議員は、次に掲げる者とする。
　　　○○○○
　　　○○○○
　　　　：

・最初の評議員の選任については、（注36）を参照。

・移行認定（認可）の申請においては、「設立者の氏名又は名称及び住所」等（法人法153条1項4号から7号までの事項）を定款の変更の案に記載する必要はありません。

別表第1　基本財産（公益目的事業を行うために不可欠な特定の財産以外のもの）（第5条関係）

財産種別	場所・物量等
土地	○○㎡ ××市▽▽町3-5-1
建物	○○㎡ ××市▽▽町3-5-1 4階建
投資有価証券	××株式○○株

別表第2　公益目的事業を行うために不可欠な特定の財産（第5条関係）

財産種別	場所・物量等
美術品	絵画○点 ○年○月以前取得

一般法人の設立の登記を行ったときは、第6条の規定にかかわらず、解散の登記の日の前日を事業年度の末日とし、設立の登記の日を事業年度の開始日とする。

(注35) これらの代表理事の選定等（氏名を記載した定款の変更の案の決議）は、法人法の施行日（平成20年12月1日）より前には、行うことができませんが、移行認定（移行認可）の申請に当たっては、定款の変更の案の決議がなされていれば、申請時に代表理事の選定がなされていなくても、申請自体は可能です。この場合、申請後に代表理事の選定等を行い、行政庁に対して役員等就任予定者の氏名等を記載した書類に代表理事を追加したものなどの必要書類を速やかに提出するようにしてください。

(注36) 最初の評議員の選任については、旧主務官庁の認可を受けて理事が定める方法によることとされていますが（整備法第92条）、最高意思決定機関の人事を最高意思決定機関だけで行うことの弊害や評議員の人事を外部の者が関与する余地を封じて行うことの弊害を防止するため、任意の機関として、中立的な立場にある者が参加する機関を設置し、この機関の決定に従って評議員を選任する方法を採用するのが望ましいでしょう。
　上記の方法に従って選任された最初の評議員については、移行前に寄附行為を変更して法人法上の評議員を置く場合を除き、移行の際の定款の変更の案に氏名を直接記載する必要があります。

3 定款づくりの際におさえておくべき重要事項

定款は認定の可否を決める最重要書類！
特に間違いそうな部分を要チェック!!

■従来の公益法人は、定款変更案を申請前に議決するの？

　特例民法法人が、移行認定や移行認可の申請をするに当たっては、整備法第103条第2項第2号又は第120条第2項第2号に規定する「定款変更案」を、法人として事前に作成しておく必要があります。

　「定款変更案」とは、今までの定款や寄附行為の名称の変更だけでなく、必要に応じて一般法に適合するための機関等の変更、移行認定の認定基準に適合するための所要の変更をしようとする案です。

　その変更案は、整備法第106条第1項（第121条第1項において準用する場合を含みます）の移行の登記をすることを前提にしているので、万が一認定や認可が下りなければ、元の定款や寄附行為にもどって再度やり直しということになり、まったくなかったことになるということに注意が必要です。このことを「停止条件付」といいます。

　そして、この「定款変更案」は、通常の定款変更と同様、特例社団法人にあっては社員総会の決議（従来の民法38条1項）を経なければなりません。ですので、申請前に必ず社員総会を開催してください。

　ただ、この「定款変更案」は、移行認定や移行認可を経て、その後の移行登記がなされることをもって効力が生じることになりますので、従来と違って、旧主務官庁の認可は不要です（整備法88条・102条（第118条において準用する場合を含む））。

　なぜなら、この「定款変更案」が新法に適合するかどうかを審査するのは、移行認定又は移行認可をする行政庁が行うのが最もふさわしいからです。

　それは、「定款変更案」について、旧主務官庁を制度的に関与させることにすると、旧主務官庁が新公益法人への移行に多大な影響力を及ぼし得ることとなり、旧主務官庁制の廃止という改革の趣旨を考えると、適当ではないからです。

■財団法人の場合も「寄附行為」ではなく「定款」？

　民法では財団法人の設立行為を「寄附行為」（従来の民法39条）と称する一方で、法人への贈与遺贈もまた「寄附行為」と称しており（従来の民法41条・42条）、多義的に使用され、「寄附」や「行為」の文字から法人設立の「根本規則及びそれを表した書面」をイメージしにくい言葉であるとの指摘が以前からあり、新制度では「寄附行為」の語を改めることになりました。そのため、一般法においては、一般財団法人の根本規則を「寄附行為」ではなく、「定款」として規定しています。

■特例財団法人が移行申請する場合、設立者は誰？

　特例財団法人が移行認定や移行認可を申請する際、行政庁に提出する定款変更案には、「設立者の氏名又は名称」や「住所」を記載する必要はありません。

　ただし、それでは設立者の意思を将来に残せないと判断した場合は、法人において任意に「設立者の氏名又は名称」や「住所」を記載することができます。もちろん、その場合は、民法法人として設立した際の設立者を記載することとなり、新しい役員などにすることはできません。

■「社員総会」とか「代表理事」「業務執行理事」でないとダメなの？

　法律上の名称ではないが従来使用してきた名称（具体的には、総会、理事長、専務理事など）を定款の中で使用することは、もちろん可能です。ただし、それらの名称を定款で使う場合には、一般法における「法律上の名称」と、定款で使用する名称がどのような関係にあるのかを、定款を読む人がわかるようにしなければなりません。

　まず、定款で「総会」という名称を使用した場合ですが、定款で使っている「総会」という名称の会議が、一般法における「社員総会」や「評議員会」に該当するものか否かを定款を読む人がわかるようにすべきです。できれば、社員の総会は「社員総会」に一本化すべきです。

　次に、定款で「理事長」という名称を使用した場合ですが、定款で使っている「理事長」という名称の人が、一般法における、法人を代表する理事で

ある「代表理事」に該当するのか否かを定款を読む人がわかるようにしなければなりません。ですから「理事長は、当法人の代表理事とする」などの表記が必要です。

また、定款で「専務理事」や「常務理事」という名称を使用したい場合も同様に、それらの人たちが、一般法における「代表理事」に該当するのか、あるいは「業務を執行する理事」に該当するのか、それともただの「理事」に該当するのか定款を読む人がわかるようにするのです。

もし仮に、代表権のない者に対して、法人を代表する権限を有するかのような紛らわしい名称（たとえば「理事長」のような名称）をつけた場合、その者がした行為については、たとえその者に法人を代表する権限がなかったとしても、法人は善意の第三者に対してその責任を負わなければなりません（一般法82条（第197条において準用する場合を含む））ので、特に注意が必要です。

■法人は、一般財団法人の設立者になれるのか？

財団法人の設立には、必ず設立者が必要です。設立者とは、財産を拠出して一般財団法人を設立する者のことをいいます。

ただ、設立者は自然人だけでなく法人でもよいこととされていますので、会社やNPO法人が設立者になることは可能です。ただし、法人については、その性質上、一般法第152条第2項の遺言による設立をすることはできません。

■従来の財団法人の寄附行為は変えていいの？

従来の寄附行為の中に、特定の条項を変更してはならない旨の規定がある場合、その規定を変更しなければ新制度の公益社団・財団法人又は一般社団・財団法人に移行することができないときには、特例財団法人の定款（寄附行為）の定め方や機関設計に従い、次の3つの方法のうち、いずれかの方法により当該条項を変更することができます。

1つ目の方法は、評議員を設置しない特例財団法人の場合、定款（寄附行為）の中に、「定款（寄附行為）の変更に関する定め」があれば、その定め

に従って、「特定の条項の変更を禁止する」旨の規定を削除又は変更するとともにその条項を新制度に適合させる内容に変更する定款変更の手続を行い、主務官庁の認可を受けることになります（整備法94条1項・2項・6項）。

2つ目の方法は、評議員を設置しない特例財団法人が定款（寄附行為）の中に、「定款（寄附行為）の変更に関する定め」がない場合、まず、理事が定める手続に従って、「定款の変更に関する定め」を設ける定款の変更をすることになります。その上で、新たな「定款の変更に関する定め」に従い、「特定の条項の変更を禁止する」旨の規定を削除又は変更するとともにその条項を新制度に適合させる内容に変更する定款の変更をすることになります。

この場合も主務官庁の認可を受ける必要があります（整備法94条1項・3項・6項）。

3つ目の方法は、新制度における評議員を設置した特例財団法人が選択することができる方法です。この場合は、新制度における評議員会で、「特定の条項の変更を禁止する」旨の規定を削除又は変更するとともに、その条項を新制度に適合させる内容に変更する旨の決議をした上で（一般法200条1項本文・189条2項3号）、主務官庁の認可を受けることになります（整備法94条6項）。

なお、その場合は、まず「目的」や「評議員の選任及び解任の方法」についても「評議員会の決議によって変更することができる」旨を定款に定めた上で、その条項を変更することとなります（整備法94条4項において読み替えて適用する一般法200条2項）。

もし仮に、変更が禁止されている「特定の条項」が、「目的」のように一般法第200条第1項ただし書において原則として変更することができないとされている事項であったとしても、上記の方法のいずれかにより、定款の定めを変更することができるのです。

新制度（一般法）では、定款は評議員会の特別決議で変更することができるものの、「目的」と「評議員の選任及び解任の方法」については原則として変更することができないこととされています（一般法200条1項・153条

1項1号・8号)。

　これは、一般財団法人における「目的」と「評議員の選任及び解任の方法」の重要性に配慮した規定ですが、一般法は、このような重要な事項であっても、例外として、2つの場合に変更することができることとしています。

　その1つは、設立者が、「評議員会の決議によって変更することができる」と定款に定めた場合で、もう1つは、設立の当時予見することのできなかった特別の事情により「目的」又は「評議員の選任及び解任の方法」についての定款の定めを変更しなければその運営の継続が不可能又は著しく困難となるに至った場合に、裁判所の許可を得たときです(一般法200条2項・3項)。

　このように、新制度（一般法）では、「目的」のように極めて重要な事項についての定款の定めであっても、定款に変更することができる旨の定めがあるか、一定の厳しい要件のもとで裁判所の許可があればその定めを変更することができることとされています。

　ただし、従来の財団法人（特例財団法人）が移行の登記をするまでの間に適用される整備法では、(新制度における)評議員を設置しない特例財団法人の場合には、一般法の定款変更についての上記の規定（一般法200条）は適用されないこととされ（整備法94条1項)、(新制度における)評議員を設置した特例財団法人の場合には、裁判所の許可を得て定款を変更する方法（一般法200条3項）の規定が適用されないこととされています（整備法94条5項）ので、この場合には、新制度における評議員会を申請前に設置すべきでしょう。

　このように、特例財団法人の定款（寄附行為）の中に「特定の条項を変更してはならない」旨の規定があっても、その規定を削除又は変更しなければ認定又は認可を受けられず解散しなければならなくなるような場合等には、その規定を変更することができますので、そのような法人でも安心です。

■定款は変えられても、さすがに法人名は無理ですか？

　公益社団・財団法人又は一般社団・財団法人に移行するための認定・認可の申請に当たって、法人の名称や定款の目的を変更したいという法人も多いでしょう。目的の変更はできそうでも法人名の変更は無理だとあきらめてい

る法人も多いのですが、実はそれができるのです。

　ですから、従来の公益法人格取得のいきさつで、無理やり主務官庁に名前を変更させられた法人などは、この際に名称変更を検討すべきでしょう。

　特例社団法人の間に法人名や目的等を変える場合は、総社員の4分の3以上の同意を得た上で（定款に別段の定めがある場合にはその要件を充足した上で）、主務官庁の認可を受けることによって、法人の名称や定款の目的を変更することが可能となりますので、事前に主務官庁に申請しましょう（整備法88条、従来の民法38条・37条1号・2号参照）。

　特例財団法人の場合は、特例財団法人の定款（寄附行為）の定め方や機関設計に従って、前述の3つの方法のうち、いずれかの方法により法人の名称を変更することができます。

4 内閣府による定款変更ガイドライン

内閣府から示された定款変更のガイドライン。
定款変更の際には必ずこの内容を押さえておこう。

　以下の資料は、「移行認定又は移行認可の申請に当たって定款の変更の案を作成するに際し特に留意すべき事項について」（平成20年10月10日内閣府公益認定等委員会）からの抜粋です。

留意事項1　役員等（理事、監事及び評議員）以外の者に一定の名称を付すこととする場合の留意事項

【問題の所在】
　役員等（理事、監事及び評議員）以外の者に対して、法律上の権限はないが、権限を有するかのような誤解を生じさせる名称（役職）を付す場合には、定款にその根拠を設けることなく、法人関係者（例えば代表理事、理事会）が、自由に、誰にでも上記のような名称（役職）を付すことが許されるか。

【考え方】
　法は、法人のガバナンスを確保するため、理事、監事、社員、評議員、代表理事、業務執行理事及び会計監査人などの法人のガバナンスを担う機関を法定し、これらのものの地位と役割に関し、選任・解任手続、資格、定数、任期、権限、責任、設置義務の範囲、報酬、欠員が生じた場合の措置等についてそれぞれ規律を設けることにより、ガバナンスを担うこととなるものの位置付けを明確化し、併せて機関相互の権限関係をも規定することにより適正な法人運営がなされるよう図っており、対外的にも、法人のガバナンスを担う立場にあるものの地位や役割を明らかにしている。また、特に、法は、法人が事業活動を行うに際して、その相手方が不測の損害を被るのを防止するため、対外的に法人を代表する権限を有する理事を「代表理事」と規定した上で（法第21条、第162条第1項）、代表理事以外の理事に「理事長」その他法人を代表する権限を有するものと認められる名称を付した場合には、当該理事がした行為について、善意の第三者に対して法人がその責任を負う（法第82条（第197条において準用する場合を含む。以下、一般財団法人について準用する場合の条文の引用は省略する。））ものとしている。さらに、公益法人については、

公益法人認定法において、その高い社会的信用を保ちつつ、公益目的事業を適正に実施するための体制を確保するための種々の規律が設けられているところである※1。

　上記のような関係法令の趣旨を踏まえ、公益法人においては、役員等（理事、監事及び評議員）以外の者に対して、法律上の権限はないが、権限を有するかのような誤解を生じさせる名称（役職）を付す場合には、原則として、定款に、その名称、定数、権限及び名称を付与する機関（社員総会、理事会など）についての定めを設けることが望ましい※2。

【定款審査における取扱い】
　上記の考え方と異なる運用をすることにより、公益法人の社会的信用を毀損し又は毀損するおそれが高い場合等には、その理由の説明を求め、不適切であれば不認定の対象となり得るものとする※3。

【注】　1　代表権のない者（代表権を有しない理事を含む。）に対し、「理事長」など法人を代表する権限を有するものと認められる名称を付した場合には、法人が表見代表（法第82条）ないし表見代理（民法第110条等）の責任を負う可能性がある。

　　　2　定款の定めの例
　　　　第○条　この法人に、任意の機関として、1名以上3名以下の相談役を置く。
　　　　2　相談役は、次の職務を行う。
　　　　　(1)　代表理事の相談に応じること
　　　　　(2)　理事会から諮問された事項について参考意見を述べること
　　　　3　相談役の選任及び解任は、理事会において決議する。
　　　　4　相談役の報酬は、無償とする。

※1　公益法人認定法は、公益法人の高い社会的信用を保つため、①その名称を保護し、公益法人ではない者が公益法人であると誤認される名称等を使用することを禁止し（公益法人認定法第9条第4項）、②公益法人の理事、代理人、従業者等が迷惑を覚えさせるような方法により寄附の勧誘・要求をすること、寄附をする財産の使途について誤認させるおそれのある行為をすること及び寄附者の利益を不当に害するおそれのある行為をすること等を禁止し（同法第17条第2号から第4号）、③公益法人の社会的信用を維持する上でふさわしくない事業等も禁止する（同法第5条第5号）だけでなく、④所定の機関設計を義務付け（同法第5条第12号・第14号ハ）、役員の構成を規制する（同条第10号・第11号）など、公益法人の高い社会的信用を保ちつつ公益目的事業を適正に実施するための体制（同法第1条）を種々の規律により確保しようとしている。

※2　公益法人の役員等（理事、監事及び評議員）の地位にある者については、その氏名等が記載された役員等名簿により広く閲覧等に供され（公益法人認定法第21条第4項・第2項第2号、第22条第3項）、登記上も公示される（法第301条第2項第5号から第7号、第302条第

2項第5号・第6号)。また、公益法人の役員等(理事、監事及び評議員)以外の者であって、法人運営に一定の権限を有するような名称(役職)が付された者については、定款にその根拠が設けられることにより、その権限の内容等が公開されることとなる(公益法人認定法第21条第4項、第22条第2項)。

※3　公益法人においては、「法律上の権限はないが、権限を有するかのような誤解を生じさせる名称(役職)」を役員等(理事、監事及び評議員)以外の者に付す場合には、原則として、定款にその名称等についての定めを設けることが望ましい。しかし、定款審査においては、「当該名称(役職)等を定款に定めているか否か」が問題となるのではなく、そのような紛らわしい名称(役職)を使用したこと等により、公益法人の社会的信用を毀損し又は毀損するおそれが高いと認められるような例外的な場合に、定款にその根拠を設けることなく紛らわしい名称(役職)を使用していること等が問題となるに過ぎない。

留意事項2　法人の運営上、法律に規定がない任意の機関を設ける場合の取扱い・法律上の名称を定款において通称名で規定する場合の留意事項

【問題の所在】
① 法人の運営に際し、法律に規定がない任意の(合議)機関(会議体)を定款に設けて運営する場合の留意事項。
② 定款において、社員総会を「総会」、代表理事を「理事長」・「会長」などのように略称や通称名で記載することは許容されるか。

【考え方】
　法は、法人のガバナンスを確保するため、法人の重要事項の意思決定、業務執行の決定、職務の執行を行う機関として、社員総会、評議員会、理事会、代表理事、業務執行理事などの機関を法定し、その構成員、招集手続、決議方法、権限、瑕疵ある決議の内容や手続の是正方法等についてそれぞれ詳細な規律を設けるとともに、機関相互の権限関係を規定することにより適正な法人運営がなされるよう図っている。

　上記のような法の趣旨を踏まえ、特例民法法人の移行に当たり、
　　① 法人の運営に際し、法律に根拠のない任意の機関(会議体)を定款に設けて運営する場合には、当該機関の名称、構成及び権限を明確にし、法律上の機関である社員総会、評議員会又は理事会等の権限を奪うことのないように留意する必要があり(法第35条第4項、第178条第3項等参照)(問題の所在①)、
　　② 法の名称とは異なる通称名や略称を定款に使用する場合(例えば、社員

総会を「総会」、代表理事を「理事長」と表記するような場合）には、「法律上の名称」と定款で使用する名称がどのような関係にあるのかを、定款上、明確にする必要がある（問題の所在②）

こととなる。

【定款審査における取扱い】

　上記の考え方と異なる運用を選択する場合には、その理由の説明を求め、不適切であれば不認定又は不認可の対象となり得るものとする。

【注】　1　任意の（合議）機関（会議体）として、定款の定めにより、例えば、一部の理事と事務局員等で構成する「常任理事会」や「常務会」を設け、当該機関において理事会の審議事項の検討等の準備を行うこととすることは可能であるが、それに加えて、「当該機関の承認がない事項については理事会で決定することができない」旨の定めを設けることは、理事会の権限を制約することとなるため許されない。定款に根拠を設けずに上記のような任意の機関を設けることも可能であるが、当該機関の運用において、法定の機関の権限を制約するような運用をすることは許されない。

　　　2　定款の定めの例（問題の所在①）

　　　第○条　この法人に、企画・コンプライアンス委員会を置く。

　　　　2　第1項の委員会は、業務執行理事1名、理事1名、事務局員1名で構成する。

　　　　3　第1項の委員会は、次に掲げる事項を行う。

　　　　　(1)　この法人の業務運営の年間計画案を策定し、理事会に提出すること

　　　　　(2)　この法人の理事の職務の執行が法令及び定款に適合することを確保するための体制その他業務の適正を確保するために必要な体制の運用及び改善について、理事会に参考意見を提出すること

　　　　　(3)　この法人の事業に従事する者からの法令違反行為等に関する通報に対して適切な処理を行うため、公益通報の窓口を設置・運用し、管理すること

　　　　4　第1項の委員会の委員は、理事会において選任及び解任する。

　　　　5　第1項の委員会の議事の運営の細則は、理事会において定める。

　　　3　定款の定めの例（問題の所在②）

　　　第○条　この法人に以下の会員を置く。

　　　　　(1)　正会員　この法人の事業に賛同して入会した個人又は団体

(2) 特別会員　　〇〇〇
　　(3) 賛助会員　　〇〇〇
　2　前項の会員のうち正会員をもって一般社団・財団法人法上の社員とする。
第〇条　この法人に、次の役員を置く。
　　(1) 理事　　〇〇名以上〇〇名以内
　　(2) 監事　　〇〇名以内
　2　理事のうち1名を理事長、〇名を常務理事とする。
　3　前項の理事長をもって一般社団・財団法人法上の代表理事とし、常務理事をもって同法第91条第1項第2号の業務執行理事とする。

留意事項3　代議員制度

【問題の所在】

　「当該社団法人に会費を納めている会員に選挙権を与え、会員の中から社員を選出するための選挙を行い、当該選挙により選出された者を任期付きの社員とする」旨の定めを設け、いわゆる代議員制を採用する場合の定款の定めの在り方。

【考え方】

　社団法人における社員総会は、役員の人事や報酬等を決定するとともに、定款変更、解散などの重要な事項の意思決定をすることができる法人の最高意思決定機関である。そのため、社団法人の実態としては社員となることができる資格のある者が多数いるにも関わらず、社員の範囲を狭く絞って社員総会を運営し、多様な意見を反映する機会を設けることなく、構成員のうちの一部の勢力のみが法律上の「社員」として固定されてしまうような場合には、当該社団法人の実効性のあるガバナンスを確保することができなくなる。

　例えば、社員総会で議決権を行使することとなる「代議員」の選定を理事ないし理事会で行うこととすると、理事や理事会の意向に沿った少数の者のみで社員総会を行って法人の意思決定をすることともなりかねないため（法第35条第4項、公益法人認定法第5条第14号イ参照）、会員の中から社員（代議員）を選定する方法は特に留意する必要がある。また、社員の範囲を狭く絞ることにより、移行に伴い従来から社員の地位にあった者の個別の同意を得ることなくその者の地位（社員たる権利）を奪うこととなるだけでなく、法が社員に保障した各種の権利を行使できる者の範囲が狭まることとなり、社員権の行使により法人のガバナンスを確保しようとした法の趣旨に反することともなりかねない。

このような問題意識を踏まえ、特例社団法人が、上記の意味の代議員制を採る場合には、定款の定めにより、以下の5要件を満たすことが重要である。
　① 「社員」（代議員）を選出するための制度の骨格（定数、任期、選出方法、欠員措置等）が定款で定められていること
　　→ 定款における「社員の資格の得喪」に関する定め（法第11条第1項第5号）の内容として、少なくとも、定款において、社員の定数、任期、選出方法、欠員措置等が定められている必要がある。
　② 各会員について、「社員」を選出するための選挙（代議員選挙）で等しく選挙権及び被選挙権が保障されていること
　　→ 代議員（社員）の選定方法の細部・細則を理事会において定めることとしても、少なくとも、「社員の資格の得喪」に関する定め（法第11条第1項第5号）の内容として②の内容を定款で定める必要がある（公益法人認定法第5条第14号イ参照）[※1]。
　③ 「社員」を選出するための選挙（代議員選挙）が理事及び理事会から独立して行われていること
　　→ ①で、社員（代議員）の選出方法を定款に定めた場合でも、理事又は理事会が社員を選定することとなるような定めは一般社団・財団法人法第35条第4項の趣旨に反する。定款の定めにおいては、②の内容とともに明記することが考えられる。
　④ 選出された「社員」（代議員）が責任追及の訴え、社員総会決議取消しの訴えなど法律上認められた各種訴権を行使中の場合には、その間、当該社員（代議員）の任期が終了しないこととしていること
　　→ 例えば、社員が責任追及の訴えを提起したものの、訴訟係属中に任期満了により当該社員が社員の地位を失った場合には、代表訴訟の原告適格も失うおそれが高い。そのため、比較的短期間の任期の社員を前提とする代議員制においては、事実上、任期満了間際に社員が訴権を行使できなくなるため、社員に各種の訴権を保障した法の趣旨を踏まえ、④の内容を定款に定める必要がある。
　⑤ 会員に「社員」と同等の情報開示請求権等を付与すること
　　→ 法は、「社員」によるガバナンスの実効性を確保するため社員たる地位を有する者に各種の権利を付与している。かかる法の趣旨を踏まえ、旧民法では「社員」の地位にあった者を新法下で「会員」として取り扱うこととするような特例社団法人等については、社員の法人に対する情報

開示請求権等を定款の定めにより「会員」にも認める必要がある。

【定款審査における取扱い】
　上記の考え方と異なる運用を選択する場合には、その理由の説明を求め、不適切であれば不認定又は不認可の対象となり得るものとする。

【注】　1　新制度の施行前から既に上記のような代議員制を採っている特例社団法人において、移行後も代議員制を採ることとする場合には、本文の考え方の趣旨を踏まえた方法により代議員（社員）を選挙することが必要となる。仮に、従来の運用において、理事（理事会）が代議員（社員）を選出していると評価できるような方法で代議員（社員）を選挙していた特例社団法人については、理事（理事会）から独立した形で代議員（社員）選挙を行った上で新制度に移行する必要がある。

　　　　また、新制度の移行に伴って代議員制を新たに採ることとする特例社団法人においては、旧民法上の社員の地位を有していた者に対して代議員の選挙権等を付与しないものとすることは合理的な理由がない限り許されない。新制度の施行前から既に代議員制を採っている特例社団法人においても、旧民法上の社員（代議員）の選挙権を有していた者（会員）に対して、新制度の移行に伴って代議員の選挙権等を付与しないものとすることは合理的な理由がない限り許されない。

　　　2　複数の種類の会員資格（例えば、個人会員、法人会員、学生会員、名誉会員、賛助会員など）を設けている特例社団法人にあっては、どの種類の会員が選挙権・被選挙権を有するか（本文②の要件）、情報開示請求権等を付与されるのか（本文⑤の要件）を定款に明示することが必要である[※2]。その際には、公益法人認定法第5条第14号ロの趣旨、すなわち、議決権について不当に差別的な取扱いを禁止することにより社員総会における意思決定に偏りが生じることを防止するとともに、資力を有する一部の社員によって社員総会の運営が恣意的になされることを防止しようとした趣旨を踏まえつつ、当該社団法人の事業活動に関心を持ち、その法人の重要事項の意思決定の過程に関与すべき立場にある種類の会員に選挙権・被選挙権等を付与することとなる（会員の種類間で区別を設けることが、当該社団法人の目的、事業内容に照らして、合理的な関連性及び必要性があれば許容される。）[※3]。

3　定款の定めの例

第○条　この法人に、次の種類の会員を置く。
　(1)　正会員　○○の資格を有する者
　(2)　準会員　この法人の活動に協賛する者、○○の資格の取得予定者
2　この法人の社員（一般社団・財団法人法第11条第1項第5号等に規定する社員をいう。以下同じ。）は、概ね正会員300人の中から1人の割合をもって選出される代議員をもって社員とする（端数の取扱いについては理事会で定める。）。
3　代議員を選出するため、正会員による代議員選挙を行う。代議員選挙を行うために必要な細則は理事会において定める。
4　代議員は、正会員の中から選ばれることを要する。正会員は、前項の代議員選挙に立候補することができる。
5　第3項の代議員選挙において、正会員は他の正会員と等しく代議員を選挙する権利を有する。理事又は理事会は、代議員を選出することはできない。
6　第3項の代議員選挙は、2年に1度、○月に実施することとし、代議員の任期は、選任の2年後に実施される代議員選挙の終了の時までとする。ただし、代議員が社員総会決議取消しの訴え、解散の訴え、責任追及の訴え及び役員の解任の訴え（法第266条第1項、第268条、第278条、第284条）を提起している場合（法第278条第1項に規定する訴えの提起の請求をしている場合を含む。）には、当該訴訟が終結するまでの間、当該代議員は社員たる地位を失わない（当該代議員は、役員の選任及び解任（法第63条及び第70条）並びに定款変更（法第146条）についての議決権を有しないこととする。）。
7　代議員が欠けた場合又は代議員の員数を欠くこととなるときに備えて補欠の代議員を選挙することができる。補欠の代議員の任期は、任期の満了前に退任した代議員の任期の満了する時までとする。
8　補欠の代議員を選挙する場合には、次に掲げる事項も併せて決定しなければならない。
　(1)　当該候補者が補欠の代議員である旨
　(2)　当該候補者を1人又は2人以上の特定の代議員の補欠の代議員として選任するときは、その旨及び当該特定の代議員の氏名
　(3)　同一の代議員（2以上の代議員の補欠として選任した場合にあっては、

　　　　当該2以上の代議員）につき2人以上の補欠の代議員を選任するときは、
　　　　当該補欠の代議員相互間の優先順位
　　9　第7項の補欠の代議員の選任に係る決議が効力を有する期間は、当該決議後2年以内に終了する事業年度のうち最終のものに関する定時社員総会の終結の時までとする。
　　10　正会員は、一般社団・財団法人法に規定された次に掲げる社員の権利を、社員と同様にこの法人に対して行使することができる。
　　　(1) 法第14条第2項の権利（定款の閲覧等）
　　　(2) 法第32条第2項の権利（社員名簿の閲覧等）
　　　(3) 法第57条第4項の権利（社員総会の議事録の閲覧等）
　　　(4) 法第50条第6項の権利（社員の代理権証明書面等の閲覧等）
　　　(5) 法第52条第5項の権利（電磁的方法による議決権行使記録の閲覧等）
　　　(6) 法第129条第3項の権利（計算書類等の閲覧等）
　　　(7) 法第229条第2項の権利（清算法人の貸借対照表等の閲覧等）
　　　(8) 法第246条第3項、第250条第3項及び第256条第3項の権利（合併契約等の閲覧等）
　　11　理事、監事又は会計監査人は、その任務を怠ったときは、この法人に対し、これによって生じた損害を賠償する責任を負い、一般社団・財団法人法第112条の規定にかかわらず、この責任は、すべての正会員の同意がなければ、免除することができない。

※1　「社員の資格の得喪」に関する定款の定めにおいて「不当な条件」を付しているかどうか（公益法人認定法第5条第14号イ）については、社会通念に従い判断し、当該法人の目的、事業内容に照らして当該条件に合理的な関連性及び必要性があれば、不当な条件には該当せず、例えば、専門性の高い事業活動を行っている法人において、その専門性の維持、向上を図ることが法人の目的に照らして必要であり、その必要性から合理的な範囲で社員資格を一定の有資格者等に限定したり、理事会の承認等一定の手続的な要件を付したりすることは、不当な条件に該当しないものとされている（公益認定等ガイドライン〔平成20年4月11日〕）。各会員の選挙により「社員」を選出する代議員選挙においてもこの理は妥当し、代議員選挙の運用に際し、会員間の選挙権・被選挙権等に一定の差異を設けることが当該法人の目的、事業内容に照らして合理的な関連性及び必要性があれば許容され得る。

※2　なお、特例社団法人の社員（代議員）の選挙を他の法人や団体に完全にゆだねることは不相当である。例えば、当該特例社団法人と提携先の法人等（連携法人・連携団体）との間に、法人の目的、社員（構成員）の構成等について密接な共通関係がある場合であっても、当該特例社団法人の社員（代議員）の選出に際しては、本文の考え方が没却されることのないように、当該特例社団法人の責任者による一定の関与の下にその社員（代議員）の選挙が行われることが必要であることに留意すべきである。

※3　代議員制を採用する特例社団法人に限らず、複数の種類の会員資格（例えば、個人会員、法人会員、学生会員、名誉会員、賛助会員など）を設けている特例社団法人が、特定の種類の会員のみをもって「社員」とする旨の定款の定めを設ける場合も同様であり、当該社団法人の事業活動に関する重要な事項の意思決定に関心を持ち、これに関与すべき立場にある種類の会員のみを社員とすることが、当該社団法人の目的、事業内容に照らして、合理的な関連性及び必要性があれば許容される。

留意事項4　社員総会及び評議員会の決議要件（定足数）及び理事の選任議案の決議方法

【問題の所在】
① 公益社団法人における社員総会の普通決議（理事の選任）の決議要件（定足数）の定款の定めの在り方。
② 理事の選任議案を社員総会（評議員会）で決議する方法について、例えば、4人の理事の選任議案の決議方法を4人一括で決議する方法は許されるか。例えば、4人の理事候補者のうち、1名については反対、3名については賛成の議決権の行使をしたいと考えている社員（評議員）がいるときに、4人一括で決議する方法が採用された場合には、そのような意思を反映した議決権の行使をすることができないこととなるため、社員総会又は評議員会の議事の運営方法についての定款の定めの在り方が問題となる。

【考え方】
　法は、社員総会又は評議員会に理事の選任権を形式的に付与しているだけでなく、理事の選任過程の適正を確保するため、種々の方策を講じている。
　すなわち、法は、社員（評議員）1人に1議決権を付与する（法第48条第1項本文、第178条第1項、第189条）だけでなく、社員総会（評議員会）を招集するに際しては、理事の選任議案の内容をすべての社員（評議員）に通知するものとし（法第39条第1項、第2項第2号、第4項、第38条第1項第5号、第41条、第42条、一般社団法人及び一般財団法人に関する法律施行規則（平成19年法務省令第28号。以下「施行規則」という。）第4条第1号イ、第3号イ、第5条第1項第1号、第2項、法第182条、第181条第1項第3号、施行規則第58条第1号）、理事及び監事に社員（評議員）への説明義務を課し（法第53条、第190条）、理事を選任（再任）する場合には、社員（評議員）にその理由を説明しなければならないものとしている。さらに、法は、それに納得がいかない社員（評議員）が自分自身で議案の提案権を行使し、別の候補者を役員とする選任議案を提案し、その議案の要

領を招集通知に記載することを請求することができることともしている（法第43条から第45条、第184条から第186条）。

また、その決議に際しても、総社員の議決権（議決に加わることができる評議員）の過半数を有する社員（評議員）の出席を要することとし（法第49条第1項、第189条第1項）、公益法人においては、所定の理事の合計数が理事の総数の3分の1を超えてはならない（公益法人認定法第5条第10号及び第11号）こととされている。

このように、法及び公益法人認定法は、あらゆる規律を通して、選任手続を可能な限り慎重ならしめ、社員総会（評議員会）における実質的な審議を経て適正に理事が選任されるための種々の方策を講じている[※1]。

この点、仮に、公益社団法人における社員総会の普通決議の決議要件（定足数）の定款の定めとして、この要件を大幅に緩和したり、あるいは撤廃する定めを設けた場合には、総社員のうち、ごく一部の社員のみで理事の選任が決定されることとなり、上記の法の趣旨が没却されることとなる。

また、理事の選任議案を社員総会（評議員会）で決議する方法について、例えば、4人の理事の選任議案の決議（採決）を4人一括で決議（採決）することとした場合には、本来、1つ1つの議案（1人1人の理事の選任議案）ごとに賛成又は反対の意思を表明することができるはずの社員[※2]（評議員）に対して、全議案についてすべて賛成か又はすべて反対かという投票を強制することとなり、上記の法の趣旨が没却されることとなる。

このような法の趣旨及び考え方を踏まえ、
① 公益社団法人が、定款の定めにより、社員総会の普通決議の決議要件（定足数）を大幅に緩和し、あるいは撤廃することは許されない（問題の所在①）
② 社員総会又は評議員会で理事の選任議案を採決する場合には、各候補者ごとに決議する方法を採ることが望ましく[※3]、特例民法法人の移行に際し、その定款（の変更の案）に、社員総会又は評議員会の議事の運営方法に関する定めの1つとして、「理事の選任議案の決議に際し候補者を一括して採決（決議）すること」を一般的に許容する旨の定めを設けることは許されない（問題の所在②）

こととなる。

【定款審査における取扱い】
上記の考え方と異なる運用を選択する場合、すなわち、①定款の定めにより、社

員総会の普通決議の決議要件（定足数）を大幅に緩和し、あるいは撤廃する場合には、その理由の説明を求め、不適切であれば不認定の対象となり得るものとし、②定款に、社員総会又は評議員会の議事の運営方法に関する定めの一つとして、「理事の選任議案の決議に際し候補者を一括して採決（決議）すること」を一般的に許容する旨の定めを設けた場合には、不認定又は不認可の対象となるものとする。

【注】　1　問題の所在①についての本文の考え方の趣旨を踏まえ、公益社団法人が、定款の定めにより、社員総会の普通決議の決議要件（定足数）を緩和することとする場合には、例えば、普通決議の決議要件（定足数）の定めとして、「総社員の議決権の3分の1を有する社員の出席」を要することとする程度の定めを設けることが考えられる（このような定めを設けた場合には、総社員の議決権の6分の1（約16.7パーセント）を超える賛成さえあれば理事を選任又は解任することができることとなる。）。なお、定款に社員総会の普通決議の決議要件（定足数）についての定めを設けない場合には、法第49条第1項の原則どおり、「総社員の議決権の過半数を有する社員の出席」が必要となる。
　　　　2　社員総会の運営については、理事会及び評議員会とは異なり、代理人により議決権を行使する方法（代理人による社員総会への出席。法第50条第1項）、書面により議決権を行使する方法（法第38条第1項第3号、第51条第1項）、電磁的方法（例えば、電子メール）により議決権を行使する方法（法第38条第1項第4号、第52条第1項）がそれぞれ法の規定により認められており、いずれの方法による場合も、行使された議決権の数が、出席した社員の議決権の数に算入されることとなる（法第51条第2項、第52条第3項）。社員数が多い公益社団法人にあっては、このような方法を併用することにより、円滑に社員総会を運営することができる[※4]。
　　　　3　公益財団法人における評議員会の普通決議の決議要件（定足数）については、撤廃することはもちろん、緩和すること自体も認められていない（法第189条第1項）ため、評議員会の普通決議の決議要件（定足数）を緩和する内容の定款の定めは無効となる。
　　　　4　問題の所在②についての本文の考え方の趣旨を踏まえ、定款に社員総会又は評議員会の議事の運営方法に関する定めを設けることとする場合には、下記の定款の定めの例のように、「理事の選任議案の採決は各候補者ごとに採決（決議）する方法とする」旨を定めておくことも考えられ

る※5。

5 定款の定めの例

第○条　社員総会の決議は、次項に規定する場合を除き、総社員の議決権の過半数を有する社員が出席し、出席した当該社員の議決権の過半数をもって行う。

2　前項の規定にかかわらず、一般社団・財団法人法第49条第2項各号に列挙された事項については、総社員の半数以上であって、総社員の議決権の3分の2以上に当たる多数をもって行う。

3　理事又は監事を選任する議案を決議するに際しては、各候補者ごとに第1項の決議を行わなければならない。理事又は監事の候補者の合計数が第○条に定める員数を上回る場合には、過半数の賛成を得た候補者の中から得票数の多い順に員数の枠に達するまでの者を選任することとする。

※1　本文以外にも、例えば、公益社団法人にあっては、社員総会における意思決定に偏りが出ることを防止するため、社員資格の得喪に関する事項や議決権の数等について不当に差別的な取扱いをすることを禁止するとともに、資力を有する一部の社員によって社員総会の運営が恣意的になされることを防止するため、法人に提供した財産の価額に応じて議決権の数や行使の条件等に差異を設けることを禁止し（公益法人認定法第5条第14号イ及びロ）、可及的に社員総会における適正な審議の確保を図っている。

※2　法は、社員に書面又は電磁的方法（電子メール等）による議決権の行使を認める場合（法第38条第1項第3号・第4号）には、議決権行使書面に「各議案についての賛否」を記載する欄を設けなければならない（施行規則第7条第1号）ものとしている。これは、社員が議案ごとに賛成又は反対の意思を表明する機会を確保しようとしたものである。

※3　しかし、議決権行使書面による議決権の行使の結果、社員総会の開催前に、複数の役員の選任議案のすべてについて過半数の賛成がそれぞれ得られているような場合であって、社員総会において、議長が複数の役員の選任議案を候補者全員一括で決議（採決）することを出席している議場の社員に諮り、それに異議が出ない等のときは、役員候補者全員の選任議案を一括で決議（採決）することも許容され得る。

※4　これ以外にも、例えば、（定時）社員総会に際し、公益社団法人から社員に提供する必要のある資料である①招集通知、②参考書類、議決権行使書面、③計算書類、事業報告、監査報告及び会計監査報告について、所定の要件を満たす場合には、電磁的方法で社員に提供することが可能とされている（①法第39条第3項、一般社団法人及び一般財団法人に関する法律施行令（平成19年政令第38号。以下「施行令」という。）第1条第1項第1号、②法第42条第2項、③法第125条、施行規則第47条第2項第2号）。また、代理人により議決権を行使する社員は、所定の要件を満たす場合には、公益社団法人に対し委任状をメールで提出することも認められている（法第50条第3項、施行令第2条第1項第1号）。

※5　このような定款の定めは、社員総会の議長の議事の整理権限（法第54条第1項）を適切にコントロールするものとしても有効である。

留意事項5　社員総会及び評議員会の理事の選任権限と第三者が関与できる範囲

【問題の所在】

社員総会又は評議員会で理事を選任する際、定款の定めにより、代表理事、理事会、設立者等の第三者を関与させることの可否。

【考え方】

社員総会又は評議員会の理事の選任権限は、定款の定めをもってしても奪うことができないため（法第35条第4項、第178条第3項）、特例民法法人の定款の変更の案において、社員総会又は評議員会以外の機関がその決定をくつがえすこととなるような定款の定めを設けることはできない。

【定款審査における取扱い】

上記の考え方と異なる定款の定めを設けた場合（定款に、社員総会又は評議員会の理事の選任権限を奪うこととなるような定款の定めや注1・2のような定めを設けた場合等）には、不認定又は不認可の対象となるものとする。

【注】　1　「理事の選任は、〇〇（例えば、代表理事、設立者）が行う」との定めは、社員総会又は評議員会の理事の選任権限を奪っており無効である。

2　「社員総会（評議員会）において理事を選任する場合には、〇〇（例えば、代表理事、設立者）の同意を得なければならない」旨の定めは、社員総会又は評議員会以外の者（機関）に拒否権（事実上の決定権）を与えることとなり得るため、上記1に準じた取扱いとなる。

3　「社員総会（評議員会）が理事を選任又は解任する場合には、〇〇（例えば、設立者、定款で指定した者）の意見を参考にすることができる」旨の定めは、社員総会又は評議員会以外の者（機関）に拒否権（事実上の決定権）を与えているとまではいえないため、許容される。

留意事項6　評議員の構成並びに選任及び解任の方法

【問題の所在】

「評議員の選任及び解任の方法」に関する定款の定めの在り方。

【考え方】

新制度（一般社団・財団法人法）における「評議員」は、一般財団法人の運営がその目的から逸脱していないかを監督する重要な立場にある。すなわち、新制度に

おいては、財団法人の運営の適正を確保するため、「評議員」の資格を有している者に対し評議員会の議決権を与え、理事、監事、会計監査人の選解任権、報酬等の決定権を与えて役員等の人事権を独占させた上、決算の承認、定款の変更など法人運営における重要事項の最終的な意思決定権を付与している。さらに、評議員には、理事の違法行為の差止請求権、役員等の解任の訴えの提訴権など法人の適切な業務運営を確保するための種々の権利も付与されている。加えて、評議員は広範かつ強大な権限を有するだけでなく、4年間の任期が保障されており、自らの意思で辞任しない限りは原則としてその地位を失うことはないなど、その独立性も強く保障されている。

　このように、新制度においては、評議員が、人事権等の重要な権利を適切に行使することにより財団法人の適正な運営が確保される仕組みとなっており、税制上の優遇措置を受けることとなる公益財団法人の業務運営が公正に行われるためには、広範で強い権限を付与されている評議員の人選が非常に重要となる。

　そのため、公益財団法人の運営が、特定の団体や勢力の利益に偏るおそれがなく、不特定かつ多数の者の利益のために適正かつ公正に行われるためには、評議員会を構成する評議員が公益法人の一般的な業務運営に一定の知見を有しているだけでなく、当該法人の運営の公正さに疑いを生じさせない立場にある者が評議員会の一定の割合を占めることが法の趣旨に適う。

　この点、例えば、評議員の選任及び解任を「評議員会の決議で行う」こととすると、「(最初の)評議員」の人選が特定の団体や勢力の関係者で占められた場合には、以後の評議員の選任も当該特定の団体や勢力の関係者によって占められることとなり、公正かつ適切な法人の業務運営を確保するために設けられた新制度の仕組みが有効に機能しないおそれがあるだけでなく、①当該法人の役員等の人事権等の重要かつ強大な権限を掌握した評議員の人事が評議員で構成される評議員会だけで行われ、いわば最高意思決定機関の人事を最高意思決定機関だけで行うこととなってしまい、②評議員の人事を身内だけで行い、外部の者が関与する余地がなくなるため、当該法人の運営が特定の団体や勢力の利益に偏り、その運営の公正さに疑いを生じさせるおそれがある（公益法人認定法第5条第3号及び第4号等参照）。

　このような考え方を踏まえ、公益財団法人に移行する特例財団法人が評議員の選任及び解任方法を定款に定めるに際しては、当該法人と相互に密接な関係にある者ばかりが評議員に選任されることのないようにする必要があり、これを確実に担保することができる方法を採らなければならない。

　そのような方法としては、

① 「評議員の構成を公益法人認定法第5条第10号及び第11号に準じたものにする」旨を定める方法

又は

　　② 評議員の選任及び解任をするための任意の機関として、中立的な立場にある者が参加する機関を設置し、この機関の決定に従って評議員を選任及び解任する方法

が望ましい。

【定款審査における取扱い】
　上記の考え方と異なる運用を選択する場合（評議員の構成を公益法人認定法第5条第10号及び第11号に準じたものにする旨を定款に定めておらず、かつ、評議員の選任及び解任方法として「中立的な立場にある者が参加する任意の機関を設置し、この機関の決定に従って評議員を選任及び解任する方法」以外の方法を定めている場合（特に、「評議員会が評議員を選任及び解任する」旨の定めを設けている場合））にはその理由の説明を求め、不適切であれば不認定の対象となり得るものとする。

【注】　1　評議員の選任及び解任方法として、例えば、「評議員の選任は、評議員会の推薦を得た上で、理事会が行う」旨の定めのように、理事又は理事会が評議員を選任し、又は解任することを内容とする定款の定めは無効である（法第153条第3項第1号）。

　　　　2　「評議員の選任及び解任の方法」が特定の団体や勢力の利益に偏った方法でされた場合には、当該公益財団法人の事業が行われるに当たり、当該特定の団体や勢力に対し特別の利益が与えられるおそれが高いものともなることに留意する必要がある（公益法人認定法第5条第3号及び第4号等参照）。本文の考え方のとおり、評議員の構成は、公益財団法人の事業の適正な運営の重要なポイントとなる。そのため、本文記載の①又は②の方法のいずれを選択したとしても、実際に選任された評議員の構成が特定の団体や勢力に対し特別の利益が与えられるおそれが高いものと認められる場合には、監督の対象となり得る[※1]。

　　　　3　本文の考え方②の方法を採る場合において、評議員を選任及び解任する任意の機関（評議員選定委員会）に参加する中立的な立場にある者に対しては、当該法人の関係者から、評議員候補者の経歴、評議員候補者とした理由、当該候補者と当該法人及び役員等との関係、兼職状況等、候補者が評議員として適任と判断した理由を説明することとなる。そのため、評議員候補者の原案は理事会において用意した上で、評議員を選

任する任意の機関の構成員にそれを諮ることとする運用も差し支えない。

　また、評議員を選任する任意の機関の構成員として、「中立的な立場にある者」のほかに法人関係者（評議員、監事、事務局員等）を加えても差し支えないが、理事又は理事会による評議員の選任を禁止した法第153条第3項第1号の趣旨を踏まえ、理事が構成員となることは許されない。また、本文の考え方の趣旨を踏まえ、評議員が構成員の過半数を占めることとする定款の定めも不相当である。なお、評議員の選任及び解任を、一定の知見を有する中立的な立場の法人（事業体）に委ねることは何ら差し支えない。この場合には、評議員を選任等する任意の機関の構成員のすべてが「中立的な立場にある者」となる。

4　なお、評議員設置特例財団法人以外の特例財団法人については、移行の登記をするまでの間は、一般社団・財団法人法第153条第1項第8号が適用除外とされている（整備法第89条第2項及び第3項）上、最初の評議員の選任方法については主務官庁の認可を受けた方法によることとされているため（整備法第92条）、本文の考え方②に記載された「評議員の選任及び解任の方法」の定款の定めが実際に適用されるのは、大半の公益財団法人については、2回目の評議員の選任時からとなる（なお、本文記載の①又は②の方法のいずれを選択したとしても、最初の評議員の選任方法については、最高意思決定機関の人事を最高意思決定機関だけで行うことの弊害や評議員の人事を外部の者が関与する余地を封じて行うことの弊害を防止するため、「任意の機関として、中立的な立場にある者が参加する機関を設置し、この機関の決定に従って評議員を選任及び解任する方法」となる場合が通常であろう。）。

5　定款の定めの例①（本文の考え方①の方法による場合）

　第○条　この法人の評議員の数は5名以上8名以内とする。
　　2　評議員の選任及び解任は、一般社団・財団法人法第179条から第195条の規定に従い、評議員会において行う。
　　3　評議員を選任する場合には、次の各号の要件をいずれも満たさなければならない。
　　(1) 各評議員について、次のイからヘに該当する評議員の合計数が評議員の総数の三分の一を超えないものであること。
　　　　イ　当該評議員及びその配偶者又は三親等内の親族
　　　　ロ　当該評議員と婚姻の届出をしていないが事実上婚姻関係と同様の事

情にある者
　　ハ　当該評議員の使用人
　　ニ　ロ又はハに掲げる者以外の者であって、当該評議員から受ける金銭その他の財産によって生計を維持しているもの
　　ホ　ハ又はニに掲げる者の配偶者
　　ヘ　ロからニまでに掲げる者の三親等内の親族であって、これらの者と生計を一にするもの
　(2) 他の同一の団体（公益法人を除く。）の次のイからニに該当する評議員の合計数が評議員の総数の三分の一を超えないものであること。
　　イ　理事
　　ロ　使用人
　　ハ　当該他の同一の団体の理事以外の役員（法人でない団体で代表者又は管理人の定めのあるものにあっては、その代表者又は管理人）又は業務を執行する社員である者
　　ニ　次に掲げる団体においてその職員（国会議員及び地方公共団体の議会の議員を除く。）である者
　　　① 国の機関
　　　② 地方公共団体
　　　③ 独立行政法人通則法第2条第1項に規定する独立行政法人
　　　④ 国立大学法人法第2条第1項に規定する国立大学法人又は同条第3項に規定する大学共同利用機関法人
　　　⑤ 地方独立行政法人法第2条第1項に規定する地方独立行政法人
　　　⑥ 特殊法人（特別の法律により特別の設立行為をもって設立された法人であって、総務省設置法第4条第15号の規定の適用を受けるものをいう。）又は認可法人（特別の法律により設立され、かつ、その設立に関し行政官庁の認可を要する法人をいう。）

6　定款の定めの例②（本文の考え方②の方法による場合）
　第〇条　評議員の選任及び解任は、評議員選定委員会において行う。
　2　評議員選定委員会は、評議員1名、監事1名、事務局員1名、次項の定めに基づいて選任された外部委員2名の合計5名で構成する。
　3　評議員選定委員会の外部委員は、次のいずれにも該当しない者を理事会において選任する。
　　(1) この法人又は関連団体（主要な取引先及び重要な利害関係を有する団

体を含む。）の業務を執行する者又は使用人
- (2) 過去に前号に規定する者となったことがある者
- (3) 第1号又は第2号に該当する者の配偶者、三親等内の親族、使用人（過去に使用人となった者も含む。）

4　評議員選定委員会に提出する評議員候補者は、理事会又は評議員会がそれぞれ推薦することができる。評議員選定委員会の運営についての細則は、理事会において定める。

5　評議員選定委員会に評議員候補者を推薦する場合には、次に掲げる事項のほか、当該候補者を評議員として適任と判断した理由を委員に説明しなければならない。
- (1) 当該候補者の経歴
- (2) 当該候補者を候補者とした理由
- (3) 当該候補者と当該法人及び役員等（理事、監事及び評議員）との関係
- (4) 当該候補者の兼職状況

6　評議員選定委員会の決議は、委員の過半数が出席し、その過半数をもって行う。ただし、外部委員の1名以上が出席し、かつ、外部委員の1名以上が賛成することを要する。

7　評議員選定委員会は、第○条で定める評議員の定数を欠くこととなるときに備えて、補欠の評議員を選任することができる。補欠の評議員の任期は、任期の満了前に退任した評議員の任期の満了する時までとする。

8　前項の場合には、評議員選定委員会は、次に掲げる事項も併せて決定しなければならない。
- (1) 当該候補者が補欠の評議員である旨
- (2) 当該候補者を1人又は2人以上の特定の評議員の補欠の評議員として選任するときは、その旨及び当該特定の評議員の氏名
- (3) 同一の評議員（2以上の評議員の補欠として選任した場合にあっては、当該2以上の評議員）につき2人以上の補欠の評議員を選任するときは、当該補欠の評議員相互間の優先順位

9　第7項の補欠の評議員の選任に係る決議は、当該決議後4年以内に終了する事業年度のうち最終のものに関する定時評議員会の終結の時まで、その効力を有する。

※1　任期満了等に伴い新たな評議員の選任が行われた場合には、当該公益財団法人の事業の適正な運営を確保するため、その選任手続や選任結果が定款の定めに従って適正に行われたこ

とを証する書面（議事録等）の提出を求めることなどが考えられる（公益法人認定法第27条第1項）。

留意事項7　代表理事の選定方法

【問題の所在】
　代表理事の選定又は解職の過程に社員総会を関与させることとする場合における定款の定めの在り方。

【考え方】
　法は、理事会を設置している一般社団法人の代表理事は、理事会で選定及び解職することとしている（法第90条第2項第3号及び第3項）。
　代表理事を選定等する権限を理事会に付与した法の趣旨は、理事会による代表理事の職務執行の監督権限の実効性を確保するところにある。すなわち、代表理事から職務の執行の状況の報告を受け、代表理事の職務の執行を監督する責任を負う理事会がその職責を全うするためには、理事会が代表理事の選定及び解職権を有していることが必要であるとの考え方に基づき、法は、一義的に、理事会に代表理事の選定等の権限を付与したものと解される。換言すれば、代表理事が違法又は不当な行為をした場合において、理事会に代表理事を解職する権限が留保されることにより、理事会による代表理事の職務執行の監督権限が機能し、ガバナンスが確保されるということとなる。
　特に、税の優遇措置を受ける公益社団法人については、そのガバナンスを適正に確保する要請が強いことから、公益法人認定法は公益社団法人の機関設計として理事会を必置とし（公益法人認定法第5条第14号ハ）、理事会を通したガバナンスに期待しているところが大きい。
　他方、代表理事の選定の過程に社員総会を関与させることを望む法人も少なくない。
　そのため、代表理事の選定の過程に社員総会を関与させることとする場合には、上記のような法の趣旨を踏まえ、例えば、定款の定めにより、「理事会は、代表理事を選定及び解職する。この場合において、理事会は、社員総会の決議により代表理事候補者を選出し、理事会において当該候補者を選定する方法によることができる」旨の定めや、「理事会は、代表理事を選定及び解職する。この場合において、理事会は、社員総会にこれを付議した上で、その決議の結果を参考にすることができる」旨の定めを置いた場合には、理事会が最終的に責任を持って代表理事の選定

及び解職をすることができることとなる。

　このように、公益社団法人において、理事会のみで代表理事の選定等を行うこととせず、代表理事の選定等の過程に社員総会を関与させることとする場合には、理事会によるガバナンスの確保を図ることとした法の趣旨を踏まえ、理事会の法定の権限である代表理事の選定及び解職権限を実効的に担保することができる内容の定款の定めを設けることが望ましい。

【定款審査における取扱い】
　上記の考え方に沿った定めが望ましいが、本文の考え方に示された定款の定めの例以外の定めであっても不認定の対象とはならない。

【注】　代表理事が欠けた場合の取扱い
　　1　代表理事が欠けた場合又は定款で定めた代表理事の員数が欠けた場合には、任期の満了又は辞任により退任した代表理事は、新たに選定された代表理事が就任するまで、なお代表理事としての権利義務を有することとされている（法第79条第1項）ため、仮に、代表理事が1名のみの法人において、代表理事が任期の満了又は辞任により退任したとしても、当該代表理事は、後任の代表理事が選定されるまでの間、なお代表理事としての権利を有するだけでなく、その義務も負うこととなる。
　　2　代表理事が在任中に死亡し又は所在不明になった場合には、理事会を開催して新たな代表理事を選定することとなる（法第90条第2項第3号）[※1]。また、内紛等何らかの事情があってそのような理事会を開催することができない場合には、理事等の利害関係人は、一時代表理事の職務を行うべき者を選任することを裁判所に申し立てることができる（法第79条第2項）。
　　3　なお、「代表理事に事故がある場合は、代表理事が予め定める順番で理事が代表理事の職務を代行する」旨の定款の定めは、理事会の代表理事の選定権限を奪い、（将来の）代表理事の選定を代表理事が行うことを許容するものとなるため無効である。
　　4　代表理事を1人ではなく複数名選定することは可能であり[※2]、その場合には各自単独で代表権を行使することができるため、例えば、2名の代表理事のうちの1名が死亡したとしても、他の1名の代表権に影響を及ぼすことはない（なお、2名の代表理事につき権限の分担を定めても、その分担は法人内部の関係に止まり、外部に対しては原則としてその権限分担の効力を主張することはできない（法第77条第5項）。）。

※1　代表理事が急死したような場合に、新たな代表理事を理事会で選定する際には、新たな代表理事の選定議案に理事の全員が同意すれば現実に理事会を開催する必要はなく（法第96条）、理事会の招集手続（法第94条第1項）も不要となる。
※2　代表理事として選定された理事は、当該法人の業務に関する一切の裁判上又は裁判外の行為をする権限を有する理事（法第77条第4項）として、その氏名及び住所が登記され（法第301条第2項第6号、第302条第2項第6号）、代表理事を複数名選定したときは、その全員が代表理事として登記される。

留意事項8　理事会・評議員会の運営方法

【問題の所在】
　理事会又は評議員会の決議方法について、定款で、書面投票、代理出席を定めることは認められるか。理事会又は評議員会の運営方法に関する定款の定めの在り方。

【考え方】
　理事及び評議員は、その個人的な能力、資質、手腕に信頼を受けて法人の運営を委任された者であることから（法第64条、第172条第1項、民法第644条）、理事又は評議員は自ら理事会又は評議員会に出席し、議決権を行使することが求められる。また、理事会（評議員会）は、理事（評議員）が参集して相互に十分な討議を行うことによって意思決定を行う場である。したがって、理事会（評議員会）に代理人が出席して議決権を行使することを定めることは認められないし、理事（評議員）が理事会（評議員会）に出席することなく書面等によって理事会（評議員会）の議決権を行使することも認められない。また、理事（評議員）が一堂に会することなく、議案の賛否について個々の理事（評議員）の賛否を個別に確認する方法で、過半数の理事（評議員）の賛成を得て決議するようないわゆる持ち回り決議も認められない[※1]（仮に、特例民法法人が、理事会又は評議員会の決議方法として、代理人による議決権の行使、書面による議決権の行使又は持ち回り決議を許容する旨の定款の定めを設けたとしても無効な定めとなる。）。
　もっとも、遠方に所在する等の理由により現に理事会（評議員会）の開催場所に赴くことができない理事（評議員）が当該理事会（評議員会）決議に参加するため、例えば、電話会議やテレビ会議のように、各理事（各評議員）の音声が即時に他の出席者に伝わり、出席者が一堂に会するのと同等に適時的確な意見表明が互いにできることにより、相互に十分な議論を行うことができる方法であれば理事会を開く場所が物理的に同一の場所である必要はなく（施行規則第15条第3項第1号かっこ書き、第60条第3項第1号かっこ書き参照）、このような方法による議決権の行

使は、有効な議決権の行使となる。

　また、理事会設置一般社団法人及び一般財団法人は、理事が理事会の決議の目的である事項について提案をした場合において、当該提案につき理事（当該事項について議決に加わることができるものに限る。）の「全員」が書面又は電磁的記録により同意の意思表示をしたとき（監事が当該提案について異議を述べたときを除く。）は、当該提案を可決する旨の理事会の決議があったものとみなす旨を定款で定めることができる（法第96条。評議員会については、定款の定めを設けることなく全員同意による決議の省略が可能である（法第194条第1項）。）。このような定款の定めを設けることにより、例えば、電子メールにより理事会（評議員会）決議を行うことが可能となり、一例として、理事（評議員）が電子メールで他の理事（評議員）に対して議題を提案し、理事（評議員）全員から提案理事（評議員）宛に同意の電子メールが返信され、監事に異議がないことを確認した上で（評議員会の場合は監事の異議の有無は問わない。）、理事会（評議員会）決議の議事録を作成する（施行規則第15条第4項第1号、第60条第4項第1号）ことにより理事会（評議員会）決議を行うといった方法も可能となる（注）。このような方法を活用することにより、すべての理事（評議員）の意向に基づく理事会（評議員会）決議を機動的に行うことが可能となる[※2]。

【定款審査における取扱い】

　上記の考え方と異なる定款の定めを設けた場合（定款に、①理事会（評議員会）に代理人が出席して議決権を行使することを許容する定め、②理事（評議員）が理事会（評議員会）に出席することなく書面等によって理事会（評議員会）の議決権を行使することを許容する定め、又は、③理事（評議員）が議案の賛否について個々の理事（評議員）の賛否を個別に確認する方法で過半数の理事（評議員）の賛成を得て決議するようないわゆる持ち回り決議を許容する定め、のいずれかを設けた場合）には、不認定又は不認可の対象となるものとする。

【注】　1　例えば、電子メールにより議案の内容を理事（評議員）の全員に伝達し、事務方が理事（評議員）全員から議案に同意する旨の電子メールを受け取ったような場合には、コンピューターのハードディスクにそのメールの内容が記録されることにより、電磁的記録により同意の意思表示がされたものとなる（法第96条、第194条第1項、施行規則第89条）。なお、すべての理事（評議員）が同意を表明したことを証明できないと決議に瑕疵が生ずるため、電磁的記録による同意がされる場合は、実務的には、他人のなりすましによる同意メールの送信等を防止することも含

め、理事（評議員）本人が同意の意思表示をしたことを証明することができる電磁的記録（例えば電子署名のあるもの）を用いる方法、法人と理事（評議員）間の連絡通信に用いるＩＤとパスワードを使って送信する方法、同意表明が本人の意思に基づくものか電話などで確認する方法等によることが考えられる。
2　なお、理事（評議員）の議決権の数は1人1個であり、「可否同数のときは、議長（代表理事、評議員会議長）の決するところによる」とするような定款の定めを設けることにより、特定の理事（評議員）のみ2個の議決権を与えることとなるような定款の定めは無効である。
3　定款の定めの例（全員同意による理事会の書面決議）

　第○条　この法人は、一般社団・財団法人法第96条の要件を満たしたときは、理事会の決議があったものとみなす。

※1　理事（評議員）の「全員」が同意の意思表示をしたときは、当該提案を可決する旨の理事会（評議員会）の決議があったものとみなすことができる（法第96条、第194条第1項）ため、理事（評議員）の「全員の同意」が得られる議案の場合には、いわゆる持ち回り決議をすることも可能である。
※2　法第96条により理事会の決議を省略する場合には、実際に理事会は開催されないため、その招集手続も不要である。

第4章

移行認定・公益認定の申請手続

1 移行認定・公益認定の申請手続

◆ 申請書（様式）の入手方法

　移行認定（特例民法法人から公益法人への移行の認定）と**公益認定**（一般法人から公益法人になるための認定）は、この章に記載した様式により、申請書を行政庁に提出する必要があります。

　申請書（様式）を入手するには、①ポータルサイトでの入手、②行政庁の窓口での入手、③郵送による送付依頼の3通りの方法があります。また、紙の書類ではなく、インターネットによる電子申請も可能です。

■ポータルサイトでの入手

　ポータルサイト『公益法人インフォメーション』<http://www.koeki-info.go.jp/>にアクセスし、「法人の申請窓口」の箇所で、ID及びパスワードを入力してから、ログイン後、申請書（様式）を選択することにより、申請書（様式）をダウンロードすることができます。また、**このサイトから電子申請もできます。**

　下記による入手も可能ですが、ポータルサイトで電子ファイルを入手する方法の方が、入手自体、簡便な上、記載に際しても利便性に優れているので、行政庁は、ポータルサイトでの入手を推奨しています。

■行政庁の窓口での入手

　最寄りの行政庁（右頁参照）に来訪し、担当の窓口で申し出れば、申請書（様式）を入手できます。

■郵送による送付依頼

　郵送による入手を希望する法人は、次の事項を記載した申込書と、返送先（宛て所及び宛て名）を記載し、かつ、必要金額の郵便切手を貼付した返信

用封筒を同封の上、申請を予定する行政庁に郵送してください。郵送申込みを受けた行政庁は、記載事項と必要金額の郵便切手貼付等を確認の上、申請書（様式）を郵送します。

記 載 事 項	
①　申込年月日	④　送付先の部署又は担当者氏名
②　法人の名称	⑤　法人の代表電話番号
③　法人の郵便番号及び住所	⑥　入手したい申請書（様式）の種類

◆ 申請先の行政庁

　新制度での所管行政庁は、法人及び行政庁の双方にとって、外形的に判断できる基準が望ましいことから、法人の事務所の所在する地理的場所と、事業を行う地理的範囲とに着目し、内閣総理大臣か都道府県知事の所管とすることとされています。

　移行認定・公益認定に関しても、次表のとおりとなっています（整備法47条、認定法3条）。

法人	行政庁
①　2以上の都道府県の区域注)内に事務所を設置する法人	内閣総理大臣
②　2以上の都道府県の区域注)内において公益目的事業を実施することを定款で定める法人	内閣総理大臣
③　上記以外の法人	その事務所が所在する都道府県知事

注）「都道府県の区域」とは、地方自治法に基づく普通地方公共団体である都道府県の区域を指します。

　したがって、従来の主務官庁（国の省庁又は都道府県）とは必ずしも一致していないので、ご注意ください。
　具体的な適用の考え方は、次のとおりです。

■事務所の地理的場所

　法人登記では、主たる事務所及び従たる事務所を登記することとなっている（一般法301条2項3号・302条2項3号）ので、所管行政庁を定める際にも、法人登記の記載に基づき判断されます。

　ただし、従たる事務所が登記されている場合であっても、事業の拠点としての実質を備えていない場合（例：単なる倉庫）には、その旨の説明を付して、従たる事務所を設けていないものとして申請することができます。また、パンフレット等において支部、駐在員事務所その他の施設が記載されていても、法人登記上の事務所でない場合は、判断基準とはされません。なお、海外事務所は、法人登記の対象ではないので、所管行政庁の判断対象とはされません。

■事業を行う地理的範囲

　事務所が単一の都道府県の区域内だけにとどまる場合であっても、2つ以上の都道府県の区域内において公益目的事業を実施することを定款で定めている場合には、内閣総理大臣の所管となります。たとえば、事務所の所在する都道府県以外の都道府県からも社員、会員を幅広く募り、単一の都道府県内での事業の成功を目的としていない場合は、当該都道府県以外の地域においても事業を実施する旨を定款に記載することによって、内閣総理大臣を申請先とすることができます。

　また、公益目的事業を本邦内のほか海外でも実施する旨を定款に記載している場合は、（海外事務所の有無にかかわらず）内閣総理大臣の所管となります。ただし、本邦内の特定の地域と海外との間の公益目的事業である場合（例：国際友好親善都市としての活動）には、定款上その旨を明記しておくことによって、都道府県知事の所管とすることもできます。

　上記にかかわらず実態が伴わないときには、申請を受付できない場合があります。その場合、本来の行政庁とその連絡先が示されるので、その行政庁に申請し直す必要があります。不明な点がある場合は、内閣府又は最寄りの都道府県の窓口に問合せてください。

　国及び都道府県の行政庁の連絡先は、次のとおりです。

国	内閣府 大臣官房 新公益法人行政準備室 （公益認定等委員会事務局）	03-5403-9555（代）
北海道	総務部行政改革課	011-231-4111（代）
青森県	総務部総務学事課	017-722-1111（代）
岩手県	総務部総務室	019-629-5039（直）
宮城県	総務部私学文書課	022-211-2267（直）
秋田県	知事公室総務課	018-860-1054（直）
山形県	総務部総務課	023-630-2211（代）
福島県	総務部私学法人課	024-521-7048（直）
茨城県	総務部総務課	029-301-1111（代）
栃木県	経営管理部文書学事課	028-623-2067（直）
群馬県	総務部学事法制課	027-223-1111（代）
埼玉県	総務部文書課	048-830-2537（直）
千葉県	総務部政策法務課	043-223-2160（直）
東京都	生活文化スポーツ局都民生活部管理法人課	03-5321-1111（代）
神奈川県	総務部法務文書課	045-210-2461（直）
新潟県	総務管理部文書私学課	025-285-5511（代）
富山県	経営管理部文書学術課	076-431-4111（代）
石川県	総務部総務課	076-225-1111（代）
福井県	総務部情報公開・法制課	0776-21-1111（代）
山梨県	総務部私学文書課	055-237-1111（代）
長野県	総務部情報公開・私学課	026-235-7057（直）
岐阜県	総務部法務・情報公開課	058-272-1111（代）
静岡県	総務部文書局法規室	054-221-2866（直）
愛知県	総務部法務文書課	052-961-2111（代）
三重県	総務部法務・文書室	059-224-2163（直）
滋賀県	総務部総務課	077-528-3118（直）
京都府	総務部政策法務課	075-414-4038（直）

大阪府	総務部法務課	06-6944-6093（直）
兵庫県	企画県民部文書課公益法人室	078-341-7711（代）
奈良県	総務部総務課	0742-27-8353（直）
和歌山県	総務部総務学事課	073-432-4111（代）
鳥取県	行政監察監公益法人・団体指導室	0857-26-7884（直）
島根県	総務部総務課	0852-22-5111（代）
岡山県	総務部総務学事課	086-226-7256（直）
広島県	総務局総務管理部総務課	082-513-2246（直）
山口県	総務部学事文書課大学・公益法人班	083-933-2140（直）
徳島県	企画総務部総務課法務文書室法務公益認定担当	088-621-2031（直）
香川県	総務部総務学事課	087-832-3062（直）
愛媛県	総務部私学文書課	089-941-2111（代）
高知県	総務部法務課	088-823-1111（代）
福岡県	総務部行政経営企画課	092-651-1111（代）
佐賀県	経営支援本部総務法制課	0952-25-7003（直）
長崎県	総務部学事文書課公益法人改革班	095-895-2114（直）
熊本県	総務部私学文書課法制・公益法人室	096-383-1111（代）
大分県	総務部法務室	097-506-2272（直）
宮崎県	総務部行政経営課	0985-26-7111（代）
鹿児島県	総務部学事法制課	099-286-2111（代）
沖縄県	総務部総務私学課	098-866-2074（直）

　なお、都道府県によって移行認定、公益認定の判断の違いが出てくる可能性もあります。
　他県で同じような法人が認定を受けられたから、自分たちの法人も大丈夫だろうという考え方は避けて、事前から窓口に相談するなど情報を収集し、申請の準備を進めたほうがよいでしょう。

◆ 申請の方法

　所定の事項を記載した申請書及び所要の添付書類を用意でき、本来の所管行政庁を確認できた後、申請をすることができます。**なお、当然のことながら、申請に先立っては、たとえば社員総会や評議員会に諮る、あるいは理事会の承認を得るなど、法人内部の最終意思確認手続を経ておいてください。**

　申請するには、①電子申請、②窓口申請、③郵送申請の3通りの方法があります。

■電子申請

　電子申請にはID及びパスワードが必要です。すでにポータルサイトから申請書（様式）を電子的にダウンロードした場合には、ID及びパスワードが発行されていますので、それを使用してください。未発行の場合は、ポータルサイト『公益法人インフォメーション』＜http://www.koeki-info.go.jp/＞にアクセスし、「法人の申請窓口」の箇所から「電子申請の開始はこちら」のページに進んで、ID及びパスワードを登録し、画面に従って進めていきます。

　下記による申請も可能ですが、電子申請の方が簡便で利便性に優れているため、行政庁は、電子申請を推奨しています。

■窓口申請

　申請先の行政庁（301頁参照）に来訪し、担当の窓口に提出することもできます。行政庁においては、申請書類の形式的な要件（申請法人の住所、名称、代表者の氏名及び代表者印の捺印があること等）を確認するとともに、申請書類を持参した人（当該法人の役職員）が本人かどうか確認するので、身分を確認できる証票（例：身分証明書）を携行しましょう。

　また、代理人による申請の場合は、当該代理人の身分を確認できる証票（例：身分証明書）のほか、申請権限を授権されていることを証する書類（例：委任状）を携行してください。

■郵送申請

　所定の事項を記載した申請書類を整えて、行政庁に郵送することもできます。なお、受付けの通知を希望する場合には、申請書類の控えと必要金額の切手を貼付の上、返信する宛て所及び宛て名を記載した封筒を同封すると、受付終了後、通知されます。

■申請後に不備等が判明した場合の手続

　いったん受け付けた申請書類の記載事項に不備がある場合、申請書に必要な書類が添付されていない場合、申請をすることができる期間内にされたものでない場合等、法令に定められた申請の形式上の要件に適合しないことが判明したときは、行政庁から、当該申請の補正を求められることがあります。

　この他、申請書類の記載内容が不明・不十分で審査困難な場合等には、行政庁から、必要に応じて、資料の追加や申請書類の差替えが指導される場合があります。

　なお、申請後に、本件申請を担当する役職員やその連絡先等に変更があった場合等には、速やかに、行政庁にその旨通知し、行政庁の指示を受けて対応してください。

2 移行認定の申請方法
特例民法法人が公益法人への移行認定を申請する場合

◆ 申請から認定までの流れ

　従前の民法第34条に基づき設立された民法法人（＝社団法人、財団法人）は、新公益法人制度施行の平成20年12月1日をもって自動的に、「特例民法法人」（＝特例社団法人、特例財団法人）となり、5年間（平成20年12月1日から平成25年11月30日まで）存続することができます（整備法40条・42条）。

　特例民法法人が新制度の公益法人、すなわち「公益社団法人」又は「公益

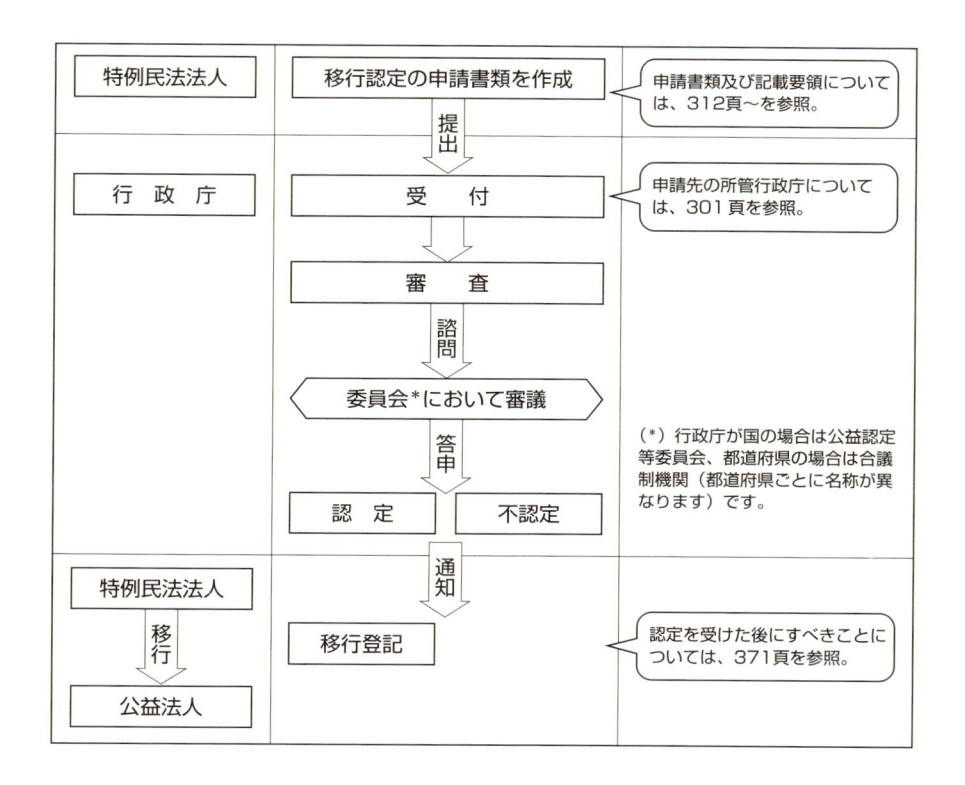

特例民法法人	移行認定の申請書類を作成	申請書類及び記載要領については、312頁～を参照。
行政庁	受付 ↓ 審査 ↓諮問 委員会*において審議 ↓答申 認定　不認定	申請先の所管行政庁については、301頁を参照。 （＊）行政庁が国の場合は公益認定等委員会、都道府県の場合は合議制機関（都道府県ごとに名称が異なります）です。
特例民法法人 ↓移行 公益法人	↓通知 移行登記	認定を受けた後にすべきことについては、371頁を参照。

財団法人」への移行を希望する場合は、この5年間の移行期間中に、所要の申請書を行政庁に提出して、行政庁の認定（以下**「移行認定」**という）を受ける必要があります（整備法44条・99条・103条）。

この手続の流れは、前頁図のとおりです。

◆ 認定基準及び欠格事由

特例民法法人が新制度の公益法人に移行するには、次の要件を満たしている必要があります。

■定款変更（整備法100条1号）

定款の変更の案の内容が一般法及び認定法並びにこれらに基づく命令の規定に適合するものであること。

※整備法の施行の際に現に存する財団法人の寄附行為は、定款となります（整備法40条2項）。以下、定款と記載します。

■認定法の認定基準（整備法100条2号、認定法5条）

39～41頁の公益認定の18の基準を参照してください。

■認定法の欠格事由（整備法101条1項、認定法6条）

次に掲げる欠格事由に該当しないこと（法条文より抜粋）。

認定法 6条1項	その理事、監事及び評議員のうちに、次のいずれかに該当する者があるもの □ この法律、一般社団法人及び一般財団法人に関する法律（平成18年法律第48号。以下「一般社団・財団法人法」という）若しくは暴力団員による不当な行為の防止等に関する法律（平成2年法律第77号）の規定（同法第32条の2第7項の規定を除く）に違反したことにより、若しくは刑法（明治40年法律第45号）第204条、第206条、第208条、第208条の3第1項、第222条若しくは第247条の罪若しくは暴力行為等処罰に関する法律（大正15年法律第60号）第1条、第2条若しくは第3条の罪を犯したこ

	とにより、又は国税若しくは地方税に関する法律中偽りその他不正の行為により国税若しくは地方税を免れ、納付せず、若しくはこれらの税の還付を受け、若しくはこれらの違反行為をしようとすることに関する罪を定めた規定に違反したことにより、罰金の刑に処せられ、その執行を終わり、又は執行を受けることがなくなった日から5年を経過しない者 ハ　禁錮以上の刑に処せられ、その刑の執行を終わり、又は刑の執行を受けることがなくなった日から5年を経過しない者 ニ　暴力団員による不当な行為の防止等に関する法律第2条第6号に規定する暴力団員（以下この号において「暴力団員」という）又は暴力団員でなくなった日から5年を経過しない者（第6号において「暴力団員等」という）
3項	その定款又は事業計画書の内容が法令又は法令に基づく行政機関の処分に違反しているもの
4項	その事業を行うに当たり法令上必要となる行政機関の許認可等（行政手続法（平成5年法律第88号）第2条第3号に規定する許認可等をいう。以下同じ）を受けることができないもの
5項	国税又は地方税の滞納処分の執行がされているもの又は当該滞納処分の終了の日から3年を経過しないもの
6項	暴力団員等がその事業活動を支配するもの

※2項は「第29条第1項又は第2項の規定により公益認定を取り消され、その取消しの日から5年を経過しないもの」であり、移行認定や初めての公益認定の際には関係がないため表中では省略した。

■旧主務官庁の監督命令違反（整備法101条2項）

旧主務官庁の監督上の命令に違反していないこと。

◆ 申請書作成までに準備しておくべきこと

　新制度の公益法人への移行を法人として決定して以降、①法人の目的及び事業活動、②機関設計、③会計、財務、資産、資金調達、④情報開示と内部統制（ガバナンス）等について検討し、あらかじめ次の作業を済ませておく必要があります。

■定款変更

　移行認定の申請書には、「定款の変更の案」に係る書類を添付しなければなりません（整備法103条2項2号）。新制度の行政庁は、定款の変更の案の内容が法人法及び認定法並びにこれらに基づく命令の規定に適合するかどうか審査することになっているためです（整備法100条1号）。
　「定款の変更の案」とは、現行定款に対して、「公益社団法人」又は「公益財団法人」という文字を用いる名称の変更（必須）、その他必要に応じ法人法に適合させるための機関等の変更、移行認定の認定基準に適合させるための所要の変更を行おうとする案のことです。
　一般法及び認定法並びにこれらに基づく命令の規定に適合する定款変更案を、法人として有効に意思決定するため、特例社団法人の場合は、社員総会において、特別決議（総社員の4分の3以上の同意必要。ただし、定款に別段の定めがあるときは、この限りでない）により、機関決定しておく必要があります（従前の民法38条）。特例財団法人の場合は、現行定款において定められた方法により、機関決定しておく必要があります。なお、定款に定款の変更に関する定めがない法人は、新制度に対応する定款変更の前に、定款変更を可能とする定款に改めておく必要があります（整備法94条）。
　また、移行の登記を停止条件とした「定款の変更の案」については、旧主務官庁（従来の主務官庁をいいます。以下同じ）の認可は不要です（整備法102条）。

■最初の評議員の選任方法

　特例財団法人の場合は、最初の評議員を選任するには、旧主務官庁の認可

を受けて、理事が定めるところによることとなっています（整備法92条）。このため、特例財団法人が移行認定の申請をする前に、新制度の評議員を置く場合には、その選任方法について旧主務官庁の認可を受けた上で、その選任方法に従って、最初の評議員を選任することとなります。なお、この新制度の評議員を置く旨の定款変更に併せて、監事非設置特例財団法人の場合は、評議員会、理事会及び監事を置く旨の定款変更（整備法91条2項）を、監事設置特例財団法人の場合は、評議員会及び理事会を置く旨の定款変更（整備法91条3項）をしなければなりません。

この最初の評議員を選任するには、次の2つの方法があります。

1）**特例財団法人が移行認定の申請をする前に、（新制度上の）評議員を置く場合**：理事が定め、旧主務官庁の認可を受けた選任方法に従って、（新制度上の）評議員を選任することとなります。

2）**特例財団法人が、移行期間中に、（新制度上の）評議員を置かず、移行と同時に（新制度上の）評議員を置くこととする場合**：理事が定め、旧主務官庁の認可を受けた選任方法に従って、（新制度上の）評議員候補者を選び、移行の登記を停止条件とした定款の変更の案（整備法102条）に当該候補者の氏名を「最初の評議員」として直接記載する方法で、（新制度上の）評議員を、移行と同時に選任することもできます。

また、移行認定申請の際には、上記の「最初の評議員の選任方法」に係る旧主務官庁の認可書の写しを添付することになります。

なお、新制度での評議員は、旧主務官庁による監督が廃止される反面、理事の業務執行を監督する内部統治（ガバナンス）の役割を果たす重要な機関と位置付けられています。したがって、最初の評議員の選任に当たっては、公益財団法人の運営の公正さに疑念を持たれることがないよう、特定の団体や勢力の利益に偏ることがないよう注意してください。

◆ 申請書の記入方法

申請書は下記のような構成になっています。

移行認定と公益認定の申請書は全体的にはほぼ同じ書類が必要とされます。一部、違いのあるものもありますので、下記の表を参考に、申請書の書き方をごらんください。**次頁から申請書の書き方については、注意点を赤字で示しています。**なお、この申請書の様式と説明は2008年7月4日までの情報から作成しています。改訂が行われる可能性は高いので、常に内閣府公益認定等委員会のサイトで最新情報をご確認ください。

申請書の項目	移行認定	公益認定
申請書（かがみ文書）	313頁	382頁
別紙1　法人の基本情報及び組織について	314頁	383頁
別紙2　法人の事業について	316頁	左に同じ
別紙3　法人の財務に関する公益認定の基準に係る書類について（別表A～Gを指す）		
別表A（1）収支相償の計算　収益事業等の利益額の50％を繰入れる場合	324頁	左に同じ
別表A（2）収支相償の計算　収益事業等の利益額の50％超を繰入れる場合	326頁	左に同じ
別表B（1）公益目的事業比率の算定総括表	328頁	左に同じ
別表B（2）土地の使用に係る費用額の算定	329頁	左に同じ
別表B（3）融資に係る費用額の算定	330頁	左に同じ
別表B（4）無償の役務の提供等に係る費用額の算定	331頁	左に同じ
別表B（5）公益目的事業比率算定に係る計算表（その1）	333頁	左に同じ
別表B（5）公益目的事業比率算定に係る計算表（その2）	334頁	左に同じ
別表C（1）遊休財産額の保有制限の判定	336頁	左に同じ
別表C（2）控除対象財産	338頁	左に同じ
別表C（3）公益目的保有財産配賦計算表	342頁	左に同じ
別表C（4）資産取得資金	344頁	左に同じ
別表C（5）特定費用準備資金	346頁	左に同じ
別表D　他の団体の意思決定に関与することができる財産保有の有無	347頁	左に同じ
別表E　公益目的事業を行うのに必要な経理的基礎	348頁	左に同じ
別表F（1）各事業に関連する費用額の配賦計算表	350頁	左に同じ
別表F（2）各事業に関連する費用額の配賦計算表	354頁	左に同じ
別表G　収支予算の事業別区分経理の内訳表	356頁	左に同じ

申請書（かがみ文書）

年　　月　　日
↑※和暦で記載

　　　　　殿

※申請先の行政庁名を記載。
内閣総理大臣又は都道府県知事

　　　　　　　　　　　　　　　　　法人の名称
　　　　　　　　　　　　　　　　　代表者の氏名　　　　　　印
　　　　　　　　　　　　　　　　　　　　　　↑
　　　　　　　　　　　移行認定申請書　※電子申請の場合、法人代表印不要。
　　　　　　　　　　　　　　　　　　　　外国語の氏名はカタカナで記載

　一般社団法人及び一般財団法人に関する法律及び公益社団法人及び公益財団法人の認定等に関する法律の施行に伴う関係法律の整備等に関する法律第４４条の規定による認定を受けたいので、同法第１０３条の規定に基づき、下記のとおり申請します。

記

1　主たる事務所の所在場所

　　※登記済の事務所の所在場所を登記のとおり記載

2　従たる事務所の所在場所

　　※登記済の事務所の所在場所を登記のとおり記載。ない場合は「なし」と記載。この他に海外に事務所のある場合はその旨付記

3　公益目的事業を行う都道府県の区域

　　※定款に記載された公益目的事業の活動区域を記載（全国又は都道府県名）

4　公益目的事業の種類及び内容

　　※「別紙２のとおり」と記載

5　収益事業等の内容

　　※「別紙２のとおり」と記載

6　認定を受けた後の法人の名称

7　旧主務官庁の名称

申請のポイント

・申請先の行政庁名については301頁参照。
・申請中に申請書及び添付書類の記載内容に変更（理事の交代・申請代理人の変更等）があった場合は、速やかに申請先の行政庁にその旨を通知し、指示を受けて対応してください。
・申請書の作成後、法人の意思決定（少なくとも理事会の決議）を経た上で行政庁へ申請してください。

別紙1　法人の基本情報及び組織について

【別紙1：法人の基本情報及び組織について】

	法人コード	

1．基本情報

フリガナ					
法人の名称	※申請時の法人名（法人格名も）				
フリガナ					
認定を受けた後の法人の名称	※申請後の法人名（法人格名も）				
現在の法人区分	□ 特例社団法人　　□ 特例財団法人				
旧主務官庁の名称（注1）	※担当部局も記載				
主たる事務所の住所及び連絡先					
住所	都道府県		市区町村		
	番地等				
	（建物名又は部屋番号がある場合は、記載してください。）				
代表電話番号	（内線　　）	FAX番号	※ない場合は記載不要		
代表電子メールアドレス	※ない場合は記載不要	@			
ホームページアドレス	※ない場合はここにチェック➡ □ ホームページなし。				
代表者の氏名					
事業年度	月　　　　日　　～　　　　月　　　　日				
申請業務担当者（注2）					
氏名（又は名称）		役職（又は担当者名）			
電話番号		FAX番号			
電子メールアドレス	@				

注1　旧主務官庁の名称及び担当部局を記載してください。また、複数の旧主務官庁が存する場合には、全ての旧主務官庁を記載してください。

注2　代理人による申請の場合は委任状を添付し、代理人が法人の場合は「氏名」の欄に名称を、「役職」欄に担当者名を記載してください。

2．組織（認定を受けた後の法人の組織について記載してください。）

(1) 社員について（公益社団法人の場合のみ）

社員の数		人	※申請事業年度の末日時点の見込み数を記載
（代議員制を採用している場合） 社員（代議員）を選出する会員の数（注1）		人	

社員の資格の得喪に関する定款の条項（注2）
法人の目的、事業内容に照らして当該条項が合理的な関連性及び必要性があることについて
※定款や細則等で入社の条件等を付す場合のみ記載。 　その理由や内容を説明し、細則等を別紙として添付

社員の議決権に関する定款の条項
社員の議決権に関して当該条項により社員ごとに異なる取扱いをしている場合、法人の目的に照らして不当に差別的な取扱いをしないものであることについて
※該当する条項がある場合のみ記載。社員の議決権に関し不当に差別的な取扱いや社員の提供する金銭等により異なる扱いをしないことをここで説明

(2) 評議員について（公益財団法人の場合のみ） ← ※週3日以上出勤は「常勤」それ未満は「非常勤」

	常勤	非常勤	計
評議員の数	人	人	人

評議員に対する報酬等の支給の額を定める定款の条項を記載してください。
定款の条項

(3) 理事及び監事について ← ※週3日以上出勤は「常勤」それ未満は「非常勤」

	常勤	非常勤	計
理事の数	人	人	人
監事の数	人	人	人

(4) 会計監査人について

会計監査人設置の有無	会計監査人の氏名又は名称
□ 設置　□ 不設置	

(5) 会員等について（注3） ★1

会員等区分の名称	会員の数	会員等区分の名称	会員の数
	人		人
	人		人
	人		人

(6) 職員について ★2

職員の数	人	うち常勤	人

注1　定款において、資格を有する者（会員）の中から社員（代議員）を選出する規定を設けている法人については、当該会員の数を記載して下さい。

注2　定款のほかに、社員の資格の得喪に関する細則を定めている場合には、添付してください。

注3　定款において会員等を置く旨が定められている場合、定款のほかに会員等の位置づけ及び会費に関する細則を定めているときは、これらの細則を添付するとともに、本欄に会員等の区分ごとの数を記載してください。

★1　会員等については、名称を問わず、定款で法人の関係者として継続的に会費等を支払う者の申請事業年度の末日時点の見込み数を記載。なお代議員制を採用している法人については、(1)の「社員（代議員）を選出する会員の数」の欄に併せて記載した会員等の数についてもこの欄に記載する。

★2　職員は最低でも週3日以上出勤する者は「常勤」として申請事業年度の末日時点の見込み数を記載。パート・アルバイト・派遣であっても、長期的（1年以上）勤務を行う（予定を含む）者を含む。

別紙2　法人の事業について

【別紙2：法人の事業について】

事業年度	自	年	月	日	法人コード	
	至	年	月	日	法人名	

1．事業の一覧

事業の区分	事業番号	事業の内容
公益目的事業	公1	※「事業番号」及び「事業の内容」の欄は、その事業の実態や性質に即して区分される単位ごとに記載してください。その実態や性質から類似、関連するものは、同一の事業番号及び事業内容にまとめて記載することができます（なお、ここでの事業単位が、申請書類共通の事業単位となります）
	公2	※「事業の内容」は、事業内容が特定できる程度に具体的に記載。 〈例〉「○○に関する資料を調査収集し、広く一般公衆の用に供する○○博物館の事業」「△△地方における伝統芸能の振興」など。認定の申請以前から継続して実施している事業がある場合は、認定申請前の事業名も括弧書きで記載
	公3	
	公4	
	公5	
	公6	
	公7	
	公8	
	公9	
収益事業等	収益事業 収1	※「収益事業」の欄には、利益を上げることを性格とする事業を記載。一般的な事業分類ごとに記載する。雑収入・雑費程度の事業は、他の収益事業にまとめて記載するのも可
	収2	
	収3	
	その他の事業 他1	※ここでは会員相互の利益の追求を主たる事業の性格とする事業など、公益目的事業、収益事業に当てはまらない事業を記載。なお、雑収入・雑費程度の事業は「その他の事業」としてまとめて記載することも可
	他2	

申請のポイント

・複数の事業や施設、事業所、支部が存在する場合、法人の全体像を俯瞰するため、「事業・組織体系図の作成上の留意点」及び「事業・組織体系図の例」（370頁）を参照の上、事業の体系、施設や事業所、支部事務所の所在地等をまとめた図を添付します。

◆別紙2の「1 事業の一覧」の記載上の注意
・ここでの事業単位が、申請書類共通の事業単位となります。
・事業のまとめ方によって、当該事業が「公益目的事業のチェックポイント」の複数の事業区分に該当する場合、事業の公益性については、該当する複数の事業区分それぞれについて説明する必要があります。
・複数の事業を1つの事業としてまとめて申請した場合、その一部に公益性が認められなければ、当該まとめた事業全体が公益目的事業として認められないこともあり得ますので注意が必要です。
・収益事業等は、公益目的事業と明確に区分する必要があります（注：「収益事業等」とは公益目的事業以外の事業のことであり、収益事業とその他の事業（相互扶助等の事業）のことです。収益事業とその他の事業についても明確に区分してください）。
・ここでの事業単位は、財務諸表上の事業と一致しているか、又は財務諸表上の事業をまとめたものとなっていることが望ましいです。
・施設や事業所、支部等ごとに、まとめて1つの事業としても構いません。

2．個別の事業の内容について

（1）公益目的事業について　　　　　　　　　　　　　　（事業単位ごとに作成してください。）

事業番号	事業の内容	公益目的事業比率
※前頁で記載した「事業番号」と「事業内容」を記載		％

※別表B(5)Ⅸで計算した事業比率を記載↑

〔1〕事業の概要について（注1）

> ※当該事業の概要（趣旨、内容、対象者等）がわかるよう具体的に記載
> ・複数の事業をまとめている場合、構成する事業の事業名を記載（たとえば、研修Aと研修Bをまとめて1つの事業として申請する場合、この欄に、研修Aと研修Bから構成される旨を記載する）
> ・事業実施のための財源、事業に必要となる建物等の主な資産（貸借等による場合は、その旨）も併せて記載
> ・事業を受託（請負を含む）により行っている場合はその委託元と受託内容、補助金等が交付されている場合はその補助金等の名称、交付者、目的等も併せて記載
> ・事業の重要な部分を委託している場合には、その委託部分（どのような業務について委託するのか）がわかるよう記載

※定款の事業又は目的のうちどの条項に該当するか記載（例「第○条第○項第○号」

〔2〕事業の公益性について

事業の種類（別表の号）	定款（法人の事業又は目的）上の根拠	
	（本事業が、左欄に記入した事業の種類に該当すると考える理由を記入して下さい。）	

（本事業が不特定多数の者の利益の増進に寄与すると言える事実を記入してください(注2)。）

チェックポイント事業区分 （下欄▼ボタンをクリックして、法人の事業に該当の区分を選択してください。事業区分ごとのチェックポイントがその下に表示されます。該当する事業区分がないと考える場合には、最後の「上記事業区分に該当しない場合」を選択してください。）	チェックポイントに該当する旨の説明 （左欄に表示されたチェックポイントに則して記入してください。）
事業区分を選択してください。　▼ 区分ごとのチェックポイント ……………………………	
	その他説明事項

※「事業の種類」は当該事業が認定法別表各号（44頁参照）の23の事業のうち、具体的にどの号に該当するか最も関連の深い号を記載。なお事業によって、複数の号に該当する場合は複数選択して、号数のみ記載

※事業が別表各号に該当すると考える理由について、簡潔に記載。なお複数該当する場合には、各号ごとに最も関連の深い号との関連性も併せて記載。
〈該当理由の記載例〉本事業は、○○の向上を図るために△△を実施するものであって、□□を通じて☆☆に寄与する点において、「☆☆の振興を目的とする事業」であると考えます。
＜上記についてのほかの関連性の記載例＞本事業は＊＊の向上を図るために××も実施しており、■■を通じて▲▲に寄与する点において、「▲▲の擁護」にも当たる。また、…の観点から、☆☆の振興とも関連すると考えます。

チェックポイント事業区分	チェックポイントに該当する旨の説明
事業区分を選択してください。 ▼ 区分ごとのチェックポイント	※電子申請のファイルの場合、事業区分に応じてチェックポイント（46～82頁で説明されているチェックポイント）が左欄に表示されるので、その表示に沿って、不特定多数の者の利益の増進に寄与する事実を簡潔に記載。事業区分に該当しない場合、82～87頁の「上記の事業区分に該当しない事業についてチェックすべき点」に沿って説明 ★1
	その他説明事項 ※事業の公益性の補足説明があれば簡潔に記載 ★2
事業区分を選択してください。 ▼ 区分ごとのチェックポイント	
	その他説明事項

〔3〕本事業を反復継続して行うのに最低限必要となる許認可等について (注3) ★3

許認可等の名称	
根拠法令	
許認可等行政機関	

注1　事業の概要の欄では、事業の実施のための財源、必要となる財産を含めて記載してください。また、事業の重要な部分を委託している場合には、その委託部分が分かるように記載してください。

注2　「公益認定等に関する運用について（公益認定等ガイドライン）」における「【参考】公益目的事業のチェックポイントについて」を参考に記載してください。

注3　記載した許認可を得ている場合には、許認可等の写しを、現在申請中の場合には、当該許認可等の申請書を添付してください。また、「許認可等行政機関」は課名等まで記載してください。

★1　該当する事業区分すべてについて記載する。異なる事業区分については別の欄に記載するが、同じ事業区分であっても、記載の具体性に応じて別々の欄に記載した方がわかりやすい場合は別の欄に記載してもよい。
　　　また、複数の事業をまとめている場合、この欄の冒頭に、どの細分化された事業についての記載かを明示する。
　　〈例〉研修Aと研修Bをまとめて1つの事業とした場合
　　　　・研修Aのみについての説明→「研修Aについて」と記載
　　　　・研修A及びBについての説明→「研修A及びBについて」と記載　　など

★2　〈例〉・社会的弱者にとって必須不可欠であるが、営利企業では採算割れする等の理由により提供されないサービスを、ラストリゾートとして提供している。営利企業によっては過疎地等において供給されなくなる事業を、日本全国あまねくかつ広く、ユニバーサルサービスとして提供している。など

★3　事業そのものを反復継続して行うのに最低限必要な法令上の許認可等がある場合、許認可書の写しを提出（一時的、付属的に必要な許認可等は除く）

（2）収益事業について

（事業単位ごとに作成してください。）

事業番号	事業の内容	定款（法人の事業又は目的）上の根拠

事業の概要
※318頁の「(1) 公益目的事業について」の「事業の概要」の記載方法を参考に事業の目的物（どのような物品又は役務か）、事業の対象者、実施の方法又は機会などを記載

本事業を反復継続して行うのに最低限必要となる許認可等について（注1）	
許認可等の名称	
根拠法令	
許認可等行政機関	

本事業の利益の額が0円以下である場合の理由又は今後の改善方策について（注2）
※収益事業から生じた収益の50％は公益目的事業に使用しなければならないため、収益事業から生じた収益が0円以下である場合には、ここで今後の改善方策を説明する

注1　記載した許認可を得ている場合には、許認可等の写しを、現在申請中の場合には、当該許認可等の申請書を添付してください。また、「許認可等行政機関」は課名等まで記載してください。

注2　本事業における利益から、管理費のうち本事業に按分される額を控除した額が、0円以下である場合に記載してください。

（3）その他の事業（相互扶助等事業）について

（事業単位ごとに作成してください。）

事業番号	事業の内容	定款（法人の事業又は目的）上の根拠
※316頁で記載した「事業番号」と「事業内容」を記載		

事業の概要
※318頁の「(1) 公益目的事業について」の「事業の概要」の記載方法を参考に事業の目的物（どのような物品又は役務か）、事業の対象者、実施の方法又は機会などを記載

本事業を反復継続して行うのに最低限必要となる許認可等について（注1）	
許認可等の名称	
根拠法令	
許認可等行政機関	

注1　記載した許認可を得ている場合には、許認可等の写しを、現在申請中の場合には、当該許認可等の申請書を添付してください。また、「許認可等行政機関」は課名等まで記載してください。

申請のポイント

・この表については、収益事業、その他の事業（相互扶助等事業）がない場合は、作成不要。

■数年後に実施予定の事業について

　申請書に添付した事業計画書の年度においては事業の実施予定がないが、数年後に当該事業の実施を予定している場合には、事業計画が明確であり、318頁以降の個別の事業の内容について書類の作成が可能であれば、1つの事業として記載し、申請することができます。その事業が認定を受けた場合、事業の実施年度において、申請時とその内容に異なる点がなければ、改めて変更認定申請等を行う必要はありません。

　また、申請書に添付した事業計画書の年度において事業の実施予定がなく、特定費用準備資金又は資産取得資金のみを計上する事業については、今回の申請において別紙2にその事業を記載する必要はありません。

　別表C（4）又は別表C（5）に記載してください。なお、その場合、事業実施に当たっては改めて変更認定を受ける必要があります（今回、別紙2にも併せて記載し、認定を申請することも可能です）。

別紙3　法人の財務に関する公益認定の基準に係る書類について

■公益財務計算の流れ

324～361頁にかけては、公益財務計算に関わる様式です。次の3種類があり、それぞれ個票を作成します。

- 1　収支相償の計算　────────────→　別表A
- 2　公益目的事業比率の算定総括表　─────→　別表B
- 3　遊休財産額の保有制限の判定　──────→　別表C

全体の構成と計算の流れは下図のとおりです。

※ 赤枠囲みの資料は、必ず作成。その他の資料は、必要に応じ作成。

収支予算書（損益計算方式）
※損益計算ベースかつ事業別に区分された収支予算書を作成していない場合は別表Gを作成

別表F 各事業に関連する費用額の配賦計算表
収支予算書作成に当たり、役員報酬や、複数の事業に共通して発生するような収益・費用を各事業に配賦する基準及びその計算過程を記載する。

経常費用等の情報

別表A 収支相償の計算

別表A(1)、別表A(2)どちらか一方を作成

- **別表A(1)** 収支相償の計算 50%繰入れ方式
  - 第1段階
  - 第2段階
  - 収益事業からの利益の繰入額等の情報
  ＋
  - 別表C(5) 特定費用準備資金
  - 別表Cから

- **別表A(2)** 収支相償の計算 50%超繰入れ方式
  - 第1段階
  - 第2段階
  - 公益目的保有財産に係る減価償却費・収益事業からの利益の繰入額等の情報
  ＋
  - 別表C(4) 資産取得資金
  - 別表C(5) 特定費用準備資金
  - 別表Cから

収支相償適否の判定

別表B 公益目的事業比率の算定

- 別表B(2) 土地の使用額に係る費用額の算定
- 別表B(3) 融資に係る費用額の算定
- 別表B(4) 無償の役務の提供等に係る費用額の算定
- 別表C(5) 特定費用準備資金
- 別表Cから

別表B(5) 公益目的事業比率算定に係る計算表
各事業の経常費用額に上記調整を行う際の明細を記載

別表B(1) 公益目的事業比率の算定総括表

別表C 遊休財産額保有制限の判定

貸借対照表の基礎数値（資産・負債・正味財産）

別表C(3) 公益目的保有財産配賦計算表
複数事業に共用している公益目的保有財産の額を、各事業に配賦する基準及びその計算過程を記載

別表C(2) 控除対象財産の明細（公益目的保有財産の明細等）

- 別表C(4) 資産取得資金
- 別表C(5) 特定費用準備資金

別表C(1) 遊休財産額の保有制限の判定
遊休財産額の保有上限額、遊休財産額を算定し、保有制限規定に適合しているかを判定。（対応負債の額は自動計算される。）

別表Ａ　収支相償の計算

　ここでは別表Ａに基づき、まず収支相償の計算をします。**収支相償の計算の考え方と方法については第２章の108～116頁を参照してください。**

　別表Ａは２種類あり、**いずれかを選択します。**

収益事業等の利益額の50％を繰入れる場合　　　→　別表Ａ（1）
収益事業等の利益額を50％を超えて繰入れる場合→　別表Ａ（2）

（収益事業等の利益額とは、収益事業等における利益から、管理費のうち収益事業に按分される額を控除した額です）

　どちらに記入するか選択したら、下記の要領に基づき数字を記入します。

収支予算書内訳表からの転記の方法（収支相償の計算）

収支予算書内訳表
平成Ｘ年４月１日から平成Ｘ＋１年３月31日まで

単位：円

科　目	公益目的事業会計				収益事業等会計				法人会計	内部取引消去	合計
	○○	××	共通	小計	△△	□□	共通	小計			
Ⅰ　一般正味財産増減の部											
１．経常増減の部											
（1）経常収益											
事業収益											
…………											
…………											
経常収益計											
（2）経常費用											
事業費											
給料手当											
退職給付費用											
減価償却費											
…………											
管理費											
役員報酬											
給料手当											
退職給付費用											
減価償却費											
…………											
経常費用計											
評価損益等調整前当期経常増減額											
投資有価証券評価損益等											
当期経常増減額											
２．経常外増減の部											
（1）経常外収益											
…………											
（2）経常外費用											
…………											
Ⅱ　指定正味財産増減の部											
Ⅲ　正味財産期末残高											

- 経常収益計の共通欄の数字 → この欄の数字を別表Ａの２欄に記載
- 経常費用計の共通欄の数字 → この欄の数字を別表Ａの８欄に記載
- 経常費用計の収益事業等小計欄の数字 → この欄の数字と別表Ａの９欄は原則一致
- 経常外収益の共通欄の数字 → この欄の数字を別表Ａの３欄に記載

第４章　移行認定・公益認定の申請手続　　323

別表A(1)　収益事業等の利益額の50%を繰入れる場合

記入要領：下表の水色欄（　部分）を記入してください。

事業年度	自	年	月	日	法人コード	
	至	年	月	日	法人名	

【別表A(1)　収支相償の計算(収益事業等の利益額の50%を繰入れる場合)】
（公益法人認定法第5条第6号に定められた収支相償について審査します。）

1．第一段階（公益目的事業の収支相償）
法人が行う事業について、その経常収益、経常費用を比較します。

事業番号	経常収益計	経常費用計	その事業に係る特定費用準備資金の当期取崩額	その事業に係る特定費用準備資金の当期積立額	第一段階の判定（2欄－3欄＋4欄－5欄）
1	2	3	4	5	6
	ⓐ 円	ⓑ 円	認定初年度には発生しないため、特定費用準備資金の取崩・入力できません。	ⓒ 円	円
	円	円		円	円
	円	円		円	円
	円	円		円	円
	円	円		円	

→ 第二段階7欄へ

2．第二段階（公益目的事業会計全体の収支相償判定）
法人の公益目的事業会計全体に係る収入と費用等を比較します。

			収入	費用
第一段階の判定において「適合(6欄の数値が0以下)」となった事業における経常収益計と経常費用計（2欄・3欄）		7	ⓔ 円	円
特定の事業と関連付けられない公益目的事業に係るその他の経常収益、経常費用		8	ⓕ 円	円
7欄と8欄の合計（公益目的事業会計の経常収益計、経常費用計の額と一致しているか確認してください。）		9	ⓖ 円	円
公益目的事業に係る特定費用準備資金に関する調整（別表C(5)より）（当期に積立てる額を「費用」欄に記入してください。）		10	ⓗ	円	ⓓ
収益事業等から生じた利益の繰入額	収益事業から生じた利益の繰入額	11	ⓙ 円	
	その他事業（相互扶助等事業）から生じた利益の繰入額	12	ⓚ 円	
				収入－費用
合計（9欄＋10欄＋11欄＋12欄）		13	円	ⓘ 円

※第二段階における剰余金の扱い
剰余が生じる場合（収入－費用欄の数値がプラスの場合）は、その剰余相当額を公益目的保有財産に係る資産取得、改良に充てるための資金に繰り入れたり、公益目的保有財産の取得に充てたりするか、翌年度の事業拡大を行うことにより同程度の損失となるようにしなければなりません。収入－費用欄の数値がプラスの場合、法人における剰余金の扱いの計画等を記入してください。

収支相償の額（収入－費用欄）がプラスとなる場合の今後の剰余金の扱い等

※別表Aの記入方法は2段階に分かれています。2章108頁～116頁を参考に記入します。

◆別表Ａの記載上の注意

＜第１段階＞

ⓐ　316頁の別紙２に記入した「事業の一覧」の「事業番号」を記載。

ⓑ　収支予算書（公益目的事業会計）の各事業に関連付けられている収益、費用（管理費は含まれない）を記載。

ⓒ　経常収益が経常費用を上回り６欄が０円以下にならない場合には、当該事業に係る特定費用準備資金への積立額として整理（別表Ｃ（５）を作成）。当該事業に係る別表Ｃ（５）特定費用準備資金の「２　当年度収支相償上の積立額」をここに記載するが、当該事業の中で複数の特定費用準備資金を設定する場合にはこれらを合算した金額を記載する。

ⓓ　５欄の積立額はここに合算。

※　第１段階の判定：６欄が０円以下にならない事業は第２段階には進めません。この基準を満たさない事業の事業費は、別表Ｂ公益目的事業比率及び別表Ｃ遊休財産額の計算で公益目的事業費から除かれ、収益事業等の事業費に算入されることになります。

＜第２段階＞

ⓔ　２欄の計のうち６欄が０円以下のものの合計額を７欄収入へ。３欄の計のうち６欄が０円以下となったものの合計額を７欄費用に記載。

ⓕ　収支予算書（公益目的事業会計）の共通欄の収益、費用を記載。たとえば事業名指定のない公益目的の寄附金などが該当。

ⓖ　収支予算書（公益目的事業会計）の小計欄の経常収益計、経常費用計を記載。なお、収支予算書の公益目的事業会計に経理された事業の中で収支相償の第１段階を満たさない事業があった場合には当欄と公益目的事業会計の経常収益計、経常費用計の額は一致しません。

ⓗ　第１段階の５欄で記載した個々の事業に係る特定費用準備資金の当期積立額の合計額と、これら以外に第２段階で設定した特定費用準備資金があれば当該資金の別表Ｃ（５）２の「当年度収支相償上の積立額」を合算して記載。

ⓘ　この欄が黒字の場合、今後の剰余金の扱い等欄に計画等を記載。

ⓙ　収益事業の利益から、法人会計の管理費のうち収益事業に按分される額を控除した額の50％（１円未満端数切り上げ）を記載。管理費の按分方法は合理的な基準であればよく、下記の例では会計上の事業費の比率で按分している。

（計算例） 収益事業に按分される管理費 20＝管理費100×収益事業費 200／（公益事業費700＋収益 事業費200＋公益事業費100）		収益事業	その他事業
	当期経常増減額	100	△10
	按分される管理費	△20	△10
	利益額	80	△20
	この例の場合、「収益事業から生じた利益の繰入額」には、80の50％である40を記載することとなります。		

ⓚ　同様にその他事業の利益から、法人会計の管理費のうちその他事業に按分される額を控除した額の50％（１円未満端数切り上げ）を記載。ⓚの例では「その他事業の利益額」はないので12欄は０となる。

別表A(2) 収益事業等の利益額の50％超を繰入れる場合

前頁の別表A（1）の説明も必ず参照。2章108～116頁を参考に記入。

記入要領：下表の水色欄（ 部分）を記入してください。

事業年度	自 年 月 日	法人コード	
	至 年 月 日	法人名	

【別表A(2) 収支相償の計算(収益事業等の利益額を50％を超えて繰入れる場合)】
（公益法人認定法第5条第6号に定められた収支相償について審査します。）

1. 第一段階（公益目的事業の収支相償）
法人が行う事業について、その経常収益、経常費用を比較します。

事業番号	経常収益計	経常費用計	その事業に係る特定費用準備資金の当期取崩額	その事業に係る特定費用準備資金の当期積立額	第一段階の判定（2欄－3欄＋4欄－5欄）
1	2	3	4	5	6
	円	円	認定初年度には特定費用準備資金の取崩は発生しないため、入力できません。	円	円
	円	円		円	円
	円	円		円	円
	円	円		円	円
	円	円			

⇩ 第二段階7欄へ

※ 50％超の場合、上限額あり。別表C(5)で計算するが、（各資金の積立限度額—前期末の当該資金の残高）／目的支出予定時までの残存年数 で算出。11欄、12欄も同様。

2. 第二段階（公益目的事業会計全体の収支相償判定）
法人の公益目的事業会計全体に係る収入と費用等を比較します。

				収入	費用	
第一段階の判定において「適合（6欄の数値が0以下）」となった事業における経常収益計と経常費用計（2欄・3欄）			7	円	円	※12欄、13欄で資産取得等を費用として算入することから、減価償却費を費用から控除し二重計上を排除する。
特定の事業と関連付けられない公益目的事業に係るその他の経常収益、経常費用			8	円	円	
7欄と8欄の合計（公益目的事業会計の経常収益計、経常費用計の額と一致しているか確認してください。）			9	円	円	
公益目的保有財産に係る減価償却費（経常費用額の控除対象。「費用」欄に記入してください。）			10		△ 円	
公益目的事業に係る特定費用準備資金に関する調整（別表C(5)より）（当期に積立てる額を「費用」欄に記入してください。ただし上限があります。）			11		円	
公益資産取得資金に関する調整（別表C(4)より）（当期に積立てる額を「費用」欄に記入してください。ただし上限があります。）			12		円	
公益目的保有財産に係る当期収支（売却に関しては売却収入額を「収入」欄に、取得に関しては支出額を「費用」欄に記入してください。）			13	※売却予定があれば記載 円	※取得予定があれば記載 円	
収益事業等から生じた利益の繰入額	収益事業から生じた利益の繰入額		14	★1		
	その他事業（相互扶助等事業）から生じた利益の繰入額		15	★2		収入－費用
合計（9欄～15欄の合計）			16	円	円	

★1　14欄と15欄の合計額は、費用16欄から収入9欄と13欄の計を差し引いた額を限度とする。また、収益事業等の利益の100％が繰入額の上限となる。当期は、収益事業の利益から、法人会計の管理費のうち収益事業に按分される額を控除した額を上記限度額の範囲内で記載。管理費の按分方法は合理的な基準であればよく、下記の例では会計上の事業費の比率で按分。

326

(計算例)
収益事業に按分される管理費20＝管理費100×収益事業費200／（公益事業費700＋収益事業費200＋共益事業費100）

	収益事業	その他事業
当期経常増減額	100	△10
按分される管理費	△20	△10
利益額	80	△20

　この例で利益額の100％を繰入れる場合、「収益事業から生じた利益の繰入額」には、80を記載することとなる。
★2　★1と同様にその他事業の利益から、法人会計の管理費のうちその他事業に按分される額を控除した額を記載。★1の例では「その他事業の利益額」はないので15欄は0。

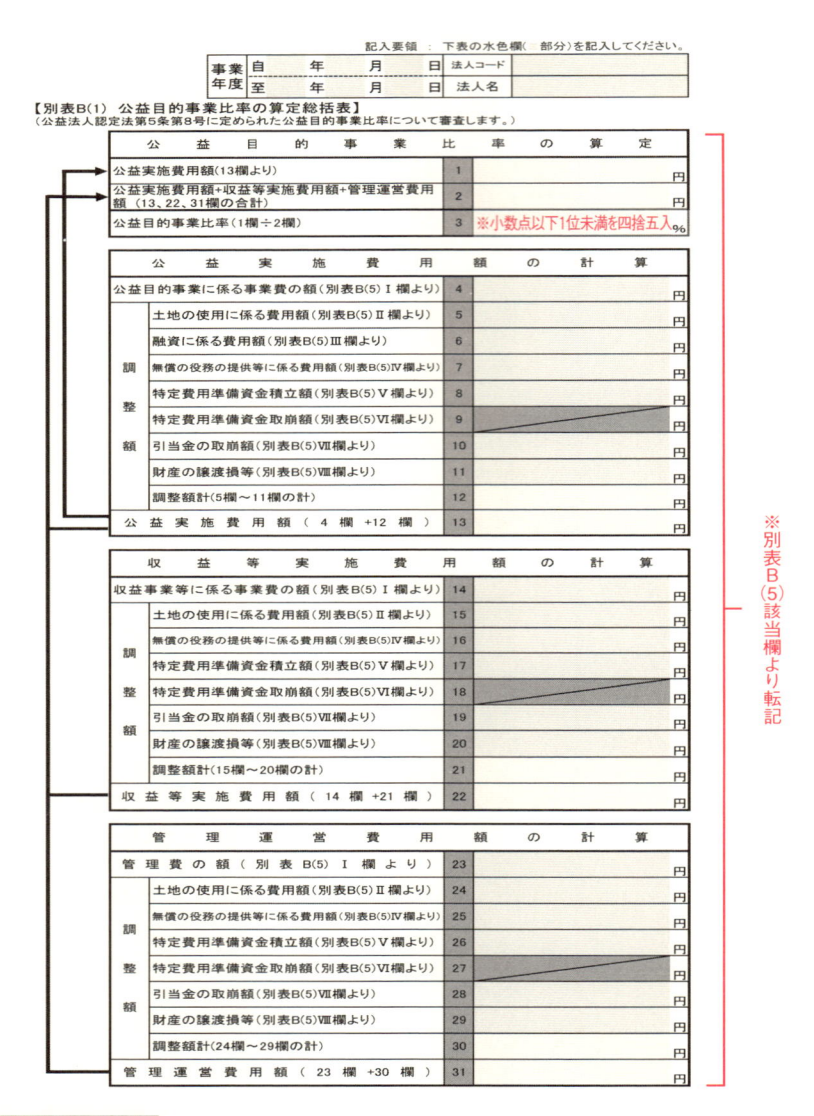

別表Ｂ(1) 公益目的事業比率の算定総括表

記入要領：下表の水色欄（　部分）を記入してください。

事業年度	自	年	月	日	法人コード	
	至	年	月	日	法人名	

【別表Ｂ(1) 公益目的事業比率の算定総括表】
（公益法人認定法第5条第8号に定められた公益目的事業比率について審査します。）

公益目的事業比率の算定

公益実施費用額（13欄より）	1	円
公益実施費用額＋収益等実施費用額＋管理運営費用額（13、22、31欄の合計）	2	円
公益目的事業比率（1欄÷2欄）	3	※小数点以下1位未満を四捨五入 ％

公益実施費用額の計算

	公益目的事業に係る事業費の額（別表Ｂ(5)Ⅰ欄より）	4	円
調整額	土地の使用に係る費用額（別表Ｂ(5)Ⅱ欄より）	5	円
	融資に係る費用額（別表Ｂ(5)Ⅲ欄より）	6	円
	無償の役務の提供等に係る費用額（別表Ｂ(5)Ⅳ欄より）	7	円
	特定費用準備資金積立額（別表Ｂ(5)Ⅴ欄より）	8	円
	特定費用準備資金取崩額（別表Ｂ(5)Ⅵ欄より）	9	円
	引当金の取崩額（別表Ｂ(5)Ⅶ欄より）	10	円
	財産の譲渡損等（別表Ｂ(5)Ⅷ欄より）	11	円
	調整額計（5欄～11欄の計）	12	円
公益実施費用額（4欄＋12欄）		13	円

収益等実施費用額の計算

	収益事業等に係る事業費の額（別表Ｂ(5)Ⅰ欄より）	14	円
調整額	土地の使用に係る費用額（別表Ｂ(5)Ⅱ欄より）	15	円
	無償の役務の提供等に係る費用額（別表Ｂ(5)Ⅳ欄より）	16	円
	特定費用準備資金積立額（別表Ｂ(5)Ⅴ欄より）	17	円
	特定費用準備資金取崩額（別表Ｂ(5)Ⅵ欄より）	18	円
	引当金の取崩額（別表Ｂ(5)Ⅶ欄より）	19	円
	財産の譲渡損等（別表Ｂ(5)Ⅷ欄より）	20	円
	調整額計（15欄～20欄の計）	21	円
収益等実施費用額（14欄＋21欄）		22	円

管理運営費用額の計算

	管理費の額（別表Ｂ(5)Ⅰ欄より）	23	円
調整額	土地の使用に係る費用額（別表Ｂ(5)Ⅱ欄より）	24	円
	無償の役務の提供等に係る費用額（別表Ｂ(5)Ⅳ欄より）	25	円
	特定費用準備資金積立額（別表Ｂ(5)Ⅴ欄より）	26	円
	特定費用準備資金取崩額（別表Ｂ(5)Ⅵ欄より）	27	円
	引当金の取崩額（別表Ｂ(5)Ⅶ欄より）	28	円
	財産の譲渡損等（別表Ｂ(5)Ⅷ欄より）	29	円
	調整額計（24欄～29欄の計）	30	円
管理運営費用額（23欄＋30欄）		31	円

※別表Ｂ(5)該当欄より転記

申請のポイント

- 調整額がない場合や、すでに公益目的事業比率が50％以上となっており、調整額を加算する必要がない場合は別表Ｂ(2)～Ｂ(4)は作成不要。
- 公益認定基準では公益目的事業比率が50％以上になることが求められており、別表Ｂでその比率を満たしているか計算する。この表に記入することで「公益目的事業比率＝公益実施費用額／公益実施費用額＋収益等実施費用額＋管理運営費用額」の計算ができる。

別表B(2) 土地の使用に係る費用額の算定

記入要領 ： 下表の水色欄（　部分）を記入してください。

NO.		事業年度	自	年 月 日	法人コード	
			至	年 月 日	法人名	

【別表B(2)土地の使用に係る費用額の算定】
（公益法人認定法第5条第8号に定められた公益目的事業比率の計算について必要な、土地の使用に係る費用額の算定に用います。土地一筆ごとに1枚記入してください。）

土地の所在地	1				
面積	2	㎡	帳簿価額	3	円
1年度間の土地賃料相当額 (7)より	4	円	土地の使用に当たり負担した費用額(固定資産税額等)	5	★1　円
			事業費に算入すべきなし費用額合計(4-5)	6	円
土地の賃料相当額(4)の算定根拠	7	※土地の賃料相当額の計算方法は以下から選択できる。 ① 不動産鑑定士等の鑑定評価 ② 固定資産税の課税標準額を用いた倍率方式 （3倍以内） ③ 賃貸事例比較方式や利回り方式 ※資料を添付する場合は、資料の番号と資料名を記載 （資料番号：　　　　資料名：　　　　　　　　　）			
土地の使用に当たり負担した費用額(5)の内容と算定根拠	8	※資料を添付する場合は、資料の番号と資料名を記載 （資料番号：　　　　資料名：　　　　　　　　　）			

算入対象となる事業名と土地使用方法、配賦額 （配賦額は別表B(5)Ⅱ（土地の使用に係る費用額）へ転記してください）	9	事業番号 ※「別紙2の「事業の一覧」の「事業番号」を記載	事業の内容	各事業ごとの土地使用方法	配賦額
				★2	円
					円
					円
					円
					円

土地の賃料相当額の各事業の費用額への配賦計算内訳(9欄の算出根拠)	10	（複数事業に共通して土地を使用する場合に記入してください） ※資料を添付する場合は、資料の番号と資料名を記載 （資料番号：　　　　資料名：　　　　　　　　　）

★1　実際に支出し、経常費用の額に算入されているものを控除することで、二重計上を排除する。
★2　たとえば公益目的事業と収益事業に共通に使っている土地を費用額に算入する場合、公益目的事業だけでなく、収益事業にも適切に配賦しなければならない。配賦額は1円単位で記載し、小数点以下の端数は適宜調整する。

申請のポイント

・土地の使用に係る費用額について調整の必要がなければ、この表は作成不要。

別表Ｂ(3) 融資に係る費用額の算定

記入要領 ： 下表の水色欄（　部分）を記入してください。

NO.		事業年度	自 年 月 日	法人コード	
			至 年 月 日	法人名	

【別表Ｂ(3)融資に係る費用額の算定】
（公益法人認定法第5条第8号に定められた公益目的事業比率の計算について必要な、融資に係る費用額の計算に用います。）

※「事業番号」と「事業の内容」は316頁の別紙２を参照

事業番号	1		事業の内容	2	
貸付の内容	3	※貸付金の名称、年額（月額）、期間等を記載			
貸付利率	4	※融資先に対する融資の貸付利率を記載			
借入れをして調達した場合の利率	5	※貸付の原資となる資金を借入れて調達した場合の借入利率について記載。前事業年度末の長期プライムレートや貸出約定平均金利を使用する。 （記載例：□.□％　○年×月の長期プライムレート）			
費用額に算入する額（7欄）の算定根拠	6	※「借入れをして調達した場合に必要となる費用の額」から「当該融資によって実際に得られる利子収入の額」を除いた額が「費用額に算入する額」となる。ここでは、それぞれの額の算定根拠について説明する。 ※資料を添付する場合は、資料の番号と資料名を記載 （資料番号：　　　　　資料名：　　　　　）			
費用額に算入する額	7	円	7欄の額を、別表Ｂ(5)Ⅲ（融資に係る費用額）へ転記してください。		

申請のポイント

・融資に係る費用額について調整の必要がなければ、この別表は作成不要。

別表B(4) 無償の役務の提供等に係る費用額の算定

記入要領：下表の水色欄（　部分）を記入してください。

NO.	事業年度	自　年　月　日	法人コード	
		至　年　月　日	法人名	

【別表B(4)無償の役務の提供等に係る費用額の算定】
（公益法人認定法第5条第8号に定められた公益目的事業比率の計算について必要な、無償の役務提供等に係る費用額の算定に用います。役務提供等1件ごとに記入してください。）

役務提供等の名称	1		
役務提供等の内容	2	※誰もが無料で受けられる役務等は入らない。	
役務提供等を受ける場所	3		
役務の提供があった事実を証する方法	4	※原則、提供者の署名、連絡先が必要になる。署名がもらえない場合には、その理由と署名に代え証する方法を記載	
必要対価の額（役務提供の対価額）	5	円	支払対価の額（役務提供に対し実際に支払う額）　6　★1　円
費用額に算入する総額(5欄－6欄)	7	円	
必要対価の額(5欄)の算定根拠（役務提供の延べ日数や、延べ人数、単価等の算定根拠を、詳しく記してください。また、昨年度の実績等があれば記入してください。）	8	※専門家による専門サービスを受けた場合には、専門サービスとしての対価となる。民間企業等からの出向者については、出向元からの給与を指標にできる。また、役務提供地の最低賃金によることも可能 ※資料を添付する場合は、資料の番号と資料名を記載 （資料番号：　　　資料名：　　　　　　）	
支払対価の額(6欄)の内容と算定根拠	9	※資料を添付する場合は、資料の番号と資料名を記載 （資料番号：　　　資料名：　　　　　　）	

算入対象となる事業と配賦額（配賦額は別表B(5)Ⅳ（無償の役務提供等に係る費用額）へ転記してください）	10	事業番号	事業の内容	事業の実施に対し、この役務等の提供等が不可欠である理由を説明してください。	配賦額
		※「事業番号」「事業の内容」は316頁の別紙2を参照			円
					円
					円

各事業の費用額への配賦(10欄)計算内訳	11	（複数事業に共通して役務が提供される場合に記入してください） ※配賦額は1円単位で記載し、小数点以下の端数については適宜調整する。 ※資料を添付する場合は、資料の番号と資料名を記載 （資料番号：　　　資料名：　　　　　　）

★1　役務の提供が無償により行われた場合に限らず、低廉な対価や諸経費を法人が負担した場合にも必要対価の額との差額が費用額に算入できる。この場合の法人が負担した対価等を6欄に記載。

申請のポイント

・無償の役務の提供等に係る費用額について調整の必要がなければ、この別表は作成不要。

別表B(5)と別表C(1)の記入について

　次頁からの別表B(5)と別表C(1)の記入については、下記の要領で、収支予算書内訳表から数字を転記してください。

収支予算書内訳表からの転記の方法
（公益目的事業比率、遊休財産額の保有上限額）

収支予算書内訳表
平成X年4月1日から平成X+1年3月31日まで

（単位：円）

科　目	公益目的事業会計				収益事業等会計				法人会計	内部取引消去	合計
	○○	××	共通	小計	△△	□□	共通	小計			
Ⅰ　一般正味財産増減の部											
1．経常増減の部											
(1) 経常収益											
事業収益											
…………											
…………											
経常収益計											
(2) 経常費用											
事業費											
給料手当											
退職給付費用											
減価償却費											
…………											
管理費											
役員報酬											
給料手当											
退職給付費用											
減価償却費											
…………											
経常費用計											
評価損益等調整前当期経常増減額											
投資有価証券評価損益等											
当期経常増減額											
2．経常外増減の部											
(1) 経常外収益											
…………											
(2) 経常外費用											
…………											
Ⅱ　指定正味財産増減の部											
…………											
Ⅲ　正味財産期末残高											

この欄の数字を別表B(5)〔その1〕のⅠ欄に記載

この欄の数字を別表C(1)の17欄に記載

この欄の数字を別表B(5)〔その2〕のⅠ欄に記載

別表B(5) 公益目的事業比率算定に係る計算表(その1)

記入要領：下表の水色欄（部分）を記入してください。

事業年度	自	年	月	日	法人コード	
	至	年	月	日	法人名	

【別表B(5)公益目的事業比率算定に係る計算表】その1
（公益法人認定法第5条第8号に定められた公益目的事業比率の算定について、各事業ごとに数値をまとめ、別表B(1)に転記するためのものです。）　　　（単位：円）

→ 別表B(1)（事業比率）4欄へ

I　事業実施に係る経常費用の額（事業費の額）
※収支予算書の経常費用から転記

	公益実施費用額計
	公1　公2　公3　公4　公5　公6　公7　公8　公9　共通
経常費用額	

→ 別表B(1)（事業比率）5欄へ

II　土地の使用に係る費用額（別表B(2)より）
※所在地（略記可）は別表B(2)1欄、費用額は別表B(2)9欄より転記

NO.	所在地	公1	公2	公3	公4	公5	公6	公7	公8	公9	共通	公益実施費用額計
	合計											

→ 別表B(1)（事業比率）6欄へ

III　融資に係る費用額（別表B(3)より）
※貸付の内容（略記可）は別表B(3)3欄、費用額は別表B(3)7欄より転記

NO.	貸付の内容	公1	公2	公3	公4	公5	公6	公7	公8	公9	共通	公益実施費用額計
	合計											

→ 別表B(1)（事業比率）6欄へ

IV　無償の役務の提供等に係る費用額（別表B(4)より）
※役務提供の内容（略記可）は別表B(4)2欄、費用額は別表B(4)10欄より転記

NO.	役務提供等の名称	公1	公2	公3	公4	公5	公6	公7	公8	公9	共通	公益実施費用額計
	合計											

→ 別表B(1)（事業比率）7欄へ

V　特定費用準備資金当期積立額（別表C(5)より）
※別表C(5)【当年度】積立額を各事業区分に応じ転記

特定費用準備資金の名称	公1	公2	公3	公4	公5	公6	公7	公8	公9	共通	公益実施費用額計
合計											

→ 別表B(1)（事業比率）8欄へ

VI　特定費用準備資金当期取崩額（別表C(5)より）

特定費用準備資金の名称	公1	公2	公3	公4	公5	公6	公7	公8	公9	共通	公益実施費用額計
認定初年度に特定費用準備資金の取崩は発生しないため、入力できません。											

→ 別表B(1)（事業比率）10欄へ

VII　引当金の取り崩し額（マイナス額で記入してください）

NO.	引当金の名称	公1	公2	公3	公4	公5	公6	公7	公8	公9	共通	公益実施費用額計
	合計											

→ 別表B(1)（事業比率）11欄へ

VIII　財産の譲渡損等の額（認定規則第15条第1、3、4項の額をマイナス額で、第2項の額をプラス額で記載してください。）

NO.	財産の名称	公1	公2	公3	公4	公5	公6	公7	公8	公9	共通	公益実施費用額計
	合計											

→ 別表B(1)（事業比率）13欄へ

IX　合計

	公1	公2	公3	公4	公5	公6	公7	公8	公9	共通	公益実施費用額計
合計											
事業比率											

※収支予算書の経常費用の額に認定法施行規則第15条第1項、第3項、第4項に定める財産の譲渡損、評価損、運用損の額が計上されている場合のみ、マイナスで記載し、費用額から減じる。また、認定法施行規則第15条第2項に規定する財産の原価の額が収支予算書の経常費用の額に計上されていない場合には当該金額をプラスで記載し、費用額に加える。

申請のポイント

・各項目とも該当する費用がなければ記載不要。

第4章　移行認定・公益認定の申請手続

別表B(5) 公益目的事業比率算定に係る計算表(その2)

記入要領：下表の水色欄（　部分）を記入してください。

法人コード
法人名

【別表B(5) 公益目的事業比率算定に係る計算表】その2
(公益法人認定法第5条第8号に定められた公益目的事業比率の算定について、各事業ごとに数値をまとめ、別表B(1)に転記するための表です。)

別表B(1)(事業比率)14欄へ
別表B(1)(事業比率)23欄へ
(単位：円)

I 事業実施に係る経常費用の額(事業費の額)

ⓐ

		収益等実施費用額					収益等実施費用額計	管理運営費用額	合計(参考)
		収1	収2	収3	他1	他2	共通		
経常費用額									

II 土地の使用に係る費用額(別表B(2)より)

別表B(1)(事業比率)15欄へ
別表B(1)(事業比率)24欄へ

ⓑ

NO.	所在地	収1	収2	収3	他1	他2	共通	収益等実施費用額計	管理運営費用額	合計(参考)	配賦基準
	合計										

III 融資に係る費用額(別表B(3)より)

ⓒ

NO.	貸付の内容	収1	収2	収3	他1	他2	共通	収益等実施費用額計	管理運営費用額	合計(参考)
	合計									

IV 無償の役務の提供等に係る費用額(別表B(4)より)

別表B(1)(事業比率)16欄へ
別表B(1)(事業比率)25欄へ

ⓓ

NO.	役務提供等の名称	収1	収2	収3	他1	他2	共通	収益等実施費用額計	管理運営費用額	合計(参考)	配賦基準
	合計										

V 特定費用準備資金当期積立額(別表C(5)より)

別表B(1)(事業比率)17欄へ
別表B(1)(事業比率)26欄へ

ⓔ

	特定費用準備資金の名称	収1	収2	収3	他1	他2	共通	収益等実施費用額計	管理運営費用額	合計(参考)
	合計									

VI 特定費用準備資金当期取崩額(別表C(5)より)

	特定費用準備資金の名称	収1	収2	収3	他1	他2	共通	収益等実施費用額計	管理運営費用額	合計(参考)
	認定初年度に特定費用準備資金の取崩は発生しないため、入力できません。									

VII 引当金の取り崩し額(マイナス額で記入してください)

別表B(1)(事業比率)19欄へ
別表B(1)(事業比率)28欄へ

ⓕ

NO.	引当金の名称	収1	収2	収3	他1	他2	共通	収益等実施費用額計	管理運営費用額	合計(参考)
	合計									

VIII 財産の譲渡損等の額(認定規則第15条第1、3、4項の額をマイナス額で、第2項の額をプラス額で記載してください)

別表B(1)(事業比率)20欄へ
別表B(1)(事業比率)29欄へ

NO.	財産の名称	収1	収2	収3	他1	他2	共通	収益等実施費用額計	管理運営費用額	合計(参考)	備考(規則第15条のうち該当の項条を記入)
	合計										

IX 合計

別表B(1)(事業比率)22欄へ
別表B(1)(事業比率)31欄へ

	収1	収2	収3	他1	他2	共通	収益等実施費用額計	管理運営費用額	合計(参考)
合計									
事業比率									

※［その1］の公益実施費用額と、［その2］の収益等実施費用額及び管理運営費用額の合計を記載。該当する費用がなければ記載不要

※収支予算書の経常費用の額に認定法施行規則第15条第1項、第3項、第4項に定める財産の譲渡損、評価損、運用損の額が計上されている場合のみ、マイナスで記載し、費用額から減じる。
また、認定法施行規則第15条第2項に規定する財産の原価の額が収支予算書の経常費用の額に計上されていない場合には当該金額をプラスで記載し、費用額に加える。

申請のポイント

・各項目とも該当する費用がなければ記載不要。

◆別表B(5) の記載上の注意

ⓐ 収支予算書の経常費用から転記。
ⓑ 所在地（略記可）は別表B(2) 1欄、費用額は別表B(2) 9欄、配賦基準は別表B(2) 10欄より転記。
ⓒ 融資にかかる費用額はその性質上、収益等実施費用額、管理運営費用額には計上は不可。
ⓓ 役務提供等の内容（略記可）は別表B(4) 2欄、費用額は別表B(4) 10欄、配賦基準は別表B(4) 11欄より転記。
ⓔ 別表C(5)【当年度】積立額を各事業区分に応じ転記。
ⓕ マイナスで記載してください。なお、引当金取崩益が計上されない処理を行った場合には記載不要です。

別表Ｃ(1) 遊休財産額の保有制限の判定

別表C(1) 遊休財産額の保有制限の判定	事業年度	自　　年　月　日 至　　年　月　日	法人コード 法人名	

この様式では、遊休財産額が、遊休財産額の保有上限額を超えていないことを確認します。
遊休財産額は、以下の計算により算定します。

> 遊休財産額＝資産－（負債＋一般社団・財団法人法第131条の基金）－（控除対象財産－対応負債の額※）
> ※対応負債の額とは、控除対象財産に直接対応する負債の額とその他の負債のうち控除対象財産に按分された負債の額の合計額です。
> なお、控除対象財産から対応負債の額を控除するのは、借入金等によって資産を取得している場合には、負債が二重に減算されることになってしまうためです。

1. 遊休財産額の計算に必要な数値の作成（下記3.及び4.に必要な数値を作成します。）

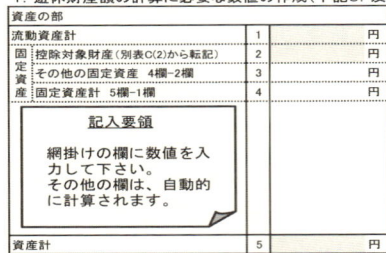

資産の部				負債の部			
流動資産計	1		円	流動資産に直接対応する負債の額	6		円
固定資産 控除対象財産（別表C(2)から転記）	2		円	控除対象財産に直接対応する負債の額 32欄	7		円
その他の固定資産 4欄-2欄	3		円	その他の固定資産に直接対応する負債の額	8		円
固定資産計 5欄-1欄	4		円	引当金勘定の合計額 35欄	9		円
				その他負債 11欄-6欄-7欄-8欄-9欄	10		円
				負債計 26欄	11		円
				正味財産の部			
				一般社団・財団法人法第131条の基金 27欄	12		円
				指定正味財産の額 33欄	13		円
				一般正味財産の額 15欄-12欄-13欄	14		円
				正味財産計	15		円
資産計	5		円	負債及び正味財産合計 5欄（11欄+15欄と同額）	16		円

※それぞれの資産に直接対応する負債の合計額を記載

2. 遊休財産額の保有上限額（＝公益目的事業の実施に要した費用の額に準ずる額）の計算

損益計算書上の公益目的事業に係る事業費の額	17		円	公益実施費用額から控除する引当金の取崩額	21	★3	円
商品等の原価を予め費用計上していない場合の 商品等譲渡に係る原価相当額	18	★1	円	財産の譲渡損、評価損等の額	22	★4	円
特定費用準備資金の公益実施費用額への算入額 （別表C(5)から転記）（公益目的事業の場合のみ）	19	★2	円	特定費用準備資金の公益実施費用額からの控除 （別表C(5)から転記）（公益目的事業の場合のみ）	23		
計 （17欄+18欄+19欄）	20		円	控除額計 （21欄+22欄+23欄）	24		円

3. 遊休財産額の計算

資産 5欄	25		円	控除対象財産の額 2欄	28		円
負債 11欄	26		円	対応負債の額 39欄	29		円
一般社団・財団法人法第131条の基金 12欄	27		円	遊休財産額 25欄-26欄-27欄-28欄+29欄	30		円

4. 対応負債の額の計算（次の2つの方法のうちいずれかを選択し、○を記入して下さい。）

公益法人認定法施行規則第22条第7項の方法　　　　公益法人認定法施行規則第22条第8項の方法

公益法人認定法施行規則第22条第7項の方法				公益法人認定法施行規則第22条第8項の方法			
控除対象財産の額 2欄	31		円	控除対象財産の額 2欄又は28欄	31		円
控除対象財産に直接対応する負債の額 7欄	32		円				
指定正味財産の額 13欄	33		円	指定正味財産の額 13欄	33		円
31欄-32欄-33欄	34		円	31欄-33欄	34		円
引当金勘定の合計額 9欄	35		円	引当金勘定の合計額 9欄	35		円
各資産に直接対応する負債の額 6欄+7欄+8欄	36		円				
その他負債の額 10欄（11欄-35欄-36欄と同額）	37		円	その他負債の額 11欄-35欄	37		円
一般正味財産の額 14欄（5欄-11欄-12欄-13欄と同額）	38		円	一般正味財産の額 14欄（5欄-11欄-12欄-13欄と同額）	38		円
対応負債の額 32欄+34欄×37欄/(37欄+38欄)	39		円	対応負債の額 34欄×37欄/(37欄+38欄)	39		円

【判定結果】

遊休財産額の保有上限額 20欄-24欄	40		円
遊休財産額 30欄	41		円
遊休財産額の保有上限額の超過の有無	42	★5	

★1　認定法施行規則第15条第2項に規定する財産の原価の額が収支予算書の公益目的事業費の額に計上されていない場合のみ記載。

★2　当該事業年度の公益目的事業に係る特定費用準備資金の積立額の合計額を記載。

★3　収支予算書で公益目的事業に係る引当金取崩益を計上した場合には、その合計額を記載。

★4　収支予算書の公益目的事業費の額に認定法施行規則第15条第1項、第3項、第4項に定める財産の譲渡損、評価損、運用損の額が計上されている場合のみ記載し、遊休財産の保有額上限額から控除。

★5　遊休財産額が遊休財産額の保有上限額以下の場合は「適合」、超過している場合は「超過」と記載（電子申請の場合は自動で表示）。

記入要領
網掛けの欄に数値を入力して下さい。
その他の欄は、自動的に計算されます。

別表C（1）の「4　対応負債の額の計算」の方法には、①認定法施行規則第22条第7項の方法と、②認定法施行規則第22条第8項の方法とがあり、選択できます。その違いは、次のとおりです。

【設定事例】

貸借対照表

資産	金額	負債・正味財産	金額
流動資産		負債	
現金預金	40	未払金	20
固定資産		借入金	40
基本財産		その他	20
土地	80	賞与引当金	20
建物	40	負債合計	100
その他固定資産		正味財産	
その他	90	指定正味財産	70
		一般正味財産	80
資産合計	250	負債・正味財産合計	250

※控除対象財産
　公益目的保有財産とした土地（80）及び建物（40）
※資産の各科目との対応関係が明らかな負債の額
　・未払金（20）は翌期首に現金預金から支払うもの
　・借入金（40）は次の資産の取得に充てている建物（10）、その他資産（30）
　　（それぞれ控除対象財産に対応する負債）

《認定法施行規則第22条第7項の方法》

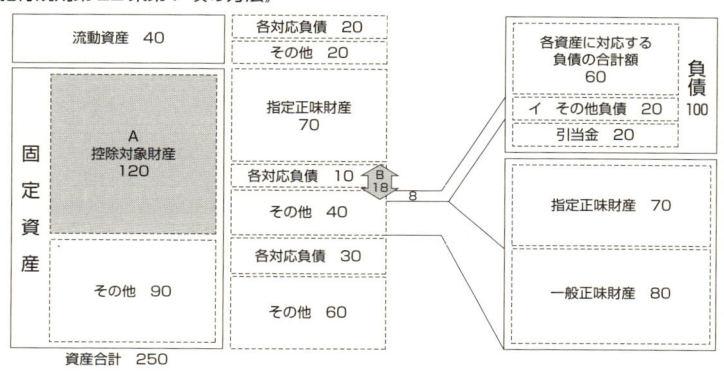

《認定法施行規則第22条第8項の方法》

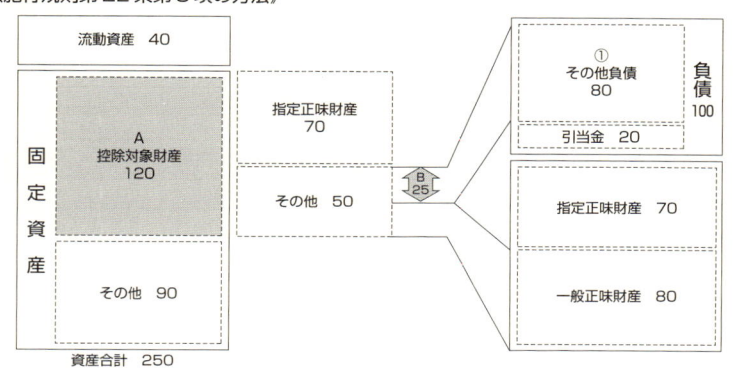

別表C(2) 控除対象財産

記入要領：下表の水色欄（　部分）を記入して下さい。

事業年度	自　年　月　日　至　年　月　日	法人コード	
		法人名	

※1　法人の管理運営に用いる財産については、事業番号の欄に「管」と記入して下さい。
※2　期首：申請書に添付した収支予算書の期首、期末：申請書に添付した収支予算書の期末

①公益目的保有財産

番号	財産の名称	場所／面積、構造、物量等	事業番号 ※1	財産の使用状況（概要、使用面積、使用状況等）	帳簿価額 期首※2	帳簿価額 期末※2	不可欠特定財産 取得時期	共用財産 共用割合
1	※貸借対照表又は財産目録と一致した記載にする			★1	円	円	★2	★3
2					円	円		
3					円	円		
4					円	円		
5					円	円		
6					円	円		
7					円	円		
8					円	円		
9					円	円		
10					円	円		
			計(A)		円	円		

②公益目的事業に必要な収益事業等その他の業務又は活動の用に供する財産

番号	財産の名称	場所／面積、構造、物量等	事業番号 ※1	財産の使用状況（概要、使用面積、使用状況等）	帳簿価額 期首※2	帳簿価額 期末※2	共用財産 共用割合
1					円	円	★4
2					円	円	
3					円	円	
4					円	円	
5					円	円	
			計(B)		円	円	

※当該財産の使用実態に応じ316頁の「事業の一覧」の該当事業番号を記載。複数の事業に使用している場合は、複数の事業番号を記載。法人管理運営に使う財産は「管」と記載。

★1　当該財産の使用状況を記載。当該財産を公益目的事業と公益目的事業以外に共用している場合は、財産全体の使用の概要を記載の上、当該事業における使用面積、使用状況等を記載。
★2　当該財産が不可欠特定財産である場合には上段に○を記載し、下段に当該財産を取得した時期を「認定前」「認定後」いずれかで記載。
★3　当該財産を上の表①と下の表②に区分して記載した場合は、当該財産について下の表②における番号を上段に記載（記載例：②-1）。また、別表Ｃ（3）に基づき、下段に当該財産全体に占める公益目的事業に使用する割合を％で記載（各事業での使用箇所が物理的に特定困難で当該財産全体を公益目的保有財産に記載した場合も割合は記載）。
★4　当該財産を上の表①と下の表②に区分して記載した場合は、当該財産について上の表①における番号を上段に記載（記載例：①-1）。また、別表Ｃ（3）に基づき、下段に当該財産全体に占める公益目的事業以外に使用する割合を％で記載。

◆別表Ｃ（2）の記載上の注意

- 「①公益目的保有財産」には、公益目的事業の用に供する財産（認定法施行規則附則2項1号）及び不可欠特定財産（認定法18条6号・5条16号）をすべて記載する。
- 公益目的事業と公益目的事業以外に共用する財産は、別表Ｃ（3）に基づき、面積、帳簿価額等を区分した上で、公益目的事業の用に供する部分のみ公益目的保有財産に記載する。また、公益目的事業以外の用に供する部分は、②公益目的事業に必要な収益事業等その他の業務又は活動の用に供する財産に記載する。
- 公益目的事業と公益目的事業以外に共用する財産であっても、それぞれの用に供する箇所について物理的な特定が困難で区分できない場合には、1の事業の資産として当該財産を経理する。
- 「②公益目的事業に必要な収益事業等その他の業務又は活動の用に供する財産」には、公益目的事業の財源確保のため又は公益目的事業に付随して行う収益事業等の用に供する固定資産、公益目的事業や当該収益事業等の管理業務の用に供する固定資産を記載する。
- 管理会計に区分経理した積立金等から生じた果実を管理費の財源に充てる場合、果実が適正な管理費相当額の範囲内である場合は②の財産に該当する。

　　自己で所有する施設等の災害復旧、復興に充てるために積み立てる資金を合理的に見積もった範囲で特定資産として経理する場合には②の財産に該当する。また、災害救援等を事業として行うことを定款に位置づけている法人が、災害等発生時の緊急支援のための備えを過去の実績や類例等から合理的に見積もった資金は④（次頁参照）の資金で整理できる。

③資産取得資金（別表C(4)より）

番号	資金の名称	事業番号※1	資金の目的	帳簿価額 期首※2	帳簿価額 期末※2	公益目的保有財産	共用財産共用割合
1	※貸借対照表又は財産目録と一致させて記載				円	★1	
2					円		
計(C)				円	円		

④特定費用準備資金（別表C(5)より）

番号	資金の名称	事業番号※1	資金の目的	帳簿価額 期首※2	帳簿価額 期末※2
1	※貸借対照表又は財産目録と一致させて記載			円	円
2				円	円
計(D)				円	円

⑤交付者の定めた使途に従い使用・保有している財産（①～④に記入した財産は含まれません。）

番号	財産の名称	事業番号※1	交付者の定めた使途	帳簿価額 期首※2	帳簿価額 期末※2
1	※貸借対照表又は財産目録と一致させて記載			円	円
2				円	円
計(E)				円	円

⑥交付者の定めた使途に充てるために保有している資金（①～④に記入した資金は含まれません。）

番号	資金の名称	事業番号※1	交付者の定めた使途	帳簿価額 期首※2	帳簿価額 期末※2
1	※貸借対照表又は財産目録と一致させて記載			円	円
2				円	円
計(F)				円	円

控除対象財産の額（A～Fの合計）	期首※2	期末※2
	円	円

この額を別表C(1)の②欄に転記

		期首※2
公益認定後に公益目的取得財産残額となることが見込まれる額（上記①～⑥の財産のうち、公益目的事業を行うために使用又は処分する財産の額の合計）	Ⅰ	★2 円
Ⅰのうち認定前に取得した不可欠特定財産の額	Ⅱ	★3 円

※「公益目的保有財産」と「公益目的事業に必要な収益事業等その他の業務又は活動の用に供する財産」に区分される共用財産の取得のため、資産取得資金を区分した場合には、上段に関連する資産取得資金の番号を記入（記載例：③)-2）。また、別表C(4)に基づき、下段に共用割合を％で記載。この場合、「公益目的保有財産」の取得に充てる資金（公益目的保有財産の欄に○を記載した資金）については、当該資産全体に占める公益目的事業に使用する割合を記載。「公益目的事業に必要な収益事業等その他の業務又は活動の用に供する財産」の取得に充てる資金については、当該資産全体に占める公益目的事業以外に使用する割合を記載。

★1　当該資産取得資金により、公益目的保有財産を取得する場合には○を記載。
★2　移行登記をした日から認定法施行規則附則第4項の書類の提出があるまでの間に公益認定が取り消された場合の公益目的取得財産残額の見込みを把握するためのもの。①～⑥までの財産のうち、公益目的事業を行うために使用又は処分する財産（事業番号に公益目的事業が含まれている財産）の合計額を記載。
★3　「①公益目的保有財産」のうち、認定前に取得した不可欠特定財産がある場合には、その合計額を記載。

◆記載上の注意

- 「③資産取得資金」は、別表C(4)の資産取得資金について、記載してください。

　外形的に1つの資産を取得する場合であっても、「公益目的保有財産」と「公益目的事業に必要な収益事業等その他の業務又は活動の用に供する財産」に区分される共用財産を取得する場合には、「公益目的保有財産」を取得する資産取得資金と「公益目的事業に必要な収益事業等その他の業務又は活動の用に供する財産」を取得する資産取得資金に区分してください。

　取得する資産が、公益目的事業と公益目的事業以外の用に共用する資産であっても、それぞれの用に供する箇所について物理的な特定が困難で、区分できない場合には、1の事業の資産として資産取得資金を経理してください。

- 「④特定費用準備資金」は、別表C(5)の特定費用準備資金について、記載してください。
- 「⑤交付者の定めた使途に従い使用・保有している財産」及び「⑥交付者の定めた使途に充てるために保有している資金」には、すでに①～④に記載した財産を記載することはできません。

別表C(3) 公益目的保有財産配賦計算表

別表C(2) 控除対象財産における①公益目的保有財産の各事業への配賦方法を確認するものです。
複数の事業に関連する財産については、配賦基準を明記の上、記入して下さい。

番号	財産の名称	帳簿価額	配賦基準	公益目的事業会計				
				公1	公2	公3	公4	公5
				※上段に316頁の事業番号を記載し、下段に適宜、事業の略称を記載				
1	※財産目録と一致させて記載	※申請書に添付した収支予算書の期末における帳簿価額を記載	※当該公益目的保有財産を公益目的事業以外の両方の用に共用する場合、各事業や法人会計に配賦する基準(たとえば、土地や建物の場合であれば面積比、使用日数など)とその単位を記載	※配賦の根拠数値(単位は記載しない)を記載				
2								
3								
4								
5								
6								
7								
8								

申請のポイント

・公益目的保有財産がなければ、この別表は作成不要。

記入要領：下表の水色欄（■部分）を記入してください。また、必要に応じて、行を追加・削除してください。

事業年度	自	年	月	日	法人コード	
	至	年	月	日	法人名	

（上段：配賦の根拠数値、中段：配賦割合、下段：配賦額）（単位：円）

		収益事業等会計							法人会計
共通	小計	収1	収2	他1	他2	共通	小計		

第4章 移行認定・公益認定の申請手続 343

別表C(4) 資産取得資金

記入要領 : 下表の水色欄(■部分)を記入して下さい。

別表C(4) 資産取得資金

事業年度	自	年	月	日	法人コード	
	至	年	月	日	法人名	

別表C(2) 控除対象財産 における③資産取得資金の明細となるほか、別表A(2) 収支相償(収益事業等の利益額を50%を超えて繰入れる場合)における公益資産取得資金に関する調整の算出に用います。

事業番号※1	※316頁参照	資産取得資金の名称(貸借対照表科目名)	★1
対象となる資産の名称※2		※当該資産取得資金により取得等する資産の名称を記載	
当該資金の目的※3		※当該資金により取得等する資産の使途について記載	
積立期間(事業年度)★2		平成 年度 ~ 平成 年度 (年間)	
資産取得等予定時期		※資産取得等の予定時期を記載(詳細未定でも年度は必ず記載)	
資産の取得等に必要な額の算定方法		※算定根拠を示して説明	
資産全体に占める公益目的事業に使用する割合(%)(共用財産の場合のみ)		資産全体に占める公益目的事業に使用する割合の説明(共用財産の場合のみ)	※割合の算定根拠を示して説明

※1 将来の新規事業の場合(該当する事業番号がない場合。(以下同じ。))は、定款(法人の事業又は目的)上の根拠及び事業の区分(公益目的事業、収益事業、その他事業、法人の管理運営)を記入して下さい(記入例:第○条(公益))。
※2 将来の新規事業の場合は、対象となる資産の名称を記入して下さい。併せて、括弧書きで将来の新規事業の内容を記入して下さい。
※3 将来の新規事業の場合は、将来の新規事業の概要及び当該資金の目的を記入して下さい。

1. 控除対象財産における資産取得資金の計算
【当年度後3年間の計画】

年度	利益の繰入割合※4		積立額	取崩額	資産取得資金の額(累計)	積立限度額
	50%	50%超				
★3 前年度					円	
当年度			円		円	円
次年度			円	円	円	円
次々年度			円	円	円	円
3年度後			円	円	円	円

※4 当該年度の収益事業等の利益の繰入割合について、該当欄に「○」を記入して下さい。

2. 公益目的事業全体の収支相償における公益資産取得資金の当期積立額及び取崩額の計算
【当該資産取得資金が、公益資産取得資金であり、かつ、当年度に収益事業等の利益額を50%を超えて繰入れる場合のみ記入が必要です。】

【当年度】 ※5 収支相償上の積立額は、収支相償上の積立限度額の範囲内で記入して下さい。

年度	収支相償上の積立限度額	収支相償上の積立額※5	収支相償上の資産取得資金の額(累計)
★3 前年度			円
当年度	円	円	円

収益事業等の利益額を50%を超えて繰入れる場合は、この数値を、別表A(2)(収益事業等の利益額を50%を超えて繰入れる場合)の公益資産取得資金に関する調整(12欄)(費用)に算入して下さい。

★1 貸借対照表又は財産目録と一致させて記載。たとえば、○○建物建替資金、○○用自動車取得資金など具体的に取得する資産がわかる名称を使用。

★2 資産取得のためにこれまでに積み立ててあった積立金を移行時に資産取得資金に振替える場合であっても、過去の積立期間は含めず、申請書に添付した事業計画書の事業年度以降の年度を記載。

★3 この行は移行前に保有していた減価償却費引当資産をそのまま資産取得資金として経理する場合のみ使用。移行前に保有していた減価償却費引当資産をそのまま資産取得資金として経理する場合は、各資産ごとに1つの資金として区分し、資産取得資金の額(累計)・前年度の欄に区分後の資金残高を記載。

申請のポイント

・資産取得資金がない場合この別表は作成不要。

◆別表C(4)の記載上の注意
・この様式は、資産取得資金ごとに作成する。
・資産取得資金は、積立対象資産ごとに1つの資金とする。
　　移行前に保有していた減価償却引当資産をそのまま資産取得資金として経理する場合は、資産ごとに1つの資金とする。
・外形的に1つの資産を取得する場合であっても、「公益目的保有財産」と「公益目的事業に必要な収益事業等その他の業務又は活動の用に供する財産」に区分される共用財産を取得する場合には、「公益目的保有財産」を取得する資産取得資金と「公益目的事業に必要な収益事業等その他の業務又は活動の用に供する財産」を取得する資産取得資金に区分して作成する。
・取得する資産が、公益目的事業と公益目的事業以外の用に共用する資産であっても、それぞれの用に供する箇所について物理的な特定が困難で、区分できない場合には、1の事業の資産として資産取得資金を経理する。

別表C(5) 特定費用準備資金

記入要領 : 下表の水色欄(■部分)を記入して下さい。

別表C(5) 特定費用準備資金

事業年度	自 　年　月　日	法人コード	
	至 　年　月　日	法人名	

別表C(2) 控除対象財産 における④特定費用準備資金の明細となるほか、別表A(1)及びA(2) 収支相償の計算 における公益目的事業に係る特定費用準備資金に関する調整、別表B(5) 公益目的事業比率算定に係る計算表 における特定費用準備資金当期積立額、別表C(1) 遊休財産額の保有制限の判定 における特定費用準備資金の公益実施費用額への算入額の算出に用います。

事業番号[※1]	※316頁参照	特定費用準備資金の名称(貸借対照表科目名)	★1
将来の特定の活動の名称[※2]			
当該活動の内容[※3]	※当該資金を使用する活動の内容を記載。将来の新規事業の概要は「公益目的事業のチェックポイント」に準じて記載		
積立期間(事業年度)	★2 平成　　年度　　～　　平成　　年度　(　　年間　)		
当該活動の実施予定時期	※詳細未定でも年度は必ず記載		
積立限度額の算定方法	※事業の実施に必要な額の算定根拠を示し説明。短期特定費用準備資金の場合は記載不要		

[※1] 将来の新規事業の場合(該当する事業番号がない場合。以下同じ。)は、定款(法人の事業又は目的)上の根拠及び事業の区分(公益目的事業、収益事業、その他事業、法人の管理運営)を記入して下さい(記入例:第〇条(公益))。
[※2] 将来の新規事業の場合は、将来の特定の活動の名称(仮称で可)を記入して下さい。併せて、括弧書きで将来の新規事業の内容を記入して下さい。
[※3] 将来の新規事業の場合は、将来の新規事業の概要及び当該特定費用準備資金による活動の内容を記入して下さい。

1. 控除対象財産における特定費用準備資金並びに公益目的事業比率における当期積立額及び取崩額の計算

【計画全体】

年度	利益の繰入割合[※4] 50%	50%超	積立額	取崩額	特定費用準備資金の額(累計)	積立限度額
			円		円	円
			円	円	円	円
			円	円	円	円
			円	円	円	円
			円	円	円	円
			円	円	円	円
			円	円	円	円
			円	円	円	円

[※4] 当該年度の収益事業等の利益の繰入割合について、該当欄に「○」を記入して下さい。

【当年度】(計画全体のうち、当年度分の数字を転記)

年度	積立額	取崩額	特定費用準備資金の額(累計)	積立限度額
	円		円	円

算出した数値を、各事業別に、それぞれ、別表B(5)V(特定費用準備資金当期積立額)に転記して下さい。
また、当該特定費用準備資金が、公益目的事業に要する資金である場合、算出した数値を、それぞれ、別表C(1)の特定費用準備資金の公益実施費用額への算入額(19欄)に転記して下さい。

2. 公益目的事業全体の収支相償における特定費用準備資金の当期積立額及び取崩額の計算

【当該特定費用準備資金が、公益目的事業に係る資金である場合のみ、記入して下さい。】

【当年度】 ※5 収支相償上の積立額は、収支相償上の積立限度額の範囲内で記入して下さい。

年度	収支相償上の積立限度額	収支相償上の積立額[※5]	収支相償上の特定費用準備資金の額(累計)
	円	円	円

収益事業等の利益の50%を公益目的事業財産に繰り入れる場合には、算出した数値を、別表A(1)(収益事業等の利益額の50%を繰り入れる場合)の公益目的事業に係る特定費用準備資金に関する調整(10欄)(費用)に算入して下さい。
収益事業等の利益の50%超を公益目的事業財産に繰り入れる場合には、算出した数値を、別表A(2)(収益事業等の利益額を50%を超えて繰入れる場合)の公益目的事業に係る特定費用準備資金に関する調整(11欄)(費用)に算入して下さい。

★1 貸借対照表又は財産目録と一致させて記載。○○事業拡大資金、○○事業開催資金など具体的名称を使用。なお一括りの事業の中で複数の特定費用準備資金を設定する場合には、それぞれの資金が判別できる名称を使用。収支相償の第1段階で生じた剰余金を翌年度に当該事業の支出拡大等で費消するために特定費用準備資金として管理する場合は、短期特定費用準備資金(貸借対照表上は流動資産に計上)と明記。

★2 将来の特定の活動のためにこれまで積み立てた積立金を特定費用準備資金に替える場合でも、当該積立金を取崩し、新規に特定費用準備資金を積み立てることとなるため、過去の積立期間は含めず、申請書に添付した事業計画書の事業年度以降の年度を記載。短期特定費用準備資金は1年間となる。

申請のポイント

・この様式は特定費用準備資金ごとに作成。特定費用準備資金がない場合には作成不要。

別表D　他の団体の意思決定に関与することができる財産保有の有無

別表D

事業	自	年	月	日	法人コード	
年度	至	年	月	日	法人名	

他の団体の意思決定に関与することができる財産保有の有無

他の団体の意思決定に関与することができる株式その他の認定法施行規則第4条で定める財産について、保有の有無、保有している場合には、その内容を記載してください。

保有の有無	□ 保有していない		□ 保有している	
他の団体の意思決定に関与することができる財産の内容		当該他の団体の主な業務の内容		議決権の割合（注）
他の団体の名称	財産の名称			
				％
				％
				％
				％

注　正確な数字を把握していない場合には、概数を記載してください。

申請のポイント

他の団体の意思決定に関与可能な財産は、以下のとおり（認定法施行規則4条）。

① 株式
② 特別の法律により設立された法人の発行する出資に基づく権利
③ 合名会社、合資会社、合同会社その他の社団法人の社員権（公益社団法人に係るものを除く）
④ 民法（明治29年法律第89号）第667条第1項に規定する組合契約、投資事業有限責任組合契約に関する法律（平成10年法律第90号）第3条第1項に規定する投資事業有限責任組合契約又は有限責任事業組合契約に関する法律（平成17年法律第40号）第3条第1項に規定する有限責任事業組合契約に基づく権利（当該公益法人が単独で又はその持分以上の業務を執行する組合員であるものを除く）
⑤ 信託契約に基づく委託者又は受益者としての権利（当該公益法人が単独の又はその事務の相当の部分を処理する受託者であるものを除く）
⑥ 外国の法令に基づく財産であって、前各号に掲げる財産に類するもの

別表E　公益目的事業を行うのに必要な経理的基礎

別表E

事業年度	自	年	月	日	法人コード	
	至	年	月	日	法人名	

公益目的事業を行うのに必要な経理的基礎

	寄附金収入等（注1）がある場合の収入見積りの適切性		
財政基盤の明確化	**寄附金収入がある場合**		
	寄附金収入の額		円
	寄附金収入のうち、大口拠出者上位5者までの氏名又は名称及び寄附金の額について、記載してください。		
	順位／大口拠出者の氏名又は名称／寄附金の額		
	1　★1		円
	2		円
	・		円
	会費収入（注2）がある場合		
	会費収入の額		円
	積算の根拠について、近年の会費収入の納入実績及び納入者の延べ数を記載してください。		
	★2		
	借入金がある場合（注3）		
	借入金の額		円
	借入れの計画について、記載してください。		
	借入れ元		
	借入れの額　　　　円 ／ 借入れ予定の時期		
	借入れの目的及び返済計画		

	法人の体制に応じて、次の①から③までのいずれかを選択して記載してください。		
情報開示の適正性（注4）	①　公認会計士又は税理士である者が監事を務めている場合	当該監事の氏名	
		公認会計士・税理士の別	
	②　①以外の場合であって、費用及び損失の額又は収益の額が1億円未満の場合	営利又は非営利法人の経理事務に従事等した経験を有する監事の氏名	
		当該監事の経理事務経験について右欄に記載してください。	
	③　①又は②以外の場合	公認会計士、税理士又はその他の経理事務の精通者による関与について説明してください。	★3

注1　申請書に添付した事業計画書の期首から期末までの間に寄附金収入がある場合には寄附金の大口拠出上位5者までの見込み、会費収入がある場合には積算の根拠、借入れの予定があればその計画について記載してください。
注2　会費については、名称を問わず、法人が定款で定めた会員等に対して会費として徴収しているものを記載してください。
注3　複数の借入れがある場合には、借入れ元ごとに記載してください。
注4　会計監査人による外部監査を受けている法人は、本欄の記載は不要です。

★1　確定している寄附者について記載。
★2　過去の納入実績の他、会費の種類、単価、会員数等の記載でもよい。
★3　「②①以外の場合であって、費用及び損失の額又は収益の額が1億円未満の場合」とは異なり、経理事務の精通者については、経験年数等の基準はないが、この欄の記載内容で判断される。

別表F(1) 各事業に関連する費用額の配賦計算表

（役員報酬・給料手当）

【別表F(1)各事業に関連する費用額の配賦計算表（役員報酬・給料手当）】
（役員報酬及び給料手当について、配賦基準を明記の上、記入してください。）

〇役員報酬

番号	役職 ★1	役員名	報酬の額	配賦基準 ★2	公益目的事業会計			
					公1	公2	公3	公4
					※ここに適宜、事業の略称を記載			
1								
2								
3								
4								
5								
6								
7								
8								
9								
10								
	ページ合計							

申請のポイント

・役員報酬については常勤・非常勤を問わずすべて記載。

記入要領：下表の水色欄（■部分）を記入してください。また、必要に応じて、行を追加・削除してください。

事業年度	自	年 月 日	法人コード	
	至	年 月 日	法人名	

（上段：配賦の根拠数値、中段：配賦割合、下段：配賦額）（単位：円）

公5			収益事業等会計						法人会計
	共通	小計	収1	収2	他1	他2	共通	小計	

★1　理事、監事、評議員のいずれかを記載。また、常勤、非常勤を括弧で記載。使用人と兼務している場合は、括弧でその旨を記載（その場合、額は役員報酬部分だけを記載）。
★2　各事業や法人会計に配賦する基準（たとえば、従事日数など）を記載。

○使用人を兼務する理事の給料手当

番号	役職	各事業に関連する費用		配賦基準	公益目的事業会計				
		役員名	給料手当の額		公1	公2	公3	公4	公5
1									
2									
3									
	合　計								

○使用人を兼務する理事以外の給料手当

給料手当の額	配賦基準	公益目的事業会計				
		公1	公2	公3	公4	公5

○給料手当計

給料手当計						

記入要領:下表の水色欄（■部分）を記入してください。また、必要に応じて、行を追加・削除してください。

事業年度	自		年	月	日	法人コード	
	至		年	月	日	法人名	

（上段：配賦の根拠数値、中段：配賦割合、下段：配賦額）（単位：円）

	共通	小計	収益事業等会計				共通	小計	法人会計
			収1	収2	他1	他2			

（上段：配賦の根拠数値、中段：配賦割合、下段：配賦額）（単位：円）

	共通	小計	収益事業等会計				共通	小計	法人会計
			収1	収2	他1	他2			

第4章　移行認定・公益認定の申請手続

別表F(2) 各事業に関連する費用額の配賦計算表

（役員報酬・給料手当以外の経費）

【別表F(2) 各事業に関連する費用額の配賦計算表（役員報酬・給料手当以外の経費）】
（各費用額に共通して発生する関連費用等について、配賦基準を明記の上、記入してください。）

番号	科目名	各事業に関連する費用		配賦基準 ★1	公益目的事業会計			
		費用の名称	費用の額		公1	公2	公3	公4
					※ここに適宜、事業の略称を記載			
1								
2								
3								
4								
5								
6								
7								
8								
9								
10								
	ページ合計							

申請のポイント

・各事業に関連する経費がない場合にはこの別表は作成不要。
・各事業に関連しない経費（特定の1つの事業にしか発生しない経費）は記載不要。

記入要領:下表の水色欄（□部分）を記入してください。また、必要に応じて、行を追加・削除してください。

事業年度	自	年	月	日	法人コード	
	至	年	月	日	法人名	

（上段：配賦の根拠数値、中段：配賦割合、下段：配賦額）（単位：円）

公5	共通	小計	収益事業等会計							法人会計
			収1	収2	他1	他2	共通	小計		

★1 各事業や法人会計に配賦する基準を記載（たとえば、建物減価償却費であれば建物面積比、備品減価償却費であれば使用割合、福利厚生費であれば職員数比など）。

別表G 収支予算の事業別区分経理の内訳表

[別表G] 収支予算の事業別
平成　年　月　日から

科　目	公益目的事業会計							
	公1	公2	公3	公4	公5	公6	共通	小計
Ⅰ　一般正味財産増減の部								
1. 経常増減の部								
(1) 経常収益								
基本財産運用益								
中科目別記載								
特定資産運用益								
中科目別記載								
受取入会金								
中科目別記載								
受取会費								
中科目別記載								
事業収益								
中科目別記載								
受取補助金等								
中科目別記載								
受取負担金								
中科目別記載								
受取寄付金								
中科目別記載								
雑収益								
中科目別記載								
経常収益計								
(2) 経常費用								
事業費								
給料手当								
臨時雇賃金								
退職給付費用								

申請のポイント

・損益計算ベースかつ事業別に区分された収支予算書を作成している法人はこの別表は作成不要。
・収支予算書は、損益計算ベースかつ事業別に区分された収支予算数値が記載されている必要がある。
　損益計算ベースの収支予算書であっても事業別に区分されていない場合には、この別表の作成が必要。

記入要領 ： 下表の水色欄（■部分）を記入してください。また、必要に応じて、行を追加・削除してください。

法人コード	
法人名	

区分経理の内訳表

平成　　年　　月　　日まで

(単位：円)

収益事業等会計						法人会計	内部取引控除	合計
収1	収2	収3	他1	共通	小計			

・公益法人会計基準においては、これまでの収支計算書における予算と実績の比較は特に求められていない。法人において、予算と実績の比較が必要な場合には、今後は収支（損益）予算書と正味財産増減計算書を用いて法人内部で行うこととなる。

福利厚生費								
旅費交通費								
通信運搬費								
減価償却費								
消耗什器備品費								
消耗品費								
修繕費								
印刷製本費								
燃料費								
光熱水料費								
賃借料								
保険料								
諸謝金								
租税公課								
支払負担金								
支払助成金								
支払寄付金								
委託費								
有価証券運用損								
雑費								
管理費								
役員報酬								
給料手当								
退職給付費用								
福利厚生費								
会議費								
旅費交通費								
通信運搬費								
減価償却費								
消耗什器備品費								
消耗品費								
修繕費								
印刷製本費								
燃料費								
光熱水料費								
賃借料								
保険料								

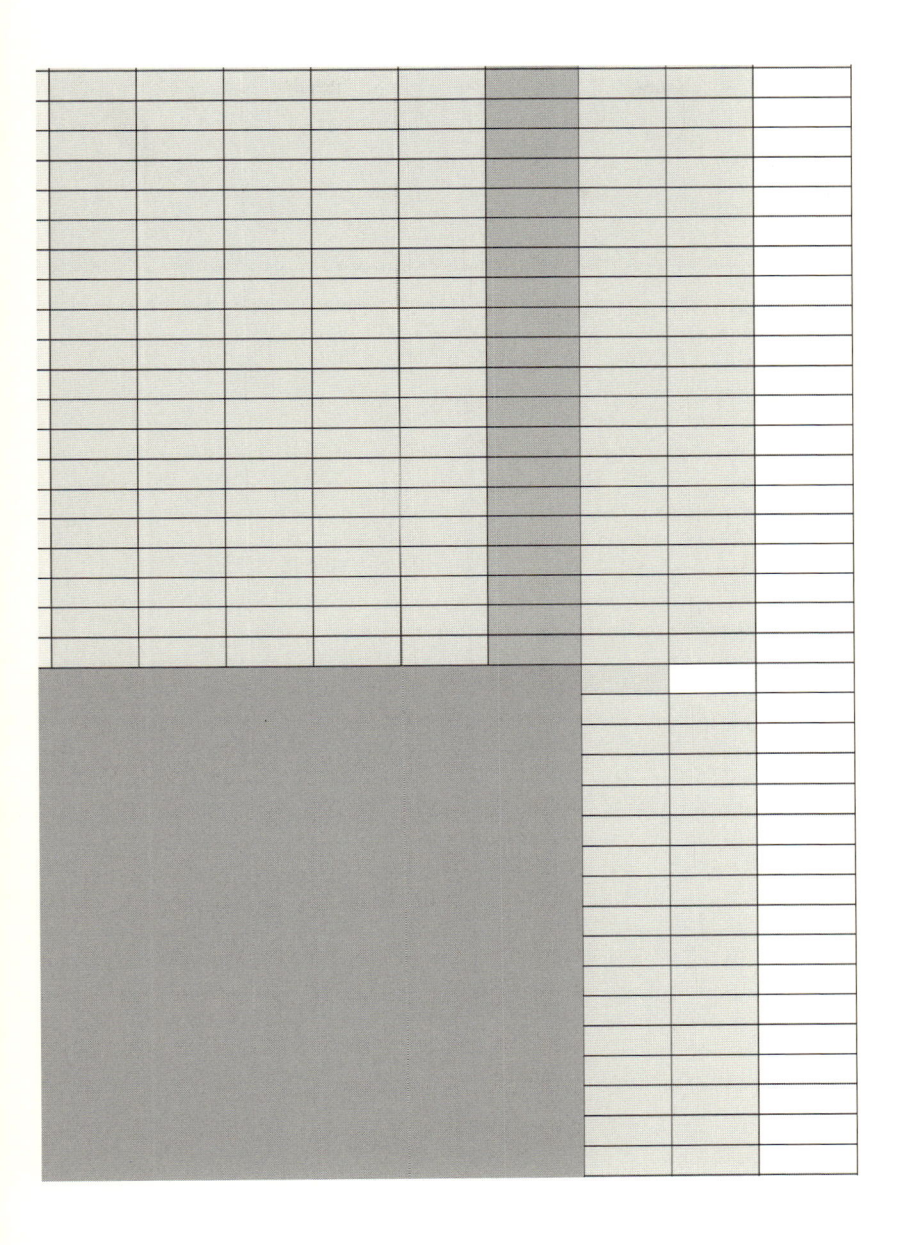

諸謝金							
租税公課							
支払負担金							
支払寄付金							
支払利息							
有価証券運用損							
雑費							
経常費用計							
評価損益等調整前当期計上増減額							
基本財産評価損益等							
特定資産評価損益等							
投資有価証券評価損益等							
評価損益等計							
当期経常増減額							
2. 経常外増減の部							
(1)経常外収益							
中科目別記載							
経常外収益計							
(2)経常外費用							
中科目別記載							
経常外費用計							
当期経常外増減額							
他会計振替額							
当期一般正味財産増減額							
一般正味財産期首残高							
一般正味財産期末残高							
Ⅱ 指定正味財産増減の部							
受取補助金等							
・・・・・							
一般正味財産への振替額							
当期指定正味財産増減額							
指定正味財産期首残高							
指定正味財産期末残高							
Ⅲ 正味財産期末残高							

第 4 章　移行認定・公益認定の申請手続　361

◆ その他の添付書類

■添付書類の確認

移行認定の申請に当たっては、ここまでの申請書のほか、次の添付書類を提出する必要があります（整備法103条2項、整備法施行規則11条）。

添付漏れがないよう、下表の右欄■に「✔」を記載しながら、確認してください。

添付書類一覧	記載例の頁	チェック欄
① 定款（特例民法法人としての定款）		
② 定款の変更の案（認定を受けた後の法人としての定款）	記載例は3章参照	
③ 定款の変更に関し必要な手続を経ていることを証する書類（社員総会・評議員会等の議事録の写し）		
④ 登記事項証明書		
⑤ 役員等就任予定者の名簿	記載例365頁〜参照	
⑥ 理事、監事及び評議員に対する報酬等の支給の基準を記載した書類		
⑦ 確認書	記載例367頁〜参照	
⑧ 許認可等を証する書類（※許認可等が必要な場合のみ）		
⑨ 滞納処分に係る国税及び地方税の納税証明書（過去3ヵ年に滞納処分がないことの証明）		
⑩ 前事業年度の事業報告及びその附属明細書		
⑪ 事業計画書		
⑫ 収支予算書		
⑬ 前事業年度末日の財産目録		
⑭ 前事業年度末日の貸借対照表及びその附属明細書		
⑮ 事業計画書及び収支予算書に記載された予算の基礎となる事実を明らかにする書類（前年度の正味財産増減計算書等）		
⑯ 事業・組織体系図（※作成不要の場合あり）	記載例370頁参照	
（以下は必要な場合に提出すべき添付書類）		
⑰ 最初の評議員の選任に関する旧主務官庁の認可書の写し（※特例財団法人の場合のみ）		
⑱ 社員の資格の得喪に関する細則（※特例社団法人の場合であって、定款のほかに、社員の資格の得喪に関し何らかの定めを設けている場合のみ）		
⑲ 会員等の位置づけ及び会費に関する細則（※定款のほかに、会員等の位置づけ及び会費に関する何らかの定めを設けている場合のみ）		

（注）
③　特例社団法人の場合は社員総会議事録の写し、特例財団法人の場合は理事会議事録、評議員会議事録等の写しを添付してください。
④　登記事項証明書は、発行日から3カ月以内の現在事項全部証明書の写しを提出してください。
⑥　理事等の勤務形態に応じた報酬等の区分、金額の算定方法、支給の方法等が明らかになるよう定める必要があります。
⑧　事業を行うに当たり法令上許認可等を必要とする場合、許認可証の写しを提出してください。なお、この場合、事業そのものを反復継続して行うのに最低限必要となる許認可等（事業許可等）が対象となりますので、事業に一時的、付随的に必要な許認可等に係る許認可証の提出は不要です。
⑨　過去3年間以内に滞納処分を受けたことがないことの証明書（発行日から3カ月以内のもの。国税にあっては「納税証明書（その4）」になります。）を添付してください。「納付税額等の証明書」ではありませんので、注意してください。なお、地方税にあっては、従たる事務所としての登記の有無にかかわらず、すべての事務所所在地について提出してください。
⑩　申請日の属する事業年度の前事業年度に係るものを添付してください。なお、前事業年度の末日から3カ月以内に申請する場合において同事業年度に係るものを作成していないときにあっては、前々事業年度に係るものを添付してください。
⑪⑫
1．申請日以降の事業年度に係るものを添付してください。たとえば、4月1日から翌年3月31日までの1年間を1事業年度とする法人が、平成21年10月に申請する場合は、平成21年4月から平成22年3月までの事業年度か、平成22年4月から平成23年3月までの1事業年度に係るものかのいずれかになります。
　1）特例民法法人としての最終事業年度（移行の登記日の前日を末日とするもの）に係るもの、2）申請日の属する事業年度の前事業年度に係るもの、3）新公益法人としての初年度（移行の登記日を開始日とするもの）に係るもののいずれでもありませんので、ご注意ください。
2．収支予算書の様式は特に定めませんが、損益計算ベースの収支予算数値が記載されている必要があります（収支計算ベースの収支予算書の提出は不要です）。なお、事業別に区分されていない場合には、別表Gを別途作成することになります。
⑬⑭　申請日の属する事業年度の前事業年度の末日におけるものを添付してください。なお、前事業年度の末日から3カ月以内に申請する場合において同事業年度の末日に係るものを作成していないときにあっては、前々事業年度の末日におけるものを添付してください。
⑮　申請日の属する事業年度の前事業年度に係る損益計算書（正味財産増減計算書）を添付してください。なお、前事業年度の末日から3カ月以内に申請する場合において同事業年度に係る損益計算書（正味財産増減計算書）を作成していないときにあっては、前々事業年度に係るものを添付してください。
⑰　特例財団法人が最初の評議員を選任するには、旧主務官庁の認可を受けて理事が定めるところによることとされています。
　1）移行認定の申請をする前に（新制度上の）評議員を置く場合と、2）移行期間中に（新制度上の）評議員を置かず、移行と同時に（新制度上の）評議員を置く場合の2とおりがあります。その方法については、310～311頁の「最初の評議員の選任方法」を参照ください。

　なお、⑤の「役員等就任予定者の名簿」と⑦の「確認書」については、この申請書に特有の書類ですので、様式を用意しています。その記載要領は、365頁以降をご覧ください。

⑯　事業・組織体系図については、370頁に掲載した作成例を参考に作成してください。その他の添付書類については、それぞれ所定のもので差し支えありません。
　　また、電子申請の場合は、ワードプロセッサ等で作成した電子ファイルをPDF化した電子データや、スキャナで取り込んだPDF形式の電子データによる提出も可能です。

その他の添付書類：役員等就任予定者の名簿

事業年度	自	年	月	日	法人コード	
	至	年	月	日	法人名	

役員等就任予定者の名簿

1．評議員（公益財団法人の場合のみ）

フリガナ 氏名	常勤・非常勤	生年月日	性別	住所
	常勤・非常勤	明治 大正 昭和 平成　年　月　日	男 女	〒　-
	常勤・非常勤	明治 大正 昭和 平成　年　月　日	男 女	〒　-
	常勤・非常勤	明治 大正 昭和 平成　年　月　日	男 女	〒　-
	常勤・非常勤	明治 大正 昭和 平成　年　月　日	男 女	〒　-
	常勤・非常勤	明治 大正 昭和 平成　年　月　日	男 女	〒　-
	常勤・非常勤	明治 大正 昭和 平成　年　月　日	男 女	〒　-
	常勤・非常勤	明治 大正 昭和 平成　年　月　日	男 女	〒　-
	常勤・非常勤	明治 大正 昭和 平成　年　月　日	男 女	〒　-
	常勤・非常勤	明治 大正 昭和 平成　年　月　日	男 女	〒　-
	常勤・非常勤	明治 大正 昭和 平成　年　月　日	男 女	〒　-

申請のポイント

・移行後最初の評議員（特例財団法人の場合）、理事、監事の就任予定者を記載。申請日現在、社員総会等における選任がまだの者がいる場合でも、申請自体は可能。その場合はその者の氏名等は名簿に記載せずに、申請後に選任を行い、その者を追加した名簿を速やかに提出。

・行政庁は、役員等就任予定者の住所地の市町村に確認する場合があるため、居所（例：会社の所在地）ではなく、生活の本拠たる住所（民法22条・23条）を記載。

2. 理事（注）

フリガナ 氏　名	常勤・非常勤	生年月日				性別	住所	代表理事 就任予定者
	常勤・非常勤	明治 大正 昭和 平成	年	月	日	男 女	〒　-	
	常勤・非常勤	明治 大正 昭和 平成	年	月	日	男 女	〒　-	
	常勤・非常勤	明治 大正 昭和 平成	年	月	日	男 女	〒　-	
	常勤・非常勤	明治 大正 昭和 平成	年	月	日	男 女	〒　-	
	常勤・非常勤	明治 大正 昭和 平成	年	月	日	男 女	〒　-	
	常勤・非常勤	明治 大正 昭和 平成	年	月	日	男 女	〒　-	
	常勤・非常勤	明治 大正 昭和 平成	年	月	日	男 女	〒　-	
	常勤・非常勤	明治 大正 昭和 平成	年	月	日	男 女	〒　-	
	常勤・非常勤	明治 大正 昭和 平成	年	月	日	男 女	〒　-	
	常勤・非常勤	明治 大正 昭和 平成	年	月	日	男 女	〒　-	

注　代表理事就任予定者は、その者の「代表理事就任予定者」の欄にレ点を記入してください。

3. 監事

フリガナ 氏　名	常勤・非常勤	生年月日				性別	住所
	常勤・非常勤	明治 大正 昭和 平成	年	月	日	男 女	〒　-
	常勤・非常勤	明治 大正 昭和 平成	年	月	日	男 女	〒　-
	常勤・非常勤	明治 大正 昭和 平成	年	月	日	男 女	〒　-

＜個人情報の取扱いについて＞
　認定を受けた後、公益認定が取り消された場合には、公益社団法人及び公益財団法人の認定等に関する法律（平成18年法律第49号）第6条に規定する欠格事由の審査に必要な範囲内で、欠格事由に該当する評議員、理事及び監事の氏名及び生年月日の情報を他の行政庁に提供する場合がありえます。このことにつき、就任予定者の同意を得た上で、記載してください。

その他の添付書類：確認書

事業年度	自	年	月	日	法人コード	
	至	年	月	日	法人名	

確認書

年　月　日

　　　　　殿

法人の名称
代表者の氏名　　　　　印

　一般社団法人及び一般財団法人に関する法律及び公益社団法人及び公益財団法人の認定等に関する法律の施行に伴う関係法律の整備等に関する法律（平成１８年法律第５０号。以下「整備法」という。）第４４条の認定の申請をするに際し、当法人は、下記１のすべての事項に適合し、かつ、下記２のいずれの事項にも該当しないことを確認しました。

記

1　公益社団法人及び公益財団法人の認定等に関する法律（平成１８年法律第４９号。以下「認定法」という。）第５条第１０号及び第１１号に規定する公益認定の基準

2　認定法第６条第１号ロからニまで、第３号及び第６号に規定する欠格事由

申請のポイント

- １及び２を法人において確認した際の根拠資料（たとえば、役員等就任予定者から提出を受けた誓約書、他の団体の理事等の兼務状況の届出書等がある場合はそれらの書類）は、行政庁への提出は不要。ただし、10年間はこれら資料をその主たる事務所へ保存。
- 認定後、確認事項に反する事実が判明した場合には、認定法第29条第１項第２号の規定により、認定を取り消される場合もあるので注意。

確認書の提出に当たっての注意事項

　確認書に係る公益認定の基準及び欠格事由の関連条文及びその内容は下記のとおりです。
　確認書の提出に当たっては、下記の公益認定の基準に適合していること及び欠格事由に該当しないことを必ず確認してください。

記

１－①　（親族等である理事又は監事の合計数の制限）
　　認定法第５条第１０号
　　　各理事について、当該理事及びその配偶者又は三親等内の親族（これらの者に準ずるものとして当該理事と認定法施行令第４条で定める特別の関係がある者を含む。）である理事の合計数が理事の総数の３分の１を超えないものであること。監事についても、同様とする。

１－②　（相互に密接な関係にある者である理事又は監事の合計数の制限）
　　認定法第５条第１１号
　　　他の同一の団体（公益法人を除く。）の理事又は使用人である者その他これに準ずる相互に密接な関係にあるものとして認定法施行令第５条で定める者である理事の合計数が理事の総数の３分の１を超えないものであること。監事についても、同様とする。

２－①　（理事、監事及び評議員の欠格事由）
　　認定法第６条第１号ロ、ハ、ニ
　　　理事、監事及び評議員のうちに、次のいずれかに該当する者がいる。
　（１）　次の事由により、罰金の刑に処せられ、その執行を終わり、又は執行を受けることがなくなった日から５年を経過しない者
- 認定法の規定に違反したこと
- 一般社団法人及び一般財団法人に関する法律（平成１８年法律第４８号）の規定に違反したこと
- 暴力団員による不当な行為の防止等に関する法律（平成３年法律第７７号）の規定（同法第３２条の２第７項の規定を除く。）に違反したこと
- 刑法（明治４０年法律第４５号）第２０４条、第２０６条、第２０８条、第２０８条の３第１項、第２２２条又は第２４７条の罪を犯したこと
- 暴力行為等処罰に関する法律（大正１５年法律第６０号）第１条、第２条又は第３条の罪を犯したこと
- 国税又は地方税に関する法律中偽りその他不正の行為により国税又は地方税を免れ、納付せず、若しくはこれらの税の還付を受け、若しくはこれらの違反行為をしようとすることに関する罪を定めた規定に違反したこと

　（２）　禁錮以上の刑に処せられ、その刑の執行を終わり、又は刑の執行を受けることがなくなった日から５年を経過しない者

(3) 暴力団員による不当な行為の防止等に関する法律第2条第6号に規定する暴力団員（以下単に「暴力団員」という。）又は暴力団員でなくなった日から5年を経過しない者

2-② （定款又は事業計画書の内容の法令等違反）
　認定法第6条第3号
　　定款又は事業計画書の内容が法令又は法令に基づく行政機関の処分に違反している。

2-③ （暴力団員等による事業活動の支配）
　認定法第6条第6号
　　暴力団員又は暴力団員でなくなった日から5年を経過しない者がその事業活動を支配している。

その他の添付書類：事業・組織体系図

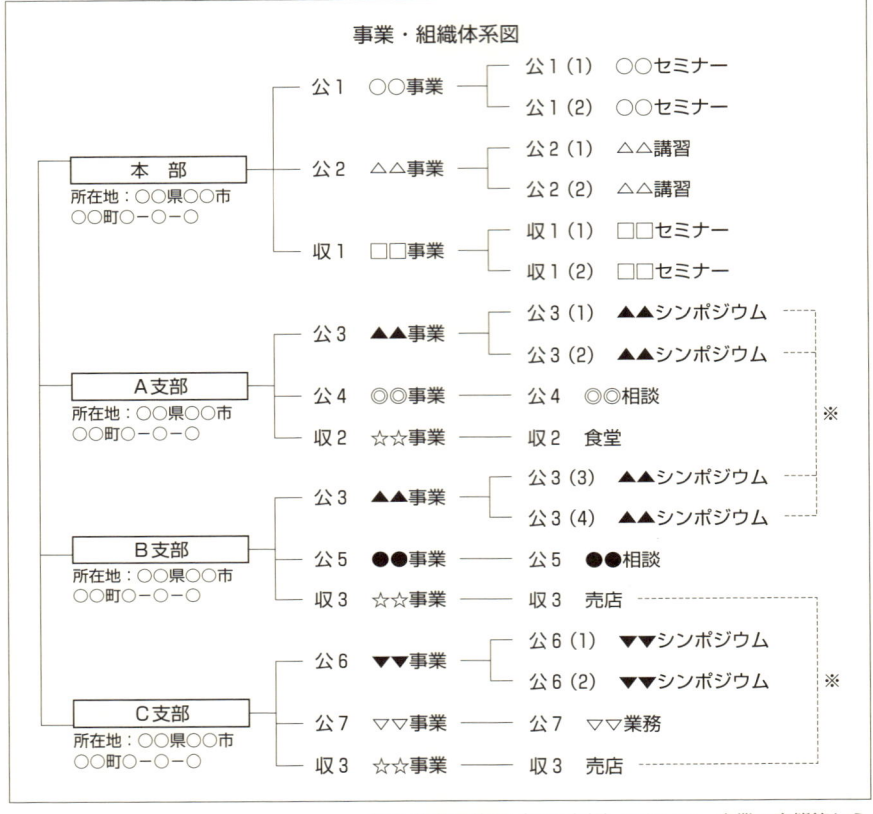

事業・組織体系図

```
本　部                  ┌─ 公1  ○○事業 ─┬─ 公1(1)  ○○セミナー
所在地：○○県○○市     │                 └─ 公1(2)  ○○セミナー
○○町○－○－○        ├─ 公2  △△事業 ─┬─ 公2(1)  △△講習
                        │                 └─ 公2(2)  △△講習
                        └─ 収1  □□事業 ─┬─ 収1(1)  □□セミナー
                                            └─ 収1(2)  □□セミナー

A支部                  ┌─ 公3  ▲▲事業 ─┬─ 公3(1)  ▲▲シンポジウム ┐
所在地：○○県○○市     │                 └─ 公3(2)  ▲▲シンポジウム │
○○町○－○－○        ├─ 公4  ◎◎事業 ─── 公4     ◎◎相談         │※
                        └─ 収2  ☆☆事業 ─── 収2     食堂            │

B支部                  ┌─ 公3  ▲▲事業 ─┬─ 公3(3)  ▲▲シンポジウム ┘
所在地：○○県○○市     │                 └─ 公3(4)  ▲▲シンポジウム
○○町○－○－○        ├─ 公5  ●●事業 ─── 公5     ●●相談
                        └─ 収3  ☆☆事業 ─── 収3     売店

C支部                  ┌─ 公6  ▼▼事業 ─┬─ 公6(1)  ▼▼シンポジウム ┐※
所在地：○○県○○市     │                 └─ 公6(2)  ▼▼シンポジウム │
○○町○－○－○        ├─ 公7  ▽▽事業 ─── 公7     ▽▽業務         
                        └─ 収3  ☆☆事業 ─── 収3     売店
```

（※）複数の施設（又は支部）において、事業の実態等から類似、関連するものがあれば括っても構いません。

① 一番左の階層（上図の「本部」の階層。「第一階層」という）には、本部、各施設（又は各支部）を記載してください。その際、施設や事業所、支部事業所の所在地を併せて記載してください（本部しかない場合には、この階層は記載する必要はありません）。

② 第一階層の右の階層（上図の「公1　○○事業」の階層。「第二階層」という）には、「事業の一覧」の事業番号と事業を記載してください。

③ 第二階層の右の階層（上図の「公1（1）　○○セミナー」の階層。「第三階層」という）には、第二階層を構成する事業を記載してください。（組織が単一の場合において、第三階層を構成する事業が1つしかない場合は、この事業・組織体系図を作成する必要はありません。）

申請のポイント

・事務所や事業所等法人を構成する組織が単一で、かつ、その行う事業（上の作成例に示す第三階層を構成する事業）が単一の法人は作成不要。
・事業所は従たる事務所としての登記の有無にかかわらず記載。

◆ 移行認定の場合の認定後の留意点

■処分の通知

　行政庁は、国の場合は公益認定等委員会、都道府県の場合は当該都道府県に設置される合議制機関への諮問・答申を経た上で、認定又は認定しない処分を決定し、その結果を申請法人に対し、通知します。

　また、行政庁は、移行登記終了の届出を受けた後、その旨を公示することとなっており（整備法108条1項）、公示開始日から起算して2週間は、ポータルサイト上の「新着情報」に掲載しているので、そちらでも閲覧することができます。

■移行登記

　特例民法法人が公益法人への移行認定を受けたときは、その主たる事務所の所在地においては2週間以内に、その従たる事務所の所在地においては3週間以内に、

① 当該特例民法法人については、解散の登記
② 名称変更後の公益法人については、設立の登記

をしなければなりません（整備法106条1項）。

　また、この解散の登記及び設立の登記をした後、遅滞なく、行政庁だけでなく旧主務官庁に、登記事項証明書を添付して、その旨を届け出なければなりません（整備法106条2項）。

　移行認定を受けた日から起算して30日を経過しても移行登記の届出をしない場合には、行政庁から、相当の期間を定めて移行登記をすべき旨の催告を受け、また、それにもかかわらず移行登記をしないときは、行政庁から移行認定を取り消されることがあります（整備法109条）ので、注意してください。

■事業年度の終結と計算書類等の作成

　移行認定を受けた前後で法人の名称や組織運営に係る規制が変更されるこ

とから、特例民法法人が移行認定を受けた際には、移行の登記の前後で事業年度を区分する必要があります（整備法施行規則2条）。

こうした事業年度の区分の方法としては、移行認定の申請に当たって添付する定款の変更の案の附則において、移行前後の事業年度を定めておくことが可能です。ただし、この場合、移行日が申請日以前には不確定であることから、具体的な日を指定するという規定の仕方ではなく、たとえば次の例のように、登記の日を基準とするという規定の仕方になります。なお、申請書類に添付する定款の変更の案のうちこの部分に関するものについては、旧主務官庁の認可は不要です。

《定款規定例》
「一般社団法人及び一般財団法人に関する法律及び公益社団法人及び公益財団法人の認定等に関する法律の施行に伴う関係法律の整備等に関する法律（平成18年法律第50号）第106条第1項に定める特例民法法人の解散の登記及び公益法人の設立の登記を行ったときは、第○○条（定款の変更の案における事業年度）の規定にかかわらず、解散の登記の日の前日を事業年度の末日とし、設立登記の日を事業年度の開始日とする。」

また、事業年度を区分することに伴い、①特例民法法人としての最終事業年度（移行登記の日の前日を末日とするもの）に係る計算書類、②その前の事業年度に係る計算書類、③公益法人としての初年度（移行登記の日を開始日とするもの）に係る計算書類について、社員総会又は評議員会で承認を受けることが必要になります。ただし、これら①～③のうち①と②又は①と③については、移行登記の日と、社員総会又は評議員会の開催日とを調整することにより、一度の社員総会又は評議員会で承認を受けることも可能となります。

■移行後に、申請した事項を変更する場合の手続

移行認定を受けて公益法人に移行した後、申請した事項を変更する場合には、変更認定又は届出の手続を行わなければなりません。

公益目的事業の種類及び内容等の変更を伴う場合は、当初の移行認定を受けた根幹を変更することになるので、当初の移行認定の申請書類と基本的に同様の申請書類を提出する必要があります（認定法11条・12条）。
　ただし、①名称又は代表者の氏名の変更、②認定法施行規則第7条で定める軽微な変更、③定款の変更（変更認定を受けるべき事項の変更を除く）、④認定法施行規則第11条第2項で定める事項の変更については、事後、遅滞なく、届け出ることで足ります（認定法13条）。

■その他、移行後に必要となること

(1) 遵守事項
　移行登記の日以降、法人には認定法の規定が適用されることになります（整備法107条）ので、その事業運営において、公益目的事業の収支相償（認定法14条）、公益目的事業比率過半（認定法15条）、遊休財産額保有制限（認定法16条）、寄附募集の禁止行為（認定法17条・18条）、収益事業等の区分経理（認定法19条）、役員等報酬等の支給基準（認定法20条1項）等を遵守する必要があります。

(2) 情報開示
　この他、民による公益を増進する公益法人として、社会に対する情報開示も求められます。具体的には、毎事業年度の経過後3カ月以内（認定を受けた日の属する事業年度にあっては、当該認定を受けた後遅滞なく）、①財産目録、②役員等名簿、③理事、監事及び評議員に対する報酬等の支給の基準を記載した書類、④キャッシュフロー計算書（作成している場合及び会計監査人を設置しなければならない場合のみ）、⑤運営組織及び事業活動の状況の概要及びこれに関する数値のうち重要なものを記載した書類を作成し、これら書類を5年間その主たる事務所に、その写しを3年間その従たる事務所に備え置かなければなりません（認定法21条2項）。これらの書類や、定款、社員名簿及び計算書類等について閲覧の請求があった場合、正当な理由がない限り、拒むことはできません（認定法21条4項）。

(3) 事業報告等

　行政庁との関係では、毎事業年度の経過後3カ月以内（事業計画書・収支予算書等の書類については、毎事業年度開始の日の前日まで）に、財産目録等（定款は除く）を行政庁に提出する必要があります。

　また、行政庁としては、公益法人の事業の適正な運営を確保するために必要な限度において、公益法人に対し、その運営組織及び事業活動の状況に関し必要な報告を求め、又はその職員に、当該公益法人の事務所に立ち入り、その運営組織及び事業活動の状況若しくは帳簿、書類その他の物件を検査させ、若しくは関係者に質問させることがあります（認定法27条）。特に、当初の移行認定申請書類やその後の変更認定申請書類等を作成するに当たって根拠となった資料については、検査・質問される可能性が高いことから、10年間※は保存しておくようにします。

※　法令により保存年限が定められている場合には、その保存年限によります。

3 公益認定の申請方法
新設法人、中間法人、NPO法人の場合

◆ 申請の主体

　公益認定を申請できる主体は、公益目的事業を行う一般社団・財団法人です（認定法4条）。「公益目的事業を行う」という要件については、後述しますが、先ずは「一般社団法人又は一般財団法人」であることが要件となっています。

　この一般社団・財団法人たるには、基本的に次の4通りの方法があります。

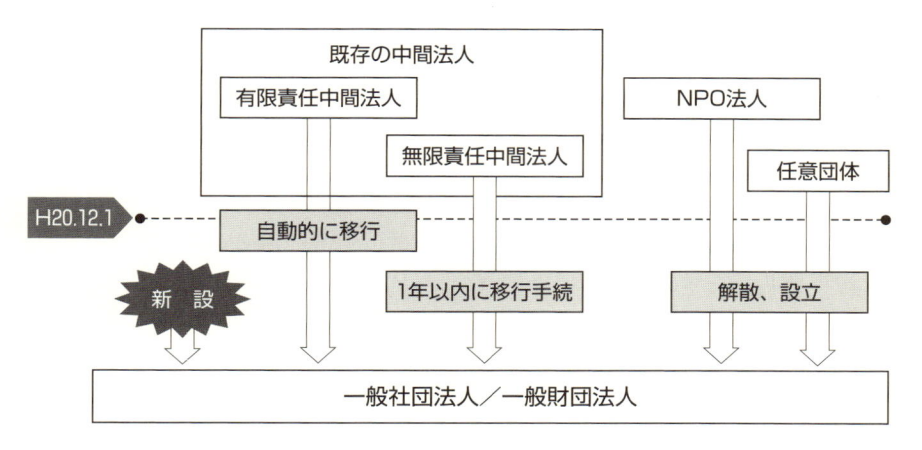

```
                既存の中間法人
         ┌──────────────────────┐        ┌─────────┐
         │ 有限責任中間法人      │        │ NPO法人 │
         │                      │        │         │
         │    無限責任中間法人   │        │  任意団体│
H20.12.1 │                      │        │         │
─────────┼──────────────────────┼────────┼─────────┼────
         │   自動的に移行       │        │         │
  新設   │                      │        │         │
         │   1年以内に移行手続  │        │ 解散、設立│
         ▼      ▼        ▼              ▼      ▼
    ┌────────────────────────────────────────────┐
    │        一般社団法人／一般財団法人          │
    └────────────────────────────────────────────┘
```

■新規に設立する場合

　新規に一般社団・財団法人を設立する場合には、一般法に基づいて設立手続を踏む必要があります。

一般社団法人の設立手続	一般財団法人の設立手続
① 設立時社員 　一般社団法人を設立するには、設立時社員が共同して定款を作成しなければなりません（一般法10条）。「共同して」とは、2名以上の意味であり、その員数に上限はありません。 ② 定款の作成 　定款には、設立時社員全員の署名又は記名押印が必要です（一般法10条1項）。 ③ 公証人による認証 　定款は、公証人の認証を受けなければ効力を生じません（一般法13条）。 ④ 設立時役員等の選任 　理事は必置機関であり（一般法60条1項）、定款で設立時理事を定めておくのが通例ですが、定款で定めなかったときは、公証人による定款認証後遅滞なく、設立時社員が設立時理事を選任しなければなりません（一般法15条1項）。また、監事設置一般社団法人又は会計監査人設置一般社団法人である場合には、それぞれ設立時監事（一般法15条2項1号）、設立時会計監査人（一般法15条2項2号）を選任する必要があります。 ※　公益認定を受けるには、理事会設置が要件です（認定法5条14号ハ）。したがって、設立時理事を3人以上とし（一般法16条）、この中から設立時代表理事を選定する必要があります（一般法21条）。	① 設立者 　一般財団法人を設立するには、設立者が定款を作成しなければなりません（一般法152条1項）。設立者は、2名以上でも1名でも構いません。 ② 定款の作成 　定款には、設立者の署名又は記名押印が必要です（一般法152条1項）。 ③ 公証人による認証 　定款は、公証人の認証を受けなければ効力を生じません（一般法155条）。 ④ 財産の拠出の履行 　設立者は、公証人による定款認証後遅滞なく、設立者が定めた銀行等の払込みの取扱いの場所において、定款に記載した財産の拠出の履行をしなければなりません（一般法157条）。 ⑤ 設立時評議員等の選任 　3人以上の評議員及び理事と1人以上の監事は必置機関であり（一般法170条1項・173条3項・177条・65条3項）、定款で設立時評議員等を定めておくのが通例ですが、定款で定めなかったときは、財産拠出履行完了後遅滞なく、定款で定めるところにより、選任しなければなりません（一般法159条1項）。また、会計監査人設置一般財団法人である場合には、設立時会計監査人（一般法159条2項）を選任する必要があります。

※ 公益認定を受けるには、一定規模以上（認定法施行令6条）の場合、会計監査人設置が要件です（認定法5条12号）。

⑤ 設立手続の調査

設立時理事（監事を置く一般社団法人にあっては設立時理事及び設立時監事）は、選任後遅滞なく、設立手続が法令又は定款に違反していないことを調査し（一般法20条1項）、違反・不当事項があると認めるときは、設立時社員に通知しなければなりません（一般法20条2項）。

⑥ 設立登記

一般社団法人は、当該法人を代表すべき者（設立時理事又は設立時代表理事）が（一般法318条1項）、上記⑤調査終了日又は設立時社員が定めた日のいずれか遅い日から2週間以内に（一般法301条1項）、主たる事務所の所在地において設立登記することにより成立します（一般法22条）。

また、一般財団法人の場合、理事会は必置機関であり（一般法170条1項）、設立時理事の中から設立時代表理事を選定する必要があります（一般法162条1項）。

⑥ 設立手続の調査

設立時理事及び設立時監事は、選任後遅滞なく、設立手続が法令又は定款に違反していないことを調査し（一般法161条1項）、違反・不当事項があると認めるときは、設立時社員に通知しなければなりません（一般法161条2項）。

⑦ 設立登記

一般財団法人は、当該法人を代表すべき者（設立時代表理事）が（一般法319条1項）、上記⑥調査終了日又は設立者が定めた日のいずれか遅い日から2週間以内に（一般法302条1項）、主たる事務所の所在地において設立登記することにより成立します（一般法163条）。

■中間法人の場合

新制度施行に伴い、中間法人法（平成13年法律第49号）は廃止され、既存の中間法人は、一般法に基づく一般社団法人に移行することになります。

有限責任中間法人からの移行に際して	無限責任中間法人からの移行に際して
① 移行 新法の施行日（平成20年12月1日）に、何らの手続を要せず、当然に一般社団法人となり（整備法2条）、原則	◆移行 新法の施行日（平成20年12月1日）に「特例無限責任中間法人」として存続します（整備法24条）が、1年以

として一般法の適用を受けることになります。既存の定款、社員、理事及び監事は、施行日に、それぞれ一般社団法人の定款、社員、理事及び監事となります。
② 名称変更
　施行日の属する事業年度が終了した後、最初に招集される定時社員総会の終結の時までに、その名称に「一般社団法人」という文字を使用する旨の定款変更をする必要があります（整備法3条）（要社員総会決議）。
③ 登記
　上記②の名称変更を行った後に、その旨の変更登記が必要です（整備法22条4項）。また、その際、役員変更の有無にかかわらず、役員に関する登記事項を下表のとおり改める必要があります。

有限責任中間法人の役員に関する登記事項	一般社団法人の役員に関する登記事項
1）理事の氏名及び住所 2）代表すべき理事の氏名 3）監事の氏名及び住所	1）理事の氏名 2）代表理事の氏名及び住所 3）監事の氏名

内に、次の手続を踏む必要があります。
① 総社員の同意（整備法31条）
　総社員の同意により、移行後の一般社団法人の目的、名称、主たる事務所の所在地など定款に記載すべき事項や、理事の氏名（監事を置く場合は監事の氏名、会計監査人を置く場合は会計監査人の氏名又は名称）を定める必要があります。
② 債権者保護手続（整備法32条）
　上記①を定めた日から2週間以内に、一般社団法人に移行する旨及び債権者が一定期間（1カ月以上）内に移行について異議を述べることができる旨を官報に公告し、かつ、知れている債権者には各別に催告する必要があります。
　もし債権者が異議を述べた場合には、原則として、当該債権者に対し、弁済、相当担保の提供、信託会社等への財産信託が必要になります。
③ 移行登記（整備法33条）
　上記②の手続が終了したときは、その旨の変更登記が必要であり、その主たる事務所の所在地においては2週間以内に、その従たる事務所の所在地においては3週間以内に、特例無限責任中間法人についての解散登記と、移行後の一般社団法人についての設立登記をする必要があります。

■NPO 法人の場合

　NPO法人（特定非営利活動法人）と一般社団・財団法人は、ともに非営利の法人である点において類似していますが、NPO法人の設立には認証が必要であるのに対し、一般社団・財団法人の設立は、登記のみで可能となっています。そこで、新制度施行に伴い、NPO法人が一般社団・財団法人を設立した上で、公益認定を受けることも可能となります。

　その場合には、たとえば、新規設立の手続に従い設立した一般社団・財団法人にNPO法人の事業の全部を譲渡した上、NPO法人を解散するといった方法が考えられます。NPO法人の解散の具体的な手続については、『特定非営利活動法人の設立及び管理・運営の手引き』＜http://www.npo-home-page.go.jp/found/npo_guide.html＞を参照してください。なお、事業譲渡等に伴う税法上の取扱いについては、最寄りの税務署に問い合わせてください。

■任意団体の場合

　従前の民法では、公益社団・財団法人には公益性と非営利目的性の両者が要求され、その設立は主務官庁の許可制となっていました。また、法人の設立と公益性の判断が一体不可分であったことから、法人格の取得が困難な場合もあり、社団としての実質を備えながらも任意団体（法人格のない社団）として活動していたものも存在していました。

　新制度では登記のみで一般社団・財団法人の設立が可能となったことから、これを機会に任意団体が一般社団・財団法人を設立して、公益認定を受けることも可能となります。

　その場合には、たとえば、新規設立の手続に従い設立した一般社団・財団法人に任意団体の事業の全部を譲渡した上、任意団体を解散するといった方法が考えられます。なお、事業譲渡等に伴う税法上の取扱いについては、最寄りの税務署に問い合わせてください。

◆ 申請から認定までの流れ

　公益目的事業を行う一般社団・財団法人が公益認定を希望する場合は、行政庁の認定（以下「公益認定」といいます）を受けることができます（認定法4条）。その場合、所要の申請書を行政庁に提出する必要があります（認定法7条）。この申請は、平成20年12月1日から可能です。特例民法法人の移行と異なり、5年間の移行期間（平成20年12月1日から平成25年11月30日まで）中に限られません。

　この手続の流れは、下図のとおりです。

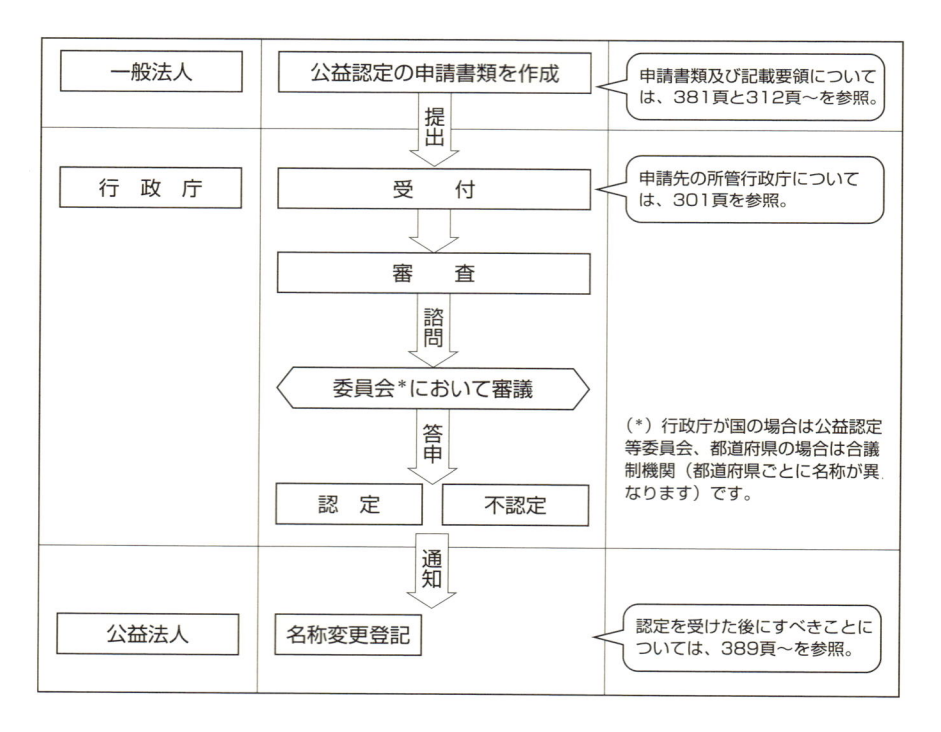

一般法人	公益認定の申請書類を作成	申請書類及び記載要領については、381頁と312頁～を参照。
行政庁	↓提出 受付 ↓ 審査 ↓諮問 委員会*において審議 ↓答申 認定　　不認定	申請先の所管行政庁については、301頁を参照。 （*）行政庁が国の場合は公益認定等委員会、都道府県の場合は合議制機関（都道府県ごとに名称が異なります）です。
公益法人	↓通知 名称変更登記	認定を受けた後にすべきことについては、389頁～を参照。

◆ 認定基準及び欠格事由

公益認定を受けるには、次の要件を充たしている必要があります。

■認定基準（認定法5条）

39～41頁の公益認定の18の基準を参照してください。

■欠格事由（認定法6条）

308～309頁の欠格事由を参照してください。

◆ 申請書の記入方法

「公益認定」の申請書類のほとんどは、「移行認定」の申請書類と同じです。申請書の構成について312頁を参照の上、全体としては313～370頁の「2　移行認定の申請方法」の説明を参照してください。

次頁以降では、移行認定の申請書類と違う部分のみを解説しています。書き方については注意点を赤字で示しています。

●移行認定と公益認定で申請書が違う部分

「申請書（かがみ文書）」
「別紙1　法人の基本情報及び組織について」の「1　基本情報」
「その他の添付書類」の「添付書類の確認」
「その他の添付書類」の「理事等の名簿」
「その他の添付書類」の「確認書」

申請書（かがみ文書）

　　　　　　　　　　　　　　　　　　　　　　　　　　　年　　月　　日
　　　　　　　　　　　　　　　　　　　　　　　　　　　↑※和暦で記載

　　　　　　殿
　　　↑
※申請先の行政庁名を記載　　　　　　　法人の名称　　※現在の名称
内閣総理大臣又は都道府県知事　　　　　代表者の氏名　　　　　　　印
　　　　　　　　　　　　　　　　　　　　　　　　↑
　　　　　　　　　　公益認定申請書　　　　　※電子申請の場合、法人代表印不要
　　　　　　　　　　　　　　　　　　　　　　外国語の氏名はカタカナで記載

　　公益社団法人及び公益財団法人の認定等に関する法律第5条に規定する公益認定を受けたいので、同法第7条第1項の規定により、下記のとおり申請します。

　　　　　　　　　　　　　　　　　記

1　主たる事務所の所在場所
　　※登記済の事務所の所在場所を登記のとおり記載

2　従たる事務所の所在場所
　　※登記済の事務所の所在場所を登記のとおり記載
　　ない場合は「なし」と記載。この他に海外に事務所のある場合はその旨付記

3　公益目的事業を行う都道府県の区域
　　※定款に記載された活動区域を記載

4　公益目的事業の種類及び内容
　　※「別紙2のとおり」と記載

5　収益事業等の内容
　　※「別紙2のとおり」と記載

申請のポイント

- 申請中に申請書及び添付書類の記載内容に変更（理事の交代・申請代理人の変更等）があった場合は、速やかに申請先の行政庁にその旨を通知し、指示を受けて対応してください。
- 申請書の作成後、法人の意思決定（少なくとも理事会の決議）を経た上で行政庁へ申請してください。

別紙1:法人の基本情報及び組織について

【別紙1:法人の基本情報及び組織について】

	法人コード	

1.基本情報

フリガナ						
法人の名称						
主たる事務所の住所及び連絡先						
	住所		都道府県		市区町村	
		番地等				
			(建物名又は部屋番号がある場合は、記載してください。)			
	代表電話番号		(内線　　)	FAX番号		※ない場合は記載不要
	代表電子メールアドレス	※ない場合は記載不要		@		
	ホームページアドレス	※ない場合はここにチェック → □ ホームページなし。				
代表理事の氏名						
事業年度		月	日	～	月	日
申請業務担当者(注1)						
	氏名(又は名称)			役職(又は担当者名)		
	電話番号			FAX番号		※ない場合は記載不要
	電子メールアドレス	※ない場合は記載不要		@		

注1　代理人による申請の場合は委任状を添付し、代理人が法人の場合は「氏名」の欄に名称を、「役職」欄に担当者名を記載してください。

◆ その他の添付書類

■添付書類の確認

公益認定の申請に当たっては、各申請書のほか、次の添付書類を提出する必要があります（認定法7条2項、認定法施行規則5条）。添付漏れがないよう、下表の右欄■に「✔」を記載しながら、確認してください。

添付書類一覧	記載例の頁	チェック欄
① 定款	記載例は3章参照	
② 登記事項証明書		
③ 理事等（理事、監事及び評議員）の名簿	記載例386頁～参照	
④ 理事、監事及び評議員に対する報酬等の支給の基準を記載した書類		
⑤ 確認書	記載例388頁～参照	
⑥ 許認可等を証する書類（※許認可等が必要な場合のみ）		
⑦ 滞納処分に係る国税及び地方税の納税証明書（過去3ヵ年に滞納処分がないことの証明）		
⑧ 事業計画書		
⑨ 収支予算書		
⑩ 前事業年度末日の財産目録		
⑪ 前事業年度末日の貸借対照表及びその附属明細書		
⑫ 事業計画書及び収支予算書に記載された予算の基礎となる事実を明らかにする書類（前年度の正味財産増減計算書等）		
⑬ 事業・組織体系図（※作成不要の場合あり）	記載例370頁～参照	
（以下は必要な場合に提出すべき添付書類）		
⑭ 社員の資格の得喪に関する細則（※特例社団法人の場合であって、定款のほかに、社員の資格の得喪に関し何らかの定めを設けている場合のみ）		
⑮ 会員等の位置づけ及び会費に関する細則（※定款のほかに、会員等の位置づけ及び会費に関する何らかの定めを設けている場合のみ）		

(注)
② 登記事項証明書は、発行日から3カ月以内の現在事項全部証明書の写しを提出してください。
④ 理事等の勤務形態に応じた報酬等の区分、金額の算定方法、支給の方法等が明らかになるよう定める必要があります。
⑥ 事業を行うに当たり法令上許認可等を必要とする場合、許認可証の写しを提出してください。なお、この場合、事業そのものを反復継続して行うのに最低限必要となる許認可等（事業許可等）が対象となりますので、事業に一時的、付随的に必要な許認可等に係る許認可証の提出は不要です。
⑦ 過去3年以内に滞納処分を受けたことがないことの証明書（発行日から3カ月以内のもの。国税にあっては「納税証明書（その4）」になります）を添付してください。「納付税額等の証明書」ではありませんので、注意してください。なお、地方税にあっては、従たる事務所としての登記の有無にかかわらず、すべての事務所所在地について提出してください。
⑧⑨
1．申請日以降の事業年度に係るものを添付してください。たとえば、4月1日から翌年3月31日までの1年間を1事業年度とする法人が、平成21年10月に申請する場合は、平成21年4月から平成22年3月までの事業年度か、平成22年4月から平成23年3月までの1事業年度に係るものかのいずれかになります。
　1）一般社団・財団法人としての最終年度（当該事業年度の開始の日から公益認定の日の前日までの期間）に係るもの、2）申請日の属する事業年度の前事業年度に係るもの、3）公益社団・財団法人としての初年度（公益認定の日から当該事業年度の末日までの期間）に係るもののいずれでもありませんので、注意してください。
　ただし、一般社団・財団法人を設立した事業年度に申請する場合で、当該事業年度が1年未満であるときは、その翌事業年度（1年間）に係るものを添付してください。
2．収支予算書の様式は特に定めませんが、損益計算ベースの収支予算数値が記載されている必要があります（収支計算ベースの収支予算書の提出は不要です）。なお、事業別に区分されていない場合には、別表Gを別途作成することになります。
⑩⑪ 申請日の属する事業年度の前事業年度の末日におけるものを添付してください。なお、法人の成立後最初の定時社員総会において貸借対照表が承認されていないときにあっては、その成立の日におけるものを添付してください。
⑫ 申請日の属する事業年度の前事業年度に係る損益計算書（正味財産増減計算書）や予算の積算根拠を示した書類等を添付してください。

なお、③の「理事等の名簿」と⑤の「確認書」については、この申請書に特有の書類です。その記載要領は、次頁以降を見てください。
　また、電子申請の場合は、ワードプロセッサ等で作成した電子ファイルをPDF化した電子データや、スキャナで取り込んだPDF形式の電子データによる提出も可能です。

その他の添付書類：理事等の名簿

事業	自		年		月		日	法人コード	
年度	至		年		月		日	法人名	

<u>理事等の名簿</u>

1．評議員（公益財団法人の場合のみ）

フリガナ 氏　　名	常勤・非常勤	生年月日			性別	住所
	常勤・非常勤	明治　大正 昭和　平成	年　月　日		男女	〒　－
	常勤・非常勤	明治　大正 昭和　平成	年　月　日		男女	〒　－
	常勤・非常勤	明治　大正 昭和　平成	年　月　日		男女	〒　－
	常勤・非常勤	明治　大正 昭和　平成	年　月　日		男女	〒　－
	常勤・非常勤	明治　大正 昭和　平成	年　月　日		男女	〒　－
	常勤・非常勤	明治　大正 昭和　平成	年　月　日		男女	〒　－
	常勤・非常勤	明治　大正 昭和　平成	年　月　日		男女	〒　－
	常勤・非常勤	明治　大正 昭和　平成	年　月　日		男女	〒　－
	常勤・非常勤	明治　大正 昭和　平成	年　月　日		男女	〒　－
	常勤・非常勤	明治　大正 昭和　平成	年　月　日		男女	〒　－

申請のポイント

・公益法人としての最初の評議員（一般財団法人の場合）、理事、監事を記載。申請日現在、社員総会等における選任がまだの者がいる場合でも、申請自体は可能。その場合は、その者の氏名等は名簿に記載せずに、申請後に選任を行い、その者を追加した名簿を、速やかに提出。
・行政庁は、理事等の住所地の市町村に確認をする場合があるので、居所（例：会社の所在地）ではなく、生活の本拠たる住所（民法22条・23条）を記載。

2．理事（注）

フリガナ 氏　名	常勤・非常勤	生年月日				性別	住所	代表理事
	常勤・非常勤	明治 大正 昭和 平成	年	月	日	男女	〒　-	
	常勤・非常勤	明治 大正 昭和 平成	年	月	日	男女	〒　-	
	常勤・非常勤	明治 大正 昭和 平成	年	月	日	男女	〒　-	
	常勤・非常勤	明治 大正 昭和 平成	年	月	日	男女	〒　-	
	常勤・非常勤	明治 大正 昭和 平成	年	月	日	男女	〒　-	
	常勤・非常勤	明治 大正 昭和 平成	年	月	日	男女	〒　-	
	常勤・非常勤	明治 大正 昭和 平成	年	月	日	男女	〒　-	
	常勤・非常勤	明治 大正 昭和 平成	年	月	日	男女	〒　-	
	常勤・非常勤	明治 大正 昭和 平成	年	月	日	男女	〒　-	
	常勤・非常勤	明治 大正 昭和 平成	年	月	日	男女	〒　-	

注　代表理事は、その者の「代表理事」の欄にレ点を記入してください。

3．監事

フリガナ 氏　名	常勤・非常勤	生年月日				性別	住所
	常勤・非常勤	明治 大正 昭和 平成	年	月	日	男女	〒　-
	常勤・非常勤	明治 大正 昭和 平成	年	月	日	男女	〒　-
	常勤・非常勤	明治 大正 昭和 平成	年	月	日	男女	〒　-

＜個人情報の取扱いについて＞
　認定を受けた後、公益認定が取り消された場合には、公益社団法人及び公益財団法人の認定等に関する法律（平成18年法律第49号）第6条に規定する欠格事由の審査に必要な範囲内で、欠格事由に該当する評議員、理事及び監事の氏名及び生年月日の情報を他の行政庁に提供する場合がありえます。このことにつき、就任予定者の同意を得た上で、記載してください。

その他の添付書類：確認書

事業	自	年	月	日	法人コード	
年度	至	年	月	日	法人名	

<u>確認書</u>

平成　年　月　日

　　　　　殿

法人の名称
代表者の氏名　　　　　印

　公益社団法人及び公益財団法人の認定等に関する法律（平成１８年法律第４９号）第７条第１項の認可の申請をするに際し、当法人は、下記１のすべての事項に適合し、かつ、下記２のいずれの事項にも該当しないことを確認しました。

記

1　公益社団法人及び公益財団法人の認定等に関する法律（平成１８年法律第４９号。以下「認定法」という。）第５条第１０号及び第１１号に規定する公益認定の基準

2　認定法第６条第１号ロからニまで、第３号及び第６号に規定する欠格事由

申請のポイント

・この確認書の提出に当たっての注意事項は368～369頁参照。
・１及び２を法人において確認した際の根拠資料（たとえば、理事等から提出を受けた誓約書、他の団体の理事等の兼務状況の届出書等がある場合はそれらの書類）は、行政庁への提出は不要。ただし、10年間はこれら資料をその主たる事務所へ保存。
・認定後、確認事項に反する事実が判明した場合には、認定法第29条第１項第２号の規定により、認定を取り消される場合もあるので注意。

◆ 公益認定の場合の認定後の留意点

■処分の通知

　行政庁は、国の場合は公益認定等委員会、都道府県の場合は当該都道府県に設置される合議制機関への諮問・答申を経た上で、認定又は認定しない処分を決定し、その結果を申請法人に対し、通知します。

　また、行政庁は、公益認定をしたときは、その旨を公示することとなっており（認定法10条）、公示開始日から起算して2週間は、ポータルサイト上の「新着情報」に掲載していますので、そちらでも閲覧することができます。

■定款・登記上の名称の変更

　一般社団・財団法人が公益法人への公益認定を受けたときは、その名称中の一般社団法人又は一般財団法人の文字をそれぞれ公益社団法人又は公益財団法人と変更する定款の変更をしたものとみなされます（認定法9条1項）ので、その定款中の名称部分を変更します（社員総会や評議員会の承認は不要です）。

　また、登記上の名称も上記と同様に変更する必要がありますので、その主たる事務所の所在地においては2週間以内に、その従たる事務所の所在地においては3週間以内に、公益認定を受けたことを証する書面を添付して、名称の変更の登記をしなければなりません（認定法9条2項、一般法303条・312条4項）。

　なお、この際にはその旨の行政庁への届出は不要ですが、最初の事業報告の際にその旨が確認される場合があります。

■計算書類等の作成

　公益認定を受けた前後で法人の名称や組織運営に係る規制が変更されることから、一般社団・財団法人が公益認定を受けた際には、公益認定の前後で計算書類等の作成期間を区分する必要があります（認定法施行規則38条2項）。

この場合、計算書類等については、①一般社団・財団法人としての最終年度（当該事業年度の開始の日から公益認定を受けた日の前日までの期間）と②公益法人としての初年度（公益認定を受けた日から当該事業年度の末日までの期間）とに分けて作成しなければなりませんが、①②はあわせて1つの計算書類等として、社員総会又は評議員会で承認を受けることになります。公益認定の後に、①の計算書類を承認するためだけに臨時の社員総会や評議員会を開く必要はありません。

■認定後に、申請した事項を変更する場合の手続

　公益認定を受けて公益法人となった後、申請した事項を変更する場合には、変更認定又は届出の手続を行わなければなりません。

　公益目的事業の種類及び内容等の変更を伴う場合は、当初の移行認定を受けた根幹を変更することになるので、当初の移行認定の申請書類と基本的に同様の申請書類を提出する必要があります（認定法11条・12条）。

　ただし、①名称又は代表者の氏名の変更、②認定法施行規則第7条で定める軽微な変更、③定款の変更（変更認定を受けるべき事項の変更は除かれます）、④認定法施行規則第11条第2項で定める事項の変更については、事後、遅滞なく、届け出ることで足ります（認定法13条）。

■その他、認定後に必要となること

(1) 遵守事項

　認定日以降においては、法人はその事業運営において、公益目的事業の収支相償（認定法14条）、公益目的事業比率過半（認定法15条）、遊休財産額保有制限（認定法16条）、寄附募集の禁止行為（認定法17条・18条）、収益事業等の区分経理（認定法19条）、役員等報酬等の支給基準（認定法20条1項）等を遵守する必要があります。

(2) 情報開示

　この他、民による公益を増進する公益法人として、社会に対する情報開示も求められます。具体的には、毎事業年度の経過後3カ月以内（認定を受け

た日の属する事業年度にあっては、当該認定を受けた後遅滞なく）、①財産目録、②役員等名簿、③理事、監事及び評議員に対する報酬等の支給の基準を記載した書類、④キャッシュフロー計算書（作成している場合及び会計監査人を設置しなければならない場合のみ）、⑤運営組織及び事業活動の状況の概要及びこれに関する数値のうち重要なものを記載した書類を作成し、これら書類を5年間その主たる事務所に、その写しを3年間その従たる事務所に備え置かなければなりません（認定法21条2項）。これらの書類や、定款、社員名簿及び計算書類等について閲覧の請求があった場合、正当な理由がない限り、拒むことはできません（認定法21条4項）。

(3) 事業報告等

　行政庁との関係では、毎事業年度の経過後3カ月以内（事業計画書・収支予算書等の書類については、毎事業年度開始の日の前日まで）に、財産目録等（定款は除く）を行政庁に提出する必要があります。

　また、行政庁としては、公益法人の事業の適正な運営を確保するために必要な限度において、公益法人に対し、その運営組織及び事業活動の状況に関し必要な報告を求め、又はその職員に、当該公益法人の事務所に立ち入り、その運営組織及び事業活動の状況若しくは帳簿、書類その他の物件を検査させ、若しくは関係者に質問させることがあります（認定法27条）。特に、当初の移行認定申請書類やその後の変更認定申請書類等を作成するに当たって根拠となった資料については、検査・質問する可能性が高いことから、10年間※は保存しておいてください。

※法令により保存年限が定められている場合には、その保存年限によります。

巻末資料

○公益認定等に関する運用について
　（公益認定等ガイドライン）
　（平成 20 年 4 月 11 日内閣府公益認定等委員会
　決定・平成 20 年 10 月 10 日改正）……395

○公益法人会計基準について
　（平成 20 年 4 月 11 日内閣府公益認定等委員会
　決定）……………………………………437

○公益法人会計基準の運用指針
　（平成 20 年 4 月 11 日内閣府公益認定等委員会
　決定）……………………………………445

○公益認定等に関する運用について（公益認定等ガイドライン）

（平成20年4月11日内閣府公益認定等委員会決定
平成20年10月10日改正）

はじめに

　新しい公益法人制度は、主務官庁の裁量権を排除し、できる限り準則主義に則った認定等を実現することを目的として法改正がなされ、今日まで準備が進められてきた。

　公益認定等委員会は、この目的を実現するべく認定基準等に関する政令・内閣府令に関して、議事録・資料を公開しつつ、11回の審議を経て答申をまとめたところであり、これに沿って政府において昨年9月に制定された。

　公益認定等委員会は、その後、制度の詳細のうち、明確にしておくことが、申請者にとっても、国・都道府県の審査当局にとっても有益であると考えられる事項について、昨年9月6日から審議を開始し、同様に資料、議事録を公開しつつ、合計20回の審議を重ねてきた。

　これを「公益認定等に関する運用について」（公益認定等ガイドライン）として取りまとめたところである。

　また、法人の行う個別の事業が「公益目的事業であるかどうか」すなわち「不特定かつ多数の者の利益の増進に寄与するか」の事実認定に当たっての留意点としての「公益目的事業のチェックポイント」もガイドラインと並行して審議を重ね取りまとめた。

　今後、具体的に審査等が進むことなどにより、必要性が明らかになればさらに追加等を行うことは必要になるものと考えられる。まずは、国・都道府県、法人関係者の間で十分に共有され、円滑な制度運用が進むことを期待したい。

目次（略）

I　公益法人認定法第5条等について
（公益社団法人・公益財団法人関係）

　公益社団法人及び公益財団法人の認定等に関する法律（以下「認定法」）、同法施行令（以下「認定令」）及び同法施行規則（以下「認定規則」）に基づく公益認定の申請に関し、認定法第5条に規定する公益認定の基準及び関連する規定についての運用を明らかにし、もって認定法の円滑な施行を図ることを目的としている。

　具体的案件における審査及び監督処分等については、法令に照らし、個々の案件毎に判断する。なお、個別に説明を求めても、法人からの申請内容が具体性を欠く場合には、内容が不明確であるために、結果として不認定となることがありうる。

1. 認定法第5条第1号関係〈法人の主たる目的〉

　認定法第5条第1号の「主たる目的とするものであること」とは、法人が、認定法第2条第4号で定義される「公益目的事業」の実施を主たる目的とするということである。定

款で定める法人の事業又は目的に根拠がない事業は、公益目的事業として認められないことがありうる。申請時には、認定法第5条第8号の公益目的事業比率の見込みが50％以上であれば本号は満たすものと判断する。

【参照条文】
（公益認定の基準）
認定法第五条　行政庁は、前条の認定（以下「公益認定」という。）の申請をした一般社団法人又は一般財団法人が次に掲げる基準に適合すると認めるときは、当該法人について公益認定をするものとする。
一　公益目的事業を行うことを主たる目的とするものであること。

2．認定法第5条第2号関係〈経理的基礎及び技術的能力〉

《経理的基礎》
認定法第5条第2号の「公益目的事業を行うのに必要な経理的基礎」とは、①財政基盤の明確化、②経理処理、財産管理の適正性、③情報開示の適正性とする。
(1)　財政基盤の明確化
① 貸借対照表、収支（損益）予算書等より、財務状態を確認し、法人の事業規模を踏まえ、必要に応じて今後の財務の見通しについて追加的に説明を求める。
② 寄附金収入については、寄付金の大口拠出上位5者の見込み、会費収入については積算の根拠、借入れの予定があればその計画について、情報を求め、法人の規模に見合った事業実施のための収入が適切に見積もられているか確認する。
(2)　経理処理・財産管理の適正性
財産の管理、運用について法人の役員が適切に関与すること、開示情報や行政庁への提出資料の基礎として十分な会計帳簿を備え付けること（注1）、不適正な経理を行わないこと（注2）とする。
（注1）法人が備え付ける会計帳簿は、事業の実態に応じ法人により異なるが、例えば仕訳帳、総勘定元帳、予算の管理に必要な帳簿、償却資産その他の資産台帳、得意先元帳、仕入先元帳等の補助簿が考えられる。区分経理が求められる場合には、帳簿から経理区分が判別できるようにする。
（注2）法人の支出に使途不明金があるもの、会計帳簿に虚偽の記載があるものその他の不適正な経理とする。
(3)　情報開示の適正性
① 外部監査を受けているか、そうでない場合には費用及び損失の額又は収益の額が1億円以上の法人については監事（2人以上の場合は少なくとも1名、以下同じ）を公認会計士又は税理士が務めること、当該額が1億円未満の法人については営利又は非営利法人の経理事務を例えば5年以上従事した者等が監事を務めることが確認されれば、適切に情報開示が行われるものとして取り扱う。
② 上記①は、これを法人に義務付けるものではなく、このような体制にない法人においては、公認会計士、税理士又はその他の経理事務の精通者が法人の情報開示にどのように関与するのかの説明をもとに、個別に判断する。

《技術的能力》
認定法第5条第2号の「公益目的事業を行うのに必要な」「技術的能力」とは、事業実施のための技術、専門的人材や設備などの能力の確保とする。
申請時には、例えば検査検定事業においては、人員や検査機器の能力の水準の設定とそ

の確保が「公益目的事業のチェックポイント」に掲げられていることから、検査検定事業を行う法人は、本号の技術的能力との関係において、当該チェックポイントを満たすことが必要となる。法人の中核事業においてチェックポイントで掲げられた技術的能力が欠如していると判断される場合には、公益法人として不認定となることもありうる。

また、事業を行うに当たり法令上許認可等を必要とする場合においては、認定法第7条第2項第3号の「書類」の提出をもって技術的能力を確認する。

事業に必要な技術的能力は、法人自らが全てを保有していることを求めているものではない。しかし、実態として自らが当該事業を実施しているとは評価されない程度にまで事業に必要な資源を外部に依存しているときには、技術的能力を備えていないものと判断される場合もありうる。

【参照条文】
認定法第五条
　　二　公益目的事業を行うのに必要な経理的基礎及び技術的能力を有するものであること。

3．認定法第5条第3号、第4号関係〈特別の利益〉

認定法第5条第3号、第4号の「特別の利益」とは、利益を与える個人又は団体の選定や利益の規模が、事業の内容や実施方法等具体的事情に即し、社会通念に照らして合理性を欠く不相当な利益の供与その他の優遇がこれに当たり、申請時には、提出書類等から判断する。

なお、寄附を行うことが直ちに特別の利益に該当するものではない。また、「その事業を行うに当たり」とは、公益目的事業の実施に係る場合に限られない。

認定後においては、確定的に利益が移転するに至らなくとも、そのおそれがあると認められる場合には報告徴収（認定法第27条第1項）を求めうる。

【参照条文】
認定法第五条
　　三　その事業を行うに当たり、社員、評議員、理事、監事、使用人その他の政令で定める当該法人の関係者に対し特別の利益を与えないものであること。
　　四　その事業を行うに当たり、株式会社その他の営利事業を営む者又は特定の個人若しくは団体の利益を図る活動を行うものとして政令で定める者に対し、寄附その他の特別の利益を与える行為を行わないものであること。ただし、公益法人に対し、当該公益法人が行う公益目的事業のために寄附その他の特別の利益を与える行為を行う場合は、この限りでない。

4．認定法第5条第5号関係〈投機的な取引を行う事業〉

認定令第3条（認定法第5条第5号の「公益法人の社会的信用を維持する上でふさわしくない」事業について定めるもの）第1号の「投機的な取引を行う事業」に該当するかどうかは、取引の規模、内容等具体的事情によるが、例えばポートフォリオ運用の一環として行う公開市場等を通じる証券投資等はこれに該当しない。

【参照条文】
認定法第五条
　　五　投機的な取引、高利の融資その他の事業であって、公益法人の社会的信用を維持する上でふさわしくないものとして政令で定めるもの又は公の秩序若しくは善

良の風俗を害するおそれのある事業を行わないものであること。
　　（公益法人の社会的信用を維持する上でふさわしくない事業）
　認定令第三条　法第五条第五号の政令で定める公益法人の社会的信用を維持する上でふさわしくない事業は、次に掲げる事業とする。
　　一　投機的な取引を行う事業

5．認定法第5条第6号、第14条関係〈公益目的事業の収入〉

(1)　判定方法

　　認定法第5条第6号の「公益目的事業に係る収入がその実施に要する適正な費用を償う額を超えない」（認定法第14条にて同旨の規定）（以下「収支相償」）かどうかについては、二段階で判断する。まず第一段階では、公益目的事業単位で事業に特に関連付けられる収入と費用とを比較し、次に第二段階で、第一段階を満たす事業の収入、費用も含め、公益目的事業を経理する会計全体の収入、費用を比較する。

　　申請時には、認定法第7条第2項第2号により提出する収支予算書の対象事業年度に係る見込み額を計算し、認定規則第5条第3項（認定法第7条第2項第6号の書類を定めるもの）第3号の「書類」に記載する。認定後においては、認定規則第28条第1項（認定法第21条第2項第4号の書類を定めるもの）第2号の「運営組織及び事業活動の概要及びこれらに関する数値のうち重要なものを記載した書類」に実績値を記載する。

① 　第一段階においては、公益性が認められる公益目的事業（公益目的事業のチェックポイントにおける事業の単位と同様の考え方に基づいて、事業の目的や実施の態様等から関連する事業もまとめたものを含む）を単位として、当該事業に関連付けられた収入と費用とを比較する。当該事業に関連付けられた収入と費用は、法人の損益計算書（正味財産増減計算書）におけるそれぞれ当該事業に係る経常収益、経常費用とする。収入が費用を上回る場合には、当該事業に係る特定費用準備資金への積立て額として整理する。この場合は本来の特定費用準備資金として積み立てるほか、翌年度の事業費に費消するため、流動資産の現預金等で短期の特定費用準備資金として管理することができる。

② 　第二段階においては、第一段階の収支相償を満たす事業に係る経常収益及び経常費用に加え、公益目的事業に係る会計に属するが、特定の事業と関連付けられない公益に係るその他の経常収益及び経常費用を合計し、特定費用準備資金、公益目的保有財産等に係る一定の調整計算を行った上で収支を比較する。

　　この段階において、法人が収益事業等を行っている場合には、収益事業等の利益から公益目的事業財産に繰入れた額も収入に含めるが、当該繰入れが認定法第18条第4号に基づく利益額の50％の繰入れか、認定規則第26条7号、8号に基づく利益額の50％超の繰入れかに応じて、2つの計算方法がある（下記(2)、(3)）。また、法人が収益事業等を行っていない場合は、下記(2)に準ずる。なお、収益事業等会計から公益目的事業会計への繰入れは、内部振替であり、公益目的事業比率（認定法第15条）の算定上、当該収益事業等の事業費には含まれない。

③ 　費用は「適正な」範囲である必要から、謝金、礼金、人件費等について不相当に高い支出を公益目的事業の費用として計上することは適当ではない。なお、公益目的事業に付随して収益事業等を行っている場合に、その収益事業等に係る費用、収益を収支相償の計算に含めることはできない。

(2) 収益事業等の利益額（注1）の50％を繰入れる場合
　① 以下の合計額を収入とする。
　　ⅰ 損益計算書上の公益目的事業の会計に係る経常収益
　　ⅱ 公益目的事業に係る特定費用準備資金（認定規則第18条）の当期取崩し額
　　ⅲ 損益計算書上の収益事業等会計から公益目的事業会計への資産繰入れ額（実物資産を繰入れた場合は帳簿価額相当額（注2））（注3）
　　（注1）収益事業等における利益から、管理費のうち収益事業等に按分される額を控除した額。
　　（注2）収益事業等からの利益を実物資産で繰入れる場合には、繰入時の実物資産の帳簿価額に相当する額が収益事業等の資産から公益目的事業財産となり、同額を支出して、当該実物資産を取得するものと見なす。この場合の当該実物資産は公益目的保有財産となる（認定法第18条第5号）。
　　（注3）法人が収益事業等を行っていない場合はⅲは除かれる。
　② 以下の合計額を費用とする。
　　ⅰ 損益計算書上の公益目的事業の会計に係る経常費用
　　ⅱ 公益目的事業に係る特定費用準備資金の当期積立て額
　③ 上記①と②の額を比較する。
(3) 収益事業等の利益額を50％を超えて繰入れる場合
　① 収入として以下の合計額を算出する。
　　ⅰ 損益計算書上の公益目的事業の会計に係る経常収益
　　ⅱ 公益目的事業に係る特定費用準備資金の当期取崩し額（注）
　　ⅲ 公益目的保有財産の取得又は改良に充てるために保有する資金（認定規則第22条第3項）（以下「公益資産取得等資金」）の当期取崩し額（注）
　　ⅳ 公益目的保有財産の当期売却収入（帳簿価額＋売却損益）
　　（注）資金積立て時に、収支相償の計算上、費用として算入した額の合計額。
　② 費用として以下の合計額を算出する。
　　ⅰ 損益計算書上の（公益目的事業の会計に係る経常費用－公益目的保有財産に係る減価償却費）
　　ⅱ 公益目的事業に係る特定費用準備資金の当期積立て額（上限あり（注））
　　ⅲ 公益資産取得資金の当期積立て額（上限あり（注））
　　ⅳ 公益目的保有財産の当期取得支出
　　（注）「（各資金の積立て限度額－前期末の当該資金の残高）／目的支出予定時までの残存年数」として計算される額。
　③ （②－①）の額について収益事業等から資産を繰入れる（利益の100％を上限、実物資産を繰入れた場合は帳簿価額相当額（注））。
　　（注）収益事業等からの利益を実物資産で繰入れる場合には、繰入時の実物資産の帳簿価額に相当する額が収益事業等の資産から公益目的事業財産となり、同額を支出して、当該実物資産を取得するものと見なす。この場合の当該実物資産は公益目的保有財産となる（認定法第18条第5号、認定規則第26条第7号）。
　④ 計算書類の作成に当たっては、損益計算書及び貸借対照表の内訳表において、収益事業等に関する会計（収益事業等会計）は、公益目的事業に関する会計（公益目的事業会計）、管理業務やその他の法人全般に係る事項（公益目的事業や収益事業等に属さない事項）に関する会計（法人会計）とは区分して表示する。

(4) 剰余金の扱いその他
① ある事業年度において剰余が生じる場合において、公益目的保有財産に係る資産取得、改良に充てるための資金に繰入れたり、当期の公益目的保有財産の取得に充てたりする場合には、本基準は満たされているものとして扱う。このような状況にない場合は、翌年度に事業の拡大等により同額程度の損失となるようにする。
② 事業の性質上特に必要がある場合には、個別の事情について案件毎に判断する。また、この収支相償の判定により、著しく収入が超過し、その超過する収入の解消が図られていないと判断される時は報告を求め、必要に応じ更なる対応を検討する。

【参照条文】
認定法第五条
　　六　その行う公益目的事業について、当該公益目的事業に係る収入がその実施に要する適正な費用を償う額を超えないと見込まれるものであること。
（公益目的事業の収入）
認定法第十四条　公益法人は、その公益目的事業を行うに当たり、当該公益目的事業の実施に要する適正な費用を償う額を超える収入を得てはならない。
（公益認定の申請）
認定規則第五条
　3　法第七条第二項第六号の内閣府令で定める書類は、次に掲げる書類とする。
　　三　前項各号に掲げるもののほか、法第五条各号に掲げる基準に適合することを説明した書類
（事業年度経過後三箇月以内に作成し備え置くべき書類）
認定規則第二十八条　法第二十一条第二項第四号の内閣府令で定める書類は、次に掲げる書類とする。
　　二　運営組織及び事業活動の状況の概要及びこれらに関する数値のうち重要なものを記載した書類
第二款　公益目的事業財産
認定法第十八条
　　四　公益認定を受けた日以後に行った収益事業等から生じた収益に内閣府令で定める割合を乗じて得た額に相当する財産
　　八　前各号に掲げるもののほか、当該公益法人が公益目的事業を行うことにより取得し、又は公益目的事業を行うために保有していると認められるものとして内閣府令で定める財産
（収益事業等から生じた収益に乗じる割合）
認定規則第二十四条　法第十八条第四号の内閣府令で定める割合は、百分の五十とする。
（公益目的事業を行うことにより取得し、又は公益目的事業を行うために保有していると認められる財産）
認定規則第二十六条
　　七　公益認定を受けた日以降に第一号から第五号まで及び法第十八条第一号から第四号までに掲げる財産以外の財産を支出することにより取得した財産であって、同日以後に前条の規定により表示したもの
　　八　法第十八条各号及び前号に掲げるもののほか、当該法人の定款又は社員総会若しくは評議員会において、公益目的事業のために使用し、又は処分する旨を定

めた額に相当する財産

6．認定法第5条第7号関係〈公益目的事業の実施に支障を及ぼすおそれ〉

認定法第5条第7号の「収益事業等を行うことによって公益目的事業の実施に支障を及ぼすおそれ」とは、収益事業等への資源配分や事業内容如何により公益目的事業の円滑な実施に支障が生じる可能性が生じることであり、申請時には、公益認定の申請書や事業計画書等の添付書類の内容から総合的に判断する。

【参照条文】
認定法第五条
　七　公益目的事業以外の事業（以下「収益事業等」という。）を行う場合には、収益事業等を行うことによって公益目的事業の実施に支障を及ぼすおそれがないものであること。

7．認定法第5条第8号、第15条関係〈公益目的事業比率〉

認定法第5条第8号及び第15条の「公益目的事業比率」は、申請時には、認定法第7条第2項第2号により提出する収支予算書の対象事業年度に係る見込み額を計算し、認定規則第5条第3項（認定法第7条第2項第6号の書類を定めるもの）第3号の「書類」に記載する。認定後においては、認定規則第28条第1項（認定法第21条第2項第4号の書類を定めるもの）第2号の「運営組織及び事業活動の概要及びこれらに関する数値のうち重要なものを記載した書類」に実績値を記載する。

(1) 事業費と管理費
　① 認定規則第13条（認定法第15条の公益目的事業比率の算定のための費用の額を定めるもの）第2項の「事業費」「管理費」の定義は次のとおりとする。
　　ⅰ　事業費：当該法人の事業の目的のために要する費用
　　ⅱ　管理費：法人の事業を管理するため、毎年度経常的に要する費用
　　（管理費の例示）
　　　総会・評議員会・理事会の開催運営費、登記費用、理事・評議員・監事報酬、会計監査人監査報酬。
　　（事業費に含むことができる例示）
　　　専務理事等の理事報酬、事業部門の管理者の人件費は、公益目的事業への従事割合に応じて公益目的事業費に配賦することができる。
　　　管理部門（注）で発生する費用（職員の人件費、事務所の賃借料、光熱水費等）は、事業費に算入する可能性のある費用であり、法人の実態に応じて算入する。
　　（注）管理部門とは、法人本部における総務、会計、人事、厚生等の業務を行う部門である。
　② 認定規則第19条（認定規則第13条第2項の「事業費」及び「管理費」のいずれにも共通して発生する関連費用の配賦について定めるもの）の「適正な基準によりそれぞれの費用額に配賦しなければならない」については、以下の配賦基準を参考に配賦する。

（配賦基準）

配賦基準	適用される共通費用
建物面積比	地代、家賃、建物減価償却費、建物保険料等
職員数比	福利厚生費、事務用消耗品費等

従事割合	給料、賞与、賃金、退職金、理事報酬等
使用割合	備品減価償却費、コンピューターリース代等

(2) 土地の使用に係る費用額

　　認定規則第16条（認定法第15条の公益目的事業比率の費用額に法人の判断により土地の使用に係る費用額の算入を可能とするもの（注1））の「土地の賃借に通常要する賃料の額」の算定方法については、①不動産鑑定士等の鑑定評価、②固定資産税の課税標準額を用いた倍率方式（注2）、③賃貸事例比較方式や利回り方式など法人の選択に委ねる。

　　ただし算定の根拠については、認定規則第38条第2号イ「第28条第1項第2号に掲げる書類に記載された事項及び数値の計算の明細」において明らかにする必要がある。

（注1）　本条に基づいて事業比率の算定上、費用額に追加的に算入できるのは、上記の算定方法により得られた「土地の賃借に通常要する賃料の額から当該土地の使用に当たり実際に負担した費用の額を控除」（認定規則第16条第1項）した額である。

（注2）　倍率は、一般には3倍以内とする。

(3) 融資に係る費用額

　　認定規則第16条の2（認定法第15条の公益目的事業比率の費用額に法人の判断により融資に係る費用額の算入を可能とするもの）の「借入れをして調達した場合の利率」については、前事業年度末の長期プライムレートその他の市場貸出金利を用いるものとする。

(4) 無償の役務の提供等に係る費用額

① 認定規則第17条（認定法第15条の公益目的事業比率の費用額に法人の判断により無償の役務提供等に係る費用額の算入を可能とするもの）の「役務」等は、次の条件を満たすものを対象とする。

　ⅰ　その提供等が法人の事業等の実施に不可欠であること
　ⅱ　法人は提供等があることを予め把握しており、法人の監督下において提供等がなされること
　ⅲ　通常、市場価値を有するものであること
　　（注）　理事、監事、評議員については報酬等支給の基準の定めに従うことになり、無報酬の理事等の理事等としての職務の遂行は、費用に算入可能な「役務」には含まれない。

② 認定規則第17条の「必要対価の額」は、役務の提供を受けた法人において当該役務の提供に関して通常負担すべき額をいい、合理的な算定根拠に拠るか、役務等の提供地における最低賃金に基づいて計算する。

③ 認定規則第17条第4項の「役務の提供があった事実を証するもの及び必要対価の額の算定の根拠」については、法人において、提供者の住所、氏名、日時、役務等の内容、単価とその根拠、法人の事業との関係、提供者署名を記載した書類を作成するものとし、その概要を認定規則第38条第2号イ「第28条第1項第2号に掲げる書類に記載された事項及び数値の計算の明細」に記載する。

(5) 特定費用準備資金

　　認定規則第18条（認定法第15条の公益目的事業比率の費用額に法人の判断により特定費用準備資金への繰入れ額の算入を可能とするもの）の「特定費用準備資金」については、以下のように取扱う。

① 第1号の「資金の目的である活動を行うことが見込まれること」とは、活動の内容

及び時期が費用として擬制できる程度に具体的なものであることを要する。法人において関連する事業をまとめて一の事業単位として経理を区分する際に、その事業単位で設定することも、その事業単位の中の個々の事業で設定することも可能である。活動時期が単年度である必要はないが、法人の規模、実績等に比して実現の見込みが低い事業や実施までに例えば 10 年の長期を超えるような事業は、積立て対象として適当ではない。繰越金、予備費等、将来の単なる備えとして積み立てる場合は本要件を満たさない。法人の定款からは根拠付けられない活動は適当ではなく、また当該特定の活動の実施に当たっては、変更の認定（認定法第 11 条）等を要する可能性があることに留意する。
② 「他の資金と明確に区分して管理されて」（第 2 号）おり、「目的である支出に充てる場合を除くほか、取り崩すことができないものであること又は取崩しについて特別の手続が定められていること」（同第 3 号）との関係において、当該資金は、貸借対照表、財産目録上は、資金単位でどの事業に関する資金かが判別できる程度に具体性をもって、また資金が複数ある場合には相互の違いが明確になるよう適宜の名称を付した上（例：○○事業人材育成積立資金）、目的、取崩しの要件等を定めた貸借対照表上の特定資産として計上されることを要する。また、実施時期が近づくことに伴う見積もりの精緻化などその目的や性格が変わらない範囲での資金の見直しや当該事業の予期せざる損失への充当を除き、資金の目的である事業の内容の変更として変更認定を受けた場合に、資金を取り崩して他の事業に使用することができる。
③ 資金について、止むことを得ざる理由に基づくことなく複数回、計画が変更され、実質的に同一の資金が残存し続けるような場合は、「正当な理由がないのに当該資金の目的である活動を行わない事実があった場合」（同第 4 項第 3 号）に該当し、資金は取崩しとなる。
（上記（2）～（5）に係る注）法人が、公益目的事業比率に関する上記（2）～（5）の調整項目のうちある項目を公益目的事業について適用する場合には、公益目的事業以外の事業や管理運営に係る業務においても適用することとなる。例えば公益目的事業において自己所有地に係るみなし費用額を算入した場合に、収益事業等においても自己所有地を使用しているときは、当該収益事業等についてもみなし費用額を算入する。複数の事業等で使用している土地については、面積比など適正な基準により、それぞれの事業等に配賦する（認定規則第 16 条第 1 項、同第 19 条）。また、（2）～（5）はそれぞれ別個の調整項目であり、ある項目を適用した場合に、他の項目も適用しなければならないということではない。

【参照条文】
認定法第五条
　　八　その事業活動を行うに当たり、第十五条に規定する公益目的事業比率が百分の五十以上となると見込まれるものであること。
（公益目的事業比率）
認定法第十五条　公益法人は、毎事業年度における公益目的事業比率（第一号に掲げる額の同号から第三号までに掲げる額の合計額に対する割合をいう。）が百分の五十以上となるように公益目的事業を行わなければならない。
　一　公益目的事業の実施に係る費用の額として内閣府令で定めるところにより算定される額
　二　収益事業等の実施に係る費用の額として内閣府令で定めるところにより算定される額

三　当該公益法人の運営に必要な経常的経費の額として内閣府令で定めるところにより算定される額
（費用額の算定）
認定規則第十三条　法第十五条第一号の公益目的事業の実施に係る費用の額として内閣府令で定めるところにより算定される額（以下「公益実施費用額」という。）、同条第二号の収益事業等の実施に係る費用の額として内閣府令で定めるところにより算定される額（以下「収益等実施費用額」という。）及び同条第三号の当該公益法人の運営に必要な経常的経費の額として内閣府令で定めるところにより算定される額（以下「管理運営費用額」という。）の算定については、この節に定めるところによる。
2　公益法人の各事業年度の公益実施費用額、収益等実施費用額及び管理運営費用額（以下「費用額」という。）は、別段の定めのあるものを除き、次の各号に掲げる費用額の区分に応じ、当該各号に定める額とする。
　一　公益実施費用額　当該事業年度の損益計算書に計上すべき公益目的事業に係る事業費の額
　二　収益等実施費用額　当該事業年度の損益計算書に計上すべき収益事業等に係る事業費の額
　三　管理運営費用額　当該事業年度の損益計算書に計上すべき管理費の額
（土地の使用に係る費用額）
認定規則第十六条　公益法人が各事業年度の事業等を行うに当たり、自己の所有する土地を使用した場合には、当該土地の賃借に通常要する賃料の額から当該土地の使用に当たり実際に負担した費用の額を控除して得た額を、その事業等の区分に応じ、当該事業年度の費用額に算入することができる。
（無償の役務の提供等に係る費用額）
認定規則第十七条　公益法人が各事業年度において無償により当該法人の事業等に必要な役務の提供（便益の供与及び資産の譲渡を含むものとし、資産として計上すべきものを除く。以下同じ。）を受けたときは、必要対価の額（当該役務の提供を受けた時における当該役務と同等の役務の提供を受けるために必要な対価の額をいう。以下この条において同じ。）を、その事業等の区分に応じ、当該事業年度の費用額に算入することができる。
4　第一項又は第二項の規定を適用した公益法人は、役務の提供があった事実を証するもの及び必要対価の額の算定の根拠を記載又は記録したものを当該事業年度終了の日から起算して十年間、保存しなければならない。
（特定費用準備資金）
認定規則第十八条　公益法人が各事業年度の末日において特定費用準備資金（将来の特定の活動の実施のために特別に支出する費用（事業費又は管理費として計上されることとなるものに限るものとし、引当金の引当対象となるものを除く。以下この条において同じ。）に係る支出に充てるために保有する資金（当該資金を運用することを目的として保有する財産を含む。以下同じ。）をいう。以下同じ。）を有する場合には、その事業等の区分に応じ、第一号の額から第二号の額を控除して得た額を当該事業年度の費用額に算入する。（以下略）
3　第一項に規定する特定費用準備資金は、次に掲げる要件のすべてを満たすものでなければならない。

一　当該資金の目的である活動を行うことが見込まれること。
　二　他の資金と明確に区分して管理されていること。
　三　当該資金の目的である支出に充てる場合を除くほか、取り崩すことができないものであること又は当該場合以外の取崩しについて特別の手続が定められていること。
　四　積立限度額が合理的に算定されていること。
　五　第三号の定め並びに積立限度額及びその算定の根拠について法第二十一条の規定の例により備置き及び閲覧等の措置が講じられていること。
４　特定費用準備資金（この項の規定により取り崩すべきこととなったものを除く。以下この条において同じ。）を有する公益法人は、次の各号に掲げる場合の区分に応じ、当該各号に定める額に相当する資金を取り崩さなければならない。
　三　正当な理由がないのに当該資金の目的である活動を行わない事実があった場合　その事実があった日における当該資金の額
（関連する費用の配賦）
認定規則第十九条　公益実施費用額と収益等実施費用額とに関連する費用額及びこれらと管理運営費用額とに関連する費用額は、適正な基準によりそれぞれの費用額に配賦しなければならない。ただし、配賦することが困難な費用については、当該費用額が公益実施費用額と収益等実施費用額とに関連する費用額である場合にあっては収益等実施費用額とし、当該費用額が公益実施費用額又は収益等実施費用額と管理運営費用額とに関連する費用額である場合にあっては管理運営費用額とすることができる。

8．認定法第５条第９号、第16条関係〈遊休財産額の保有の制限〉

　認定法第５条第９号の遊休財産額の保有の制限は、申請時には、認定法第７条第２項第２号により提出する収支予算書の対象事業年度に係る見込み額を計算し、認定規則第５条第３項（認定法第７条第２項第６号の書類を定めるもの）第３号の「書類」に記載する。認定後においては、認定規則第28条第１項（認定法第21条第２項第４号の書類を定めるもの）第２号の「運営組織及び事業活動の概要及びこれらに関する数値のうち重要なものを記載した書類」に実績値を記載する。
　認定規則第22条（認定法第16条の「遊休財産額」を定めるもの）第３項において「遊休財産額」から除外される財産として「控除対象財産」を定めているが、これについては以下のように取扱う。
(1)　公益目的保有財産（同１号）
　①　継続して公益目的事業の用に供するために保有する財産（認定規則第25条第２項）であるが、断続的であっても、長期間継続して使用している場合は継続して用に供するものとする。
　②　対象となる財産は事業の用に供する範囲に限定される。他の事業等と共用する財産については、法人において区分、分離可能な範囲で財産を確定し、表示する。その際には、
　　・可能であれば物理的に特定する（例：建物１階介助浴室、脱衣室部分）。
　　・物理的な特定が困難な場合には、一の事業の資産として確定し、減価償却費等の関連費用は使用割合等適正な基準により按分する。
　　金融資産については、貸借対照表において基本財産又は特定資産として計上し、範

囲を確定する。
③ 財産目録には、公益目的保有財産は、財産の勘定科目をその他の財産の勘定科目と区分して表示することとなっており（認定規則第31条第3項、同25条第1項）、具体的には「公益」の勘定区分の下で財産の名称、面積等、所在場所（物理的特定が可能な場合に限る）、帳簿価額、事業との関連性、不可欠特定財産である場合にはその旨と取得時期と認定時期との関係を明らかにして表示を行うものとする。
④ 公益認定の申請書には、各公益目的事業に主として利用する財産の名称、所在場所、面積、帳簿価額等を記載することで、当該財産をどの公益目的事業の用に供するかを明らかにする。

例1：財産目録の記載例

貸借対照表科目	場所・物量等	使用目的等	金額
（流動資産） ‥‥ （固定資産） （基本財産）			
土地	○○㎡ ××市▽▽町3－5－1	公益目的保有財産であり、○○事業の施設に使用している。	×××
美術品	絵画○点（詳細明細）	公益目的保有財産であり、○○事業に供している。認定前に取得した不可欠特定財産である。	×××
‥‥			
資産合計			
‥‥			

例2：公益目的保有財産の明細（財産目録の明細）

財産種別	公益認定前取得 不可欠特定財産	公益認定後取得 不可欠特定財産	その他の 公益目的保有財産	使用事業
土地			○○㎡ ××市▽▽町3－5－1 ×××円	○○事業
建物				
美術品	○○像 　　×××円 ○○○図 　　×××円 ‥‥			○○事業
…				
合計	×××円		×××円	

(2) 公益目的事業を行うために必要な収益事業等その他の業務又は活動の用に供する財産（同2号）

公益目的事業の財源確保のため又は公益目的事業に付随して行う収益事業等の用に供する固定資産、公益目的事業や当該収益事業等の管理業務の用に供する固定資産とする。利用効率が低いため、財源確保に実質的に寄与していない固定資産は該当しない。管理業務に充てるために保有する金融資産については、合理的な範囲内において、貸借対照

表において基本財産又は特定資産として計上されるものが該当する。
(3) 上記(1)、(2)の特定の財産の取得又は改良に充てるために保有する資金(同3号)
① 特定費用準備資金に関する規定の準用に関し(認定規則第22条第4項)、「資金の目的である財産を取得し、又は改良することが見込まれること」(読替え後の認定規則第18条第3項第1号)については、取得又は改良の対象とその時期が具体的なものであることを要する。減価償却引当資産は、対象が具体的であれば本号の資金に該当する。
② 「資金の目的である財産の取得又は改良に必要な最低額が合理的に算定されていること」(読替え後の同第5号)については、市場調達価格とする。
③ 資金について、止むことを得ざる理由に基づくことなく複数回、計画が変更され、実質的に同一の資金が残存し続けるような場合は、「正当な理由がないのに当該資金の目的である財産を取得せず、又は改良しない事実があった場合」(同条第4項第3号)に該当し、資金は取崩しとなる。
(4) 寄附等によって受け入れた財産で、財産を交付した者の定めた使途に従って使用又は保有されているもの(同5号)
例えば、賃貸し、その賃貸事業利益を公益目的事業費に充てる旨定めがあって寄附された建物を、その定めに従い使用収益している場合が該当する。また、定められたとおりの「使用」の実態がない場合には、遊休財産と判断することがありうる。
(5) 寄附等によって受け入れた財産で、財産を交付した者の定めた使途に充てるために保有している資金(同6号)
例えば、研究用設備を購入する旨定めがあって寄附されたが、研究が初期段階のため購入時期が到来するまで保有している資金が該当する。
なお、負債性引当金に準ずる内容の準備金は、遊休財産額の計算では引当金と同様の取り扱いとする。

【参照条文】
認定法第五条
　九　その事業活動を行うに当たり、第十六条第二項に規定する遊休財産額が同条第一項の制限を超えないと見込まれるものであること。
　(遊休財産額の保有の制限)
認定法第十六条　公益法人の毎事業年度の末日における遊休財産額は、公益法人が当該事業年度に行った公益目的事業と同一の内容及び規模の公益目的事業を翌事業年度においても引き続き行うために必要な額として、当該事業年度における公益目的事業の実施に要した費用の額(その保有する資産の状況及び事業活動の態様に応じ当該費用の額に準ずるものとして内閣府令で定めるものの額を含む。)を基礎として内閣府令で定めるところにより算定した額を超えてはならない。
2　前項に規定する「遊休財産額」とは、公益法人による財産の使用若しくは管理の状況又は当該財産の性質にかんがみ、公益目的事業又は公益目的事業を行うために必要な収益事業等その他の業務若しくは活動のために現に使用されておらず、かつ、引き続きこれらのために使用されることが見込まれない財産として内閣府令で定めるものの価額の合計額をいう。
　(遊休財産額)
認定規則第二十二条
2　公益法人の各事業年度の遊休財産額は、当該事業年度の資産の額から次に掲げる

額の合計額を控除して得た額とする。
　　一　負債（基金（一般社団・財団法人法第百三十一条に規定する基金をいう。第三十一条第四項において同じ。）を含む。以下この条において同じ。）の額
　　二　控除対象財産の帳簿価額の合計額から対応負債の額を控除して得た額
　3　前項第二号に規定する「控除対象財産」は、公益法人が当該事業年度の末日において有する財産のうち次に掲げるいずれかの財産（引当金（一般社団法人及び一般財団法人に関する法律施行規則（平成十九年法務省令第二十八号。以下「一般社団・財団法人法施行規則」という。）第二十四条第二項第一号に規定する引当金をいう。以下この条において同じ。）に係る支出に充てるために保有する資金を除く。）であるものをいう。
　　一　第二十六条第三号に規定する公益目的保有財産
　　二　公益目的事業を行うために必要な収益事業等その他の業務又は活動の用に供する財産
　　三　前二号に掲げる特定の財産の取得又は改良に充てるために保有する資金（当該特定の財産の取得に要する支出の額の最低額に達するまでの資金に限る。）
　　四　特定費用準備資金（積立限度額に達するまでの資金に限る。）
　　五　寄附その他これに類する行為によって受け入れた財産（当該財産を処分することによって取得した財産を含む。次号において同じ。）であって、当該財産を交付した者の定めた使途に従って使用し、若しくは保有しているもの
　　六　寄附その他これに類する行為によって受け入れた財産であって、当該財産を交付した者の定めた使途に充てるために保有している資金
　4　前項第三号に掲げる財産については、第十八条第三項から第五項までの規定を準用する。（以下略）
　（財産目録の区分）
認定規則第三十一条
　3　財産目録の各項目については、当該項目の内容を示す適当な名称を付さなければならない。この場合において、公益目的保有財産については第二十五条第一項の方法により表示しなければならない。

9．認定法第5条第10号関係〈理事と特別の関係がある者〉

　認定令第4条（認定法第5条第10号の理事と「特別の関係がある者」を定めるもの）に掲げる者については、社会通念に照らして判断する。
　【参照条文】
　認定法第五条
　　十　各理事について、当該理事及びその配偶者又は三親等内の親族（これらの者に準ずるものとして当該理事と政令で定める特別の関係がある者を含む。）である理事の合計数が理事の総数の三分の一を超えないものであること。監事についても、同様とする。
　（理事と特別の関係がある者）
　認定令第四条　法第五条第十号の政令で定める理事と特別の関係がある者は、次に掲げる者とする。
　　一　当該理事と婚姻の届出をしていないが事実上婚姻関係と同様の事情にある者
　　二　当該理事の使用人

三　前二号に掲げる者以外の者であって、当該理事から受ける金銭その他の財産に
　　　よって生計を維持しているもの
　　四　前二号に掲げる者の配偶者
　　五　第一号から第三号までに掲げる者の三親等内の親族であって、これらの者と生
　　　計を一にするもの

10. 認定法第 5 条第 11 号関係〈同一の団体の範囲〉

認定法第5条第11号の「他の同一の団体」については、人格、組織、規則などから同一性が認められる団体毎に判断する。
【参照条文】
　認定法第五条
　　十一　他の同一の団体（公益法人又はこれに準ずるものとして政令で定めるものを
　　　除く。）の理事又は使用人である者その他これに準ずる相互に密接な関係にある
　　　ものとして政令で定める者である理事の合計数が理事の総数の三分の一を超えな
　　　いものであること。監事についても、同様とする。

11. 認定法第 5 条第 12 号関係〈会計監査人の設置〉

(1)　認定法第5条第12号の適用を受けて会計監査人を置くものとされる法人については、公益認定時に会計監査人が置かれていることが必要である。
(2)　一般社団・財団法人が一般社団・財団法人法123条第2項に基づく最初の計算書類を作成するまでの間に公益認定の申請を行う場合の認定令第6条（会計監査人の設置に係る認定法第5条第12号の「勘定の額」及び「基準」を定めるもの）の申請時の適用については、同条第1号、第2号の規定は適用されない。特例民法法人は、整備規則第11条第2項に規定する事業年度に係る損益計算書（正味財産増減計算書）を認定規則第5条第2項第3号の「書類」として添付するが、認定令第6条第1号、第2号については、同損益計算書上の対応する各勘定の額に基づいて適用する。同条第3号については、同じく整備規則第11条第2項に規定する事業年度に係る認定規則第5条第2項第2号の貸借対照表の負債の部に計上した額の合計額に基づき、適用する。
【参照条文】
　認定法第五条
　　十二　会計監査人を置いているものであること。ただし、毎事業年度における当該
　　　法人の収益の額、費用及び損失の額その他の政令で定める勘定の額がいずれも政
　　　令で定める基準に達しない場合は、この限りでない。
　（会計監査人を置くことを要しない公益法人の基準）
　認定令第六条　法第五条第十二号ただし書の政令で定める勘定の額は次の各号に掲げ
　　るものとし、同条第十二号ただし書の政令で定める基準は当該各号に掲げる勘定の
　　額に応じ当該各号に定める額とする。
　　一　一般社団法人にあっては一般社団・財団法人法第二条第二号に規定する最終事
　　　業年度、一般財団法人にあっては同条第三号に規定する最終事業年度に係る損益
　　　計算書の収益の部に計上した額の合計額　千億円
　　二　前号の損益計算書の費用及び損失の部に計上した額の合計額　千億円
　　三　一般社団法人にあっては一般社団・財団法人法第二条第二号の貸借対照表、一
　　　般財団法人にあっては同条第三号の貸借対照表の負債の部に計上した額の合計額

五十億円

12. 認定法第5条第13号、第20条関係〈役員等の報酬等の支給基準〉

　認定法第5条第13号の支給の基準を定めるべき「報酬等」は、法人の理事、監事又は評議員としての職務遂行の対価に限られ、当該法人の使用人として受ける財産上の利益は含まれない。また、実費支給の交通費等は報酬等に含まれず、使用人等と並んで等しく受ける当該法人の通常の福利厚生も含まれない。

【参照条文】
認定法第五条
　十三　その理事、監事及び評議員に対する報酬等（報酬、賞与その他の職務遂行の対価として受ける財産上の利益及び退職手当をいう。以下同じ。）について、内閣府令で定めるところにより、民間事業者の役員の報酬等及び従業員の給与、当該法人の経理の状況その他の事情を考慮して、不当に高額なものとならないような支給の基準を定めているものであること。

13. 認定法第5条第14号イ関係〈社員の資格得喪に関する条件〉

　認定法第5条第14号イの「社員の資格の得喪」に関する定款の定めにおいて「不当な条件」を付しているかどうかについては、社会通念にしたがい判断する。当該法人の目的、事業内容に照らして当該条件に合理的な関連性及び必要性があれば、不当な条件には該当しない。例えば、専門性の高い事業活動を行っている法人において、その専門性の維持、向上を図ることが法人の目的に照らして必要であり、その必要性から合理的な範囲で社員資格を一定の有資格者等に限定したり、理事会の承認等一定の手続き的な要件を付したりすることは、不当な条件に該当しない。

【参照条文】
認定法第五条
　十四　一般社団法人にあっては、次のいずれにも該当するものであること。
　　イ　社員の資格の得喪に関して、当該法人の目的に照らし、不当に差別的な取扱いをする条件その他の不当な条件を付していないものであること。

14. 認定法第5条第15号関係〈他の団体の意思決定に関与することができる財産〉

　ある株式会社の議決権の過半数の株式を保有している場合には、例えば無議決権株にするか議決権を含めて受託者に信託することにより、本基準を満たすことが可能である。

【参照条文】
認定法第五条
　十五　他の団体の意思決定に関与することができる株式その他の内閣府令で定める財産を保有していないものであること。ただし、当該財産の保有によって他の団体の事業活動を実質的に支配するおそれがない場合として政令で定める場合は、この限りでない。

15. 認定法第5条第16号関係〈不可欠特定財産〉

（1）　認定法第5条第16号の「公益目的事業を行うために不可欠な特定の財産」（以下「不可欠特定財産」）は、法人の目的、事業と密接不可分な関係にあり、当該法人が保有、使用することに意義がある特定の財産をさす。例えば、一定の目的の下に収集、展示さ

れ、再収集が困難な美術館の美術品や、歴史的文化的価値があり、再生不可能な建造物等が該当する。当該事業に係る不可欠特定財産がある場合には、全て申請時にその旨を定めておく必要がある。
(2) 財団法人における不可欠特定財産に係る定款の定めは、基本財産としての定め（一般社団・財団法人法第172条第2項）も兼ね備えるものとする。一般社団法人においては、基本財産に関する法令上の定めはないが、不可欠特定財産がある場合には、計算書類上、基本財産として表示する。
(3) 法人において不可欠特定財産と定めても、結果として公益目的事業に認定されなかった事業の用に供されていたり、不可欠特定であるとは認められなかったりした場合には、当該財産は不可欠特定財産とはならない。そのため、公益認定の申請書においてどの事業の用に供するか明らかにする必要がある。
(4) 財産目録には、基本財産かつ不可欠特定財産である旨、また公益認定前に取得した財産については、その旨もあわせて記載する。
(注) 金融資産や通常の土地・建物は、処分又は他目的への利用の可能性などから必ずしも上記のような不可欠特定という性質はないと考えられることから、法人において基本財産として定めることは可能であるが、不可欠特定財産には該当しない。

【参照条文】
認定法第五条
　　十六　公益目的事業を行うために不可欠な特定の財産があるときは、その旨並びにその維持及び処分の制限について、必要な事項を定款で定めているものであること。

16. 認定法第5条第17号、第18号関係〈財産の贈与、帰属先〉

認定法第5条第17号の定款の定めは、申請時には、第17号に掲げる者とのみ定めることで足る。

【参照条文】
認定法第五条
　　十七　第二十九条第一項若しくは第二項の規定による公益認定の取消しの処分を受けた場合又は合併により法人が消滅する場合（その権利義務を承継する法人が公益法人であるときを除く。）において、公益目的取得財産残額（第三十条第二項に規定する公益目的取得財産残額をいう。）があるときは、これに相当する額の財産を当該公益認定の取消しの日又は当該合併の日から一箇月以内に類似の事業を目的とする他の公益法人若しくは次に掲げる法人又は国若しくは地方公共団体に贈与する旨を定款で定めているものであること。
　　　イ　私立学校法（昭和二十四年法律第二百七十号）第三条に規定する学校法人
　　　ロ　社会福祉法（昭和二十六年法律第四十五号）第二十二条に規定する社会福祉法人
　　　ハ　更生保護事業法（平成七年法律第八十六号）第二条第六項に規定する更生保護法人
　　　ニ　独立行政法人通則法（平成十一年法律第百三号）第二条第一項に規定する独立行政法人
　　　ホ　国立大学法人法（平成十五年法律第百十二号）第二条第一項に規定する国立大学法人又は同条第三項に規定する大学共同利用機関法人

ヘ　地方独立行政法人法（平成十五年法律第百十八号）第二条第一項に規定する地方独立行政法人
　　ト　その他イからヘまでに掲げる法人に準ずるものとして政令で定める法人
　十八　清算をする場合において残余財産を類似の事業を目的とする他の公益法人若しくは前号イからトまでに掲げる法人又は国若しくは地方公共団体に帰属させる旨を定款で定めているものであること。

17．認定法第 18 条関係〈公益目的事業財産〉

(1)　法人が受けた財産が、「寄附を受けた財産」（認定法第 18 条第 1 号）、「公益目的事業に係る活動の対価として得た財産」（同第 3 号）のいずれに該当するかについては、その名目を問わず、受け入れた法人における当該財産の実質に応じて区分する。
(2)　認定法第 18 条第 1 号、第 2 号括弧書きの「公益目的事業以外のために使用すべき旨を定めたもの」については、法人が受けた財産の一部について公益目的事業以外への使用が定められている場合も含まれる。またこの定めは、公益目的事業以外への使用が明らかであれば足り、使途が個別具体的に定められている必要はないが、一部を公益目的事業以外のために使用する旨を定める場合には、「一部」について具体性をもって定められる必要がある。
(3)　認定規則第 26 条（認定法第 18 条第 8 号の財産を定めるもの）第 1 号の「徴収した経費」については、その徴収に当たり公益目的事業以外のために使用すべき旨、定められているものの額に相当する財産は、公益目的事業財産には含まれない。また徴収に当たっての、例えば、「法人の運営に充てるため」のような一般的な定めは、「その徴収に当たり使途が定められていないもの」とする。更に、上記 (2) と同様、一部を公益目的事業以外のために使用する旨を定める際には、「〇割」、「〇分の 1」程度には、その「一部」について具体性をもって定められる必要がある。なお、経費徴収の根拠は定款の定めに基づくことが必要であるが、具体的な使途については理事会決議に基づく内部規定に委任することが可能である。この場合、行政庁との関係においては、当該規定は定款の一部とみなし、提出（認定法第 7 条第 2 項第 1 号）、届出（認定法第 13 条第 1 項第 3 号）を行う。社団法人において、会員の中から選挙によって選ばれた者のみを社員とする場合の社員以外の会員が支払う会費、あるいは正会員（社員）のほかに賛助会員（特別会員などこれに類する名称の者を含む）が存在する場合の賛助会員が定款の定めに基づいて支払う会費は、社員から徴集する経費に準じて公益目的事業財産の額を計算する。返還を予定しない入会金についても同様である。
(4)　公益目的事業のみを実施する法人は、寄附を受けた財産や公益目的事業に係る活動の対価として得た財産のうち、適正な範囲内の管理費相当額については、公益目的事業財産には含まれないものと整理することができる。
(5)　公益目的事業以外のために使用する寄附金、経費収入等については、受け入れの際の指定された使途に応じ、管理業務に関する会計又は収益事業等に関する会計の区分に直接収益計上する。
　【参照条文】
　　第二款　公益目的事業財産
　　認定法第十八条　公益法人は、次に掲げる財産（以下「公益目的事業財産」という。）を公益目的事業を行うために使用し、又は処分しなければならない。ただし、内閣府令で定める正当な理由がある場合は、この限りでない。

一　公益認定を受けた日以後に寄附を受けた財産（寄附をした者が公益目的事業以外のために使用すべき旨を定めたものを除く。）
　　二　公益認定を受けた日以後に交付を受けた補助金その他の財産（財産を交付した者が公益目的事業以外のために使用すべき旨を定めたものを除く。）
　　三　公益認定を受けた日以後に行った公益目的事業に係る活動の対価として得た財産
　　八　前各号に掲げるもののほか、当該公益法人が公益目的事業を行うことにより取得し、又は公益目的事業を行うために保有していると認められるものとして内閣府令で定める財産
　（公益目的事業を行うことにより取得し、又は公益目的事業を行うために保有していると認められる財産）
　認定規則第二十六条　法第十八条第八号の内閣府令で定める財産は、次に掲げる財産とする。
　　一　公益社団法人にあっては、公益認定を受けた日以後に徴収した経費（一般社団・財団法人法第二十七条に規定する経費をいい、実質的に対価その他の事業に係る収入等と認められるものを除く。第四十八条第三項第一号ホにおいて同じ。）のうち、その徴収に当たり使途が定められていないものの額に百分の五十を乗じて得た額又はその徴収に当たり公益目的事業に使用すべき旨が定められているものの額に相当する財産

18．認定法第19条関係〈収益事業等の区分経理〉

(1)　認定法第19条の「各収益事業等ごとに特別の会計として経理する」際の事業単位については、当該法人の収益事業等のうち、まず①収益事業と②その他の事業(注)を区分し、次に必要に応じ、事業の内容、設備・人員、市場等により、更に区分する。①は関連する小規模事業又は付随的事業を含めて「○○等事業」とすることができる。②については、一事業として取り上げる程度の事業規模や継続性がないもの（雑収入・雑費程度の事業や臨時収益・臨時費用に計上されるような事業）はまとめて「その他事業」とすることができる。
　(注)　①の「収益事業」とは、一般的に利益を上げることを事業の性格とする事業である。②の「その他の事業」には、法人の構成員を対象として行う相互扶助等の事業が含まれる。例えば、構成員から共済掛金の支払を受け、共済事故の発生に関し、共済金を交付する事業、構成員相互の親睦を深めたり、連絡や情報交換を行ったりなど構成員に共通する利益を図る事業などは②その他の事業である。
(2)　計算書類の作成について、①損益計算書（正味財産増減計算書）は、内訳表において会計を公益目的事業に関する会計（公益目的事業会計）、収益事業等に関する会計（収益事業等会計）及び管理業務やその他の法人全般に係る事項（公益目的事業や収益事業等に属さない事項）に関する会計（法人会計）の３つに区分し、更に上記（1）の区分に応じて収益事業等ごとに表示する。内訳表においては公益目的事業も事業ごとに表示する。認定法第７条第２項第２号の「収支予算書」の作成も同様とする。②貸借対照表は、収益事業等から生じた収益のうち50％を超えて公益目的事業財産に繰り入れる法人については、内訳表において会計を公益目的事業に関する会計（公益目的事業会計）、収益事業等に関する会計（収益事業等会計）及び管理業務やその他の法人全般に係る事項（公益目的事業や収益事業等に属さない事項）に関する会計（法人会計）の３つに区

分して表示する。
【参照条文】
（収益事業等の区分経理）
認定法第十九条　収益事業等に関する会計は、公益目的事業に関する会計から区分し、各収益事業等ごとに特別の会計として経理しなければならない。

Ⅱ　整備法第119条に規定する公益目的支出計画等について
　　（一般社団法人・一般財団法人への移行関係）

　一般社団法人及び一般財団法人に関する法律及び公益社団法人及び公益財団法人の認定等に関する法律の施行に伴う関係法律の整備等に関する法律（以下「整備法」）及び同法施行規則（以下「整備規則」）に基づく移行認可の申請に関し、整備法第117条第2号に規定する移行認可の基準及び関連する規定のうち公益目的支出計画に関するものについての運用を明らかにし、もって法の円滑な施行を図ることを目的としている。
　具体的案件における審査及び監督処分等については、法令に照らし、個々の案件ごとに判断する。なお、個別に説明を求めても、法人からの申請内容が具体性を欠く場合には、内容が不明確であるために、結果として不認可となることがありうる。

1．公益目的支出計画が「適正」であることについて（整備法第117条第2号関係）

　公益目的支出計画が「適正」であることについては、以下の事項を確認する。
(1)　公益目的支出計画に記載された実施事業等（注）について、整備法第119条第2項第1号の「イ」、「ロ」又は「ハ」に該当していること
(2)　実施事業等を行うに当たり、特別の利益を与えないものであること
(3)　実施事業を行うのに必要な技術的能力を有していること
(4)　公益目的支出計画における公益目的財産額の算定などの計算が整備法及び整備規則に則って行われていること
　なお、公益目的支出計画に記載する実施事業等について、認可申請を行う法人（以下「法人」）は、公益目的支出計画に実施事業等ごとに記載することを要し、それぞれについて内容、収益・費用に関する額等について記載する。収益事業や共益的事業など実施事業に該当しない部分が含まれている場合にはこれを区分し、実施事業に該当する部分について記述することを要する。
　（注）　実施事業（注1）及び特定寄附（注2）をいう（以下同じ。）。
　（注1）　整備法第119条第2項第1号イ又はハに規定する事業をいう（以下同じ。）。
　（注2）　同号ロに規定する寄附をいう（以下同じ。）。
　また、公益目的支出計画の実施期間については、社員等を含む法人の関係者の意思を尊重することが適切であると考えられるため、法人において定めた期間で認める。
　ただし、明らかに法人の実施事業等の遂行能力と比較して、設定された公益目的支出計画の実施期間が不相応に長期であると考えられる場合は是正を求めることもあり得る。
(1)　公益目的支出計画に記載された実施事業等について、整備法第119条第2項第1号の「イ」、「ロ」又は「ハ」に該当していることについて
　　申請において、実施事業等については事業区分ごとに内容及び収益・費用に関する額等が記載されており、整備法第119条第2項第1号「イ」、「ロ」又は「ハ」に該当する

ことを要する。また、実施事業について定款に位置づけられていることを要する。
　　ⅰ　「イ」として記載した支出（事業）について
　　　　当該事業が公益目的事業であるかどうかは、公益社団法人及び公益財団法人の認定等に関する法律（以下「認定法」）における公益目的事業と同様に判断する。
　　ⅱ　「ロ」として記載した支出について
　　　　当該支出（特定寄附）の相手方が、認定法第5条第17号に掲げるもののいずれかに該当することを確認する（同号の「ト」として同法施行令第8条に該当する場合は、その条件を満たすものであることを確認する。）。
　　ⅲ　「ハ」として記載した支出（事業）について
　　　　当該事業が、旧主務官庁の監督下において公益に関する事業と位置づけられており、「ハ」に該当するかどうかについて、整備法第120条第4項に基づき、行政庁は事業内容等必要な資料を添えて旧主務官庁に対し意見聴取を行うものとし、原則として旧主務官庁の意見を尊重する。
　　　　ただし、旧主務官庁の意見において公益に関する事業であるとされたものが、指導監督基準等において公益に関する事業としてはふさわしくないとされた事業に相当すると考えられる場合においては、当該旧主務官庁の意見にかかわらず、実施事業と認めないこともありうる。この場合には、整備法第120条第5項に基づき行政庁が当該旧主務官庁に通知する文書に、その旨及び理由を記載する。なお、移行後において実施事業として「ハ」の事業を新たに追加することはできない。
（2）　実施事業等を行うに当たり、特別の利益を与えないものであることについて
　　実施事業等を行うに当たり「特別の利益」（認定法と同様の考え方とする。）を与えることとなる事業又は寄附は、実施事業等とは認められない。
　　（Ⅰ－3「認定法第5条第3号、第4号関係〈特別の利益〉参照）
（3）　実施事業を行うのに必要な技術的能力を有していることについて
　　実施事業を行うために必要な許認可等の有無を確認するほか、当該実施事業に必要な「技術的能力」（認定法と同様の考え方とする。）を法人が有しない場合は、その事業は実施事業とは認められない。
　　（Ⅰ－2「《技術的能力》」参照）
（4）　公益目的支出計画における公益目的財産額の算定などの計算が整備法及び整備規則に則って行われていることについて
　①　公益目的財産額の算定方法について（整備法第119条第1項関係）

　（資産の評価について）
　　　公益目的財産額の算定に必要な資産の評価に当たっては、過大な費用をかけることは適当でないと考えられるため、以下のとおりとする。
　　ⅰ　土地の評価方法について
　　　　例えば、固定資産税評価額や不動産鑑定士が鑑定した価額などが考えられる。
　　　　法人の保有する資産であって、移行後において当該法人が長期にわたり継続的に事業を行う場合にそれらの事業に継続して使用することが確実な資産（建物等の減価償却資産を含む。）については、当該資産が継続して使用されることを前提に算定した額を評価額とすることができる。
　　　　なお、土地及び建物を一体として評価する場合であっても、土地に係る算定額と建物に係る算定額を区分することが可能な場合は、それらを区分して申請すること

　　　　ができる。
　　ⅱ　減価償却資産の評価方法について
　　　　建物等の減価償却資産については、時価評価資産に含めないものとする。ただし、不動産鑑定士による鑑定評価を妨げない。
　　ⅲ　有価証券の評価方法について
　　　　上場されていることにより市場価格が容易に把握できる場合は、市場価格を用いた時価評価を行うものとする。市場性がない場合であっても評価を行うことが可能な場合は時価評価とする。
　　　　なお、市場性がなく評価が困難な場合は当該有価証券の取得価額又は帳簿価額とする。
　　ⅳ　美術品等その他の資産の評価方法について
　　　　法人において移行後も引き続き実施事業に使用するものは、時価評価が可能であっても簿価とすることを認める。
　　　　継続的に実施事業に使用する予定がないもの、売却の予定があるものについては、時価評価を行う。ただし、帳簿価額と時価との差額が著しく多額でないと法人において判断する場合や時価評価を行うことが困難な場合は、帳簿価額とすることを認める。
　（引当金等について）
　　　　負債（資産の控除を含む。）として計上されている引当金（引当金に準ずるものを含む。）については、公益目的財産額の算定から控除する。
　　　　また、会費等の積み立てによる準備金等（法令等により将来の支出又は不慮の支出に備えて設定することが要請されているもの）については、負債として計上されていない場合であっても、法人において合理的な算定根拠を示すことが可能である場合には、引当金と同様に公益目的財産額の算定から除くことができる。
　　※　退職給付会計の導入に伴う会計基準変更時差異（注）の扱いについて
　　　　費用処理期間を定めて当該期間にわたり費用処理を行っている法人にあっては、当該未処理額についても公益目的財産額の算定から控除することができる（この場合、未処理額の算定根拠などの資料の提出を求める。）。
　　　　なお、公益目的財産額の算定時に控除した未処理額について、移行後の各事業年度における費用処理の額は公益目的支出の額に算入しない。
　　（注）　会計基準変更時において本来計上すべき引当金額の満額と実際に計上している引当金の差額をいう。
　　　　　会計基準変更時差異は、平成18年4月1日以降15年以内の一定の年数にわたり定額法により費用処理をすることとなる。
②　実施事業等に係る収入と支出について（整備法第119条第2項第1号、2号関係）
　　ⅰ　公益目的支出の額について
　　　　整備規則第16条に規定する「公益目的支出の額」のうち、同条第1号の「実施事業に係る事業費」とは、実施事業の目的のために要する費用とする。
　　　　また、事業費に含むことができるものの取扱いについては、認定法と同様の考え方とする。（Ⅰ－7の「(1)　事業費と管理費」参照）
　　　　実施事業資産についても、当該実施事業資産が複数の用途に供している場合には、認定法と同様の考え方とし、当該用途に応じて区分するものとする。（Ⅰ－8の「(1)　公益目的保有財産」参照）

同条第2号の「当該事業年度において支出をした特定寄附の額」について、整備規則第14条第1項第1号に規定する時価評価資産を寄附した場合には、当該資産の算定日（移行の登記の前日）における時価をもって特定寄附の額とする。
　ⅱ　実施事業収入の額について
　　整備規則第17条第1項に規定する「実施事業収入の額」のうち同項第1号の「実施事業に係る収益」とは、原則として次のとおりとする。
　一　実施事業の実施に係る対価としての収益（入場料、手数料等）
　二　使途が実施事業に特定されている収益
　三　法人においてルールを設定し、実施事業収入と定めた収益
　　なお、使途が実施事業に特定されている積立金（基金）の運用益について、実施事業の財源を実施事業に係る収益とした場合には公益目的支出計画が終了しないと予想される場合には、実施事業に係る収益としないことができる。
　　同項第2号の「実施事業資産から生じた収益」とは、例えば実施事業資産の売却益などが該当する。
　　なお、使途が実施事業に特定されている積立金（基金）の運用益について、実施事業の財源を実施事業資産から生じた収益とした場合には公益目的支出計画が終了しないと予想される場合には、実施事業資産から生じた収益としないことができる。
　※　法人が公益目的支出計画に記載する「実施事業等」については、支出の総額が収入の総額を上回ることを要する。
　　　なお、複数の実施事業等を盛り込む場合であり、それらの実施事業のうちいくつかの実施事業については、支出額が収入額を上回らないものであっても上記を満たす限り可能とする。

2．公益目的支出計画を確実に実施すると見込まれることについて（整備法第117条第2号関係）

　法人が「公益目的支出計画を確実に実施すると見込まれること」とは、実施事業等以外の事業及び管理運営を含む法人活動全般について、その財務的な影響により実施事業等のための資金が不足するなど公益目的支出計画の安定的な実施が妨げられることがないと見込まれることとする。
　申請時には、法人全体の直近1年間の事業計画書及び公益目的支出計画実施期間における当該法人全体の収支の見込みを記載した書類により確認する。収支の見込みには、多額の借入れや施設の更新、高額財産の取得・処分など法人全体の財務に大きな影響を与える活動についても含むこととし、計画があれば当該申請書類に記載する。なお、申請時には、公益目的支出計画に記載する事業以外の事業について、申請をする法人の全体の事業のうち主な事業について記載することとする。
　これらの見通しから「確実に実施すると見込まれるもの」と認めないこともありうる。
　移行後においては、多額の借入れ等や資産運用方針の大幅な変更などを行うことにより申請時の収支の見込みが変更される場合には、事前に行政庁に届け出ることを求める。
　なお、これらの活動により公益目的支出計画が当初の実施期間内に完了しないこととなる場合には、あらかじめ整備法第125条第1項に規定する公益目的支出計画の変更認可を受けなければならない。

3．公益目的財産額の確定について（整備規則第33条関係）

　算定日（移行の登記の前日）の公益目的財産額の確定（確定時）における時価評価資産の評価に関し、法人が移行認可の申請時の公益目的財産額の算定（申請時）の際に、不動産鑑定士が鑑定した価額等を用いていた場合は、これらの評価額を確定時の算定における資産の評価額とすることができる。
　また、申請時の算定と確定時の算定の公益目的財産額が異なる場合は、公益目的財産額と併せて公益目的支出計画の実施期間を確定する。
　なお、ここでいう公益目的支出計画の実施期間の確定は、整備法第125条第1項の公益目的支出計画の変更には該当しない。

4．移行法人の計算書類について（整備規則第42条関係）

　移行法人が行政庁に提出する計算書類の作成について、損益計算書（正味財産増減計算書）は、内訳表において実施事業等に関する会計（実施事業等会計）を他と区分し、更に実施事業等ごとに表示する。整備規則第31条第5号の「収支予算書」の作成も同様とする。

【参照条文】
○　一般社団法人及び一般財団法人に関する法律及び公益社団法人及び公益財団法人の認定等に関する法律の施行に伴う関係法律の整備等に関する法律（平成十八年法律第五十号）
　（認可の基準）
第百十七条　行政庁は、第四十五条の認可の申請をした特例民法法人（以下この款において「認可申請法人」という。）が次に掲げる基準に適合すると認めるときは、当該認可申請法人について同条の認可をするものとする。
　一　第百二十条第二項第二号の定款の変更の案の内容が一般社団・財団法人法及びこれに基づく命令の規定に適合するものであること。
　二　第百十九条第一項に規定する公益目的財産額が内閣府令で定める額を超える認可申請法人にあっては、同項に規定する公益目的支出計画が適正であり、かつ、当該認可申請法人が当該公益目的支出計画を確実に実施すると見込まれるものであること。
　（公益目的支出計画の作成）
第百十九条　第四十五条の認可を受けようとする特例民法法人は、当該認可を受けたときに解散するものとした場合において旧民法第七十二条の規定によれば当該特例民法法人の目的に類似する目的のために処分し、又は国庫に帰属すべきものとされる残余財産の額に相当するものとして当該特例民法法人の貸借対照表上の純資産額を基礎として内閣府令で定めるところにより算定した額が内閣府令で定める額を超える場合には、内閣府令で定めるところにより、当該算定した額（以下この款において「公益目的財産額」という。）に相当する金額を公益の目的のために支出することにより零とするための計画（以下この款において「公益目的支出計画」という。）を作成しなければならない。
2　公益目的支出計画においては、次に掲げる事項を定めなければならない。
　一　公益の目的のための次に掲げる支出
　　イ　公益目的事業のための支出
　　ロ　公益法人認定法第五条第十七号に規定する者に対する寄附

ハ　第四十五条の認可を受けた後も継続して行う不特定かつ多数の者の利益の増進に寄与する目的に関する事業のための支出（イに掲げるものを除く。）その他の内閣府令で定める支出
　二　公益目的財産額に相当する金額から前号の支出の額（当該支出をした事業に係る収入があるときは、内閣府令で定めるところにより、これを控除した額に限る。）を控除して得た額（以下この款において「公益目的財産残額」という。）が零となるまでの各事業年度ごとの同号の支出に関する計画
　三　前号に掲げるもののほか、第一号の支出を確保するために必要な事項として内閣府令で定める事項
（認可の申請手続等）
第百二十条
4　行政庁は、認可申請法人が作成した公益目的支出計画が第百十七条第二号に掲げる基準に適合するかどうかを判断するために必要な場合には、当該認可申請法人の事業活動の内容について、旧主務官庁の意見を聴くものとする。
5　行政庁は、第一項の申請書の提出を受け、又は第四十五条の認可をし、若しくはしない処分をしたときは、直ちに、その旨を旧主務官庁に通知しなければならない。
（公益目的支出計画の実施が完了したことの確認）
第百二十四条　移行法人は、第百十九条第二項第一号の支出により公益目的財産残額が零となったときは、内閣府令で定めるところにより、認可行政庁に公益目的支出計画の実施が完了したことの確認を求めることができる。
（公益目的支出計画の変更の認可等）
第百二十五条　移行法人は、公益目的支出計画の変更（内閣府令で定める軽微な変更を除く。）をしようとするときは、内閣府令で定めるところにより、認可行政庁の認可を受けなければならない。
（合併をした場合の届出等）
第百二十六条　移行法人が合併をした場合には、合併後存続する法人（公益法人を除く。以下この項、次項及び第四項において同じ。）又は合併により設立する法人（公益法人を除く。次項から第四項までにおいて同じ。）は、内閣府令で定めるところにより、次の各号に掲げる合併の場合の区分に応じ、当該各号に定める認可行政庁に合併をした旨を届け出なければならない。
　一　移行法人が吸収合併をした場合であって合併後存続する法人が移行法人であるとき　当該移行法人に係る認可行政庁及び合併により消滅する移行法人がある場合にあっては、当該移行法人に係る認可行政庁
　二　移行法人が吸収合併をした場合であって合併後存続する法人が移行法人以外の法人であるとき　合併により消滅する移行法人に係る認可行政庁
　三　移行法人が新設合併をした場合　合併により消滅する移行法人に係る認可行政庁
2　前項の規定による届出には、次に掲げる書類を添付しなければならない。
　一　合併後存続する法人又は合併により設立する法人の定款
　二　合併をする移行法人の最終事業年度（一般社団法人である移行法人にあっては一般社団・財団法人法第二条第二号に規定する最終事業年度をいい、一般財団法人である移行法人にあっては同条第三号に規定する最終事業年度をいう。次号において同じ。）に係る貸借対照表その他の財務内容を示す書類として内閣府令で

定めるもの
三　合併をする移行法人の最終事業年度に係る次条第一項に規定する公益目的支出計画実施報告書
四　前三号に掲げるもののほか、内閣府令で定める書類
3　第一項第二号又は第三号に掲げる場合における同項の規定による届出をした一般社団法人又は一般財団法人は、同項第二号に掲げる場合にあっては当該吸収合併がその効力を生ずる日以後、同項第三号に掲げる場合にあっては合併により設立する法人の成立の日以後、同項第二号又は第三号に定める認可行政庁（認可行政庁が二以上あるときは、これらの認可行政庁が内閣府令で定めるところにより協議して定める一の認可行政庁）を認可行政庁とする移行法人とみなして、第百二十三条から第百三十条まで及び第百三十二条の規定を適用する。
4　移行法人が合併をした場合における合併後存続する法人又は合併により設立する法人についての公益目的財産額は、合併をする移行法人の公益目的財産額の合計額とする。
5　次の各号に掲げる場合にあっては、合併により消滅する移行法人は、当該各号に定める日において第百二十四条の確認を受けたものとみなす。
一　移行法人が吸収合併をした場合であって合併後存続する法人が公益法人であるとき　当該吸収合併がその効力を生ずる日
二　移行法人が新設合併をした場合であって合併により設立する法人が公益法人であるとき　当該新設合併により設立する法人の成立の日
6　前項の場合には、合併後存続する公益法人又は合併により設立する公益法人は、遅滞なく、内閣府令で定めるところにより、当該合併により消滅した移行法人が第百二十四条の確認を受けたものとみなされた旨を当該移行法人に係る従前の認可行政庁に届け出なければならない。

（移行法人の清算時の残余財産の帰属の制限）
第百三十条　移行法人が清算をする場合において、公益目的財産残額があるときは、当該移行法人の残余財産のうち当該公益目的財産残額に相当する額の財産（当該残余財産の額が当該公益目的財産残額を下回っているときは、当該残余財産）については、一般社団・財団法人法第二百三十九条の規定にかかわらず、内閣府令で定めるところにより、認可行政庁の承認を受けて、公益法人認定法第五条第十七号に規定する者に帰属させなければならない。

○　一般社団法人及び一般財団法人に関する法律及び公益社団法人及び公益財団法人の認定等に関する法律の施行に伴う関係法律の整備等に関する法律施行規則（平成十九年内閣府令第六十九号）

（公益目的財産額）
第十四条　整備法第百十九条第一項に規定する公益目的財産額は、特例民法法人が整備法第百二十一条第一項において読み替えて準用する整備法第百六条第一項の登記（以下「移行の登記」という。）をした日以前にその末日が到来した事業年度のうち最終のもの（事業年度に関する規定を定める他の法律の規定により移行の登記をした日の属する事業年度の開始の日から移行の登記をした日までの期間が当該法人の事業年度とみなされる場合にあっては、当該期間）の末日（以下「算定日」という。）における貸借対照表の純資産の部に計上すべき額に第一号及び第二号に掲げる額を加算し、第三号及び第四号に掲げる額を減算して得た額とする。

一　特例民法法人が算定日において次に掲げる資産（以下「時価評価資産」という。）を有する場合の当該時価評価資産の算定日における時価が算定日における帳簿価額を超える場合のその超える部分の額
　　イ　土地又は土地の上に存する権利
　　ロ　有価証券
　　ハ　書画、骨とう、生物その他の資産のうち算定日における帳簿価額と時価との差額が著しく多額である資産
　二　算定日における貸借対照表の引当金勘定（一般社団法人及び一般財団法人に関する法律施行規則（平成十九年法務省令第二十八号。以下「一般社団・財団法人法施行規則」という。）第二十三条第四項又は第二十四条第二項第一号の規定により計上する引当金（次に掲げる引当金を除く。以下同じ。）に係る勘定をいう。以下同じ。）に繰り入れた金額（当該引当金勘定に繰り入れるべき金額に達するまでのものに限る。）
　　イ　賞与引当金（当該事業年度の翌事業年度以降において使用人に賞与を支給する場合における事業年度の末日において繰り入れるべき引当金をいう。以下同じ。）
　　ロ　退職給付引当金（使用人が退職した後に当該使用人に退職一時金、退職年金その他これらに類する財産を支給する場合における事業年度の末日において繰り入れるべき引当金をいう。以下同じ。）
　三　特例民法法人が算定日において時価評価資産を有する場合の当該時価評価資産の算定日における帳簿価額が算定日における時価を超える場合のその超える部分の額
　四　基金の額
２　前項の規定により貸借対照表の純資産の部に加算され、又は減算された時価評価資産については、この章の規定の適用に当たっては、当該時価評価資産の帳簿価額は、当該加算された額が増額され、又は当該減算された額が減額されたものとみなす。
　（整備法第百十九条第二項第一号の支出の額）
第十六条　移行法人の各事業年度の整備法第百十九条第二項第一号の支出の額（以下「公益目的支出の額」という。）は、この府令に別段の定めのあるものを除き、次に掲げる額の合計額とする。
　一　当該事業年度の損益計算書に計上すべき当該移行法人が整備法第四十五条の認可を受けた公益目的支出計画（整備法第百二十五条第一項の変更の認可を受けたときは、その変更後の公益目的支出計画）に記載した整備法第百十九条第二項第一号イ又はハに規定する事業（以下「実施事業」という。）に係る事業費の額
　二　当該事業年度において支出をした整備法第百十九条第二項第一号ロに規定する寄附（以下「特定寄附」という。）の額（当該支出に付随して発生した費用の額を含む。）
　三　前二号に掲げるもののほか、当該事業年度の損益計算書に計上すべき実施事業に係る経常外費用の額（当該移行法人の資産（商品（販売の目的をもって所有する土地、建物その他の不動産を含む。）及び製品を除く。）のうち貸借対照表において実施事業に係る資産として明らかにされた資産（以下「実施事業資産」という。）以外の資産に係るものを除く。）

（整備法第百十九条第二項第一号の支出をした事業に係る収入の額）
第十七条　移行法人の各事業年度の整備法第百十九条第二項第二号の規定により公益目的支出の額から控除すべき実施事業に係る収入の額（以下「実施事業収入の額」という。）は、この府令に別段の定めのあるものを除き、次に掲げる額の合計額とする。
　一　当該事業年度の損益計算書に計上すべき実施事業に係る収益の額
　二　当該事業年度の損益計算書に計上すべき実施事業資産から生じた収益の額
２　前項各号の収益の額の算定に当たっては、当該収益の発生に伴って受け入れる資産が金銭以外のものである場合には、当該資産の額は、受け入れた時における時価によるものとする。
　　（整備法第四十五条の認可の申請の添付書類）
第三十一条　整備法第百二十条第二項第六号の内閣府令で定める書類は、次に掲げる書類とする。
　五　整備法第百二十四条の確認を受けるまでの間の収支の見込みを記載した書類

○　公益社団法人及び公益財団法人の認定等に関する法律（平成十八年法律第四十九号）
第五条
　二　公益目的事業を行うのに必要な経理的基礎及び技術的能力を有するものであること。
　三　その事業を行うに当たり、社員、評議員、理事、監事、使用人その他の政令で定める当該法人の関係者に対し特別の利益を与えないものであること。
　四　その事業を行うに当たり、株式会社その他の営利事業を営む者又は特定の個人若しくは団体の利益を図る活動を行うものとして政令で定める者に対し、寄附その他の特別の利益を与える行為を行わないものであること。ただし、公益法人に対し、当該公益法人が行う公益目的事業のために寄附その他の特別の利益を与える行為を行う場合は、この限りでない。
　十七　第二十九条第一項若しくは第二項の規定による公益認定の取消しの処分を受けた場合又は合併により法人が消滅する場合（その権利義務を承継する法人が公益法人であるときを除く。）において、公益目的取得財産残額（第三十条第二項に規定する公益目的取得財産残額をいう。）があるときは、これに相当する額の財産を当該公益認定の取消しの日又は当該合併の日から一箇月以内に類似の事業を目的とする他の公益法人若しくは次に掲げる法人又は国若しくは地方公共団体に贈与する旨を定款で定めているものであること。
　　イ　私立学校法（昭和二十四年法律第二百七十号）第三条に規定する学校法人
　　ロ　社会福祉法（昭和二十六年法律第四十五号）第二十二条に規定する社会福祉法人
　　ハ　更生保護事業法（平成七年法律第八十六号）第二条第六項に規定する更生保護法人
　　ニ　独立行政法人通則法（平成十一年法律第百三号）第二条第一項に規定する独立行政法人
　　ホ　国立大学法人法（平成十五年法律第百十二号）第二条第一項に規定する国立大学法人又は同条第三項に規定する大学共同利用機関法人

ヘ　地方独立行政法人法（平成十五年法律第百十八号）第二条第一項に規定する地方独立行政法人
　　ト　その他イからヘまでに掲げる法人に準ずるものとして政令で定める法人

○　公益社団法人及び公益財団法人の認定等に関する法律施行令（平成十九年政令第二百七十六号）
（公益目的取得財産残額に相当する額の財産の贈与を受けることができる法人）
第八条　法第五条第十七号トの政令で定める法人は、次に掲げる法人とする。
　一　特殊法人（株式会社であるものを除く。）
　二　前号に掲げる法人以外の法人のうち、次のいずれにも該当するもの
　　イ　法令の規定により、当該法人の主たる目的が、学術、技芸、慈善、祭祀、宗教その他の公益に関する事業を行うものであることが定められていること。
　　ロ　法令又は定款その他の基本約款（ホにおいて「法令等」という。）の規定により、各役員について、当該役員及びその配偶者又は三親等内の親族である役員の合計数が役員の総数の三分の一を超えないことが定められていること。
　　ハ　社員その他の構成員に剰余金の分配を受ける権利を与えることができないものであること。
　　ニ　社員その他の構成員又は役員及びこれらの者の配偶者又は三親等内の親族に対して特別の利益を与えないものであること。
　　ホ　法令等の規定により、残余財産を当該法人の目的に類似する目的のために処分し、又は国若しくは地方公共団体に帰属させることが定められていること。

|参考|

公益目的事業のチェックポイントについて

〔構成〕
　第１　公益目的事業のチェックポイントの性格
　第２　「不特定かつ多数の者の利益の増進に寄与するもの」の事実認定に当たっての留意点
　　１．事業区分ごとの公益目的事業のチェックポイント
　　　(1) 検査検定、(2) 資格付与、(3) 講座、セミナー、育成、(4) 体験活動等、(5) 相談、助言、(6) 調査、資料収集、(7) 技術開発、研究開発、(8) キャンペーン、○○月間、(9) 展示会、○○ショー、(10) 博物館等の展示、(11) 施設の貸与、(12) 資金貸付、債務保証等、(13) 助成（応募型）、(14) 表彰、コンクール、(15) 競技会、(16) 自主公演、(17) 主催公演
　　２．上記の事業区分に該当しない事業についてチェックすべき点
　【補足】横断的注記

第１　公益目的事業のチェックポイントの性格

認定法第２条第４号に定める公益目的事業の定義は、
Ａ（学術、技芸、慈善その他の公益に関する別表各号に掲げる種類の事業）であって、
Ｂ（不特定かつ多数の者の利益の増進に寄与するもの）

という構成をとっており、公益目的事業か否かについては、AであってBとなっているかを判断することとなる（別紙）。

このうちAの部分については認定法の別表各号で明示しているため、Bの部分、すなわち「不特定かつ多数の者の利益の増進に寄与するもの」という事実があるかどうかを認定するに当たっての留意点として、第2の1. に公益目的事業のチェックポイントを掲げる。

なお、法人の行う事業が公益目的事業か否かについては、認定法第5条各号の基準への適合性を審査するに際して、有識者で構成される公益認定等委員会（都道府県にあっては、当該都道府県に置かれた合議制の機関）において判断することとなる。本チェックポイントは、これに適合しなければ直ちに公益目的事業としないというような基準ではなく、上記Bの事実認定に当たっての留意点であり、公益目的事業か否かについては本チェックポイントに沿っているかを勘案して判断することとなる。

また、本チェックポイントは、事業が不特定かつ多数の者の利益の増進に寄与するものであることを説明するために、法人がどのような点について明らかにすればよいかを示す意義もある。

第2 「不特定かつ多数の者の利益の増進に寄与するもの」の事実認定に当たっての留意点

1. 事業区分ごとの公益目的事業のチェックポイント

以下、事業の特性に応じた（1）〜（17）の事業区分ごとに、公益目的事業のチェックポイントを掲げる。

なお、（1）〜（17）は法人の行う多種多様な事業の中から典型的な事業について整理したものであり、各事業区分について、事業報告書等に記載されている事業名を別添に付す。

また、これ以外の事業は公益目的事業ではないということではなく、これ以外の事業についてのチェックすべき点については、「2. 上記の事業区分に該当しない事業についてチェックすべき点」に掲げる。

（1） 検査検定

ここでいう「検査検定」は、申請に応じて、主として製品等の安全性、性能等について、一定の基準に適合しているかの検査を行い、当該基準に適合していれば当該製品の安全性等を認証する事業のことである。

法人の事業名としては、検査、検定、認証等としている。

公益目的事業としての「検査検定」は、製品等の安全性、性能等について適切に確認することを趣旨としている必要がある。また、審査の質が低いと却って不特定多数の者の利益を害しかねない。

したがって、審査の公正性や質が確保されているかに着目して事実認定するのが有効であると考えられる。

このため、公益目的事業のチェックポイントは以下のとおり。

① 当該検査検定が不特定多数の者の利益の増進に寄与することを主たる目的として位置付け、適当な方法で明らかにしているか。
② 当該検査検定の基準を公開しているか。
③ 当該検査検定の機会が、一般に開かれているか。

④ 検査検定の審査に当たって公正性を確保する仕組みが存在しているか。(例：個別審査に当たって申請者と直接の利害関係を有する者の排除、検定はデータなど客観的方法による決定)
⑤ 検査検定に携わる人員や検査機器についての必要な能力の水準を設定し、その水準に適合していることを確認しているか。(例：検査機器の定期的点検と性能向上／能力評価の実施／法令等により求められる能力について許認可を受けている)

(2) 資格付与

ここでいう「資格付与」は、申請者の技能・技術等について、一定の水準に達しているかの試験を行い、達していれば申請者に対して資格を付与する事業のことである。

法人の事業名としては、技能検定、資格認定等としている。文化及び芸術の振興に係るものについては、「(3) 講座、セミナー、育成」を適用する。

公益目的事業としての「資格付与」は、技能・技術等について、一定の水準に達しているかについて適切に確認することを趣旨としている必要がある。

したがって、審査の公正性や質が確保されているかに着目して事実認定するのが有効であると考えられる。

このため、公益目的事業のチェックポイントは以下のとおり。

① 当該資格付与が不特定多数の者の利益の増進に寄与することを主たる目的として位置付け、適当な方法で明らかにしているか。
② 当該資格付与の基準を公開しているか。
③ 当該資格付与の機会が、一般に開かれているか。
　(注) ただし、高度な技能・技術等についての資格付与の場合、質を確保するため、レベル・性格等に応じた合理的な参加の要件を定めることは可。
④ 資格付与の審査に当たって公正性を確保する仕組みが存在しているか。(例：個別審査に当たって申請者と直接の利害関係を有する者の排除)
⑤ 資格付与の審査に当たって専門家が適切に関与しているか。

(3) 講座、セミナー、育成

ここでいう「講座、セミナー、育成」は、受講者を募り、専門的知識・技能等の普及や人材の育成を行う事業のことである。

法人の事業名としては、講座、講習、セミナー、育成等としている。防災研修など社会的な課題への対処、文化、芸術等の振興を目的とした専門的知識・技能の講座等があげられる。

公益目的事業としての「講座、セミナー、育成」は、専門的知識・技能等の普及や人材の育成を行うことを趣旨としている必要がある。

したがって、その事業内容につき一定の質が確保されているか等に着目して事実認定するのが有効であると考えられる。

このため、公益目的事業のチェックポイントは以下のとおり。

① 当該講座、セミナー、育成（以下「講座等」）が不特定多数の者の利益の増進に寄与することを主たる目的として位置付け、適当な方法で明らかにしているか。
② 当該講座等を受講する機会が、一般に開かれているか。
　(注) ただし、高度な専門的知識・技能等を育成するような講座等の場合、質を確保するため、レベル・性格等に応じた合理的な参加の要件を定めることは可。

③ 当該講座等及び専門的知識・技能等の確認行為（受講者が一定のレベルに達したかについて必要に応じて行う行為）に当たって、専門家が適切に関与しているか。
（注）専門的知識の普及を行うためのセミナー、シンポジウムの場合には、確認行為については問わない。
④ 講師等に対して過大な報酬が支払われることになっていないか。

(4) 体験活動等

ここでいう「体験活動等」は、公益目的のテーマを定め、比較的短期間の体験を通じて啓発、知識の普及等を行う事業のことである。

法人の事業名としては、○○体験、○○教室等としている。

公益目的事業としての「体験活動等」は、公益目的として設定されたテーマについて体験を通じた啓発・普及活動を趣旨としている必要がある。

したがって、本来の公益目的と異なり、業界団体の販売促進や共同宣伝になっていないか等に着目して事実認定するのが有効であると考えられる。

このため、公益目的事業のチェックポイントは以下のとおり。

① 当該体験活動等が不特定多数の者の利益の増進に寄与することを主たる目的として位置付け、適当な方法で明らかにしているか。
② 公益目的として設定されたテーマを実現するためのプログラムになっているか。
（例：テーマで謳っている公益目的と異なり、業界団体の販売促進や共同宣伝になっていないか）
③ 体験活動に専門家が適切に関与しているか。

(5) 相談、助言

ここでいう「相談、助言」は、相談に応じて、助言や斡旋その他の支援を行う事業のことである。

法人の事業名としては、相談、助言、苦情処理等としている。支援を行うに当たっては専門家を派遣することもある。

公益目的事業としての「相談、助言」は、問題を抱える者に対して適切に助言等の支援を行うことを趣旨としている必要がある。

したがって、助言の質の確保に着目して事実認定するのが有効であると考えられる。

このため、公益目的事業のチェックポイントは以下のとおり。

① 当該相談、助言が不特定多数の者の利益の増進に寄与することを主たる目的として位置付け、適当な方法で明らかにしているか。
② 当該相談、助言を利用できる機会が一般に開かれているか。
③ 当該相談、助言には専門家が適切に関与しているか。（例：助言者の資格要件を定めて公開している）

(6) 調査、資料収集

ここでいう「調査、資料収集」は、あるテーマを定めて、法人内外の資源を活用して、意識や実態等についての調査、資料収集又は当該調査の結果その他の必要な情報を基に分析を行う事業のことである。

法人の事業名としては、調査、統計、資料収集等としている。

公益目的事業としての「調査、資料収集」は、原則として、その結果が社会に活用

されることを趣旨としている必要がある。
　したがって、結果の取扱いに着目して事実認定するのが有効であると考えられる。
　このため、公益目的事業のチェックポイントは以下のとおり。
① 当該調査、資料収集が不特定多数の者の利益の増進に寄与することを主たる目的として位置付け、適当な方法で明らかにしているか。
② 当該調査、資料収集の名称や結果を公表していなかったり、内容についての外部からの問合せに答えないということはないか。
　　（注）　ただし、受託の場合、個人情報保護、機密性その他の委託元のやむを得ない理由で公表できない場合があり、この場合は、当該理由の合理性について個別にその妥当性を判断する。
③ 当該調査、資料収集に専門家が適切に関与しているか。
④ 当該法人が外部に委託する場合、そのすべてを他者に行わせること（いわゆる丸投げ）はないか。

(7)　技術開発、研究開発
　ここでいう「技術開発、研究開発」は、あるテーマを定めて、法人内外の資源を活用して技術等の開発を行う事業のことである。なお、成果については、成果の発表や論文の発表を行うとともに、知的財産権の取得を行うのが一般的である。
　法人の事業名としては、技術開発、研究開発、研究、システム開発等としている。
　公益目的事業としての「技術開発、研究開発」は、原則として、その成果が社会に活用されることを趣旨としている必要がある。
　したがって、成果の普及をしているかに着目して事実認定するのが有効であると考えられる。
　このため、公益目的事業のチェックポイントは、「(6) 調査、資料収集」のチェックポイントと同じ。

(8)　キャンペーン、○○月間
　ここでいう「キャンペーン、○○月間」は、ポスター、新聞その他の各種広報媒体等を活用し、一定期間に集中して、特定のテーマについて対外的な啓発活動を行う事業のことである。
　法人の事業名としては、キャンペーン、○○運動、○○月間等としている。
　各種広報媒体等とは、ポスター、リーフレット、新聞、テレビ、ラジオ、車内広告、電光掲示板等。なお、キャンペーンの手段として特定の機関等に対する要望・提案を行う場合がある。
　公益目的事業としての「キャンペーン、○○月間」は、公益目的として設定されたテーマについて啓発・普及を行うことを趣旨としている必要がある。
　したがって、その趣旨から逸れて、販売促進や共同宣伝を行うのが主眼となっていないか、キャンペーンの一環として要望・提案を行う場合に、メリットが特定多数の者に限定されるような内容となっていないかに着目して事実認定するのが有効であると考えられる。
　このため、公益目的事業のチェックポイントは以下のとおり。
① 当該キャンペーンが不特定多数の者の利益の増進に寄与することを主たる目的として位置付け、適当な方法で明らかにしているか。

② 公益目的として設定されたテーマを実現するプログラムになっているか。（例：テーマで謳っている公益目的と異なり、業界団体の販売促進や共同宣伝になっていないか）
③ （要望・提案を行う場合には、）要望・提案の内容を公開しているか。

(9) 展示会、○○ショー

ここでいう「展示会、○○ショー」は、展示という手段により、特定のテーマについて対外的な啓発・普及活動を行う事業（文化及び芸術の振興に係る事業を除く。）のことである。比較的短期間であるため、法人が会場を借り上げ、ブースを出展者に貸す場合が多い。

法人の事業名としては、展示会、博覧会、ショー、フェア等としている。

公益目的事業としての「展示会、○○ショー」は、公益目的として設定されたテーマについて啓発・普及を行うことを趣旨としている必要がある。

したがって、その趣旨から逸れて、販売促進や共同宣伝を行うのが主眼となっていないか、また、出展者を選定するに当たって公正性が確保されているかに着目して事実認定するのが有効であると考えられる。

このため、公益目的事業のチェックポイントは以下のとおり。
① 当該展示会が不特定多数の者の利益の増進に寄与することを主たる目的として位置付け、適当な方法で明らかにしているか。
② 公益目的として設定されたテーマを実現するプログラムになっているか。（例：テーマに沿ったシンポジウムやセミナーを開催／出展者にはテーマに沿った展示を厳守させている／テーマで謳っている公益目的と異なり、業界団体の販売促進や共同宣伝になっていないか（注）／入場者を特定の利害関係者に限っていないか）
（注）公益目的と異なるプログラムになっていないかを確認する趣旨であり、公益目的と異なっていない限り、製品等の紹介も認め得る。
③ （出展者を選定する場合、）出展者の資格要件を公表するなど、公正に選定しているか。（例：出展料に不当な差別がないか）

(10) 博物館等の展示

ここでいう「博物館等の展示」は、歴史、芸術、民俗、産業、自然科学等に関する資料を収集・保管し、展示を行う事業のことである。

法人の事業名としては、○○館、コレクション、常設展示、企画展等としている。

公益目的事業としての「博物館等の展示」は、歴史、芸術、民俗、産業、自然科学等に関する資料に直接接する機会を不特定多数の者に与えることを趣旨としている必要がある。

したがって、テーマを適切に定めるとともに、展示内容にそのテーマを反映させているか、一定の質が確保されているか等に着目して事実認定するのが有効であると考えられる。

このため、公益目的事業のチェックポイントは以下のとおり。
① 当該博物館等の展示が不特定多数の者の利益の増進に寄与することを主たる目的として位置付け、適当な方法で明らかにしているか。
② 公益目的として設定されたテーマを実現するプログラムになっているか。（例：テーマに沿った展示内容／出展者にはテーマに沿った展示を厳守させている／テー

マで謳っている公益目的とは異なり、業界団体の販売促進や共同宣伝になっていないか）
③　資料の収集・展示について専門家が関与しているか。
④　展示の公開がほとんど行われず、休眠化していないか。

(11)　施設の貸与
　　ここでいう「施設の貸与」は、公益目的のため、一定の施設を個人、事業者等に貸与する事業のことである。
　　法人の事業名としては、○○施設の貸与、○○施設の利用等としている。
　　　（注1）　施設を効率的に利用する等の理由から公益目的以外で貸与するとともに、貸与以外でも例えば公益目的の主催公演で使用することも多いが、この場合には、法人は公益目的での貸与（公益目的事業）、公益目的以外での貸与、公益目的の主催公演を区別した上で、費用及び収益を配賦する必要がある。
　　　（注2）　公益目的での貸与を区別するに当たり、以下の点に注意する必要がある。
　　　　・公益的な活動をしている法人に貸与する場合であっても、当該法人の収益事業、共益事業等のために貸与する場合は、公益目的での貸与とならない。
　　　　・定款で定める事業又は目的に根拠がない事業は、公益目的事業と認められないことがあり得る。
　　公益目的事業としての「施設の貸与」は、施設を貸与することによって公益目的を実現しようということを趣旨としている必要がある。
　　したがって、公益目的として設定された使用目的に沿った貸与がされるか等に着目して事実認定するのが有効であると考えられる。
　　このため、公益目的事業のチェックポイントは以下のとおり。
①　当該施設の貸与が不特定多数の者の利益の増進に寄与することを主たる目的として位置付け、適当な方法で明らかにしているか。
②　公益目的での貸与は、公益目的以外の貸与より優先して先行予約を受け付けるなどの優遇をしているか。

(12)　資金貸付、債務保証等
　　ここでいう「資金貸付、債務保証等」は、公益目的で個人や事業者に対する資金貸付や債務保証等を行う事業のことである。
　　法人の事業名としては、資金貸付、融資、債務保証、信用保証等としている。また、資金貸付、債務保証のほか、設備導入の援助（リース、割賦販売）等も含む。
　　公益目的事業としての「資金貸付、債務保証等」は、公益目的として設定された事業目的に沿って資金貸付、債務保証等を行うことを趣旨としている必要がある。
　　したがって、事業目的として公益の増進を掲げていても実質的には構成員の共通の利益に奉仕するに過ぎないものになっていないかに着目して事実認定するのが有効であると考えられる。
　　このため、公益目的事業のチェックポイントは以下のとおり。
①　当該資金貸付、債務保証等が不特定多数の者の利益の増進に寄与することを主たる目的として位置付け、適当な方法で明らかにしているか。
②　資金貸付、債務保証等の条件が、公益目的として設定された事業目的に合致しているか。

③ 対象者（貸付を受ける者その他の債務者となる者）が一般に開かれているか。
④ 債務保証の場合、保証の対象が社員である金融機関が行った融資のみに限定されていないか。
⑤ 資金貸付、債務保証等の件数、金額等を公表しているか。（対象者名の公表に支障がある場合、その公表は除く。）
⑥ 当該資金貸付、債務保証等に専門家の適切な関与があるか。

(13) 助成（応募型）

ここでいう「助成（応募型）」は、応募・選考を経て、公益目的で、個人や団体に対して資金を含む財産価値のあるものを原則として無償で提供する事業のことである。

法人の事業名としては、助成、給付、奨学金等としている。奨学金の場合には、無利息・長期分割返還の貸与も含む。

公益目的事業としての「助成（応募型）」は、原則として財産価値あるものの無償提供である。また、その事業の流れは、助成の対象となるべき事業・者の設定及び対象者の選考の二段階である。

したがって、この二段階で、公正性が確保されているかに着目して事実認定するのが有効であると考えられる。

このため、公益目的事業のチェックポイントは以下のとおり。
① 当該助成が不特定多数の者の利益の増進に寄与することを主たる目的として位置付け、適当な方法で明らかにしているか。
② 応募の機会が、一般に開かれているか。
③ 助成の選考が公正に行われることになっているか。（例：個別選考に当たって直接の利害関係者の排除）
④ 専門家など選考に適切な者が関与しているか。
⑤ 助成した対象者、内容等を公表しているか。（個人名又は団体名の公表に支障がある場合、個人名又は団体名の公表は除く。）
⑥ （研究や事業の成果があるような助成の場合、）助成対象者から、成果についての報告を得ているか。

(14) 表彰、コンクール

ここでいう「表彰、コンクール」は、作品・人物等表彰の候補を募集し、選考を経て、優れた作品・人物等を表彰する事業のことである。

法人の事業名としては、表彰、コンクール、○○賞等としている。なお、部内の者に対する表彰（職員の永年勤続表彰等）もあるが、ここでは対象から除く。

公益目的事業としての「表彰、コンクール」は、適切な選考を通じて、優れた作品・人物等を顕彰することを趣旨としている必要がある。

したがって、選考の質や公正性が確保されているかに着目して事実認定するのが有効であると考えられる。

このため、公益目的事業のチェックポイントは以下のとおり。
① 当該表彰、コンクールが不特定多数の者の利益の増進に寄与することを主たる目的として位置付け、適当な方法で明らかにしているか。
② 選考が公正に行われることになっているか。（例：個別選考に当たっての直接の

利害関係者の排除）
③　選考に当たって専門家が適切に関与しているか。
④　表彰、コンクールの受賞者・作品、受賞理由を公表しているか。
⑤　表彰者や候補者に対して当該表彰に係る金銭的な負担（応募者から一律に徴収する審査料は除く。）を求めていないか。

（15）　競技会
　　ここでいう「競技会」は、スポーツ等の競技を行う大会を開催する事業のことである。
　　法人の事業名としては、競技会、競技大会、○○大会等としている。
　　公益目的事業としての「競技会」は、競技者に対して技能の向上の機会を提供するとともに、当該競技の普及を図ることによってスポーツ等を振興することを趣旨としている必要がある。
　　したがって、競技会の質を維持・向上するような工夫がなされているかに着目して事実認定するのが有効であると考えられる。
　　このため、公益目的事業のチェックポイントは以下のとおり。
①　当該競技会が不特定多数の者の利益の増進に寄与することを主たる目的として位置付け、適当な方法で明らかにしているか。
②　公益目的として設定した趣旨に沿った競技会となっているか。（例：親睦会のような活動にとどまっていないか）
③　出場者の選定や競技会の運営について公正なルールを定め、公表しているか。

（16）　自主公演
　　ここでいう「自主公演」は、法人が、自らの専門分野について制作又は練習した作品を演じ、又は演奏する事業のことである。
　　法人の事業名としては、公演、興行、演奏会等としている。芸術の鑑賞機会の提供のみならず、高齢者、障害者が芸術等に触れ、癒される機会を提供すること等の福祉的なものも含まれる。
　　公益目的事業としての「自主公演」は、法人の専門分野の公演により、芸術等の振興や不特定多数の者に対する芸術等に触れる機会の提供を行うことを趣旨としている必要がある。
　　したがって、公益目的として設定された趣旨を実現できるよう、質の確保・向上の努力が行われているかに着目して事実認定するのが有効であると考えられる。
　　　（注）　本事業区分の場合、特に当該事業が認定法の別表各号（例えば「文化及び芸術の振興を目的とする事業」）に該当するかが重要であるが、実質的に判断することとなる。
　　このため、公益目的事業のチェックポイントは以下のとおり。
①　当該自主公演が不特定多数の者の利益の増進に寄与することを主たる目的として位置付け、適当な方法で明らかにしているか。
②　公益目的として設定された趣旨を実現できるよう、質の確保・向上の努力が行われているか。

（17）　主催公演
　　ここでいう「主催公演」は、法人が、主として外部制作の公演の選定を行い、主催

者として当該公演を実施する事業のことである。

　法人の事業名としては、主催公演、主催コンサート等としている。芸術の鑑賞機会の提供のみならず、高齢者、障害者が芸術等に触れ、癒される機会を提供すること等の福祉的なものも含まれる。

　公益目的事業としての「主催公演」は、外部制作の公演を活用して、芸術等の振興や不特定多数の者に対する芸術等に触れる機会の提供を行うことを趣旨としている必要がある。

　したがって、公益目的として設定された事業目的に沿った公演作品を適切に企画・選定することになっているかに着目して事実認定するのが有効であると考えられる。

　このため、公益目的事業のチェックポイントは以下のとおり。
① 当該主催公演が不特定多数の者の利益の増進に寄与することを主たる目的として位置付け、適当な方法で明らかにしているか。
② 公益目的として設定された事業目的に沿った公演作品を適切に企画・選定するためのプロセスがあるか。（例：企画・選定の方針等の適切な手続が定められている／（地域住民サービスとして行われる場合）企画段階で地域住民のニーズの把握に努めている）
③ 主催公演の実績（公演名、公演団体等）を公表しているか。

2．上記の事業区分に該当しない事業についてチェックすべき点

　1．のチェックポイントは、概ね以下に集約され、1．の事業区分に該当しない事業についても、これを参考にチェックするのが有効であろう。
① 事業目的（趣旨：不特定多数でない者の利益の増進への寄与を主たる目的に掲げていないかを確認する趣旨。）
② 事業の合目的性（趣旨：事業の内容や手段が事業目的を実現するのに適切なものになっているかを確認する趣旨。）
　ア　受益の機会の公開（例　受益の機会が、一般に開かれているか）
　イ　事業の質を確保するための方策（例　専門家が適切に関与しているか）
　ウ　審査・選考の公正性の確保（例　当該事業が審査・選考を伴う場合、審査・選考が公正に行われることとなっているか）
　エ　その他（例　公益目的として設定した事業目的と異なり、業界団体の販売促進、共同宣伝になっていないか）
　（注）　②（事業の合目的性）ア～エは例示であり、事業の特性に応じてそれぞれ事実認定上の軽重には差がある。

【補足】横断的注記
（1）　事業の単位（どのように事業をまとめるか）は、事業の実態等から類似、関連するものであれば、適宜まとめることは構わないが、以下の点に留意する必要がある。
・事業のまとめ方によっては、当該事業が複数の事業区分に該当することもあり得る。その場合、該当する複数の事業区分を適用する。（例えば、一定期間のセミナーの後、試験合格者に資格を付与する事業の場合、「講座、セミナー、育成」と「資格付与」の両方の事業区分を適用する。）
・また、収益事業等は明確に区分する必要がある。（例えば、博物館で売店事業や食堂事業を営む場合、当該事業は博物館事業とは区分する必要がある。）

・ここでの事業の単位が、収支相償の第一段階の事業の単位となる。
(2) 事業に付随して行われる会議は、当該事業の一環と整理して構わない。(例えば、公益目的事業に係る会議(例:公益目的事業と認められるセミナーに必要な企画を行う会議)に要する費用は、公益目的事業の費用に含まれ得る。)
(3) 各用語の解説
ア 「機会が、一般に開かれているか」:共益的に行われるものを除く趣旨である。
　受益の機会が特定多数の者(例えば、社団法人の社員)に限定されている場合は原則として共益と考えられる。
　ただし、機会が限定されている場合でも、例えば別表各号の目的に直接貢献するといった合理的な理由がある場合、不特定かつ多数の者の利益の増進に寄与するという事実認定をし得る。(例:特定の資格等を有する者の大半で構成される法人における講習による人材の育成が学術の振興に直接貢献すると考えられる場合、受講者が社員に限定されていても、公益目的事業とし得る。)
イ 「専門家が適切に関与しているか」:ここでいう「専門家」とは、事業の内容に応じて、企画、指導、審査等を行うのに必要な知識、技術、知見等を教育、訓練、経験等によって備えている者をいう。
　チェックを行う趣旨は、事業目的を実現するための質が確保されているかを確認するためである。
　その関与の形態としては、必ずしも法人で雇用している必要はなく、事業を遂行するに当たって適切な関与の方法であればよい。

【参照条文】
○ 公益社団法人及び公益財団法人の認定等に関する法律(平成十八年法律第四十九号)(抄)
(定義)
第2条 この法律において、次の各号に掲げる用語の意義は、当該各号に定めるところによる。
　一～三 (略)
　四 公益目的事業 学術、技芸、慈善その他の公益に関する別表各号に掲げる種類の事業であって、<u>不特定かつ多数の者の利益の増進に寄与するもの</u>をいう。

別表 (第2条関係)
一 学術及び科学技術の振興を目的とする事業
二 文化及び芸術の振興を目的とする事業
三 障害者若しくは生活困窮者又は事故、災害若しくは犯罪による被害者の支援を目的とする事業
四 高齢者の福祉の増進を目的とする事業
五 勤労意欲のある者に対する就労の支援を目的とする事業
六 公衆衛生の向上を目的とする事業
七 児童又は青少年の健全な育成を目的とする事業
八 勤労者の福祉の向上を目的とする事業
九 教育、スポーツ等を通じて国民の心身の健全な発達に寄与し、又は豊かな人間性を涵養することを目的とする事業
十 犯罪の防止又は治安の維持を目的とする事業

十一　事故又は災害の防止を目的とする事業
十二　人種、性別その他の事由による不当な差別又は偏見の防止及び根絶を目的とする事業
十三　思想及び良心の自由、信教の自由又は表現の自由の尊重又は擁護を目的とする事業
十四　男女共同参画社会の形成その他のより良い社会の形成の推進を目的とする事業
十五　国際相互理解の促進及び開発途上にある海外の地域に対する経済協力を目的とする事業
十六　地球環境の保全又は自然環境の保護及び整備を目的とする事業
十七　国土の利用、整備又は保全を目的とする事業
十八　国政の健全な運営の確保に資することを目的とする事業
十九　地域社会の健全な発展を目的とする事業
二十　公正かつ自由な経済活動の機会の確保及び促進並びにその活性化による国民生活の安定向上を目的とする事業
二十一　国民生活に不可欠な物資、エネルギー等の安定供給の確保を目的とする事業
二十二　一般消費者の利益の擁護又は増進を目的とする事業
二十三　前各号に掲げるもののほか、公益に関する事業として政令で定めるもの

別紙

公益目的事業について

「公益目的事業」の定義（公益法人認定法第2条第4号）

A 学術、技芸、慈善その他の公益に関する別表各号に掲げる種類の事業であって、
B 不特定かつ多数の者の利益の増進に寄与するものをいう。

Aについて

個々の事業が別表各号のいずれかに該当しているかを検討。

公益法人認定法 別表（第二条関係）
一 学術及び科学技術の振興を目的とする事業
二 文化及び芸術の振興を目的とする事業
三 障害者若しくは生活困窮者又は事故、災害若しくは犯罪による被害者の支援を目的とする事業
四 高齢者の福祉の増進を目的とする事業
……
二十二 一般消費者の利益の擁護又は増進を目的とする事業
二十三 前各号に掲げるもののほか、公益に関する事業として政令で定めるもの

Bについて

個々の事業が特定多数の者のみの利益の増進になっていないかどうかの観点からチェックポイントに沿って検討。
※事業実施に当たって留意すべき点であり、これらを勘案して委員会で審議の上、判断することとなる。

事業区分	チェックポイント
検査検定	…
研究開発	…
表彰	…
展示	…
施設貸与	…
…	…

検査検定
○不特定多数の利益増進への寄与か？
○検査検定の基準を公表？
…

別添

事業区分ごとの事業名の例

	事業区分	事業名の例（事業報告書等に記載されているもの）
1	検査検定	検査・検定、検査、検定、認証
2	資格付与	技能検定、技術検定、資格認証
3	講座、セミナー、育成	講座、講習、セミナー、シンポジウム、人材育成、研修会、学術集会、学術講演会
4	体験活動等	イベント、体験、体験教室、ツアー、観察会
5	相談、助言	相談、相談対応、指導、コンサルタント、助言、苦情処理
6	調査、資料収集	調査研究、調査、統計、資料収集、情報収集、データベース作成、分析
7	技術開発、研究開発	研究開発、技術開発、システム開発、ソフト開発、研究、試験研究、政策提言
8	キャンペーン、○○月間	キャンペーン、普及啓発、週間、月間、キャラバン、政策提言
9	展示会、○○ショー	展示会、博覧会、ショー、○○展、フェア、フェスタ、フェスティバル
10	博物館等の展示	○○館、コレクション、常設展示場、常設展示
11	施設の貸与	施設（又は会館、ホール、会議室）管理、施設の管理運営、施設の維持経営
12	資金貸付、債務保証等	融資、ローン、債務保証、信用保証、リース
13	助成（応募型）	助成、無償奨学金、支援、補助、援助、補助金、利子補給、家賃補助、無償貸与、無償貸付、無償レンタル
14	表彰、コンクール	表彰、○○賞、○○大賞、コンクール、コンクール大会、審査、コンテスト、グランプリ、展覧会
15	競技会	競技大会、試合、大会、○○カップ、○○杯、○○オープン
16	自主公演	公演、興行、演奏会
17	主催公演	主催公演、主催コンサート

○公益法人会計基準について

(平成 20 年 4 月 11 日内閣府公益認定等委員会決定)

1　会計基準の設定の経緯等

(1)　設定の経緯

「公益法人会計基準」は、昭和 52 年 3 月 4 日に公益法人監督事務連絡協議会の申合せとして設定され、昭和 60 年 9 月 17 日に公益法人指導監督連絡会議決定による改正が行われて、公益法人が会計帳簿及び計算書類を作成するための基準として活用されてきた。

その後、平成 16 年 10 月 14 日に公益法人等の指導監督等に関する関係省庁連絡会議申合せとして全面的な改正が行われ、新「公益法人会計基準」(以下「平成 16 年改正基準」という。)が平成 18 年 4 月 1 日より施行された。

平成 18 年に公益法人制度改革関連三法が成立し新制度を踏まえた会計基準を整備する必要が生じたため、今般、内閣府公益認定等委員会において、改めて公益法人会計基準を別紙のとおり定めることとした。

(2)　設定の方針及び主な変更点

公益法人制度改革関連三法の成立を受け、内閣官房行政改革推進本部事務局に「新たな公益法人等の会計処理に関する研究会」が設けられ、平成 19 年 3 月に、公益法人会計基準の基本的枠組みを維持しつつ、公益認定制度に対応した表示方法を反映した基準に修正することが適当である旨の検討結果が取りまとめられている。

このような検討結果を踏まえ、平成 16 年改正基準を土台に新たな会計基準を設定することとした。

平成 16 年改正基準からの主な変更点は、次のとおりである。

ア．会計基準の体系

平成 16 年改正基準は会計基準及び注解の部分と別表及び様式の部分とから構成されるが、今後の制度運用上の便宜を考え、両者を切り離し、会計基準及び注解の部分を本会計基準とし、別表及び様式の部分は運用指針として取り扱うこととした。

イ．財務諸表の定義

平成 16 年改正基準は、財務諸表を会計基準上で取扱う書類と定め、貸借対照表、正味財産増減計算書、財産目録及びキャッシュ・フロー計算書を含めていたところであるが、公益法人制度改革関連三法における会計に関する書類の定めとの整合性につき検討した結果、財産目録は財務諸表の範囲からは除くこととした。

ウ．附属明細書

附属明細書は、「一般社団法人及び一般財団法人に関する法律」(以下「一般社団・財団法人法」という。)において作成することが定められており、さらに「一般社団法人及び一般財団法人に関する法律に関する施行規則」(以下「一般社団・財団法人法施行規則」という。)及び「一般社団法人及び一般財団法人に関する法律及び公益社団法人及び公益財団法人の認定等に関する法律の施行に伴う関係法律の整備等に関する法律施行規則」(以下「整備規則」という。)において、附属明細書の記載項目が定められている。平成 16 年改正基準においては、附属明細書に関する規定が設けられていないため、本会計基準においてこれを定めることとした。

エ．基金
　　一般社団・財団法人法において、一般社団法人では基金を設定可能であり、かつ、一般社団・財団法人法施行規則、「公益社団法人及び公益財団法人の認定等に関する法律施行規則」及び整備規則において、基金は純資産の部に記載する旨の定めがある。平成16年改正基準には、基金に関する規定が設けられていないため、本会計基準においてこれを定めることとした。

オ．会計区分
　　平成16年改正基準では、特別会計を設けている場合、会計区分ごとに貸借対照表及び正味財産増減計算書を作成し、総括表により法人全体のものを表示していたが、本会計基準では法人全体の財務諸表及び附属明細書並びに財産目録を基本とし、会計区分ごとの情報は、財務諸表の一部として貸借対照表内訳表及び正味財産増減計算書内訳表において、それぞれに準じた様式で表示するものと整理した。

2　本会計基準の性格

本会計基準は、公益法人会計に関する一般的、標準的な基準を示したものであり、公益法人会計の理論及び実務の進展に即して、今後、更に改善を図っていこうとするものである。

3　本会計基準の実施時期

本会計基準は、平成20年12月1日以後開始する事業年度から実施するものとする。

別紙

公益法人会計基準

第1　総則

1　目的及び適用範囲
　　この会計基準は、公益法人の財務諸表及び附属明細書並びに財産目録の作成の基準を定め、公益法人の健全なる運営に資することを目的とする。

2　一般原則
　　公益法人は、次に掲げる原則に従って、財務諸表（貸借対照表、正味財産増減計算書及びキャッシュ・フロー計算書をいう。以下同じ。）及び附属明細書並びに財産目録を作成しなければならない。
（1）　財務諸表は、資産、負債及び正味財産の状態並びに正味財産増減の状況に関する真実な内容を明りょうに表示するものでなければならない。
（2）　財務諸表は、正規の簿記の原則に従って正しく記帳された会計帳簿に基づいて作成しなければならない。
（3）　会計処理の原則及び手続並びに財務諸表の表示方法は、毎事業年度これを継続して適用し、みだりに変更してはならない。
（4）　重要性の乏しいものについては、会計処理の原則及び手続並びに財務諸表の表示

方法の適用に際して、本来の厳密な方法によらず、他の簡便な方法によることができる。（注1）
3　事業年度
　公益法人の事業年度は、定款で定められた期間によるものとする。
4　会計区分
　公益法人は、法令の要請等により、必要と認めた場合には会計区分を設けなければならない。（注2）

第2　貸借対照表

1　貸借対照表の内容
　貸借対照表は、当該事業年度末現在におけるすべての資産、負債及び正味財産の状態を明りょうに表示するものでなければならない。
2　貸借対照表の区分
　貸借対照表は、資産の部、負債の部及び正味財産の部に分かち、更に資産の部を流動資産及び固定資産に、負債の部を流動負債及び固定負債に、正味財産の部を指定正味財産及び一般正味財産に区分しなければならない。なお、正味財産の部には、指定正味財産及び一般正味財産のそれぞれについて、基本財産への充当額及び特定資産への充当額を内書きとして記載するものとする。（注3）（注4）（注5）（注6）（注7）
3　資産の貸借対照表価額
　(1)　資産の貸借対照表価額は、原則として、当該資産の取得価額を基礎として計上しなければならない。交換、受贈等によって取得した資産の取得価額は、その取得時における公正な評価額とする。（注8）
　(2)　受取手形、未収金、貸付金等の債権については、取得価額から貸倒引当金を控除した額をもって貸借対照表価額とする。
　(3)　満期まで所有する意思をもって保有する社債その他の債券（以下「満期保有目的の債券」という。）並びに子会社株式及び関連会社株式については、取得価額をもって貸借対照表価額とする。満期保有目的の債券並びに子会社株式及び関連会社株式以外の有価証券のうち市場価格のあるものについては、時価をもって貸借対照表価額とする。（注9）（注10）（注11）
　(4)　棚卸資産については、取得価額をもって貸借対照表価額とする。ただし、時価が取得価額よりも下落した場合には、時価をもって貸借対照表価額とする。
　(5)　有形固定資産及び無形固定資産については、その取得価額から減価償却累計額を控除した価額をもって貸借対照表価額とする。
　(6)　資産の時価が著しく下落したときは、回復の見込みがあると認められる場合を除き、時価をもって貸借対照表価額としなければならない。ただし、有形固定資産及び無形固定資産について使用価値が時価を超える場合、取得価額から減価償却累計額を控除した価額を超えない限りにおいて使用価値をもって貸借対照表価額とすることができる。

第3　正味財産増減計算書

1　正味財産増減計算書の内容
　正味財産増減計算書は、当該事業年度における正味財産のすべての増減内容を明りょうに表示するものでなければならない。

2 正味財産増減計算書の区分

　正味財産増減計算書は、一般正味財産増減の部及び指定正味財産増減の部に分かち、更に一般正味財産増減の部を経常増減の部及び経常外増減の部に区分するものとする。(注6)(注12)(注13)(注14)(注15)

3 正味財産増減計算書の構成

　一般正味財産増減の部は、経常収益及び経常費用を記載して当期経常増減額を表示し、これに経常外増減に属する項目を加減して当期一般正味財産増減額を表示するとともに、更にこれに一般正味財産期首残高を加算して一般正味財産期末残高を表示しなければならない。

　指定正味財産増減の部は、指定正味財産増減額を発生原因別に表示し、これに指定正味財産期首残高を加算して指定正味財産期末残高を表示しなければならない。(注3)(注12)(注15)(注16)

第4　キャッシュ・フロー計算書

1 キャッシュ・フロー計算書の内容

　キャッシュ・フロー計算書は、当該事業年度におけるキャッシュ・フローの状況を明りょうに表示するものでなければならない。

2 キャッシュ・フロー計算書の区分

　キャッシュ・フロー計算書は、当該事業年度におけるキャッシュ・フローの状況について、事業活動によるキャッシュ・フロー、投資活動によるキャッシュ・フロー及び財務活動によるキャッシュ・フローに区分して記載するものとする。

3 キャッシュ・フロー計算書の資金の範囲

　キャッシュ・フロー計算書には、当該事業年度における現金及び現金同等物に係る収入及び支出を記載しなければならない。

第5　財務諸表の注記

財務諸表には、次の事項を注記しなければならない。

(1) 継続事業の前提に関する注記
(2) 資産の評価基準及び評価方法、固定資産の減価償却方法、引当金の計上基準等財務諸表の作成に関する重要な会計方針
(3) 重要な会計方針を変更したときは、その旨、変更の理由及び当該変更による影響額
(4) 基本財産及び特定資産の増減額及びその残高
(5) 基本財産及び特定資産の財源等の内訳
(6) 担保に供している資産
(7) 固定資産について減価償却累計額を直接控除した残額のみを記載した場合には、当該資産の取得価額、減価償却累計額及び当期末残高
(8) 債権について貸倒引当金を直接控除した残額のみを記載した場合には、当該債権の債権金額、貸倒引当金の当期末残高及び当該債権の当期末残高
(9) 保証債務（債務の保証を主たる目的事業とする公益法人の場合を除く。）等の偶発債務
(10) 満期保有目的の債券の内訳並びに帳簿価額、時価及び評価損益
(11) 補助金等の内訳並びに交付者、当期の増減額及び残高

(12)　基金及び代替基金の増減額及びその残高
　(13)　指定正味財産から一般正味財産への振替額の内訳
　(14)　関連当事者との取引の内容（注17）
　(15)　キャッシュ・フロー計算書における資金の範囲及び重要な非資金取引
　(16)　重要な後発事象
　(17)　その他公益法人の資産、負債及び正味財産の状態並びに正味財産増減の状況を明らかにするために必要な事項

第6　附属明細書

1　附属明細書の内容
　附属明細書は、当該事業年度における貸借対照表及び正味財産増減計算書に係る事項を表示するものとする。
2　附属明細書の構成
　附属明細書は、次に掲げる事項の他、貸借対照表及び正味財産増減計算書の内容を補足する重要な事項を表示しなければならない。
　(1)　基本財産及び特定資産の明細
　(2)　引当金の明細
　なお、財務諸表の注記に記載している場合には、附属明細書においては、その旨の記載をもって内容の記載は省略することができる。

第7　財産目録

1　財産目録の内容
　財産目録は、当該事業年度末現在におけるすべての資産及び負債につき、その名称、数量、使用目的、価額等を詳細に表示するものでなければならない。
2　財産目録の区分
　財産目録は、貸借対照表の区分に準じ、資産の部と負債の部に分かち、正味財産の額を示さなければならない。
3　財産目録の価額
　財産目録の価額は、貸借対照表記載の価額と同一とする。

公益法人会計基準注解

（注1）　重要性の原則の適用について
　重要性の原則の適用例としては、次のようなものがある。
　(1)　消耗品、貯蔵品等のうち、重要性が乏しいものについては、その買入時又は払出時に正味財産の減少原因として処理する方法を採用することができる。
　(2)　取得価額と債券金額との差額について重要性が乏しい満期保有目的の債券については、償却原価法を適用しないことができる。
　(3)　寄付によって受け入れた金額に重要性が乏しい場合、寄付者等（会員等を含む。以下同じ。）からの制約が課される期間に重要性が乏しい場合、又は寄付者等からの

制約に重要性が乏しい場合には、当該寄付によって増加した正味財産を指定正味財産の増加額としないで、一般正味財産の増加額として処理することができる。
(4) ファイナンス・リース取引について、取得したリース物件の価額に重要性が乏しい場合、通常の賃貸借取引に係る方法に準じて会計処理を行うことができる。
(5) 法人税法上の収益事業に係る課税所得の額に重要性が乏しい場合、税効果会計を適用しないで、繰延税金資産又は繰延税金負債を計上しないことができる。
なお、財産目録の作成及び表示にあたっても重要性の原則が適用される。

(注2) 内訳表における内部取引高等の相殺消去について
当該公益法人が有する会計区分間において生ずる内部取引高は、正味財産増減計算書内訳表において相殺消去するものとする。また、公益法人が会計区分を有する場合には、会計区分間における内部貸借取引の残高は、貸借対照表内訳表において相殺消去するものとする。

(注3) 総額主義について
貸借対照表における資産、負債及び正味財産は、総額をもって記載することを原則とし、資産の項目と負債又は正味財産の項目とを相殺することによって、その全部又は一部を貸借対照表から除去してはならない。
総額主義の原則は、正味財産増減計算書においても適用する。

(注4) 基本財産及び特定資産の表示について
1 当該公益法人が基本財産又は特定資産を有する場合には、固定資産を基本財産、特定資産及びその他固定資産に区分するものとする。
2 寄付によって受け入れた資産で、その額が指定正味財産に計上されるものについては、基本財産又は特定資産の区分に記載するものとする。
3 当該公益法人が特定の目的のために預金、有価証券等を有する場合には、当該資産の保有目的を示す独立の科目をもって、貸借対照表上、特定資産の区分に記載するものとする。

(注5) 基金について
基金を設定した場合には、貸借対照表の正味財産の部を基金、指定正味財産及び一般正味財産に区分し、当該基金の額を記載しなければならない。

(注6) 指定正味財産の区分について
寄付によって受け入れた資産で、寄付者等の意思により当該資産の使途について制約が課されている場合には、当該受け入れた資産の額を、貸借対照表上、指定正味財産の区分に記載するものとする。また、当期中に当該寄付によって受け入れた資産の額は、正味財産増減計算書における指定正味財産増減の部に記載するものとする。

(注7) 一般正味財産の区分について
基金の返還により代替基金が計上されている場合には、一般正味財産を代替基金及びその他一般正味財産に区分するものとする。

(注8) 外貨建の資産及び負債の決算時における換算について
外国通貨、外貨建金銭債権債務（外貨預金を含む。）及び外貨建有価証券等については、子会社株式及び関連会社株式を除き、決算時の為替相場による円換算額を付すものとする。
決算時における換算によって生じた換算差額は、原則として、当期の為替差損益として処理する。

(注9) 満期保有目的の債券の評価について

満期保有目的の債券を債券金額より低い価額又は高い価額で取得した場合において、取得価額と債券金額との差額の性格が金利の調整と認められるときは、償却原価法に基づいて算定された価額をもって貸借対照表価額としなければならない。

(注10) 満期保有目的の債券並びに子会社株式及び関連会社株式以外の有価証券について

満期保有目的の債券並びに子会社株式及び関連会社株式以外の有価証券のうち市場価格のあるものについては、時価評価に伴って生じる評価差額は、当期の正味財産増減額として処理するものとする。

(注11) 指定正味財産に区分される寄付によって受け入れた有価証券の会計処理について

指定正味財産に区分される寄付によって受け入れた有価証券を時価又は償却原価で評価する場合には、従前の帳簿価額との差額は、正味財産増減計算書上、指定正味財産増減の部に記載するものとする。

(注12) 基金増減の部について

基金を設定した場合には、正味財産増減計算書は、一般正味財産増減の部、指定正味財産増減の部及び基金増減の部に分けるものとする。

基金増減の部は、基金増減額を発生原因別に表示し、これに基金期首残高を加算して基金期末残高を表示しなければならない。

(注13) 補助金等について

法人が国又は地方公共団体等から補助金等を受け入れた場合、原則として、その受入額を受取補助金等として指定正味財産増減の部に記載し、補助金等の目的たる支出が行われるのに応じて当該金額を指定正味財産から一般正味財産に振り替えるものとする。なお、当該事業年度末までに目的たる支出を行うことが予定されている補助金等を受け入れた場合には、その受入額を受取補助金等として一般正味財産増減の部に記載することができる。

ただし、当該補助金等が国又は地方公共団体等の補助金等交付業務を実質的に代行する目的で当該法人に一時的に支払われたものである場合等、当該補助金等を第三者へ交付する義務を負担する場合には、当該補助金等は預り補助金等として処理し、事業年度末における残高を負債の部に記載するものとする。

(注14) 一般正味財産増減の部における経常外増減に属する項目について

一般正味財産増減の部における経常外増減に属する項目には、臨時的項目及び過年度修正項目がある。

なお、経常外増減に属する項目であっても、金額の僅少なもの又は毎期経常的に発生するものは、経常増減の区分に記載することができる。

(注15) 指定正味財産の部から一般正味財産の部への振替について

次に掲げる金額は、指定正味財産の部から一般正味財産の部に振り替え、当期の振替額を正味財産増減計算書における指定正味財産増減の部及び一般正味財産増減の部に記載しなければならない。

(1) 指定正味財産に区分される寄付によって受け入れた資産について、制約が解除された場合には、当該資産の帳簿価額

(2) 指定正味財産に区分される寄付によって受け入れた資産について、減価償却を行った場合には、当該減価償却費の額

(3) 指定正味財産に区分される寄付によって受け入れた資産が災害等により消滅した

場合には、当該資産の帳簿価額
　　なお、一般正味財産増減の部において、指定正味財産からの振替額は、その性格に従って、経常収益又は経常外収益として記載するものとする。
（注16）　投資有価証券評価損益等の表示方法について
　　　経常収益又は経常費用に含まれる投資有価証券（基本財産又は特定資産の区分に記載されるものを含む。）に係る評価損益及び売却損益については、その他の経常収益及び経常費用と区別して記載するものとする。この場合、その他の経常収益からその他の経常費用を控除して評価損益等調整前当期経常増減額を表示し、さらに投資有価証券評価損益等を調整することによって当期経常増減額を表示する。
（注17）　関連当事者との取引の内容について
　1　関連当事者とは、次に掲げる者をいう。
　(1)　当該公益法人を支配する法人
　(2)　当該公益法人によって支配される法人
　(3)　当該公益法人と同一の支配法人をもつ法人
　(4)　当該公益法人の役員及びその近親者
　2　関連当事者との取引については、次に掲げる事項を原則として関連当事者ごとに注記しなければならない。
　(1)　当該関連当事者が法人の場合には、その名称、所在地、直近の事業年度末における資産総額及び事業の内容。なお、当該関連当事者が会社の場合には、当該関連当事者の議決権に対する当該公益法人の所有割合
　(2)　当該関連当事者が個人の場合には、その氏名及び職業
　(3)　当該公益法人と関連当事者との関係
　(4)　取引の内容
　(5)　取引の種類別の取引金額
　(6)　取引条件及び取引条件の決定方針
　(7)　取引により発生した債権債務に係る主な科目別の期末残高
　(8)　取引条件の変更があった場合には、その旨、変更の内容及び当該変更が財務諸表に与えている影響の内容
　3　関連当事者との間の取引のうち次に定める取引については、2に規定する注記を要しない。
　(1)　一般競争入札による取引並びに預金利息及び配当金の受取りその他取引の性格からみて取引条件が一般の取引と同様であることが明白な取引
　(2)　役員に対する報酬、賞与及び退職慰労金の支払い

〇公益法人会計基準の運用指針

(平成20年4月11日内閣府公益認定等委員会決定)

目　次（略）

1．設定について

　公益法人会計基準の運用指針（以下、「運用指針」という。）は、公益法人制度改革関連三法の成立に伴い、公益法人等の指導監督等に関する関係省庁連絡会議申合せとして平成16年に改正された公益法人会計基準（以下、「平成16年改正基準」という。）の見直しを行った結果、平成16年改正基準のうち表示に関する項目、別表及び様式については、平成16年改正基準から切り離し、公益法人制度改革関連三法、関係する施行令及び施行規則に従うべく内容を改め、ここに運用指針として定めたものである。加えて、公益法人等の指導監督等に関する関係省庁連絡会議幹事会申合せとして平成17年に公表された平成16年改正基準の運用指針のうち、公益法人会計基準の適用にあたって引き続き必要となる事項につき、本運用指針において定めるものとした。

　本運用指針を定めた目的は、「公益社団法人及び公益財団法人の認定等に関する法律」（以下、「認定法」という。）第2条第3号に定めのある公益法人、及び「一般社団法人及び一般財団法人に関する法律及び公益社団法人及び公益財団法人の認定等に関する法律の施行に伴う関係法律の整備等に関する法律」（以下「整備法」という。）第123条第1項に定めのある移行法人が、公益法人制度のもとで、法人運営の適切な状況を広く法人の関係者に伝えるため、別途定めのある公益法人会計基準と合わせて法人の情報開示を行うための方法を定めることにある。

　なお、本運用指針の適用の前提としては、公益法人制度改革関連三法、関係する施行令及び施行規則並びに公益法人会計基準がある。法人が会計に関する書類を作成する際に、公益法人会計基準に定めのない事項については、本運用指針によるものとする。

2．公益法人会計基準における公益法人について

　公益法人会計基準における公益法人は、以下に定めた法人とする。
① 　認定法第2条第3号に定めのある公益法人（以下「公益社団・財団法人」という。）
② 　整備法第123条第1項に定めのある移行法人（以下「移行法人」という。）
③ 　整備法第60条に定めのある特例民法法人（以下「申請法人」という。）（整備法第44条、第45条の申請をする際の計算書類を作成する場合。）
④ 　認定法第7条の申請をする一般社団法人又は一般財団法人（以下「一般社団・財団法人」という。）

3．キャッシュ・フロー計算書の作成について

　公益法人会計基準に定めのあるキャッシュ・フロー計算書の作成に当たっては、以下によるものとする。
(1)　作成しないことができる法人
　公益法人会計基準に定めのあるキャッシュ・フロー計算書については、認定法第5条第12号の規定により会計監査人を設置する公益社団・財団法人以外の公益法人は、これを作成しないことができる。

(2) キャッシュ・フロー計算書の表示方法

　事業活動によるキャッシュ・フローの区分においては、直接法又は間接法のいずれかを用いてキャッシュ・フローの状況を記載しなければならない。

4．財産目録の作成について

　公益法人会計基準に定めのある財産目録については、移行法人及び一般社団・財団法人は、これを作成しないことができる。

5．退職給付会計における退職給付債務の期末要支給額による算定について

　退職給付会計の適用に当たり、退職給付の対象となる職員数が300人未満の公益法人のほか、職員数が300人以上であっても、年齢や勤務期間に偏りがあるなどにより数理計算結果に一定の高い水準の信頼性が得られない公益法人や原則的な方法により算定した場合の額と期末要支給額との差異に重要性が乏しいと考えられる公益法人においては、退職一時金に係る債務について期末要支給額により算定することができるものとする。

6．関連当事者との取引の内容について

　公益法人会計基準注解の注17における関連当事者との取引の内容について財務諸表に注記を付す場合の関連当事者の範囲及び重要性の基準は、以下のとおりである。

(1) 関連当事者の範囲
　① 当該公益法人を支配する法人
　　当該公益法人を支配する法人（以下「支配法人」という。）とは、当該公益法人の財務及び事業の方針を決定する機関を支配している法人をいい、次の場合には当該法人は、支配法人に該当するものとする。
　　ア　当該法人の役員若しくは職員である者、又はこれらであった者で自己が当該公益法人の財務及び事業の方針の決定に関して影響を与えることができる者が、当該公益法人の理事会その他これに準ずる機関の構成員の過半数を占めていること
　　イ　当該公益法人の重要な財務及び事業の方針の決定を支配する契約等が存在すること
　　ウ　当該公益法人の資金調達額（貸借対照表の負債の部に計上されているものに限る。）の総額の過半についての融資を行っていること
　　ただし、財務上又は事実上の関係から当該公益法人の意思決定機関を支配していないことが明らかな場合には、対象外とすることができるものとする。
　　なお、国及び地方公共団体については、公益法人の監督等を実施していることをもって、ただちに支配法人とはしないが、上記ア～ウに該当しない場合であっても、国又は地方公共団体が当該公益法人の財務又は事業の方針を決定する機関を支配している一定の事実が認められる場合には、当該公益法人は、国又は地方公共団体を支配法人とみなして公益法人会計基準注解の注17に定める注記をすることが望ましいものとする。
　② 当該公益法人によって支配される法人
　　当該公益法人によって支配される法人（以下「被支配法人」という。）とは、当該公益法人が他の法人の財務及び事業の方針を決定する機関を支配している場合の他の法人をいい、次の場合には当該他の法人は、被支配法人に該当するものとする。
　ⅰ）当該他の法人が出資等により議決権を行使することができる形態の場合

ア　当該公益法人が他の法人の議決権の過半数を自己の計算において所有していること
　　イ　当該公益法人が他の法人の議決権の100分の40以上、100分の50以下を自己の計算において所有している場合で、以下のいずれかの要件に該当すること
　　　a．自己の計算において所有している議決権と、自己と出資、人事、資金、技術、取引等において緊密な関係があることにより自己の意思と同一の内容の議決権を行使すると認められる者及び自己の意思と同一の内容の議決権を行使することに同意している者が所有している議決権とを合わせて、他の法人の議決権の過半数を占めていること
　　　b．当該公益法人の役員若しくは職員である者、又はこれらであった者で自己が他の法人の財務及び事業の方針の決定に関して影響を与えることができる者が、他の法人の取締役会その他これに準ずる機関の構成員の過半数を占めていること
　　　c．他の法人の重要な財務及び事業の方針の決定を支配する契約等が存在すること
　　　d．他の法人の資金調達額（貸借対照表の負債の部に計上されているものに限る。）の総額の過半についての融資を行っていること
　　　e．その他、他の法人の意思決定機関を支配していることが推測される事実が存在すること
　ⅱ）当該他の法人が出資等により議決権を行使することができない形態の場合
　　ア　当該公益法人の役員若しくは職員である者、又はこれらであった者で自己が他の法人の財務及び事業の方針の決定に関して影響を与えることができる者が、他の法人の理事会その他これに準ずる機関の構成員の過半数を占めていること
　　イ　他の法人の重要な財務及び事業の方針の決定を支配する契約等が存在すること
　　ウ　他の法人の資金調達額（貸借対照表の負債の部に計上されているものに限る。）の総額の過半についての融資を行っていること
　　　ただし、当該公益法人が他の法人の財務上又は事実上の関係から他の法人の意思決定機関を支配していないことが明らかな場合には、対象外とすることができるものとする。
　③　当該公益法人と同一の支配法人をもつ法人
　　当該公益法人と同一の支配法人をもつ法人とは、支配法人が当該公益法人以外に支配している法人のこととする。
　④　当該公益法人の役員及びその近親者
　　当該公益法人の役員及びその近親者とは、以下に該当するものとする。
　　ア　役員（準ずる者を含む）及びその近親者（3親等内の親族及びこの者と特別の関係にある者）
　　イ　役員（準ずる者を含む）及びその近親者が議決権の過半数を有している法人
　　　なお、相談役、顧問その他これに類する者で、当該公益法人内における地位、職務等からみて役員と同様に実質的に公益法人の経営に従事していると認められる者も、役員に準ずる者として対象とすることとする。
　　　ただし、公益法人の役員（準ずる者を含む）のうち、対象とする役員は有給常勤役員に限定するものとする。
（2）重要性の基準
　①　支配法人、被支配法人又は同一の支配法人を持つ法人との取引
　　ア　正味財産増減計算書項目に係る関連当事者との取引

経常収益又は経常費用の各項目に係る関連当事者との取引については、各項目に属する科目ごとに、経常収益又は経常費用の合計額の100分の10を超える取引を開示する。

経常外収益又は経常外費用の各項目に係る関連当事者との取引については、各項目に属する科目ごとに100万円を超える増減額について、その取引総額を開示し、取引総額と損益が相違する場合には損益を併せて開示する。

なお、指定正味財産から経常収益や経常外収益に振替られたものについては、関連当事者との取引の開示においては含めないものとする。

指定正味財産増減の部の各項目に係る関連当事者との取引については、各項目に属する科目ごとに100万円を超える増加額について、その取引総額を開示する。

ただし、経常外収益又は経常外費用の各項目及び指定正味財産の部に係る関連当事者との取引については、上記基準により開示対象となる場合であっても、各項目に属する科目の取引に係る損益の合計額が、当期一般正味財産増減額の100分の10以下となる場合には、開示を要しないものとする。

イ　貸借対照表項目等に係る関連当事者との取引

貸借対照表項目に属する科目の残高及びその注記事項に係る関連当事者との取引、被保証債務並びに関連当事者による当該法人の債務に対する担保提供資産に係る取引については、その金額が資産の合計額の100分の1を超える取引について開示する。

ただし、資金貸借取引、有形固定資産や有価証券の購入・売却取引等については、それぞれの残高が100分の1以下であっても、取引の発生総額が資産の合計額の100分の1を超える場合には開示を要するものとする。

② 役員及びその近親者との取引

役員及びその近親者との取引については、正味財産増減計算書項目及び貸借対照表項目のいずれに係る取引についても、100万円を超える取引については全て開示対象とするものとする。

7．指定正味財産として計上される額について

指定正味財産として計上される額は、例えば、以下のような寄付によって受け入れた資産で、寄付者等の意思により当該資産の使途、処分又は保有形態について制約が課せられている場合の当該資産の価額をいうものとする。

① 寄付者等から公益法人の基本財産として保有することを指定された土地
② 寄付者等から奨学金給付事業のための積立資産として、当該法人が元本を維持することを指定された金銭

8．子会社株式・関連会社株式について

子会社株式とは、公益法人が営利企業の議決権の過半数を保有している場合の当該営利企業の株式をいう。また、関連会社株式とは、公益法人が営利企業の議決権の20％以上50％以下を保有している場合の当該営利企業の株式をいう。

9．基金について

公益法人会計基準注解の注5、注7及び注12における基金とは、「一般社団法人及び一般財団法人に関する法律」（以下「一般社団・財団法人法」という。）第131条により設置

されたものとする。

10. 補助金等の取扱いについて

公益法人会計基準注解の注13における補助金等とは、補助金、負担金、利子補給金及びその他相当の反対給付を受けない給付金等をいう。なお、補助金等には役務の対価としての委託費等については含まないものとする。

11. 資産の時価が著しく下落した場合について

(1) 時価が著しく下落したとき

資産の時価が著しく下落したときとは、時価が帳簿価額から概ね50％を超えて下落している場合をいうものとする。

(2) 使用価値

資産の時価が著しく下落したときは、回復する見込みがあると認められる場合を除き、時価をもって貸借対照表価額をしなければならないが、有形固定資産及び無形固定資産について使用価値が時価を超える場合には、取得価額から減価償却累計額を控除した価額を超えない限りにおいて、使用価値をもって貸借対照表価額とすることができるものとされている。この時価と比較する使用価値の見積りに当たっては、資産又は資産グループを単位として行うことができるものとする。

12. 財務諸表の科目

ここに示した財務諸表を作成する際の科目は、一般的、標準的なものであり、事業の種類、規模等に応じて科目を追加することができる。また、科目及び金額の重要性が乏しい場合には省略することができる。なお、必要に応じて小科目を設定することが望ましい。

(1) 貸借対照表に係る科目及び取扱要領

（資産の部）

科目		取扱要領
大科目	中科目	
流動資産		
	現金預金	現金、当座預金、普通預金、定期預金等
	受取手形	
	未収会費	
	未収金	
	前払金	
	有価証券	売買目的で保有する有価証券及び貸借対照表日後1年以内に満期の到来する債券等（ただし、基本財産又は特定資産に含まれるものを除く）
	貯蔵品	
固定資産		
基本財産		定款において基本財産と定められた資産
	土地	
	投資有価証券	満期保有目的の債券等、流動資産の区分に記載されない有価証券（貸付信託受益証券等を含む）で基本財産と定めたもの

公益法人会計基準の運用指針

	特定資産		特定の目的のために使途等に制約を課した資産
		退職給付引当資産	退職給付を支払うための特定預金等
		○○積立資産	特定の目的のために積み立てられた資産（特定費用準備資金、資産取得資金等を含む）
	その他固定資産		
		建物	
		構築物	
		車両運搬具	
		什器備品	
		土地	
		建設仮勘定	建設中又は制作中の有形固定資産（工事前払金、手付金等を含む）
		借地権	
		電話加入権	
		敷金	
		保証金	
		投資有価証券	
		子会社株式	
		関連会社株式	

（負債の部）

科　　　目		取　扱　要　領
大　科　目	中　科　目	
流動負債		
	支払手形	
	未払金	事業費等の未払額
	前受金	受取会費等の前受額
	預り金	源泉所得税、社会保険料等の預り金
	短期借入金	返済期限が貸借対照表日後1年以内の借入金
	1年内返済予定長期	返済期限が貸借対照表日後1年以内となった長期借入金
	賞与引当金	
固定負債		
	長期借入金	返済期限が貸借対照表日後1年超の借入金
	退職給付引当金	退職給付に係る見積債務額から年金資産額等を控除したもの
	役員退職慰労引当金	
	受入保証金	

（正味財産の部）

科　　　目		取　扱　要　領
大　科　目	中　科　目	
基金		一般社団・財団法人法第131条に規定する基金
	基金	

指定正味財産	（うち基本財産への充当額）	基金のうち基本財産への充当額
	（うち特定資産への充当額）	基金のうち特定資産への充当額
	国庫補助金 地方公共団体補助金 民間補助金 寄付金	寄付者等（会員等を含む）によりその使途に制約が課されている資産の受入額
	（うち基本財産への充当額）	指定正味財産合計のうち基本財産への充当額
	（うち特定資産への充当額）	指定正味財産合計のうち特定資産への充当額
一般正味財産	代替基金	一般社団・財団法人法第144条により計上された額
	一般正味財産	正味財産から指定正味財産及び代替基金を控除した額
	（うち基本財産への充当額）	一般正味財産合計のうち基本財産への充当額
	（うち特定資産への充当額）	一般正味財産合計のうち特定資産への充当額

(2) 正味財産増減計算書に係る科目及び取扱要領
（一般正味財産増減の部）

科　　　　目		取　扱　要　領
大　科　目	中　科　目	
経常収益		
基本財産運用益		基本財産の運用益
	基本財産受取利息 基本財産受取配当金 基本財産受取賃貸料	
特定資産運用益		
	特定資産受取利息 特定資産受取配当金 特定資産受取賃貸料	
受取入会金		
	受取入会金	
受取会費		
	正会員受取会費 特別会員受取会費 賛助会員受取会費	
事業収益		
	○○事業収益	
受取補助金等		事業費等に充当する目的で毎年度経常的に受取るもの
	受取国庫補助金	

		受取地方公共団体補助金	
		受取民間補助金	
		受取国庫助成金	
		受取地方公共団体助成金	
		受取民間助成金	
		受取補助金等振替額	指定正味財産から一般正味財産への振替額
	受取負担金		
		受取負担金	
		受取負担金振替額	指定正味財産から一般正味財産への振替額
	受取寄付金		
		受取寄付金	
		募金収益	
		受取寄付金振替額	指定正味財産から一般正味財産への振替額
	雑収益		
		受取利息	
		有価証券運用益	売買目的で保有する有価証券に係る評価益及び売却益
		雑収益	
経常費用			
	事業費		事業の目的のために要する費用 必要に応じて、事業の種類ごとに区分して記載する
		給料手当	
		臨時雇賃金	
		退職給付費用	
		福利厚生費	
		旅費交通費	
		通信運搬費	
		減価償却費	
		消耗什器備品費	
		消耗品費	
		修繕費	
		印刷製本費	
		燃料費	
		光熱水料費	
		賃借料	
		保険料	
		諸謝金	
		租税公課	
		支払負担金	
		支払助成金	
		支払寄付金	
		委託費	
		有価証券運用損	売買目的で保有する有価証券に係る評価損及び売却損
		雑費	

	管理費		各種の事業を管理するため、毎年度経常的に要する費用
		役員報酬	
		給料手当	
		退職給付費用	
		福利厚生費	
		会議費	
		旅費交通費	
		通信運搬費	
		減価償却費	
		消耗什器備品費	
		消耗品費	
		修繕費	
		印刷製本費	
		燃料費	
		光熱水料費	
		賃借料	
		保険料	
		諸謝金	
		租税公課	
		支払負担金	
		支払寄付金	
		支払利息	
		雑費	
基本財産評価損益等			
		基本財産評価損益等	一般正味財産を充当した基本財産に含められている投資有価証券に時価法を適用した場合における評価損益及び売却損益
特定資産評価損益等			
		特定資産評価損益等	一般正味財産を充当した特定資産に含められている投資有価証券に時価法を適用した場合における評価損益及び売却損益
投資有価証券評価損益等			
		投資有価証券評価損益等	投資有価証券に時価法を適用した場合における評価損益及び売却損益
経常外収益			
	固定資産売却益		固定資産の売却による売却差益
		建物売却益	
		車両運搬具売却益	
		什器備品売却益	
		土地売却益	
		借地権売却益	
		電話加入権売却益	
	固定資産受贈益		指定正味財産から一般正味財産への振替額を含む
		土地受贈益	

経常外費用	投資有価証券受贈益	
固定資産売却損		固定資産の売却による売却差損
	建物売却損	
	車両運搬具売却損	
	什器備品売却損	
	土地売却損	
	借地権売却損	
	電話加入権売却損	
固定資産減損損失		
	土地減損損失	
	投資有価証券減損損失	
災害損失		
	災害損失	
他会計振替額		内訳表に表示した収益事業等からの振替額

（指定正味財産増減の部）

科　　　　　目		取　扱　要　領
大　科　目	中　科　目	
受取補助金等		使途が制約されている補助金等の受入額
	受取国庫補助金	
	受取地方公共団体補助金	
	受取民間補助金	
	受取国庫助成金	
	受取地方公共団体助成金	
	受取民間助成金	
受取負担金		
	受取負担金	
受取寄付金		
	受取寄付金	
固定資産受贈益		
	土地受贈益	
	投資有価証券受贈益	
基本財産評価益		指定正味財産を充当した基本財産の評価益
	基本財産評価益	
特定資産評価益		指定正味財産を充当した特定資産の評価益
	特定資産評価益	
基本財産評価損		指定正味財産を充当した基本財産の評価損
	基本財産評価損	
特定資産評価損		指定正味財産を充当した特定資産の評価損
	特定資産評価損	
一般正味財産への振替額		指定正味財産から一般正味財産への振替額
	一般正味財産への振替額	

（基金増減の部）

科目		取扱要領
大科目	中科目	
基金受入額	基金受入額	
基金返還額	基金返還額	

(3) キャッシュ・フロー計算書に係る科目及び取扱要領
① 事業活動によるキャッシュ・フローを直接法により表示する場合

（事業活動によるキャッシュ・フロー）

科目		取扱要領
大科目	中科目	
事業活動収入		
基本財産運用収入	基本財産運用収入	
入会金収入	入会金収入	
会費収入	会費収入	
事業収入	事業収入	
補助金等収入	国庫補助金収入	
負担金収入	負担金収入	
事業活動支出		
事業費支出	事業費支出	
管理費支出	管理費支出	

（投資活動によるキャッシュ・フロー）

科目		取扱要領
大科目	中科目	
投資活動収入		
固定資産売却収入	固定資産売却収入	
投資有価証券売却収入	投資有価証券売却収入	
投資活動支出		
固定資産取得支出	固定資産取得支出	
投資有価証券取得支出		

科 目		取 扱 要 領
大 科 目	中 科 目	
	投資有価証券取得支出	

(財務活動によるキャッシュ・フロー)

科 目		取 扱 要 領
大 科 目	中 科 目	
財務活動収入 　借入金収入		
	借入金収入	
基金受入収入		
	基金受入収入	
財務活動支出 　借入金返済支出		
	借入金返済支出	
基金返還支出		
	基金返還支出	

② 事業活動によるキャッシュ・フローを間接法により表示する場合

(事業活動によるキャッシュ・フロー)

科 目		取 扱 要 領
大 科 目	中 科 目	
当期一般正味財産増減額		
	当期一般正味財産増減額	
キャッシュ・フローへの調整額 　減価償却費		
	減価償却費	
基本財産の増減額		償却原価法による利息計上額で基本財産に加算されたものを含む
	基本財産の増減額	
退職給付引当金の増減額		
	退職給付引当金の増減額	
未収金の増減額		
	未収金の増減額	
貯蔵品の増減額		
	貯蔵品の増減額	
未払金の増減額		
	未払金の増減額	
指定正味財産からの振替額		
	指定正味財産からの振替額	
指定正味財産増加収入		

補助金等収入		
	国庫補助金収入	

投資活動によるキャッシュ・フロー及び財務活動によるキャッシュ・フローについては、①と同様。

13. 様式について

財務諸表、附属明細書及び財産目録を作成する場合には、概ね以下の様式によるものとする。

(1) 貸借対照表

(様式1-1)

貸 借 対 照 表
平成　年　月　日現在

(単位:円)

科　　　目	当年度	前年度	増　減
Ⅰ　資産の部			
1．流動資産			
現金預金			
………………			
流動資産合計			
2．固定資産			
(1)　基本財産			
土　地			
………………			
基本財産合計			
(2)　特定資産			
退職給付引当資産			
○○積立資産			
………………			
特定資産合計			
(3)　その他固定資産			
………………			
その他固定資産合計			
固定資産合計			
資産合計			
Ⅱ　負債の部			
1．流動負債			
未払金			
………………			
流動負債合計			
2．固定負債			
退職給付引当金			
………………			
固定負債合計			
負債合計			
Ⅲ　正味財産の部			
1．指定正味財産			
国庫補助金			

科 目	当年度	前年度	増　減
………………			
指定正味財産合計			
（うち基本財産への充当額）	(　　)	(　　)	(　　)
（うち特定資産への充当額）	(　　)	(　　)	(　　)
２．一般正味財産			
（うち基本財産への充当額）	(　　)	(　　)	(　　)
（うち特定資産への充当額）	(　　)	(　　)	(　　)
正味財産合計			
負債及び正味財産合計			

（様式1―2）

　一般法人法第131条により基金を設けた場合には、正味財産の部は、以下の様式による。

科 目	当年度	前年度	増　減
Ⅲ　正味財産の部			
１．基金			
基金			
（うち基本財産への充当額）	(　　)	(　　)	(　　)
（うち特定資産への充当額）	(　　)	(　　)	(　　)
２．指定正味財産			
国庫補助金			
………………			
指定正味財産合計			
（うち基本財産への充当額）	(　　)	(　　)	(　　)
（うち特定資産への充当額）	(　　)	(　　)	(　　)
３．一般正味財産			
(1)　代替基金			
(2)　その他一般正味財産			
一般正味財産合計			
（うち基本財産への充当額）	(　　)	(　　)	(　　)
（うち特定資産への充当額）	(　　)	(　　)	(　　)
正味財産合計			
負債及び正味財産合計			

（様式1―3）

　公益社団・財団法人が会計区分を有する場合には、貸借対照表の内訳表として以下のように表示する。

貸借対照表内訳表
平成　年　月　日現在

（単位：円）

科　　目	公益目的事業会計	収益事業等会計	法人会計	内部取引消去	合計
Ⅰ　資産の部					
１．流動資産					
中科目別記載					
流動資産合計					
２．固定資産					
(1)　基本財産					
中科目別記載					

科　　　　目				
基本財産合計				
(2)　特定資産				
中科目別記載				
特定資産合計				
(3)　その他固定資産				
中科目別記載				
その他固定資産合計				
固定資産合計				
資産合計				
Ⅱ　負債の部				
1．流動負債				
中科目別記載				
流動負債合計				
2．固定負債				
中科目別記載				
固定負債合計				
負債合計				
Ⅲ　正味財産の部				
1．指定正味財産				
中科目別記載				
指定正味財産合計				
(うち基本財産への充当額)				
(うち特定資産への充当額)				
2．一般正味財産				
(うち基本財産への充当額)				
(うち特定資産への充当額)				
正味財産合計				
負債及び正味財産合計				

(作成上の留意事項)
・法人会計区分は、管理業務に関するものやその他の法人全般に係る（公益目的事業会計・収益事業等）会計に区分できないもの）ものを表示するものとする。

(様式1－4)
　移行法人が会計区分を有する場合には、貸借対照表の内訳表として以下のように表示する。

貸借対照表内訳表
平成　年　月　日現在

(単位：円)

科　　　　目	実施事業等会計	その他会計	法人会計	内部取引消去	合計
Ⅰ　資産の部					
1．流動資産					
中科目別記載					
流動資産合計					
2．固定資産					
(1)　基本財産					
中科目別記載					
基本財産合計					
(2)　特定資産					

中科目別記載				
特定資産合計				
(3) その他固定資産				
中科目別記載				
その他固定資産合計				
固定資産合計				
資産合計				
Ⅱ　負債の部				
1．流動負債				
中科目別記載				
流動負債合計				
2．固定負債				
中科目別記載				
固定負債合計				
負債合計				
Ⅲ　正味財産の部				
1．指定正味財産				
中科目別記載				
指定正味財産合計				
（うち基本財産への充当額）				
（うち特定資産への充当額）				
2．一般正味財産				
（うち基本財産への充当額）				
（うち特定資産への充当額）				
正味財産合計				
負債及び正味財産合計				

(作成上の留意事項)
・法人会計区分は、管理業務に関するものやその他の法人全般に係る（実施事業等会計、その他会計に区分できないもの）ものを表示するものとする。

(2) 正味財産増減計算書

(様式2—1)

正味財産増減計算書

平成　年　月　日から平成　年　月　日まで

(単位：円)

科　　　　目	当年度	前年度	増　減
Ⅰ　一般正味財産増減の部			
1．経常増減の部			
(1) 経常収益			
基本財産運用益			
…………………			
特定資産運用益			
…………………			
受取会費			

………………				
事業収益				
………………				
受取補助金等				
………………				
受取負担金				
………………				
受取寄付金				
………………				
経常収益計				
(2) 経常費用				
事業費				
給与手当				
臨時雇賃金				
退職給付費用				
・・・				
管理費				
役員報酬				
給与手当				
退職給付費用				
・・・				
経常費用計				
評価損益等調整前当期経常増減額				
基本財産評価損益等				
特定資産評価損益等				
投資有価証券評価損益等				
評価損益等計				
当期経常増減額				
2．経常外増減の部				
(1) 経常外収益				
固定資産売却益				
………………				
経常外収益計				
(2) 経常外費用				
固定資産売却損				
………………				
経常外費用計				
当期経常外増減額				
当期一般正味財産増減額				
一般正味財産期首残高				
一般正味財産期末残高				
Ⅱ　指定正味財産増減の部				
受取補助金等				
………………				
一般正味財産への振替額				
………………				
当期指定正味財産増減額				

指定正味財産期首残高			
指定正味財産期末残高			
Ⅲ　正味財産期末残高			

(様式2－2)

　一般社団・財団法人法第131条により基金を設けた場合には、正味財産増減計算書の基金増減の部は、以下の様式による。

正味財産増減計算書
平成　年　月　日から平成　年　月　日まで

科　　　目	当年度	前年度	増　減
Ⅲ　基金増減の部			
基金受入額			
基金返還額			
当期基金増減額			
基金期首残高			
基金期末残高			
Ⅳ　正味財産期末残高			

(様式2－3)

　公益社団・財団法人の会計区分については、正味財産増減計算書の内訳表として以下のように表示する。なお、会計区分のうち公益目的事業内の区分については、法人が事業の内容に即して集計単位を定めることができる。

正味財産増減計算書内訳表
平成　年　月　日から平成　年　月　日まで

(単位：円)

科　目	公益目的事業会計				収益事業等会計				法人会計	内部取引消去	合計
	A事業	B事業	共通	小計	a事業	b事業	共通	小計			
Ⅰ　一般正味財産増減の部											
1．経常増減の部											
(1)　経常収益											
基本財産運用益											
中科目別記載											
特定資産運用益											
中科目別記載											
受取会費											
中科目別記載											
事業収益											
中科目別記載											
受取補助金等											
中科目別記載											
受取負担金											
中科目別記載											
受取寄付金											
中科目別記載											
…………											
経常収益計											
(2)　経常費用											
事業費											
中科目別記載											
…………											
管理費											

科　　目											
中科目別記載											
………………											
経常費用計											
評価損益等調整前当期経常増減額											
基本財産評価損益等											
特定資産評価損益等											
投資有価証券評価損益等											
評価損益等計											
当期経常増減額											
２．経常外増減の部											
(1)　経常外収益											
中科目別記載											
経常外収益計											
(2)　経常外費用											
中科目別記載											
経常外費用計											
当期経常外増減額											
他会計振替額											
当期一般正味財産増減額											
一般正味財産期首残高											
一般正味財産期末残高											
Ⅱ　指定正味財産増減の部											
受取補助金等											
………………											
一般正味財産への振替額											
………………											
当期指定正味財産増減額											
指定正味財産期首残高											
指定正味財産期末残高											
Ⅲ　正味財産期末残高											

（作成上の留意事項）

・支部を有する法人においては、支部の活動等を勘案して内訳表を作成するものとする。
・法人会計区分は、管理業務に関する収益・費用やその他の法人全般に係る（公益目的事業会計・収益事業等会計に区分できないもの）収益・費用を表示するものとする。

（様式２－４）

　移行法人の会計区分は、正味財産増減計算書の内訳表として以下のように表示する。

正味財産増減計算書内訳表
平成　年　月　日から平成　年　月　日まで

（単位：円）

科　　目	実施事業等会計				その他会計				法人会計	内部取引消去	合計
	A事業	B事業	共通	小計	a事業	b事業	共通	小計			
Ⅰ　一般正味財産増減の部											
１．経常増減の部											
(1)　経常収益											
基本財産運用益											
中科目別記載											
特定資産運用益											
中科目別記載											
受取会費											
中科目別記載											
事業収益											
中科目別記載											
受取補助金等											

中科目別記載									
受取負担金									
中科目別記載									
受取寄付金									
中科目別記載									
………									
経常収益計									
(2)　経常費用									
事業費									
中科目別記載									
………									
管理費									
中科目別記載									
………									
経常費用計									
評価損益等調整前当期経常増減額									
基本財産評価損益等									
特定資産評価損益等									
投資有価証券評価損益等									
評価損益等計									
当期経常増減額									
２．経常外増減の部									
(1)　経常外収益									
中科目別記載									
経常外収益計									
(2)　経常外費用									
中科目別記載									
経常外費用計									
当期経常外増減額									
他会計振替額									
当期一般正味財産増減額									
一般正味財産期首残高									
一般正味財産期末残高									
Ⅱ　指定正味財産増減の部									
受取補助金等									
………									
一般正味財産への振替額									
………									
当期指定正味財産増減額									
指定正味財産期首残高									
指定正味財産期末残高									
Ⅲ　正味財産期末残高									

（作成上の留意事項）
・支部を有する法人においては、支部の活動等を勘案して内訳表を作成するものとする。
・法人会計区分は、管理業務に関する収益・費用やその他の法人全般に係る（実施事業等会計・その他会計に区分できないもの）収益・費用を表示するものとする。

(3)　キャッシュ・フロー計算書

（様式3－1）

　事業活動によるキャッシュ・フローを直接法による場合には、以下の方法に従い表示する。

キャッシュ・フロー計算書
平成　年　月　日から平成　年　月　日まで

(単位：円)

科　　　目	当年度	前年度	増　減
Ⅰ　事業活動によるキャッシュ・フロー			
1．事業活動収入			
基本財産運用収入			
………………			
入会金収入			
………………			
会費収入			
………………			
事業収入			
………………			
補助金等収入			
………………			
事業活動収入計			
2．事業活動支出			
事業費支出			
………………			
管理費支出			
………………			
事業活動支出計			
事業活動によるキャッシュ・フロー			
Ⅱ　投資活動によるキャッシュ・フロー			
1．投資活動収入			
固定資産売却収入			
………………			
投資活動収入計			
2．投資活動支出			
固定資産取得支出			
………………			
投資活動支出計			
投資活動によるキャッシュ・フロー			
Ⅲ　財務活動によるキャッシュ・フロー			
1．財務活動収入			
借入金収入			
………………			
財務活動収入計			
2．財務活動支出			
借入金返済支出			
………………			
財務活動支出計			
財務活動によるキャッシュ・フロー			
Ⅳ　現金及び現金同等物に係る換算差額			
Ⅴ　現金及び現金同等物の増減額			
Ⅵ　現金及び現金同等物の期首残高			

Ⅶ 現金及び現金同等物の期末残高			

(様式3－2)

事業活動によるキャッシュ・フローを間接法による場合には、以下の方法に従い表示する。

キャッシュ・フロー計算書
平成　年　月　日から平成　年　月　日まで

(単位：円)

科　　　目	当年度	前年度	増　減
Ⅰ　事業活動によるキャッシュ・フロー			
1．当期一般正味財産増減額			
2．キャッシュ・フローへの調整額			
減価償却費			
基本財産の増減額			
退職給付引当金の増減額			
未収金の増減額			
貯蔵品の増減額			
未払金の増減額			
指定正味財産からの振替額			
………………			
小　　　計			
3．指定正味財産増加収入			
補助金等収入			
………………			
指定正味財産増加収入計			
事業活動によるキャッシュ・フロー			
Ⅱ　投資活動によるキャッシュ・フロー			
1．投資活動収入			
固定資産売却収入			
………………			
投資活動収入計			
2．投資活動支出			
固定資産取得支出			
………………			
投資活動支出計			
投資活動によるキャッシュ・フロー			
Ⅲ　財務活動によるキャッシュ・フロー			
1．財務活動収入			
借入金収入			
………………			
財務活動収入計			
2．財務活動支出			
借入金返済支出			
………………			
財務活動支出計			
財務活動によるキャッシュ・フロー			
Ⅳ　現金及び現金同等物に係る換算差額			

科　　　目	当年度	前年度	増　減
Ⅴ　現金及び現金同等物の増減額			
Ⅵ　現金及び現金同等物の期首残高			
Ⅶ　現金及び現金同等物の期末残高			

(様式3－3)

　一般社団・財団法人法第131条により基金を設けた場合には、キャッシュ・フロー計算書の財務活動によるキャッシュ・フローは、以下の様式による。
(事業活動によるキャッシュ・フローを直接法により表示する場合)

キャッシュ・フロー計算書
平成　年　月　日から平成　年　月　日まで

科　　　目	当年度	前年度	増　減
Ⅲ　財務活動によるキャッシュ・フロー			
1．財務活動収入			
借入金収入			
…………………			
基金受入収入			
財務活動収入計			
2．財務活動支出			
借入金返済支出			
…………………			
基金返還支出			
財務活動支出計			
財務活動によるキャッシュ・フロー			
Ⅳ　現金及び現金同等物に係る換算差額			
Ⅴ　現金及び現金同等物の増減額			
Ⅵ　現金及び現金同等物の期首残高			
Ⅶ　現金及び現金同等物の期末残高			

(4)　**財務諸表に対する注記**

　財務諸表に対する注記については以下のように表示する。

財務諸表に対する注記

1．継続事業の前提に関する注記
　　　…………………………
2．重要な会計方針
　(1)　有価証券の評価基準及び評価方法
　　　　…………………………
　(2)　棚卸資産の評価基準及び評価方法
　　　　…………………………
　(3)　固定資産の減価償却の方法
　　　　…………………………
　(4)　引当金の計上基準
　　　　…………………………
　(5)　キャッシュ・フロー計算書における資金の範囲
　　　　…………………………
　(6)　消費税等の会計処理

　　　　………………………………
　　　　………………………………
3．会計方針の変更
　　　　………………
4．基本財産及び特定資産の増減額及びその残高
　　基本財産及び特定資産の増減額及びその残高は、次のとおりである。

（単位：円）

科　　目	前期末残高	当期増加額	当期減少額	当期末残高
基本財産 　土　地 　………				
小　　計				
特定資産 　退職給付引当資産 　………				
小　　計				
合　　計				

5．基本財産及び特定資産の財源等の内訳
　　基本財産及び特定資産の財源等の内訳は、次のとおりである。

（単位：円）

科　　目	当期末残高	（うち指定正味財産からの充当額）	（うち一般正味財産からの充当額）	（うち負債に対応する額）
基本財産 　土　地 　………		（　　） （　　）	（　　） （　　）	― ―
小　　計		（　　）	（　　）	―
特定資産 　退職給付引当資産 　○○積立資産 　………		― （　　） （　　）	（　　） （　　） （　　）	（　　） ― （　　）
小　　計				
合　　計		（　　）	（　　）	（　　）

（記載上の留意事項）
　　基金からの充当額がある場合には、財源の内訳として記載するものとする。

6．担保に供している資産
　　　　……（資産）×××円（帳簿価額）は、長期借入金×××円の担保に供している。

7．固定資産の取得価額、減価償却累計額及び当期末残高
　　（直接法により減価償却を行っている場合）
　　固定資産の取得価額、減価償却累計額及び当期末残高は、次のとおりである。

（単位：円）

科　　目	取得価額	減価償却累計額	当期末残高

建　物 ……… ………			
合　計			

8．債権の債権金額、貸倒引当金の当期末残高及び当該債権の当期末残高
　（貸倒引当金を直接控除した残額のみを記載した場合）
　　債権の債権金額、貸倒引当金の当期末残高及び当該債権の当期末残高は、次のとおりである。

（単位：円）

科　　目	債権金額	貸倒引当金の当期末残高	債権の当期末残高
未収金 ……… ………			
合　計			

9．保証債務（債務保証を主たる目的事業としている場合を除く。）等の偶発債務
　　○○○に対する保証債務は、×××円である。

10．満期保有目的の債券の内訳並びに帳簿価額、時価及び評価損益
　　満期保有目的の債券の内訳並びに帳簿価額、時価及び評価損益は、次のとおりである。

（単位：円）

種類及び銘柄	帳簿価額	時　　価	評価損益
国債 ○○株式会社社債 ………………… …………………			
合　計			

11．補助金等の内訳並びに交付者、当期の増減額及び残高
　　補助金等の内訳並びに交付者、当期の増減額及び残高は、次のとおりである。

（単位：円）

補助金等の名称	交付者	前期末残高	当期増加額	当期減少額	当期末残高	貸借対照表上の記載区分
補助金 　○○補助金 　…………… 助成金 　○○助成金 　…………… 　○○○ 　……………	 ○○○ ○○○ ○○○ ○○○ ○○○					 指定正味財産 流動負債 ○○○ ○○○ ○○○
合　　計						

12. 基金及び代替基金の増減額及びその残高

基金及び代替基金の増減額及びその残高は、次のとおりである。

(単位：円)

科　　　目	前期末残高	当期増加額	当期減少額	当期末残高
基金 　〇〇基金 　…………				
基　金　計				
代替基金 　〇〇基金 　…………			ー ー	
代替基金計			ー	
合　　計				

13. 指定正味財産から一般正味財産への振替額の内訳

指定正味財産から一般正味財産への振替額の内訳は、次のとおりである。

(単位：円)

内　　　容	金　　　額
経常収益への振替額 　減価償却費計上による振替額 　……………… 経常外収益への振替額 　目的達成による指定解除額 　………………	
合　　　計	

14. 関連当事者との取引の内容

関連当事者との取引の内容は、次のとおりである。

属性	法人等の名称	住所	資産総額 (単位：円)	事業の内容又は職業	議決権の所有割合	関係内容		取引の内容	取引金額 (単位：円)	科目	期末残高 (単位：円)
						役員の兼務等	事業上の関係				

(取引条件及び取引条件の決定方針等)

15. キャッシュ・フロー計算書の資金の範囲及び重要な非資金取引

(1) 現金及び現金同等物の期末残高と貸借対照表に掲記されている金額との関係は以下のとおりである。

前期末		当期末	
現金預金勘定	×××円	現金預金勘定	×××円
預入期間が3ヶ月を超える定期預金	－×××円	預入期間が3ヶ月を超える定期預金	－×××円
現金及び現金同等物	×××円	現金及び現金同等物	×××円

(2) 重要な非資金取引は、以下のとおりである。

前期末	当期末
現物により寄付を受けた固定資産が×××円ある。	現物により寄付を受けた固定資産が×××円ある。

16．重要な後発事象
　　………………………

17．その他
　　………………………

(5) 附属明細書
１．基本財産及び特定資産の明細

（単位：円）

区分	資産の種類	期首帳簿価額	当期増加額	当期減少額	期末帳簿価額
基本財産	土地 建物 … …				
	基本財産計				
特定資産	退職給付引当資産 ○○積立資産 … …				
	特定資産計				

（記載上の留意事項）
・基本財産及び特定資産について、財務諸表の注記に記載をしている場合には、その旨を記載し、内容の記載を省略することができる。
・重要な増減がある場合には、その理由、資産の種類の具体的な内容及び金額の脚注をするものとする。

２．引当金の明細

（単位：円）

科　　目	期首残高	当期増加額	当期減少額		期末残高
			目的使用	その他	
賞与引当金 ………					

（記載上の留意事項）
・期首又は期末のいずれかに残高がある場合にのみ作成する。
・当期増加額と当期減少額は相殺せずに、それぞれ総額で記載する。
・「当期減少額」欄のうち、「その他」の欄には、目的使用以外の理由による減少額を記載し、その理由を脚注する。
・引当金について、財務諸表の注記において記載している場合には、その旨を記載し、内容の記載を省略することができる。

(6) 財産目録

財　産　目　録
平成　年　月　日現在

(単位：円)

貸借対照表科目		場所・物量等	使用目的等	金額
(流動資産)				
	現金	手元保管	運転資金として	×××
	預金	普通預金 ○○銀行○○支店	運転資金として	×××
流動資産合計				×××
(固定資産) 基本財産	土地	○○㎡ ××市▽▽町 3－5－1	公益目的保有財産であり、○○事業の施設に使用している。	×××
	建物	○○㎡ ××市▽▽町 3－5－1 4階建	3～4階部分：公益目的保有財産であり、○○事業の施設に使用している。	×××
			1～2階部分：△△事業に使用している。	×××
	美術品	絵画　○点 ○年○月以前取得	公益目的保有財産であり、○○事業に供している不可欠特定財産である。	×××
	投資有価証券	第○回利付国債他	公益目的保有財産であり、運用益を○○事業の財源として使用している。	×××
特定資産	○○積立資産	定期預金 ○○銀行○○支店	○○事業の積立資産であり、資産取得資金として管理されている預金	×××
	○○積立資産	××社債	満期保有目的で保有し、運用益を○○事業の財源として使用している。	×××
		○○株式	寄付により受け入れた株式であり、長期間保有することにより、運用益を○○事業の財源として使用している。	×××
	建物	○○㎡ 東京都△△区▲▲ 4－6－2	公益目的保有財産であり、○○事業に使用している。	×××
その他固定資産	……	……	……	×××
固定資産合計				×××
資産合計				×××
(流動負債)				
	未払金	○○に対する未払額	○○事業に供する備品購入の未払い分	×××

		短期借入金	○○銀行○○支店	運転資金	×××
流動負債合計					×××
(固定負債)					
		退職給付引当金	従業員に対するもの	従業員○○名に対する退職金の支払いに備えたもの	×××
		長期借入金	○○銀行○○支店	○○事業に供する建物を取得するための借入れ	×××
固定負債合計					×××
負債合計					×××
正味財産					×××

(記載上の留意事項)
・支部を有する法人は、支部単位での明細を作成するものとする。
・資産を他の事業等と共用している場合には、法人において、区分、分離可能な範囲で財産を確定し、表示する。ただし、物理的な特定が困難な場合には、一つの事業の資産として確定し、共用財産である旨を記載するものとする。
・特定費用準備資金や資産取得資金を有する場合には、使用目的等の欄に明示するものとする。
・不可欠特定財産を有する場合には、使用目的等の欄に明示するものとする。
・公益社団法人及び公益財団法人の認定等に関する法律施行規則第25条に基づき、財産目録により公益目的保有財産を区分表示する場合には、上記ひな型例に従い、貸借対照表科目、資産の種類、場所、数量、取得時期、使用目的の事業等を詳細に記載するものとする。なお、上記ひな型では詳細な記載を表示できない場合には、下記に従い明細を作成する。

公益目的保有財産の明細

財産種別	公益認定前取得不可欠特定財産	公益認定後取得不可欠特定財産	その他の公益目的保有財産	使用事業
土　地			○○㎡ ××市▽▽町3－5－1 ×××円	○○事業 (△△事業と共有)
建　物			○○㎡ ××市▽▽町3－5－1 4階建の3～4階部分 ×××円	○○事業
美術品	○○像 　　×××円 ○○図 　　×××円 …………			○○事業
………				
合　計	×××円		×××円	

附則

公益法人会計基準を適用する際の経過措置

　公益法人会計基準を適用するに当たっては下記のとおり、経過措置を設けるものとする。
1．適用初年度における前事業年度の財務諸表の記載について
　　貸借対照表、正味財産増減計算書及びキャッシュ・フロー計算書の前事業年度の数値

については、記載しないことができる。
2．公益法人会計基準の適用と認定・認可の関係について
　(1)　特例民法法人が公益法人又は一般社団・財団法人へ移行申請する場合
　　　特例民法法人が移行認定・認可の申請をする場合には、平成20年12月1日以後開始する最初の事業年度に係る財務諸表は、公益法人会計基準前文3の本会計基準の実施時期にかかわらず、平成16年改正基準を適用して作成することができる。
　(2)　一般社団・財団法人を設立して公益認定を申請する場合
　　　公益法人会計基準及び本運用指針によるものとする。
3．退職給付会計の導入に伴う会計基準変更時差異の取扱について
　　退職給付会計の導入に伴う会計基準変更時差異については、平成20年12月1日以後開始する最初の事業年度から12年以内の一定の年数にわたり定額法により費用処理するものとする。なお、既に退職給付会計の導入が行われている公益法人においては、従前の費用処理方法により引き続き行うものとする。
4．過年度分の減価償却費の取扱いについて
　　減価償却を行っていない資産を有する公益法人においては、原則として適用初年度に過年度分の減価償却費を計上するものとする。この場合、過年度の減価償却費については、正味財産増減計算書の経常外費用に計上するものとする。
　　ただし、過年度分の減価償却費を一括して計上せず、適用初年度の期首の帳簿価額を取得価額とみなし、当該適用初年度を減価償却の初年度として、以後継続的に減価償却することも認める。なお、この場合に適用する耐用年数は、新規に取得した場合の耐用年数から経過年数を控除した年数とするものとし、その旨を重要な会計方針として注記するものとする。
5．適用初年度における有価証券の取扱いについて
　(1)　一般正味財産を充当した資産として所有している有価証券
　　①　時価評価が適用される有価証券
　　　　適用初年度の期首において一般正味財産を充当した資産として所有している有価証券のうち、時価評価が適用されるものについては、当該適用の前事業年度末の帳簿価額と前事業年度末の時価の差額は、適用初年度において正味財産増減計算書の経常外収益又は経常外費用とするものとする。ただし、重要性が乏しい場合には経常収益又は経常費用とすることができるものとする。
　　②　償却原価法が適用される有価証券
　　　　適用初年度の期首において一般正味財産を充当した資産として所有している有価証券のうち、償却原価法が適用されるものについては、次のいずれかの方法によるものとする。
　　　ア　取得時まで遡って償却原価法を適用する方法
　　　　　なお、この方法をとる場合は、過年度分については経常外収益又は経常外費用とするものとする。ただし、重要性が乏しい場合には経常収益又は経常費用とすることができるものとする。
　　　イ　適用初年度の期首の帳簿価額を取得価額とみなして、当該適用初年度の期首から満期日までの期間にわたって償却する方法
　　　ウ　平成20年12月1日以後開始する最初の事業年度の期首において既に適用している場合には引き続き従前の方法
　(2)　指定正味財産を充当した資産として所有している有価証券

① 時価評価が適用される有価証券
　　適用初年度の期首において指定正味財産を充当した資産として所有している有価証券のうち、時価評価が適用されるものについては、当該適用の前事業年度末の帳簿価額と前事業年度末の時価の差額は、原則として過年度分として当事業年度分と区分して表示するものとする。ただし、重要性が乏しい場合には一括して表示することができるものとする。
② 償却原価法が適用される有価証券
　　適用初年度の期首において指定正味財産を充当した資産として所有している有価証券のうち、償却原価法が適用されるものについては、次のいずれかの方法によるものとする。
　ア　取得時まで遡って償却原価法を適用する方法
　　　なお、この方法による場合は、原則として過年度分については当事業年度分と区分して表示するものとする。ただし、重要性が乏しい場合には一括して表示することができるものとする。
　イ　適用初年度の期首の帳簿価額を取得価額とみなして、当該適用初年度の期首から満期日までの期間にわたって償却する方法
　ウ　平成20年12月1日以後開始する最初の事業年度の期首において既に適用している場合には引き続き従前の方法

6．移行時における過年度分の収益又は費用の取扱いについて
　　移行時における過年度分の収益又は費用の取扱いについては、適用初年度において、原則として、正味財産増減計算書の経常外収益又は経常外費用に計上するものとする。ただし、重要性が乏しい場合には経常収益又は経常費用とすることができるものとする。なお、経常外収益又は経常外費用に計上する科目が複数になる場合には、経常外収益又は経常外費用においてそれぞれの科目として計上する方法のほか、経常外収益又は経常外費用毎にそれぞれ「会計基準適用に伴う過年度修正額」等の科目として計上する方法によることもできるが、後者による場合はその内訳科目を設け、又は内訳を注記することとする。

7．特定資産、指定正味財産及び一般正味財産の適用初年度の期首残高について
　　特定資産、指定正味財産及び一般正味財産の適用初年度の期首残高については、当該適用の前事業年度末の貸借対照表を組み替えて算定するものとする。このうち、正味財産について過年度に受け入れたものは、適用時に寄付者等の意思により制約されていることが明らかなものについて、指定正味財産の期首残高とする。

著者紹介

福島　達也（ふくしま　たつや）
- 東京都生まれ。東京都立大学大学院都市科学研究科修士課程修了。
- 公益総研　非営利法人総合研究所（NPO総研）主席研究員
  東京都町田市外郭団体監理委員会委員長
- 1998年にNPO法人設立運営センターを開設。
  現在は、非営利セクターの専門家として、日本全国で公益法人、NPO法人設立や運営に関するコンサルティング・研修・講演を行う。
- 東京都多摩市都市計画審議会委員、国際交流センター理事、東京都足立区NPO活動支援センター運営委員長などを歴任。
  行政書士、ISO環境マネジメントシステム審査員、ISO品質システム審査員。
- 著書に『すぐわかる！　新公益法人制度　改訂版』（学陽書房）
  『プロが教える、よくわかるNPO入門』（Jリサーチ出版）
  『〈改訂版〉NPO法人設立・申請完全マニュアル：改正法対応』
  『NPO法人運営・税務完全マニュアル』（ともにJリサーチ出版）
  『はじめよう！　被害者支援』（幹房房）などのほか、
  ビデオ「認定NPO法人になるために」（FPステーション）などがある。

新公益法人になるための公益認定完全ガイド

2008年11月20日　初 版 印 刷
2008年11月25日　初 版 発 行

著　者　　福島　達也
発行者　　光行　淳子
発行所　　学陽書房

〒102-0072　東京都千代田区飯田橋1-9-3
営業　TEL　03-3261-1111　FAX　03-5211-3300
編集　TEL　03-3261-1112
振替　00170-4-84240

装丁　佐藤　博
本文デザイン・DTP制作　岸　博久（メルシング）
印刷・製本　文唱堂印刷

©Tatsuya Fukushima, 2008, Printed in Japan.

ISBN978-4-313-81518-6　C2032
乱丁・落丁は送料小社負担にてお取替えいたします。
定価はカバーに表示してあります。